二程理学文化丛书

主编 程道兴　执行主编 吴建设

河洛大儒
——程颢程颐传

U0595018

文心出版社

二程理学文化丛书编委会

程　颢

程 颢 简 介

程颢 (1032年~1085年)，字伯淳，人称明道先生。宋代著名的思想家、哲学家、教育家，理学的奠基人。

程颢幼有奇质，明慧惊人。数岁，涌诗书，强记过人。十岁能为诗赋。性情温和，沉默寡言，常常手不释卷。十五岁时，与其弟程颐师从周敦颐，慨然有求道之志。

程颢在十余年的仕途生涯中，先后做过陕西户县、南京上元主簿，山西晋城、河南扶沟县令，爱民如子，深受百姓爱戴。宋神宗时，程颢被任为监察御史，一年后辞归洛阳，与其弟程颐专门讲学于家中。史载："先生僦居洛阳城殆十余年，与弟从容亲庭，日以讲学为事，士大夫从游者盈门。自是身益退，位益卑，而名益高于天下。"元丰八年（1085年），宋哲宗任程颢为宗正寺丞，因病去世而未赴任。

"周公没，圣人之道不行；孟轲死，圣人之学不传。道不行，百世无治；学不传，千载无真儒……先生生千四百年之后，得不传之学于遗经，志将以斯道觉斯民……辨异端，辟邪说，开历古之沉迷，圣人之道得先生而复明，为功大矣。"(见《明道先生墓表》)

二程是孔孟之后唯一能与之相提并论的旷世大儒，他们集儒学、易学、道学、佛学的精华，创立了以天理论为基础，以正人心、修道德、明义理为核心的理学，为几成绝学的儒学开启了汹涌澎湃的思想闸门，为河洛文化注入了生生不息的活力，在中国思想、文化、哲学史上树立起新的高峰，奠定了此后近千年中国正统文化的基础。随着中西方文明的日益交流，理学仍将对世界文明产生影响。

程 颐

程 颐 简 介

程颐（1033年～1107年），字正叔，人称伊川先生。宋代著名的思想家、哲学家、教育家，理学的奠基人。

程颐与其兄程颢性格迥异，年幼时生性好动，沉不下心来读书，后因受程颢启发而发愤读书。十四岁时，与其兄程颢师从周敦颐，慨然有求道之志。

程颐，二十六岁时考进士未中，从此绝意仕途，在洛阳讲学，研究"天理之学"。元佑元年（1086年），被任为崇政殿说书，担任宋哲宗的老师。在讲书时"以师道自居，侍上讲，色甚庄，以讽谏，上畏之"。在做了一年多崇政殿说书之后，被差回洛阳管理国子监。绍圣四年（1097年），被贬到四川涪陵，期间完成了理学重要著作《伊川易传》。元符三年（1100年）回到洛阳，大观元年（1107年）九月病逝。

程颐与其兄程颢同为宋代理学的主要奠基者，因二程兄弟长期讲学于洛阳，故世称其学为"洛学"，二程在哲学上发挥了孟子至周敦颐的心性命理之学，建立了以"天理"为核心的理学体系。

程颢、程颐创立的"天理"学说，在中国古代思想史上具有重要地位，对我国古代政治思想和哲学思想都产生了重要而深远的影响。程颢和程颐的学说，人们一般统称为"二程洛学"，但实际上两人的思想还是有一定的区别的。程颢比程颐更注重个人内心的体验。有学者认为，程颢的思想是后来陆九渊"心学"的源头，程颐的思想则是后来朱熹"理学"的源头。

"非孟子无由识孔子之面，非程子无由登孟子之堂。"

感受做人、处事道理，从二程理学开始……

两程故里，理学渊源之地。

两程故里

两程故里位于河南省嵩县田湖镇程村，原为宋代思想家、哲学家、教育家、理学家程颐故居之地。元仁宗皇庆二年(1313年)，在原居旧址上建程庙一间。明景泰元年(1450年)，明代宗下诏命其故居为"两程故里"。明代宗景泰六年(1455年)，诏以颜、孟例，敕修祠宇，建两程祠六十余间。明弘治十三年(1500年)，奉旨修建道学堂、东西庑、神厨、神库、宰牲房、致宰所、诚敬门、棂星门、著述楼、玩易所等，成为中原名胜。明清以来，成为文人学士朝圣之地。

两程故里石坊

明天顺六年（1462年），明英宗朱祁镇敕建"两程故里"石坊，立于两程祠东二里处的官道上。石坊上书"两程故里"，系明英宗朱祁镇御笔所题。

【理学亢宗】南宋·宋理宗

宋理宗淳祐元年（1241年），诏明道、伊川从孔子庭。宋理宗淳祐六年（1246年）封程颢为河南伯、程颐为伊阳伯。宋理宗敕封"理学亢宗"。

理学亢宗：亢，极，崇高。赞誉二程为理学宗师。

【学达性天】清·康熙

清康熙二十五年（1686年），二程进儒为贤，位列孔子及门下、汉唐诸儒之上。次年康熙帝赐给两程祠"学达性天"匾额。

学达性天：意思是通过学习理学可以恢复人的天性、达到天人合一的最高境界。

【希踪颜孟】清·光绪

　　清光绪二十七年（1901年）九月，光绪皇帝赐书"希踪颜孟"匾额。

　　希踪颜孟：希，仰慕；踪，追从；颜，指孔子的学生颜回；孟，指孟子。意思是二程仰慕、追从颜孟，能达到或比并颜孟。

【伊洛渊源】清·慈禧太后

　　清光绪二十七年（1901年）九月，慈禧太后御书"伊洛渊源"匾额。

　　伊洛渊源：伊洛指伊水和洛水。二程长期在洛水和伊水之滨居住、讲学，创立了理学，所以称伊洛为理学渊源之地。

棂星门

道接子舆

学贯濂溪

诚敬门

道学堂

道学堂匾额

和风甘雨

烈日秋霜

　　"和风甘雨""烈日秋霜"匾额为朱熹于淳熙二年（1175年）所题写。"和风甘雨"是形容程颢阳春之温、时雨之润的品格；"烈日秋霜"是形容程颐天资劲正、法度森严的品格。

伊皋书院

伊皋书院（元代改名伊川书院）在鸣皋镇（今属河南伊川）。北宋元丰五年（1082年），程颐以友人文彦博所赠庄园创建。据程颐之孙程晟所记：书院正房五间，伊川祖著书之所。东房三间，西房三间，是弟子们居住的地方。有大门一间，匾额上书"伊皋书院"。四周有围墙环绕。院中一棵苍老的古柏，据传为程颐亲手所植。

程颐在此讲学二十余年，其思想体系和著述传道活动大多在此间完成。程颐与其胞兄程颢共创"洛学"，对宋代理学思想体系的建立具有开创之功。从这个意义上说，伊皋书院是理学的策源地之一。

两程造像

元文宗加封二程公爵、合服、冕九琉，服九章。用山龙、华虫、藻火、宗彝、粉米，黼黻。

程林文化园位于中国洛阳市伊川县西部，建筑用地300余亩，园林面积一万余亩，是由兴亚集团董事长程道兴捐资在程林原址基础上重建，伊川程林文化园共分三部分，西侧为程林祭拜区，中间为程庙纪念区，东侧为二程书院文化区，是中国一标志性文化工程。

圣旨碑

明天顺六年（1462），明英宗敕建所立的圣旨碑

时去大儒

成德成圣

题词：程道兴

程道兴

程道兴：世界程氏宗亲会会长。河南省中华文化促进会名誉主席。河南省孝文化促进会荣誉会长。河南大学兼职教授。程颢、程颐后裔第三十一世。兴亚集团控股有限公司、香港国际金融集团有限公司、新加坡国际金融集团公司董事局主席、首席经济学家。中国民生银行最早发起股东创始人之一，上海浦东发展银行前十大股东之一，中国平安银行前十大股东之一。二〇一二年十二月获得联合国世界和平奖。

一、御祭文

"阐明正学,兴起斯文。本诸先哲,淑我后人"。

—— 明代宗朱祁钰景泰六年(1455年)

御祭大程子文

惟尔质保中和，学通道器，德辉交畅，表和风甘雨之襟。宁宇不樱，昭峙岳澄渊之度。贯精诚于金石，君臣为之动容，辟正路之蓁芜，豪彦于焉；归往竟其设施，居然三代之英；考厥生平，岂在大贤之下？道光丰石，功著遗经。朕时中州观洛邑，睠言遗爱，如闻众母之乎；慨念斯文，想见真儒之慨。遣官而展祀，冀歆格于神灵。

御祭二程子文

惟而学本诚明，性成方大。继大中之清节，既肯构而肯堂，比伯氏之纯修，亦难兄而难弟。事君以道，大臣谔谔之风。与圣为徒，儒者岩岩之象。求孔颜之纯学，乐有在于曲肱；阐爻象之微言，道匪遥于下带。允作六经之羽翼，宜隆千秋之馨香。朕以时巡莅兹伊洛，念哲人于仿佛，依然立雪之门；览祠宇以辉光，应比春风之座。用将祭祀，式遣专官，惟冀神灵，尚其歆格。

—— 乾隆十六年（1751年）三月十八日。

二、诰 敕

宋神宗元丰八年（公元1085年）十二月二十六日，敕乡贡进士程颐：孔子曰："举逸民，天下之民归心焉"。吾思起岩穴之士，以粉泽太平。而大臣以尔好学笃行，荐于朝愿得试用，故加以爵命起尔为洛人矜式。此故事也。盛名之下，尚慎处哉。用特授汝州团练推官、充西京国子监教授填见阙。

王震行

宋高宗绍兴元年（公元1131年）九月二日,敕左通直郎崇政殿说书程颐：朕惟周衰，圣人之道不得传。世之学者，违道以趋利。舍已以为人，其间仁义道德之说者孰从而求之，亦孰从而听之。间有老师大儒，不事章句，不习训诂，自得于正心诚意之妙。则曲学阿世者又从而排抑之。卒使流离颠仆，其祸贼于斯文甚矣!尔颐潜心大业，无待而兴者也。方退居洛，师则弟子从之。孝弟忠信及进侍讲，惟则拂 心逆旨务引言以当道。由其外以察内，以其所已为，而逆其所未为。则高明自得之。学可信不疑。而浮伪之徒，自知学问文采不足以表见于世，乃窃其名以自售。外示恬默，中实奔竞。外示朴鲁，中实奸猾。外示严正，中实迥避。遂使天下之士闻风而疾之，是重不幸焉。尔朕锡以赞书，笼以延阁。所以震耀褒显之者，以明上之所与在此而不在彼也。尚其明灵，知享此哉。可特赠直图阁。

林通行

宋宁宗嘉定十三年（公元1220年）正月十六日，军器监兼权考功郎官楼观谥"纯"公。复议曰：尝观明道先生有言曰'仲尼元气也，颜子春生也，孟子并秋杀尽见之'。又曰'仲尼天地也，颜子和风庆云也，孟子泰山岩岩之象也'。

先生之品藻，圣贤区别于片言只句之间，俨然如在其左右也。然则，今日议先生之谥者，可泛然而赘为之说乎。博士谥曰"纯"公。岂有得于春生而为和气庆云者乎。及观伊川先生状其行曰："先生资禀既异而充养有道，纯粹如精金，温厚如良玉，宽而有制，和而不流。"信斯言也。谥之以"纯"曰宜。谨议。本年（公元1220年）二月二十二日奉旨依议。

宋宁宗嘉定十三年（公元1220年）正月十六日，军器监兼权考功郎官楼观谥"正"公。复议曰：伊川先生程公颐奉其兄明道先生亲得濂溪而师之宜，其心同道，行同功。无间于一气。今博士谥明道以"纯"，谥伊川以"正"。曰：纯与正亦有异乎？此复议者所当辨也。夫有天资、有学术，学术得于师承。天资得于禀赋之初。以学术而充天资因可以达道之精微。然而天资之得于禀赋者，虽圣贤不能以强同而终，亦同归于道也。明道天资纯精，其接手如阳春之温。其言之入人也，如时雨之润，故曰"纯"。若夫伊川，天资劲正，法度森严。岂明道所谓秋杀尽见泰山岩岩之遗风馀韵者乎。考之议论，拨之躬行，参之立朝大节。谥之以"正"曰宜。谨议本年（公元1220年）六月二十二日奉旨依议。

　　宋理宗淳祐六年（公元1246年）二月，封程颢河南伯(伯：伯爵，封建制度五等爵位的第三等）。制曰：明道初元，天于河南，笃生大贤。是以颜子故任承议郎，宗正寺丞。谥"纯"。程颢德性粹甚，天理浑然。由明而诚，有过化存神之妙。自体达用，有绥来动和之功。使得相于熙宁，苍生之福未艾。朕每追惜之。然诵其遗书，如有用我期月而可。真足以开万世之太平也。爰跻从祀，仍赐追封。以示褒崇，以劝来者。可特封河南伯。馀如故。赵以腾行。

宋理宗淳祐六年（公元1246年）二月，封程颐伊阳伯。制曰：明道二年，天于河南，挺生儒宗。以是曾子，故任左通直郎、崇政殿说书、赠直龙图阁，谥"正"。程颐直内方外，智崇礼卑，物格知至则由体验之功。任重道远则自恃守之固。发明六艺，辞严义密。怡然理顺，涣然冰释。岂独天下之士受先觉之赐。

联万机之暇，垂意经术，所籍以缉熙多矣！爰跻从祀。仍赐追封，以示褒崇，以劝来者，可特封伊阳伯、馀如故。赵以腾行。

元仁宗皇庆二年（公元1313年），建崇文阁于国子监。以宋儒明道、伊川等十人，从祀孔庭。

元文宗至顺元年（公元1330年），加封河南伯程颢豫国公。诏曰：上天眷命，皇帝圣旨，朕惟三千之徒，莫先颜氏。睠言往哲，式克似之。故河南伯程颢，体备至和，躬承绝学，元气之可命，锺于独得。圣人之道，赖以复明。系百世之真儒。岂追崇之可后爱。搜盛典爵以公于戏缅想德容。严扬休而山立聿新。礼命敷涣号以风行。服此宠章，益绵道统，可追封豫国公，主者施行。

元文宗至顺元年（公元1330年），加封伊阳伯程颐洛国公。诏曰：上天眷命，皇帝圣旨。联惟孟氏以来，千有馀载。不有先觉，孰任其承。故伊阳伯程颐，本诸躬行，动有师法。谓初入德始乎致知格物；谓随时从道本乎观象玩辞。遗书虽见于表章，异数尚稽于封册。昨之大国，庸示褒崇。于戏规距準绳。庶有存于矜式，山龙、黼黻、匪徒侈于仪直。懋德人文，以对休命。可追封洛国公。主者施行。

元文宗加封二程公爵、合服、冕九琉，服九章。用山龙、华虫、藻火、宗彝、粉米，黼黻。

总　序

　　在二十一世纪的一百年里，中国经历了"数千年未有之大变局"，传统文化受到了前所未有的撞击。随着我国近代以来的积贫积弱和西风东渐，强调学习西方的东西多了，重视弘扬传统的东西相对少了，一些人对传统文化丧失了信心。改革开放，就如同在打开窗户的同时，也会有一些苍蝇、蚊子飞进屋来，西方各色文化涌入国门。在一些人眼里，似乎凡是西方的都是时尚的、值得推崇的，凡是传统的都是落后的、应当抛弃的。在这种思潮的浸染和影响下，长期以来，在我们的中小学教材和大学教程中，传统文化的比重少得可怜，文化传承面临着严重的断裂危险。如果连自己的优秀传统文化都不了解、不热爱、不学习、不传承，何谈爱祖国、爱家乡！一个对自己文化都不敬畏的民族何谈自尊！如何扭转这一局面，如何避免出现大的文化断层，如何在强势西方文化的激荡中保持高度清醒的文化主体意识，提高文化自觉与文化自信？这是当前乃至今后相当长时间内一项繁重而紧迫的任务。

　　在我国源远流长的文明发展演进中，我们的祖先创造了博大精深、光辉灿烂的民族优秀文化，为我们留下了弥足珍贵的精神文化遗产。这种传统文化是一种覆盖面广、影响力强、美誉度高、独树一帜的东方文化；是一种能够与世界其他文化相交流、相对话、互通互补、与时俱进的文化。须知，在经济全球化深入发展的今天，"只有民族的才是世界的"这句话并未过时。任何一个民族延续发展，都是在既有的文化传统基础上展开的；割断历史、否定传统，就将丢失根本、迷失方向、民族的精神家园将无从安置，中华民族的精神血脉将无法薪火相传。那种视中华传统文化统统是封建落后、残渣余孽的观点，是彻头彻尾的民族虚无主义；那种认为中华

1

传统文化与近现代民主自由意识相悖而将其全盘否定的做法是严重扭曲的、非常有害的。毛主席讲得好："矫枉必须过正，不过正不能矫枉。"历史发展到今天，"矫枉过正"的阶段已经结束。我们应当理直气壮地为中华优秀传统文化正名，与某些过激口号如"将线装书和方块字统统扔进茅坑"的呼喊、与"文革"中传统文化几遭灭顶之灾的做法划清界限，高度自觉地担当起传承优秀传统文化的责任。要按照取其精华、去其糟粕，古为今用、推陈出新的原则，坚持保护利用、普及弘扬并重，加大对文献资料整理研究的力度，下大力气加强对优秀传统文化思想价值的挖掘和阐发，要怀着敬畏之心维护民族文化基本元素，使之成为新时代传承民族血脉、构筑共有精神家园、激励人民奋进的强大精神力量。

如果把中华文化比喻为一棵大树，中原文化就是这棵大树的根部与主干。中原文化之于中华文化，就内容讲，是最基础、最基本的部分；就特点讲，是最具代表性的部分；就历史发展过程讲，是最具贯穿性的部分；就地域讲，是最具影响力的部分。加快建设中原经济区的一项重要任务，就是打造华夏历史文明传承创新区。为此，就需要充分挖掘、弘扬兼容并蓄、刚柔相济、革故鼎新、生生不息的中原文化，加强人文教育，提升人文素质，注重人文关怀，塑造具有中原特质、体现时代特征的人文精神。

孔孟以降千年之后，在中国古代思想的重要发源地、古老的伊洛之滨，程颢程颐创立了以儒家礼法和伦理思想为核心、以明道为目标、以成德成圣为目的的理学体系，使孔孟道德理想在历经千年沉淀之后得以凸显和升华。朱熹和吕祖谦合编的《近思录》将二程理学的基本内涵归纳为五个方面：一是以探讨道体和生命为目标；二是以穷理为精髓；三是以存天理、去人欲为存养功夫；四是以齐家、治国、平天下为实质；五是以为圣为目的。二程关于人的自我修养功夫、如何成就人品的研究，对于中国儒学的复兴，对于当代人的道德完善和心灵塑造，都有一定的借鉴价值。

程道兴先生是一位儒雅、博学的著名企业家，多年来一直关心、关爱热衷参与中华文化的大发展、大繁荣、大建设。本书由他亲任主编，吴建设同志任执行主编，致力于二程理学思想的整理、研究和阐发，他们对中华传统文化的敬畏和热爱令人感佩。

二〇一二年三月二十二日

注：王全书同志系全国政协教科文卫体委员会副主任、河南省政协原主席。

增订版序

上个月，我应邀到河南洛阳的龙门，出席有关二程的洛学研讨会，这离我上次到洛阳已经七年多了。记得二〇〇五年，世界朱氏联合会每两年召开一次的会员大会，特别选在洛阳召开，其目的是在彰显饮水思源。没有两位程夫子，就没有后来的朱子学。因此在那次大会期间，特意安排所有与会人员前往伊川县，到两位程夫子的墓园祭拜，并立碑纪念。

三四个月前，当河南省的朱氏宗亲正在筹划成立"河南省朱子文化促进会"时，我就认为，在两程故里成立"朱子文化促进会"似有不妥。因此，当时我建议可否联合程氏族亲一同成立"河南省程朱文化促进会"，在场与会人员无不同意，唯尚待程氏家族首允。

在这次洛学研讨会上，有幸结识了伊川先生的三十一代裔孙——程道兴先生，他是一个勤奋而热心公益的成功企业家，也是"世界程氏联合会"的总会长。我跟他提到"程朱一家亲"，应该在河南成立"程朱文化促进会"一事，马上得到他毫无保留的支持。也由于道兴先生的介绍，我认识了《河洛大儒》这本书的作者吴建设先生。这本书去年被洛阳市评为"五个一工程奖"。道兴先生有意资助该书再版，而建设先生增加了部分章节，其修改幅度达三分之一，经道兴先生嘱咐，要我为增订本写序。

我身为朱子后人，早年负笈德国专攻康德哲学，但我对《易经》的爱好，从高中开始即未曾中断过，而《伊川易传》就是我最早接触的易经典籍之一。我的两部易学著作《周易六十四卦通解》与《易经白话例解》，颇多受惠于《伊川易传》的启发。

二〇一〇年是先祖文公八百八十岁诞辰，为此我花了一年多时间来撰写《近思录通解》。朱子就是因为编撰了《近思录》一书，而成为集理学之大成者。当年朱子就北宋四位大儒，即周敦颐、二程、张载，从他们十四本代表性著作中，摘录了六百二十二条，按照朱子对理学的理解，把它编为十四卷，朱子就是透过编撰《近思录》而完成了理学的重构。自此理学不再是一些零零散散的材料，而是成为一套组织严谨、论证缜密的修己治人之道。《近思录》六百二十二条里头，濂溪先生十一条、横渠先生一百一十条，其余二程就占了五百零一条。换言之，近思录百分之八十以上是二程的思想。《近思录》不仅是哲学史上最重要的选辑，也是理学的纲领，它是北宋四位大儒，将儒家经典《四书》《六经》融会贯通后，以孔孟思想为基础，吸收了佛、道两家的长处，镕铸而成的。由于朱子的努力，终于结束了儒学长期被边缘化的危机，从而开创了儒学的第一次复兴。这种新儒学有被称为理学或道学。从十三世纪以来，新儒学就成为整个东亚文明圈的主流思潮，到今天还展现着强劲的生命力。

众所周知，《四书》这部经典跟朱熹的名字是割裂不开的。朱子将《小戴礼记》中的两篇，即《大学》与《中庸》，抽出来，与《论语》《孟子》合在一起，而成为《四子书》(孔子《论语》、曾子《大学》、子思《中庸》、孟子《孟子》)，并亲自为之章句、集注。《四书章句集注》可说西风东渐之前，东亚文明圈读书人的圣经。其实，朱子就说："某要人先读《大学》，以定其规模；次读《论语》，以立其根本；次读《孟子》，以观其发越；次读《中庸》，以求古人之微妙处。"而朱熹对《四书》的构想，实来自于两位程夫子的启发。两位程夫子突出了《大学》与《中庸》的重要性，朱子一辈子用力最深、费时最久的就是在四书学上面。从他幼年接受父亲韦斋先生的启蒙开始，他就跟二程及其门人与其再传弟子，结下不解之缘。所以他要亲自编辑《河南程氏遗书》与《伊洛渊源录》，到他临终之际，还在为《大学·诚意章》费心琢磨。在《四书章句集注》当中，到处可以看到两位程夫子的影响，包括两位程夫子的高足杨时(龟山先生)、谢良佐(上蔡先生)，甚至朱子的恩师李侗(延平先生)。我也因为深深体会到《四书章句集注》在程朱理学当中无可替代的地位，在最近两年把《四书章句集注》通读数遍后，而写就了《四书精华阶梯》一书。

由此可知，没有二程，就没有朱子学；没有朱子，二程思想可能早就灰飞烟灭。程朱理学作为西风东渐前东亚文明圈的主流思潮，也就是东亚文明的代表，这一百多年来，面对现代化的冲击，显得苍白无力，摇摇欲坠。新儒学的处境就像九百年前，儒学面临着被佛、老边缘化的厄运一样。但从战后日本的迅速复兴，七〇年代后亚洲四小龙(台湾、香港、新加坡与南韩)的发展，以至于改革开放后，中国这一条超级巨龙的崛起……都暗示着在这个杰出经济成就的背后，其所依靠的文化基底就是新儒学。所以今天我们期待着在经济发展取得重大成就之后，我们如何以更平实的心情来看待我们的传统文化，如何在面对西方文明冲击时，能吸收对方的长处，也要能重新发现我们传统文化的可贵。其实，很多迹象都已经在预告儒学的第二次复兴即将来临，也就是道学的复兴即将来临啦！

《河洛大儒》这本书取材精当、叙述翔实、文笔流畅，颇能将程朱理学以大众喜闻乐见的方式广为普及。此时再版，对弘扬传统优秀文化大有助益。本书字里行间，处处流露出视民如伤的官德、耿直忠义的品格、尊师求道的学风、与人为善的谦和，以及爱国主义的情怀。使人览读之际，时而热泪盈眶，时而情绪激动不已。这都得归功于作者长期浸淫在程朱理学的熏陶中，且一直在两程故里生活与工作。这是难得一见的传记著作，是非常值得我向大众推荐的文化读物。

朱高正

二〇一二年十二月七日

注：朱高正，台湾大学法律系毕业、联邦德国波恩大学哲学博士、中国社会科学院特邀教授。

序　言

　　古老的河洛大地，是中华文明的发祥地和策源地。历史走到了宋代，被称为旷世大儒的程颢、程颐出现了，他们"穷理、识仁、明道"，仰观天象，俯察人事，创立了以天理为基础的理学体系，在中国思想史、哲学史、文化史上树起了新的丰碑。二程理学，不仅在宋、元、明、清有巨大的影响，而且至今还影响着人们的思想和行为。

　　程颢、程颐出生在湖北省黄陂县，长期在洛阳讲学。洛阳天津桥附近的履道坊、伊皋书院、嵩阳书院都留下了他们讲学活动的足迹。程颢嘉祐二年（1057年）进士及第后，在十余年的仕途生涯中，先后做过主簿、县令，从政期间，爱民如子，颇多政绩。他每到一地，在大堂上挂"视民如伤"的匾额作为座右铭，并说"颢常愧此四字"。宋神宗时期，程颢被任为监察御史，宋神宗召见程颢时问如何当好御史，程颢说："使臣拾遗补缺，裨赞朝廷则可；使臣掇拾臣下短长，以沽直名，则不能。"宋神宗连声称赞为真御史。程颢每进见，必为神宗陈述君道以至诚仁爱为本。后来，程颢因与王安石变法意见不合，被贬回洛阳，与其弟程颐专门讲学于家中。史载程颢："偘居洛城殆十余年，与弟从容亲庭，日以读书讲学为事，士大夫从游者盈门。自是身益退，位益卑，而名益高于天下。"元丰八年（1085年）宋哲宗任程颢为宗正丞，因病卒而未赴任。

　　程颐二十七岁时考进士未中，从此绝意仕途，在洛阳讲学，研究"天理之学"。到元祐元年（1086年），即五十四岁时被任命为崇政殿说书，担任宋哲宗的老师。他在讲书时"以师道自居，侍上讲，色甚庄，以讽谏，上畏之"，由于讲书中对朝政"议论褒贬，无所顾避"，引起权臣不满，于是在做了一年多崇政殿说书之后，被差回洛阳管理西京国子监。元祐二年（1087年），程颐被贬到四川涪陵，期间完成了理学重要着作《伊川易传》。元符三年（1100年）回到洛阳，崇宁二年（1103年）迁居龙门之南，定居今嵩县田湖程村，大观元年（1107年）病逝。程颢、程颐死后葬伊川祖坟。

本书以史实为基础，艺术地再现了二程从政、讲学、传道的坎坷一生，对历史上有重大影响的程门立雪、如坐春风故事以及二程在伊皋书院、嵩阳书院讲学都有生动的描写。通过阅读本书，历史上湮灭在典籍中的程颢、程颐化为活生生的人物形象，出现在我们的面前；也使我们看到了理学在宋代风云变幻时代背景下的发展脉络，触摸到先哲探究道体和性命、穷理、识仁的心路历程，感受到先哲修身、齐家、治国、平天下的博大胸怀。

本书是由程氏伊川先生三十一代裔孙———程道兴先生任主编，吴建设先生任执行主编，历时五年，几易其稿，目前成稿。当前我国正处在中华文化大发展、大繁荣、大建设的佳好时期，宋代理学文化是当代文化发展的源头活水。本书的出版，对于研究和发展宋代理学文化具有积极的意义，也填补了二程文学传记的空白。我初读之后，感到内容翔实，气韵生动，值得向广大读者推荐，故乐为之序。

袁祖亮

二〇一〇年三月二十一日

注：袁祖亮，第十一届全国政协常委、原河南省政协副主席、郑州大学博士生导师。

目录
contents

第一章　师从周濂溪 …………………………… 1

第二章　太学论策 ……………………………… 9

第三章　初仕鄠县 ……………………………… 27

第四章　上元救民 ……………………………… 48

第五章　教化晋城 ……………………………… 61

第六章　随父入川 ……………………………… 84

第七章　变法风云 ……………………………… 91

第八章　澶州府中 ……………………………… 103

第九章　洛阳讲学 ……………………………… 108

第十章　安乐风月 ……………………………… 115

第十一章　扶沟任上 …………………………… 133

第十二章　关中讲学 …………………………… 154

第十三章　洛阳交游 …………………………… 160

第十四章　创建伊皋书院 ……………………… 168

第十五章　如坐春风 …………………………… 179

第十六章　崇政殿说书 …………………………………… 188

第十七章　主持司马光葬礼 ……………………………… 201

第十八章　在西京国子监 ………………………………… 213

第十九章　程门立雪 ……………………………………… 222

第二十章　编管涪州 ……………………………………… 227

第二十一章　洛阳浮沉 …………………………………… 245

第二十二章　伊水落照 …………………………………… 254

二程生平与理学思想简述 ………………………………… 266

后记 ………………………………………………………… 296

第一章　师从周濂溪

　　宋仁宗明道元年（1032年）正月十五日、明道二年（1033年）八月十五日，一代大儒程颢、程颐先后出生在时任黄陂县县尉程珦的家里。

　　程珦的家在县城的草庙巷。这年夏天的一天上午，程家的门开了，十岁的程颐扶着母亲出了家门。原来母亲侯氏几天前得了病，整日昏昏沉沉，程颐是扶着母亲到山那边找郎中看病的。本来程颐的哥哥程颢也要来，临出门的时候，母亲见程颢正在面壁背《论语》，便不忍打扰，没有叫他。

　　他们母子二人翻过一座山，已是晌午时分，又热又渴。程颐让母亲坐下歇息，他想给母亲找水喝。可山上几十里没有人家，又无山泉。正在着急的时候，他看见路边有一人头盖骨。头盖骨里盛满了雨水。程颐便端起头盖骨，让母亲把水喝了。谁知母亲喝下不久，感到神清气爽，病轻了不少。母亲说，回家吧，也不用再去找郎中了。

　　回到家里，程颐见哥哥仍在面壁背书，便说："哥，你不是说要陪同母亲看病的吗？"程颢这才停了背书，问："啥时去？我去叫母亲！"程颐笑着说："我上午已陪母亲去过，并把母亲的病治好了。"他便说了让母亲喝人头盖骨中雨水的经过。程颢听后笑了笑说："我给你说吧，那人头盖骨中的雨水，本来就是药，能治病的。"程颐感到奇怪，便问："你咋知道？"程颢说："书中写着的。有时间别光玩耍了！多看看书吧。"程颐原想自己给母亲治好了病，正好在哥哥面前夸耀一番，一听哥哥说得有道理，便心有所动，感到再不能贪玩了，暗暗下决心像哥哥一样刻苦学习。他便从屋里拿出了《论语》，见母亲在上面写的"吾惜勤读书儿"，感到有负母亲的期望。他想，哥哥的书上也有母亲写的话，哥哥是照着做了，自己却光顾贪玩了。想到这里，他感到有一丝惭愧，拿来了纸笔，将母亲的话抄写了下来。

这年冬天的一日清晨，三十多岁、一身县尉装束的程珦推开屋门，来到院中，见程颢、程颐兄弟俩正在院中石凳子上看书。此时程颢十一岁，程颐十岁。他听程颢在念："中心如自固，外物岂能迁？"程珦抬手说："你们俩过来。"程颢、程颐一身学童装束，来到程珦跟前。程珦满心喜爱地说："啥时间起来读书的？"程颢说："父亲，俺俩已起来两个时辰了，鸡叫三遍就起来了。"程珦沉吟着说："闻鸡起舞，三更灯火五更鸡，你们兄弟两个有毅力！"说完程珦问程颢，你刚才读的是谁的诗？程颐说："父亲，那是哥哥自己前几日写的《酌贪泉》诗，这几日，哥哥常常独自吟诵。"程珦说："再念来听听！"程颢说："近读古人诗作，我有感而发，请父亲指教。"说罢，便念道："中心如自固，外物岂能迁？"

程珦以赞许的口吻说："吾儿感悟得好。史书上说有两种泉，一是盗泉，在山东泗水县北，曾子立廉，不饮盗泉；也有人说不是曾子是孔子，说有一次孔子路过盗泉尽管很渴，也不敢喝盗泉之水。二是贪泉，《晋书》上说，晋代有一廉吏叫吴隐之，到广东去任刺史，路过石门，这里有一处泉水，当地人叫贪泉，一般官员是不喝这水的。可是隐之却喝了。"

这时，程母侯氏走过来说："吴隐之喝了贪泉水之后，还作了一首诗。"程珦望着夫人笑着说："那诗我不记得了，你给孩子们念念。"

侯氏对程颢说："你查到《晋书·吴隐之传》没有？"程颢说："母亲，孩儿没查到。"

侯氏说："吴隐之的诗是这样写的：'古人云此水，一酌怀千金。试使夷齐饮，终当不易心。'"

程颐不解地说："母亲，夷齐如何解？"侯氏说："夷齐是指历史上的两个人，一个叫伯夷，一个叫叔齐，他们两人是商朝人，商被周灭后，二人不食周粟，在洛阳以东的首阳山上活活饿死。"程颢沉思着说："母亲，可否这样理解，即使是贪泉，让伯夷、叔齐这样的人喝了，也不会变贪的？"侯氏与程珦相视一笑，点了点头。

程珦听了夫人的解释，内心对夫人十分佩服。他知道夫人饱读史书，在出嫁前常与其父亲谈古论今，父亲常感慨她是女儿身，否则必是经国之才。想到这儿，他对侯氏说："夫人，颢儿近日读贪泉诗，有所悟，还写了两句，化用吴隐之诗意，我看很有见识，让孩儿读来你听听。"

程颢腼腆一笑说："孩儿读来，让母亲指正。"便吟诵道："中心如自固，外物岂能迁？"

侯氏暗自击节："好一个'中心如自固，外物岂能迁'！"

程珦拿过程颐的书，问："颐儿近日读何书？"程颐说："我在读孔子的《论语》。"

程珦正欲提问些问题，侯氏打断说："老爷，时候不早了，该吃饭了，你不是还要去衙门吗？"

程珦招呼俩孩子说："你们吃饭去吧，我当不了几天差了，这个县尉三年已届满，几天后，一办交接，我就回来买几亩田，一边耕种，一边教你们读书，过田园生活。也好照顾一家老小。"

侯氏轻轻叹息一声，显出无奈的神情。程颢问道："父亲，任期届满，按当今官制，不是要升迁吗？"

程珦叹了口气说："咱家的情况你们也知道，你爷爷（程遹）在这里任县令，去世后，虽然政绩卓著，但他廉洁自守，为办丧事家里还欠了债，后来是朝中的文彦博来县巡察，了解了情况，向宋仁宗上书，朝廷赐帛二百匹，才还清了债务。后来皇上录用旧臣之后，我被任为郊祭社郎，按规定应到朝中任职。可当时你大叔七岁、小叔六岁，为了照顾家庭，还是你文简公在朝廷上说了话，才让我就近在县上任了县尉，三年期满，要调外县任职，可眼下你大叔、小叔和你们都这么年幼，家中只有你母亲一人，我实在放心不下，只好弃官归田，等你们长大后，若蒙朝廷任用，再作计议吧！"

侯氏又叹了口气说："老爷功名要紧，可又要尽孝道，行为人父之责，真是两难呀！"

程珦为侯氏宽心说："先把孩儿们养大再说，功名之事来日方长，夫人不必为难。"

这一日黄昏，程珦家大门外风雪交加。书房内传来程颢的读书声："老吾老以及人之老，幼吾幼以及人之幼。"侯氏推门进去，对程颢、程颐说："歇会儿吧，外面下大雪了，你们出来看看雪景。"二人随侯氏来到大门外，见雪花飞舞，地上一片洁白，侯氏对二人说，"下雪了，你们想到了什么？"程颢想了想说："我想到了唐代大诗人白居易的《卖炭翁》："可怜身上衣正单，心忧炭贱愿天寒。"

侯氏把目光投向程颐，说："吾儿想到了什么？"程颐望着大雪说："我想到了另一位大诗人杜甫的'安得广厦千万间，大庇天下寒士俱欢颜'的诗句！"

侯氏面露欣慰之色，说："仁者爱人，人人都要有恻隐之心。"正说话间，一老年乞丐沿街道走了过来，侯氏身边的一个仆人正要关大门，侯氏却对程颢、程颐说："你们回去到厨房中盛一碗饭，拿两个馒头交与我。"

程颢、程颐应声去了。

　　三年后，程珦先任吉州庐陵县尉，后改任大理寺丞，到江西兴国任县令。两年后又以大理寺丞代理南安军副，仍知兴国县事。这一年春天的一日上午，程珦同他的两个孩子来到江西大庾县周濂溪府，他们在挂着"南安军司理参军府"牌子的府门口下了马车。程珦对门人说："请通报一声，说大理寺丞程珦拜见。"门人指着程颢和程颐说："这二位是？"程珦说："是我的两个儿子，向周公拜师的。"门人进去通报了。程珦对两个孩子说："我到兴国县上任后，有一次到南安，见到周公，周公虽年龄不到三十，可气貌非常人，与他交谈后，果然对孔孟之道颇有研究，我们二人便成了好朋友。今天拜师之后，你们二人就在此跟周公学习。兴国离这里不远，我会随时来看你们的。"

　　门开了，周濂溪走了出来，他一副学者模样，连声说："有请程公，快进快进！入上房。"众人入座之后，程珦说："周公，这是我的两个儿子，大的叫程颢，小的叫程颐，今天向你拜师来了。"周濂溪见二人分不出年龄差别，便问："他们弟兄俩看不出谁长谁幼啊！"程珦笑了笑说："老大程颢只比老二长一岁。"周濂溪点了点头说："怪不得呢。"

　　程珦示意二人给周濂溪行拜师礼，程颢、程颐离席向周濂溪作揖说："老师在上，弟子行礼。"周濂溪忙说："程公，多礼了，多礼了，快入席吧。"席间，周濂溪问："二位公子都看过什么书啊？"程颢停下筷子说："回老师，《论语》《诗经》已读过了。"

　　周濂溪说："我听说，二位公子天性聪慧，说说看，读了这些经书之后，有何收获？"程颐说；"回老师，孔子礼教对我教育很深。"周濂溪说："何为礼？"程颐说："礼就是长幼有序，非礼勿视，非礼勿听，非礼勿言，非礼勿动。"

　　程珦对周濂溪说："不是我夸他们，二人自小就很懂事，颐儿自幼就被乡里人称为非礼不动。颢儿十岁能读诗赋，常常吟诵《酌贪泉》诗。户都侍郎彭公思永前年到我家，一见颢儿诗作，十分惊异，便将女儿许以为妻。"

　　周濂溪饶有兴趣地说："《酌贪泉》诗，念来听听，念来听听。"程颢离席向周濂溪一鞠躬："老师见笑了。"便念道："'古人云此水，一歃怀千金。试使夷齐饮，终当不易心。中心如自固，外物岂能迁？'前四句是吴隐之的诗，后两句是我的感悟。"周濂溪用手轻叩桌子："十几岁的孩童能有如此高识，了不得，了不得。好了，程公，二位公子我收下了。"

　　相互敬酒之后，周濂溪问："程公，在兴国干事怎么样？遇到麻烦没有？"

　　程珦说："我在黄陂县县尉任上届满，在家里赋闲三年，前年到兴国县任县令。这里民风剽悍，虽不好治，但是可以改变的。就是一些官宦人家依仗权势，横行乡里，有些难办。"

周濂溪说："当今刘丞相家就是兴国县的，他的家人对你如何？"程珦面露愠色说："他的一个本家弟弟自恃刘丞相是他堂兄，根本不把本县放在眼里，横行霸道，气盛得很，当地百姓是敢怒不敢言。"

周濂溪说："你是如何处置这等人的？"程珦说："对这些刁顽之徒客气不得。我把他叫到县衙说，刘丞相是当朝丞相，可不希望你在家乡胡作非为。我这里接到不少状子，你若痛改前非，便既往不咎，否则我可要秉公办理！刘丞相是不会为你护短的。我这一震，这小子这一段老实多了。"

周濂溪说："他家子弟的情况，我略知一二，刘丞相并不护短，只是过去县衙不敢管，一味护着，结果养痈遗患，致使这些人越来越猖狂，我听说刘丞相对你这样做很赞赏。这样你大可放心了。"

程珦笑了笑说："原来也有后怕，你这一说，我心里有底了。"程珦端了一杯酒，对周濂溪说："参军，我以兴国县令受命代理南安军副，全靠你的提携，如今孩儿又拜你为师，这两层意思全在这杯酒中，请！"周濂溪也端起一杯酒说："过奖了，先生在黄陂任县尉时，整肃治安有方，受到当地百姓称道，知兴国二年，不仅治政有方，更显出了治军才能，这次让你代理南安军副，是众望所归，我不过是尽了一个举贤荐能的责任。二公子聪慧过人，将来必成大器。来，同干！"二人举杯同饮。

吃过饭后，程珦返回了南安，程颢、程颐随周濂溪来到书屋。周濂溪从书架上取出两本书，说："这是孔子的《论语》，你二位一人一册，先前听说你们已读过，你们先回去从书中找一找孔子、颜回之乐处和所乐何事。"两人接过书，向先生行礼后离开。周濂溪送到门口，嘱咐说："生活上有啥不便，直接找管家，我已告诉过他，要他照顾好你们！"程颢说："老师留步吧，我们回住处去了。"

几天后的一天上午，周参军书房。程颢、程颐端坐于周濂溪对面，周濂溪以探询的口气说："《论语》读过了，孔、颜之乐找到否？"程颐推了程颢一下，意在让他先回答。程颢向先生鞠了一躬，说："老师，俺们找了三处，当为孔、颜之乐。"周濂溪示意他坐下，说："说来听听。"程颢侃侃而谈："一是《述而》篇。其为人也，发愤忘食，乐以忘忧，不知老之将至。二是饭疏食饮水，曲肱而枕之，乐亦在其中矣。三是不义而富且贵，于我如浮云。"

周濂溪示意停下来，说："这都是说的孔子，颜回呢？乐何事？"程颢有窘态，一时回答不出。周濂溪问程颐："你说说看。"程颐也站了起来，行礼后说："《雍也》篇曰：'贤哉，回也！一箪食，一瓢饮，在陋巷，人不堪其忧，回也不改其乐。'先生，这是不是颜回的乐事？"

周濂溪面露欣慰之色，示意二人坐下，在屋中边走边说："二位悟性很好。《述而》篇的两段话是说孔子好学不厌，乐道不忧贫。你看他乐而忘忧，不知老之将至，是说乐道；不忧贫，即是粗茶淡饭，曲肱而枕之，乐亦在其中。"程颐问："老师，'曲肱'怎讲？"周濂溪说："肱指大腿，这是说睡觉没地方，挤在一张床上，你枕住我的大腿，我也不改其乐。对不义而富贵的东西视之如浮云，无动于心。而他动于心的是什么？"说到这里，周濂溪停了下来，问程颐道。

程颐望了一眼程颢说："是道。是知识学问，是治国平天下之道。"

周濂溪继续说："刚才是说孔子之乐，颜回是孔子的学生，他的乐同老师的乐是一样的。一箪食，箪是盛食物用的竹篮；一瓢饮，意思是说由于贫穷，吃粗粮，喝凉水，住在陋巷之中，也不改其乐。颜回虽贫而乐道，虽贫而志道。"周濂溪喝了一口茶，望着二人说："你们想一下，孔子、颜回之乐，是靠什么支撑呢？"

程颢望了一眼弟弟，程颐示意由他先说，程颢说："先生，孔、颜之乐，皆是由道支撑之故。正是心中有道，所以乐而忘忧，不知老之将至，正是由于有道，所以虽贫而乐，不义如浮云，穷且弥坚，不坠青云之志。"

周濂溪高兴地说："你们体会得很好，今日就讲到这里。回去后找一找孔子的道是什么，下次再讲。"

程颢与程颐送先生走出书房外，见暖暖的春阳照在门前窗下墙根的一片青草上，显得绿意融融。周濂溪望着生机盎然的青草，对他二人说："这片青草前几天仆人要剪除掉，我不让。"程颢问："先生，为何不让剪去呢？"周濂溪望着春意盎然的庭院，耳听着树上鸟的鸣叫，并不多说，只说："与自家的意思一般。"程颢沉思着说："先生，这是不是说天地万物草木鱼虫与人的生命息息相通，不能伤害？"周濂溪点了点头："你们仔细体会吧。"

周府外是一大片池塘，荷叶田田。这一日朝霞映在荷塘上，荷花红似霞，白如雪。

周濂溪在池塘边散步，边走边沉吟："出淤泥而不染，濯清涟而不妖……"

程颢、程颐随其后。程颢对程颐说："听说老师作了一篇《爱莲说》，今日见到荷花，又触景生情，吟诵起来了。"

程颐便走近周濂溪说："老师，你给我们讲讲《爱莲说》吧？"周濂溪望着一望无际的田田荷塘，说："这篇《爱莲说》还是要靠你们自己去体会，你们先反复吟哦，直到背会为止，然后体会莲花的品质和精神。"说着便独自吟哦起来："予独爱莲之出淤泥而不染，濯清涟而不妖，中通外直，不蔓不枝，香远益清，亭亭净植，可远观而不可亵玩焉。"

程颐对程颢说："先生将莲花自况，出淤泥而不染，中通外直，香远益清，可远观而不可亵玩。有君子之风。"程颢似乎还沉浸在诗的意境中，喃喃道："莲，花之君子者也……莲之爱，同予者何人?"他走近周濂溪说："当今世风日下，人心不古，真隐者少，有德者鲜，先生借花以自为写照，有君子胸怀，如光风霁月。"

周濂溪微微一笑，对程颢说："予谓菊，花之隐逸者也；牡丹，花之富贵者也；莲，花之君子者也。莲之爱，同予者何人?你十岁能诗赋，常常吟诵《酌贪泉》诗，你写的'中心如自固，外物岂能迁'，同莲花有相同的品质。"

程颢说："古人写《酌贪泉》诗的很多，我写的两句是有感而发。"说罢，便庄重地吟道："中心如自固，外物岂能迁?"周濂溪思考着，边想边说："中心如自固，外物岂能迁?"对程颢小小年纪能写出如此富有思辨的诗感到惊讶。

程颐说："哥哥的两句诗，是说人的品性只要自固，外物是不能改变的，先生笔下的莲花出淤泥而不染，不也是品性高洁吗?"周濂溪微微点头，说："孔、颜之乐，是由道支撑，莲花出淤泥而不染，是品性所支撑，那么，你们说说看，什么是孔子之道?"

程颢凝神而思，程颐则说："老师，孔子曰：'道二，仁与不仁而已矣。'这是不是说，道有两个方面，即仁与不仁?"周濂溪说："仁是孔子之道的核心，也是孔子为人之道的最高精神境界。那么，什么是仁?"周濂溪问正在深思的程颢。

程颢思索着说："《说文解字》云：仁，亲也，从人二。孟子曰：'仁也者，人也。合而言之，道也。'这是不是说只要两个人在一起，便会产生人与人之间的道德关系，而这种关系便是讲仁爱?"

周濂溪十分高兴，说："你们二人悟性真好，我送你们四个字：孔子之道的核心就是'仁者爱人'，仁者爱人就是为人之道的基本准则，这也是孔颜乐处、所乐何事的基本答案。追求仁、达到仁的精神境界，就是一种幸福和快乐。"

程颐与程颢相视一笑，程颐说："老师讲得何其精辟：仁者爱人。仁与不仁，正是人与动物的区别。"

兴国县衙。这一日，大雪纷飞。兴国县衙院内积雪盈尺。院内左右两边分跪着一排乡民，每排有十余人。虽雪落满身，积雪拥膝，两边人仍怒目而视。有几个衙役在监视。

程珦与县尉从门外入，见状，惊问："为何如此处置？这大雪天，要冻坏人的！"县尉二十多岁，气呼呼地说："通判有所不知，兴国这一带民风剽悍，前几日这两家因区区小事闹到县里，咋也劝说不下，情急之下，我罚他们两家跪在雪地，清清他们的火气，再说事！"程珦问："跪几时了？"县尉说："早上跪到现在，有两个时辰了。"程珦说："快让他们起来，我亲自来问案。"说罢便安排升堂去了。

县衙外，程颢、程颐从一辆马车上跳下来，付了路费，背着行李，来到衙门口，正好碰上一大群百姓出来。程颢远远看见了父亲，便对程颐说："你看那不是父亲？"程颐也看见了，说："父亲可能刚处理完案子，在送告状的人。"只见两个年龄在五十多岁的农民对程珦连连作揖说："程通判，多亏你的开导，要不俺俩都是倔脾气，不撞南墙不回头，闹不好还出人命的。"另一个说："你说得对，多半尺，少半尺又有何妨！邻里之间要互谅互让。回去后，我就把多占的院墙扒了。"那个人说："人争一口气，佛争一炷香，程通判讲的道理我口服心服。老弟也不用扒了，咱们还是好邻居，谁还用不着谁！"程珦含笑把人送走，见程颢、程颐回来了，便急着走过来问："你们怎么回来了？"说罢，便让随从将二人行李取下，送回家中。

程颢说："周先生要奉调江宁。俺们只好回来了，这一年多时间，在周先生那里我们确实学问大进，也实在不想离开。"

程珦说："周参军非一般人啊！不仅学问好，懂得孔孟之道，是当代大儒，而且善于治政。我听说当初他任分宁主簿时，县里积案很多，有一案子久拖不决，他到任后，一讯立决。当时他不过二十多岁，县里人都说：周主簿真神了，老吏也不如啊！"

程颐说："我们在南安还听说周先生这样一件事，有一囚犯犯了罪，本不应判死罪，可转运使王逵想邀功，非要南安府判死罪不可，别人慑于转运使的权势，都不敢言，只有周先生与他争辩，可王逵执意非判死刑不可。周先生一气之下，将官印交与王逵说：'你一意孤行，我不干参军了，犯人本不当死，杀人以邀功，取悦于人，我干不了这种事，也当不了这样的官！'后来，王逵见事情闹大了，才不得不将犯人免除死罪。"

程颢说："周先生常告诫我们要有仁爱之心、恻隐之心，对犯人也不例外。"

这时雪下得更大了。程珦望着漫天飞舞的雪花说："仁者爱人是做人的准则，也是做官的准则。你们快回家去吧，你们母亲在家正等着你们回去，我还有公务要处理。"

第二章　太学论策

　　三年后，程珦被朝廷升任龚州知州（今广西平南县），侯氏及家人随行。

　　深秋的一天晚上，北风呼啸，孤雁声声。程母侯氏伫立在院中，一脸惆怅。一个多月前丈夫到龚州的偏远之地调查民情去了，她怀念深入瘴疠之地的丈夫，她深知瘴疠猛如虎，更为他的安全担心，便吟诵了前几年丈夫远赴河朔自己独在历阳（今安徽和州）时写的诗：

　　　　何处惊飞起，雏雏过草堂。

　　　　早是愁无寐，忽闻意转伤。

　　　　良人沙塞外，羁妾守空房。

　　　　欲寄迴文信，谁能付汝将？

　　吟诵罢，一声叹息。

　　程颢推开院门进来，见母亲一脸忧伤，便问："母亲为何叹息？在吟诵谁的诗呀？"

　　侯氏说："没什么，你父亲到龚州偏远之地去了，我为他的安全担心，如今天凉了，不知他何时能还啊！刚才我吟诵的是自己前几年写的短句，聊以排遣郁闷罢了。"

　　程颢说："父亲走时说，过年一定回来。再有一个多月就该回来了，倒是母亲身体弱，不该整天唉声叹气的。"

　　侯氏点了点头，关切地说："你今年已十九岁，弟弟今年已十八岁，再有几年就要参加科举考试了，你们该开始准备了。"

　　程颢说："从周先生处回来，我和弟弟都对科举考试不那么热心，这几年埋头研习孔孟之道，还没有认真准备呢。"

侯氏说："科举取士是读书人走上仕途的唯一出路，在这方面孩儿不要有偏颇之见。依我之见，你们弟兄两个中，你是要先取功名的，你弟弟还要有些周折呢。"

程颢说："孩儿记下了，从明天起我就抓紧备考。"

一阵凉风吹来，侯氏浑身一颤。程颢见状，忙扶住母亲说："夜深了，赶紧回屋吧，你身子弱，受不得凉的。"说罢，便扶着母亲进屋。侯氏边走边说："我最担心的是你父亲深入瘴疠之地，若碰上瘴气，该如何是好！"程颢说："父亲身体好，倒是你要注意。你不是对我们说，夜里不要外出，免受风凉，染上瘴疠吗？"侯氏说："我为你父亲担忧，在这院里站的时间有些长，没事的，我熬点药喝喝预防预防。我还是半个中医呢！"

这一日侯氏病了，程颢端着药碗，推门进来，递与守在床边的程珦。程珦扶起侯氏说："起来，把药喝下。你对我说，要小心受凉，以免染上瘴疠，你倒好，自己却染上了，还说自己是半个中医呢！"

一脸病态的侯氏披上衣服，坐起喝药，喝毕，说："我身子骨弱，哪想到迎风受凉就染上瘴疠！"

程颐手牵着两个妹妹进来，看上去大妹有十四五岁、小妹十来岁的样子。

大女儿上前问："母亲病好些了吧？"

侯氏疼爱地抚摸两个女儿的头："好些了，喝了你父亲请的郎中的药，这两天好多了。"她拉着小女儿的发辫说："来，让我给你把辫子梳一梳。"她边梳边对大女儿婆娇说："以后要勤给小妹梳头啊。"

婆娇点点头，眼圈一红。

程珦问程颐："近日在读什么书？"

程颢接过话说："弟弟这一段整日捧读《论语》。"

侯氏说：读《论语》也是正事。颐儿有何收获？"

程颐说："读《论语》如嚼甘蔗，读之愈久愈觉意味深长，有读了后全无事者，有读了后得其中一两句喜者，有读了后不觉手之舞之足之蹈之者。"

程珦显得十分有兴趣地问："哪些话使你不觉手之舞之足之蹈之，这样高兴？"

程颐说："孔子曰：'一日克己复礼，天下归仁焉！'我这几日苦苦思索如何使天下的人都有仁爱之心，孔子说得多好：克己复礼，克制私欲恢复礼义，天下之人就有仁爱之心了。"

程珦点头。程母对两个女儿说："你们弟妹之中，两个哥哥将来会有大出息。我生了六男，长应昌，次在锡，早年夭折，老五、老六也没成人；女儿中老大、老三也短命，你们姊妹两个今后要多向两个哥哥学习。"

婆娇说："母亲，俺学完《蒙求》也就算了，反正女儿家朝廷也不准考状元。"

侯氏说："知书达理，只有知书才能达理。不考状元，也要知书达理啊！"

程珦拿起放在床头的《蒙求》："我来考考你们，谁来背背这一段：'王戎简要，裴楷清通'……"

婆娇对小妹说："你脑子记性好，你背吧。"小妹有些紧张："怕背不好。"说完便童音清脆地背了起来：

王戎简要，裴楷清通。

孔明卧龙，吕望非熊。

杨震关西，丁宽易东。

谢安高洁，王导公忠。

匡衡凿壁，孙敬闭户。

……

时苗留犊，羊续悬鱼。

程珦说："背得不错，文义知道不知道，比如说这'匡衡凿壁'？"

小妹面有难色："俺是听哥哥念书时学来的。"婆娇说："是说匡衡把墙凿一个洞。"

程珦追问："为啥要把墙凿一个洞？"

婆娇说："俺也不明白。"

程颢接过话说："匡衡是东海人，父亲为一个农夫，匡衡好学家贫，穷到看书时连蜡烛也没有。他家的一个邻居，家境比他家好一些，夜夜通明。匡衡便想了一个办法，在墙上凿了一个洞，引光读书。后来匡衡考中状元，汉元帝时还当了丞相。"

侯氏对程颢说："日后你们读书，对妹妹也要留意些，一些典故也要讲讲，不要让她们光会背曲曲儿。"

程颢说："孩儿记下了。"

程珦望着侯氏说："我这次从龚州偏远之地调查归来，府中事情也不多，我看不如把你和孩子们送到江宁家中去吧，你们在这里我实在不放心。"程珦在来龚州前已将家安在江宁（今南京一带），家里的老人都住在那里。

侯氏说："可我就是对你不放心呀。"程珦说："我是职务在身，你们快离开吧。几天后就离开。"

一个多月后，程珦送侯氏回到了江宁家中。不幸的是侯氏在北归途中病情危急。当回到家时，侯氏脸上已显出瘴疬之色。这天晚上，程珦在灯光下看着侯氏病态的脸色，握住她的手十分愧疚地说："都是我害了你呀，当初你就不该跟随我到龚州去，这路上一颠簸，你的病又加重了！"侯氏摇了摇头，说："这怎能怨你呢！去岭外是我要去的，北归也是为了我和孩子们好。这一生能与你做夫妻，是我的福分。我只有一事不放心，婆娇已快到出嫁年龄，奉礼郎席延年前几日由他家人送来聘礼，要娶婆娇为妻。你当时没在家，我不便做主，说等你回来再定婚。这奉礼郎在朝中当差，我还中意，不知老爷可中意否？"婆娇红着脸问父亲："奉礼郎是啥官职？"程珦说："凡是在朝中干秘书省校书郎、秘书省正字的，是进士出身，转到大理寺任评事；无出身的，转到太常寺任奉礼郎，大约是掌管礼仪之类的事。郎是六品以下的官职。"

程珦扭头说："只要夫人中意就定下来。婆娇啊，席家不同于一般人子弟，这样你在读书上，要特别用心。我来问问，你读了那些书？"

婆娇说："回父亲，《孝经》《论语》我都读过了。班昭的《女诫》正在读。"

程珦说："《女诫》是妇女做人的准则，重点是妇德、妇言、妇容、妇功。你说说这几项内容吧。"

婆娇思索着说："妇德不必才明绝异，只要清闲贞静，守节整齐，行己有耻，动静有法；妇言不必辩口利辞，只要择辞而说，不道恶语，时然后言，不厌于人；妇容不必颜色美丽，只要盥浣尘秽，服饰鲜洁，沐浴以时，身不垢辱；妇功不必工巧过人，只要专心纺绩，不好戏笑，洁齐酒食，以奉宾客。"

程珦连连点头，侯氏病态脸上呈现喜色，说："这四者是女人之大节，婆娇日后要细心体会，照着去做，我也就放心了。"

程珦对夫人说："倘若他家明年来娶，这几个月内婆娇就要专事女红，练习一些居家生活常识，免得人家说我们没有家教，孩儿到那里被人耻笑。可你又病着，这该如何是好？"

侯氏说："我这身子怕是等不到送婆娇出嫁了，我早就考虑了这些，从今年开始，就让她祖母教一些女红，孩儿也很懂事，日常的居家生活也能应付，至于应对礼义，孩儿在咱们家言传身教，加上她处处留心，亦不是什么问题。"

程珦说："这我就放心了。"他对小女儿说："这一段日子，你也要处处留心，跟你姐姐多学些女红，将来都是有用处的。"

小女儿点了点头，却显得有些不好意思地说："俺还小着呢。"

侯氏拉过小女儿无限怜爱地说："你都十岁了，今后要懂事些，俗语说处处留心皆学问。"她忽然心头一酸，几乎落下泪来，忙扭过头去："今后多跟着你姐学些本事。"

小女儿懂事地点了点头。

程珦说："这几年一些地方开始流行女孩缠脚，我在龚州时见一些人家把孩子的脚用布一层层缠起来，很折磨人的，说是脚小显得人小巧玲珑。咱们这儿才刚刚流行。婆娇不说了，快出嫁了，小妹可要做好思想准备，十二岁前恐怕也要缠脚。"

小女儿瞅了瞅脚说："脚好好的，为啥要缠呀，到时候什么也干不成。我才不缠呢！母亲，给我说句话。"

侯氏说："我也不想让女儿缠脚，不知从那儿传来的风气。唐以前国力兴盛时没人缠脚，魏晋混战时也没人缠脚，那时候女人要都缠成小脚，连年战乱，连跑也跑不快，还不是遭罪？这大宋才稳定几年，就有人出来缠脚！老爷，我看咱不赶这风气，能不缠就不缠。"

程珦说："能拖一天是一天吧！不过过了十二也就缠不成了。到时候如果人家都缠了，女儿脚大嫁不出去了，可不要怪我啊！"

小女儿说："嫁不出去我就不嫁，在家侍候父母一辈子！"

众人都笑了。

一个月后，侯氏还是去世了。这一日下葬后，程颐、程颢、婆娇、小女儿在坟前跪拜。一阵寒风吹来，把坟头的挂纸吹得哗哗作响。

小女儿在地上哭得爬不起来："母亲啊，你怎么说走就走啊！"

婆娇边哭边劝说："起来吧，别哭了，你看父亲也够难过的。"

程颐、程颢过来安慰着父亲。程珦深情地望着坟头说："你才四十九岁啊，是为这个家操劳而死的呀！"

不远处，一丛迎春花开得灿烂，程珦喃喃地说："夫人，你是二月二十八日去世的，你看没几天，这坡头的迎春花就开放了，有它陪伴，你就在这安息吧！"

哀乐声中，程珦吟起侯氏的诗：

> 何处惊飞起，雏雏过草堂。
> 早是愁无寐，忽闻意转伤。
> 良人沙塞外，羁妾守空房。
> 欲寄迴文信，谁能付汝将？

程珦望着幽深的蓝天，又一次重复：

> 欲寄迴文信，谁能付汝将？

皇宫福宁宫里，这一日早朝，宋仁宗端坐在大殿上，满脸喜色地看着进来的官员。

程珦着紫色官服，立在前排。

宋仁宗动情地说："众爱卿，你们都是朕的手足。本朝立国以来，本着儒家以人为本的思想，施行仁政。可要把朕的旨意贯彻下去，还要靠诸位。今天朕召见你们，给你们赐绯鱼袋，就是对你们爱护百姓、体恤百姓疾苦的褒奖！"

程珦等人跪下，齐呼："谢陛下！"

吏部官员念道："龚州知府程珦！"

程珦上前一步，说："卑职在！"

吏部官员说："程珦在龚州知府任上，恪尽职守，体恤百姓疾苦，皇上特赐绯鱼袋！"

宋仁宗走下大殿，手持绯鱼袋，亲手给程珦佩戴，说："去年夏天阴雨连绵，下不了种，你是如何下种救活百姓的？"

程珦说："回陛下，当时我到地里查看，对老乡说，雨下的时间已不短了，本来种秋就晚了，现在冒雨将种子撒在水田里，等天晴苗出来还不算太晚。如等天晴再去下种，就跟不上了。百姓听了我的话，冒雨撒种，天一晴，苗就出来了。秋天还算有收成。"

吏部官员说："临近的州没人管，雨后才种的庄稼，结果秋天庄稼长不熟，还得朝廷赈济！"

宋仁宗感慨地说："你们是朕的手足，都要像程爱卿那样，体恤百姓，常到田间走走。"

北宋的太学设在东京锡庆院。这一日，二十四岁的程颐，身着蓝布长衫，向太学门口走去。

院内柏树森森，房舍俨然。不时有身穿蓝布长衫的太学生走过。

程颐走到一处房舍前，一书童问："先生找谁？"程颐取出一信札说："我找胡瑗先生。"书童接过信札，匆匆一阅，说："先生请。"

胡瑗看上去有六十多岁，长髯飘飘，正在书房内临窗低吟："路曼曼其修远兮，吾将上下而求索……"

书童领程颐进人书房内，书童递上信札，胡瑗阅罢，对程颐说："你就是大理寺丞程珦的公子程颐，快坐。"书童端上茶水，置于茶几上。

胡瑗端详着程颐说："令父现在何处任职呀？我记得他前几年以大理寺丞在南

安军兴国当县令。"

程颐说："家父后来到龚州任知州，这次被皇上赐绯鱼袋，授予国之博士，在洛阳西京监管染院。"

胡瑗惊讶地说："被皇上赐绯鱼袋可是大事呀！绯鱼袋是皇上对政绩优异官员的赏赐，了不得！"

程颐说："我和哥哥这次跟从父亲来京城，我想来太学读书。"

胡瑗想了想说："我听你父亲说过，你们弟兄两个，曾跟从周敦颐拜师求过学，你的哥哥叫什么？"

程颐说："我的哥哥叫程颢，俺们十五六岁时跟从周先生求学一年多，周先生的道德文章，对俺们影喻很大。离开周先生后，我和哥哥都对科举仕途产生了厌倦情绪，慨然有求道之志。"

胡瑗摇了摇头说："慨然有求道之志是对的，对科举产生厌倦情绪是不对的。在当今社会，要实现治国平天下之志，舍科举无路可走呀！今年是大考之年，你们弟兄考了没有？"

程颐叹口气说："我和哥哥都参加了乡试，我的成绩靠后，而今年解试名额朝廷减半，我被减了下来。"

胡瑗以鼓励的口气说："你不要灰心，今年没机会，三年后还可再考。我也是考了好几次，可我的运气更不好，始终没考上，最后还是皇上恩赐了个进士。你可不要灰心呀！"

程颐心头一凉，仿佛看到了自己的结局。他淡淡地说："我会努力的。父亲让我来太学跟从大人读书，大人是否同意？"

胡瑗说："可以的，太学规定，八品以上官员的子弟可以入学，你也符合在太学读书的资格。"他扭头对书童说："你领程公子去办手续吧。"

太学课堂内，有十几个太学生，程颐在后排，正在看着台上。

胡瑗身着长衫，走上讲台。他扫了一眼台下的太学生，见程颐在后排，便说："今天诸位写篇策论，题目是'颜子所好何学论'，颜子是孔子的学生颜回，诸位论述一下颜子所喜好的是什么。"

太学生们有的开始研磨，有的在支颐沉思。

程颐从书包里取出毛笔、砚台，边研磨，边思考，展纸写了起来。

第二天，胡瑗书房内。胡瑗在书桌旁手执程颐的策论，自言自语："好文章！好文章！太学少有！太学少有！"继而念道：

"圣人之门，其徒三千，独称颜子为好学。夫《诗》《书》六艺，三千子非不习而通也。然则颜子所独好者，何学也？学以至圣人之道也。"

胡瑗喜形于色，放下程颐的文章，走至窗前，拈着胡须，沉吟道："然则颜子所独好者，何学也？学以至圣人之道也。"

窗外，是挺拔的松树。

书童推门说："胡大人，翰林院吕大人来了。"

吕公著时年不到四十岁，一身紫色长袍，头戴博士帽，显得神采奕奕，他一步跨入房内，一边行礼一边说："胡大人，打扰了，刚才在读谁的文章？"

胡瑗连忙还礼说："翰林学士前来，有失远迎，快坐快坐。"

吕公著坐下后，胡瑗说："昨天我为太学生出了道策论《颜子所好何学论》，程颐的文章太出众了，我刚才批阅之余不禁读了起来。先生也可一阅。"说罢从桌上拿出程颐文章，递与吕公著。

吕公著接过文章，匆匆阅读起来。先是屏息，继而眉开，然后用手击着桌子，连声说："怪不得先生叹服，真奇文啊！"

胡瑗说："后生可畏！这程颐不过二十三四岁，他的见解可谓高远。他提出颜子所好者为'学以至圣人之道'，并说凡学之道，正其心养其性而已。这正其心养其性，不正是朝廷兴学的宗旨吗？"

吕公著说："程颐最后提出人人都可以做到学而知之，人人都可成为圣人。这篇高论，前人尚未论及！"

胡瑗说："这样的学生太学那些教授如何能教？我正在考虑准备聘请程颐为学职，协助正录管理学生、执行学规。"

吕公著说："是啊！按程颐的学问当教授也能胜任。胡大人，我这次来，本来是看看小儿希哲的，刚才我想，不如让希哲拜程颐为师，你看如何？"

胡瑗问："希哲与程颐年龄相差多少？"吕公著说："小五六岁。"胡瑗说："甚好！希哲与程颐年龄相仿，在一起学习，正好可以相互切磋，共同促进。"

吕公著说："大人，把程颐叫来让我认识认识如何？"

胡瑗对学童说："去吧，连吕翰林学士的公子也请来。"学童应声去了。

吕公著与胡瑗闲聊片刻，书童领程颐和吕希哲进来。

胡瑗看着程颐说："快来拜见吕大人，他可是翰林学士，是吕希哲的父亲。"

程颐向吕公著施礼。吕公著对吕希哲说："希哲，你向程先生行拜师礼吧，他是我和胡大人给你请的先生。"

程颐急切地说："我也是胡大人的学生，岂能当什么先生！不行，不行！"

胡瑗说："程颐呀，你的策论我看过了，发前人所未发，见识高远。我决定聘你为学职，在太学协助管理学生。既然吕大人看中你，你就让希哲给你行礼吧！"

程颐为难地说："这如何是好！这如何是好！"

吕公著给吕希哲使眼色，吕希哲忙向程颐施礼。

吕公著见程颐接受了拜师礼，便说："这就好！这就好！由程先生做你的先生，我就放心了。"

程颐对胡瑗说："大人，我只是初入太学的生徒，岂能胜任学职？"

胡瑗说："我给你解释一下，太学里的学官分为博士、学正、学录、学职、学谕、直学、斋长、斋谕八个等级，博士是讲授的，学正是负责生徒的考核训导的，学录是负责执行太学学规的，学职是协助学录执行太学学规。这学职就是从品学兼优的学生中选拔兼任的。刚才我同吕大人说，按你的学问当个博士也能胜任，让你当学职是兼职，不过每月有薪俸，可弥补生活开支。"

程颐说："多谢先生了！"

吕公著说："程先生就先给我的孩子当当先生吧！希哲，赶紧向先生请教请教吧！"

吕希哲说："程先生，我欲学圣人之道，该从何处下手呢？"

程颐说："我是十七岁在周敦颐先生的指导下开始读《论语》的，《论语》你读了没有？有何体会？"

吕希哲说："读过了，没啥体会呀？"

程颐说："读《论语》，要反复体味，读之愈久，则觉意味深长。很多人读《论语》，有读了后全无事者，有读了后其中得一二句喜者，有读了后知好之者，有读了后不知手之舞之足之蹈之者。"

吕公著对吕希哲说："你恐怕就是读了后全无事者，因为你说没啥体会呀，程先生是'读了后不知手之舞之足之路之者'，因为先生是学到了《论语》的真谛了，心里乐呀！"

程颐说："说我学到了《论语》的真谛，尚未达到，不过我读了《论语》之后，倒是在《论语》的道德义理、心性修养上有所认识。这方面应该得益于周敦颐先生的启蒙。他对汉唐诸儒拘泥于对儒家经典的笺注训诂而不甚讲究道德义理、心性修养很不以为然，认为如此不能'明道'。"

胡瑗点点头说："在这一点上，我同周敦颐先生是一致的。我也反对汉唐诸儒对儒家经典的只注重考据和字义解释，而忽视儒家经典所体现的道德修养和治国平天下之道。你拜周敦颐为师，得其真传，加上细心体会，我看你是对儒家经典的学习已登堂人室了。这从你写的策论里已看得出来。"

程颐说:"大人过奖了,在先生面前,我还是一个学生。"

吕公著对吕希哲说:"你同程先生宅舍相邻,今后要多向程先生求教。"

吕希哲对程颐说:"过去我们是同学,如今你是我的先生,还望多多指教。"

程颐说:"不必客气,我们相互学习、帮助。"

开封泰宁坊程颐家里。夜已经很沉了。程颢、张载正在书房里学习,两人一人一桌。桌上有油灯闪亮。张载看上去有三十多岁。

七岁的刘立之提了茶壶进来,给他们倒水。

程颐兴冲冲推门进来说:"哥,前几天我写了篇策论,胡瑗先生看后,颇为赞赏,还要聘我当学职,你看如何是好?"他看着张载说:"这位先生是谁?"

张载笑着说:"我是你表叔呀!前几天我从陕西来到这里时,你哥说你到太学读书了。"

程颐忙行礼说:"我听父亲说过,说奶奶姓张,老家是陕西关中一带,说表叔你从小志向远大,又博学好古,要我和哥哥以你为楷模。你怎么也来开封了?"

张载说:"明年是大考之年,我长你们十岁,这一次需好好准备准备,就到开封来了。表哥给我来信说,去开封就住在咱泰宁坊老家。我来一看,这房子,确实很宽敞,不愧是皇上赐的宅院。"

程颐说:"我听父亲说,我们老家本是在河北中山博野,高祖程羽因为辅佐开国皇帝有功,官至兵部侍郎,被赐第泰宁坊。"

张载问:"那为何又搬到湖北黄陂县去住呢?"

程颢说:"听我父亲说,高祖深得宋太宗赵光义的器重,天平兴国七年(982年)赵光义下诏让我祖父程遹任黄陂县令,后来皇帝录旧臣后代,我父亲被任黄陂县尉,我们全家就搬到黄陂县去了。这所宅院只好请人守护着。想不到今天我们考试,又派上了用场。要不住客栈,我们可付不起银两啊!"

张载打量着房子说:"表哥家还算有这所房子可以落脚。我听父亲说过,我们家原先也在这京城居住,父亲被任为涪州知府后全家就搬到那里去住了。我十五岁的时候,父亲去世,我和弟弟都还年幼,与母亲将父亲的灵柩运到陕西横渠时,钱也花光了,无奈只好将父亲安葬在那里,我们也就在横渠住了下来。"

程颐叹口气说:"这样说来,表爷也是清官。连安葬的费用也没有。"

张载说:"我听表哥说过,你家的情况也是这样。姑夫在黄陂当县令时,也是为官清廉,所得俸禄都救济亲戚和百姓了,结果姑夫死后连安葬费都是借的。"

程颢说："当时父亲年幼，为了安葬爷爷到处向人借钱。后来还是当朝宰相文彦博到黄陂巡察，了解到爷爷为官清廉，向仁宗上奏，仁宗赐了丝绢，才还清了借款。"

张载说："我们的先人清正自守，没有为家里留下财产，却为我们留下了宝贵的人间正气。"

程颢说："如今能像表爷为官的人太少了！"

张载问程颐说："刚才你说胡瑗大人很器重你，要聘你为学职？"

程颐说："是的，可我想听听你们的意见，我连个进士也没考上，聘为太学的学职怕不妥吧？"

张载说："这胡大人可是当代大儒，他早先同石介、孙复在泰山读书，十年面壁，一旦功成，胡大人便在家乡苏州创立学院，后来被仁宗皇帝任为太学主管。要我说，既然胡大人要聘你，你不妨就任。"

程颢赞同地点了点头，说："弟弟虽说今年因解释名额减半而无缘贡举，可因一篇策论而被胡大人聘为学职，为兄我脸上也有光呀。这事要是被父亲知道了，也会感到欣慰的。再说，学职还能领份薪俸，也能为家中减些负担。"

程颐说："那我就兼做个学职吧。"这时，刘立之过来给他续茶水，他问："你怎么不在洛阳家中，啥时来开封的？"

刘立之说："二位先生离家来到开封，我在家中感到烦闷。刚好家中要给二位先生送棉衣，我便同他们一同来了。"

张载端详着刘立之，问程颐："他姓刘，为何长住在你们家？"

程颐说："他的父亲同我父亲私交很好，前几年他父亲去世，临终前将小立之托付给父亲，我和哥哥将他接过来，这几年一直跟着我们。唉，他是个可怜的孩子！"

张载拉过刘立之说："你这两位叔叔可是有学问的，你跟着他们可算跟对了，他们可都是你的先生。"

刘立之说："我正要拜两位先生为师的。"

程颢说："弟弟，立之今年七岁了，他昨天同我说了要拜我们为师，你看咋办？"

程颐说："我还没同你说，前几天翰林大学士吕公著大人到太学看他儿子，已让他的儿子吕希哲拜我为师。我看立之要拜的话，你就收下吧。"

刘立之向程颢施礼后又向程颐行了拜师礼说："二位先生的道德学问都是我要师法的。"

程颐笑着说："小立之怪会说话，你拜为兄为师，难道怕我不高兴？"

刘立之一笑说："我怕大先生考上进士当官去了，没人教我呀！"

程颐说："小立之考虑得怪远。到时候你跟着我就行了。"

夜幕下的相国寺内人声鼎沸，有各种卖小吃的、玩杂耍的、说书的、烧香拜佛的，好不热闹。

千手观音像前，集了不少人，有立的、有坐的，人们在听张载讲《周易》。

新进来一个穿蓝色学士服的，问身旁一老者："老伯，这讲者是谁，在讲什么呀？"

老者说："这人叫张载，来京备考的，已经在这儿讲了好几天了，每天都有好多人来听他讲《周易》。"

学士说："讲《周易》？我也来听听。"他往前挤了挤，见张载坐在一张老虎皮上，正要开讲，听有人议论："这个人好奇怪，坐着虎皮讲《周易》。"

一个人说："听说人家学问可大了，连当朝大臣文彦博都很赏识，还是文彦博让他在这里讲《周易》的。"

老者说："《周易》演八卦，原先我想有啥听头，还不是算卦那一套！可这几晚上我一听，人家张先生就是有学问，把《周易》讲得透亮透亮，连咱也听得明明白白。"

这时张载说："各位，讲《周易》，咱先从这字义上讲起，这'周'指周朝时的周文王，周文王当年被囚在牢里，根据天地日月四时变化推演八卦。这'易'字，原本就是日月组成。《易》说的基本内涵就是以自然来演绎人的本质变化。比如说乾代表天，坤代表地，乾代表阴，坤代表阳，太阳和月亮代表男与女。"

刚才说话的老者问："先生，你说易由日月组成，又说太阳代表男子，月亮代表妇女，这世界不就是男女组成的吗？"

张载接过话说："老伯说得对，太阳刚烈，代表男子的阳刚一面，月亮阴柔，代表女子的温柔一面。正是刚与柔的互相作用，才组成家庭、组成社会。一个家庭由男女组成，一个人在社会上行事，也要刚柔相济，所谓大丈夫能伸能屈，就是这个道理。伸是刚，屈就是柔。一头碰到南墙上，于事无补。大家都熟知历史上韩信可谓刚烈丈夫，可他还甘受胯下之辱。这也是能屈能伸的实例。"

老者身边一年轻人摸着头说："今天没白来，我就是个火暴性子，遇事硬碰不拐弯，过去老吃亏，看来这《周易》中有学问呀！"

老者说："人家张先生天天晚上在这儿讲，明天你还来不来听？"

年轻人说："来。"

这一天上午，相国寺内熙熙攘攘。程颢、程颐、张载向寺内走去。随同的还有太学生吕希哲和刘立之。

他们来到千手佛像前，见不少人在烧香拜佛，程颢说："表叔你在这里讲《易》，效果如何？"

张载说："我本来不想来讲，是文彦博先生让我讲的，听者倒不少，我知道二表侄深明易道，你们来讲更好。"

程颢、程颐相视一下，程颢忙说："我们也是略知一二，表叔早已登《周易》大堂之门。我们应向你拜师的。"

张载说："陕西地偏，我有些研究，毕竟孤陋寡闻，这一段到京师会八方才俊，纳各种思想，感到受益不浅。"他把目光投向程颢："《易》的核心是什么？"

程颢沉思着说："易，变易也，生生之谓易。"

张载作沉思状："易，变易，生生之谓易，生生之谓易，这生生不就是变化吗？深刻、精辟！"

程颐也说："生生之理，自然不息，有生便有死，有始便有终。"

张载说："表侄试举例。"

程颐说："婴儿一生，长一日便是减一日，何尝停止不动呢？然而身体日渐长大，长的自减，自不相干也。"

程颢说："生生之理，由微至着，由小到大。《周易》《象》曰：地中生木，升，君子以顺德，积小以高大。"

程颐说："木生地中，长而上升，为升之象，君子观升之象，以顺修其德，积累微小，以至高大。顺则可进，逆乃退也。万物之进，皆以顺道也。善不积不足以成名，学业之充实，道德之崇高皆因积累而至。"

张载由衷赞叹："二位表侄深明易道！我本人过去一些百思不得其解的问题，今日如茅塞顿开！易的本质是变化，不管是自然界还是天下芸芸众生，哪一天，哪一时不在变化！而君子就应深明变化之道，由小到大，由微至著，随时变易而从道。"

程颐说："表叔不愧为前辈，总结得好！我们研究易道只是有些体会，表叔归纳得很精辟。"

张载连连摇头："我的认识很肤浅，后生可畏啊！"

程颢笑了笑："表叔可不要这么说，我们一向是很敬佩你的，古人说术业有专攻。我们只是在易学上有一些不同见解而已。你奉行的'为天地立心，为生民立命，为往圣继绝学，为万世开太平'人生宏愿，我们感服至极。环视当今之世，谁有如此宏大的抱负！"

张载说："少年时，我也曾一腔热血，期望提劲旅数万，收复西夏失地！当时范仲淹任陕西河东宣抚使兼知延州，还专门召见我，听了我的志向后，鼓励我学习《中庸》，走科举之路。无奈岁月蹉跎，今年我已三十八岁了！"

程颢说："为万世开太平，正当其时！如果说现在科举考试是取得进身阶梯的话，那么如果真的考中，就该我们用圣人圣言去实现平天下、开太平的目标了！"

张载说："十年寒窗，一朝登第，如何以圣人之道治当今之世，为百姓立命，倒是我们今后要研究的新问题。"

程颢笑着说："如今还是研究如何考中吧！"张载和程颐都笑了。

这时有一群太学生走了过来，见吕希哲也在这里，有一人拉住他问："俺们听说来京应考的儒生中有叫程颢的，声望颇高，诸位儒生都以为学问不及，莫不登门拜访，你识与不识？"

吕希哲指了指程颢说："近在眼前，还不快拜！"

众太学生围住程颢要拜，程颢连忙拦住说："诸位都是太学生，是天子门生，使不得，使不得！"

吕希哲笑着说："那就拜我的先生吧！"说罢，指了指身边的程颐。

一太学生说："他不是刚来的太学生吗？同你住临舍？"

吕希哲说："是呀，是被胡大人因一篇策论而聘为学职的程先生，我早就拜师了。你们再拜，程先生收不收还不一定呢。"

一个太学生欲对程颐作揖，程颐拦住说："使不得，使不得，咱们都是学友，岂敢！岂敢！"

太学生说："那程先生是看不起俺们了！为何收了吕希哲？"

程颐为难地说："是吕翰林大学士强迫的呀！"

一个太学生说："是呀，人家吕希哲有个当翰林学士的父亲，咱没有呀！"

程颐说："诸位不要不高兴，今后若是学问上有问题需要在一起讨论，我倒是热情欢迎。"

众太学生说："那我们去你舍斋求教，你可不能拒绝呀！"

程颐说："不会，不会！"太学生们高兴地与他们告别，离开了。

程颢望着离去的太学生，回想着今天同表叔和弟弟在相国寺里讨论《周易》的话，感慨地说："不知此地自古至今，还曾有人来说此话么？"

吕希哲说："我看是头一次。来这里的芸芸众生，多数是来烧香拜佛的，何尝有人来谈论治国平天下之道的。"程颐说是啊，我看周易是大道之源，值得好好探究"

第二天夜里，相国寺内，千手观音前。张载在收拾他讲《易》时坐的虎皮。

围过来听讲的悄悄议论说："看来张先生今晚不讲了。"前天晚上听过讲的一老一少也围过来说："张先生，你为何要撤去虎皮呀？"

张载把虎皮卷成卷边往肩上放，边说："洛阳来了两个姓程的同胞兄弟，深明《易》道，你们可师也。我以前给你们讲的皆乱道。"

年轻人说："先生太谦虚了，前天晚上我听你讲《易》，感到懂了不少道理，这人应该刚柔相济，不能一头撞到南墙上，我过去就吃了不少亏。俺还想再听你讲讲，你要走了。"

张载见年轻人憨厚老实，十分可爱，便说："后生，我说的是小道理，是做人的学问，两程兄弟说的是大道理，大学问，是治国的大道理。他就住在城北角的泰宁坊，可找他拜师去。"说罢，拿起虎皮走了。

年轻人看着离开的张载，对老者说："看来真有高人呀，张先生可是当朝宰相文彦博都看重的人，他都不敢在这里讲《易》了。这姓程的可是高人呀！"

老者说："怪不得人说天外有天。可就不知道这姓程的会不会来这里讲《易》呀？"

合州（今重庆合川）钓鱼城。时值暮春，城外满山葱翠。半山有一八角亭。

周敦颐在前，程颢、程颐在后，往山上走去。

周敦颐边走边说："我前年被朝廷任为合州通判，你们是怎么知道我在这里？从中原来到这里，不易呀！"

程颢说："今年春上我们到陕西凤翔看望父亲，父亲对我们说先生在这里任职。我去年考上了进士，被任为陕西户县主簿，上任前想来拜见先生，求教为官之道。"

周敦颐说："恭喜，恭喜，想不到你成为朝廷命官了！你的同年都有谁？"

程颢说："有我的表叔张载，有蜀中才子苏辙、苏轼兄弟，有曾巩、曾布，还有太学生朱光庭。"程颐说："朱光庭我听说在太学是跟从石介的，石介与胡瑗先生同为儒学大家。"

周敦颐："殿试的题目是什么？我很想听听你是如何论述的。"

程颢说："殿试主考由欧阳修领衔，王珪、韩绛、梅尧臣为考官。试题是《南庙试佚道使民赋》。我提出：'人情莫不乐利，圣政为能使民''厥惟生民，各有常职；劳而获养，则乐服其事；勤而无利，则重烦其力''大抵善治俗者，率俗以敦本；善使民者，顺民而不劳'。"

周敦颐以赞赏的口吻说："'善使民者，顺民而不劳'，这句话道出了为政之道。多作顺民心、合民意的事，而不要为了所谓政绩而扰民，干劳民伤财的事。这也是你从政所要注意的。"

程颢点了点头。

周敦颐问程颐："你没考试？"

程颐说："我因解试名额减半，没考进士。如今在太学跟从胡瑗大人读书。哥哥说来见你，我就跟来了。"

周敦颐开导说："能考上进士也好，毕竟是正途，可为朝廷效力。可你也知道，我也没走科举这条路，你的先生胡瑗也没中进士，只要有学问，不照样能为朝廷效力吗？"

程颐说："胡先生同你的看法一致，他就主张太学生学习儒家经典要以修身修德治国平天下为己任，不专为科举仕途而学习。"

周敦颐点了点头，说："我很想拜见胡先生，与他切磋切磋。"

周敦颐一行人来到八角亭前，程颢指着亭上的"养心亭"题字说："周先生，这题字是你写的吧？"

周敦颐端详着题字说："当地有个文士叫张子宗，德行高尚，学问渊博，他去年在这里建了个八角亭，让我题字，我不仅题了字，还写了《养心亭记》。也刻在这里。"

程颢、程颐来到亭边的养心亭碑记前，观看碑文。

程颢念道："孟子曰：'养心莫善于寡欲。其为人也寡欲，虽有不存焉者寡矣；其为人也多欲，虽有存焉者寡矣。'予谓养心，不止于寡而存耳，盖寡焉以至于无，无则诚立明通。诚立，贤也；明通，圣也。是圣贤非性生，必养心而至之。养心之善，有大焉如此，存乎其人而已。张子宗范有行有文，其居，背山而面水。山之麓构亭，甚清净。予偶至而爱之，因题曰'养心'。既谢，且求说，故书以勉。"

程颐思索着说："孟子说'养心莫善于寡欲'，先生讲养心，把养心与诚和明联系起来，认为诚可立贤，明可圣。而要做到诚和明，养心是基础。"

程颢问："周先生，为何说养心可立诚明通？"

周敦颐说："一个人没有非分的欲望，做到寡欲乃至于无欲，就能立诚，就能清明通圣，达到圣人的境界。相反，如果一个人有私欲，有非分的欲望，就会欺骗，就不能做到诚，也就不能清明了。"

程颢思索着说："这'不能清明'指的是神志不清，有非分的欲望就会神志不清。"

周敦颐说："是呀。就拿你走上仕途来说吧，虽然说是一个小小的主簿，可也会面临着各种各样的诱惑。如何经受住诱惑的考验？我看关键在于养心，在于心志正呀！"

程颢思考着："养心，心志正，而要做到这一点，就要寡欲，去掉非分之欲。"

春风习习，柳丝飘飘，紫燕飞飞。这一日上午，周敦颐在前，程颢、程颐在后，沿着田间小道往河边走去。

到了河边，周敦颐说："面对今日春光，我想起了孔子同几个学生问学的事。"

程颢说："先生，俺看《论语》中有'暮春者，春服既成，冠者五六人，童子六七人，浴乎沂，风乎舞雩，咏而归'，请问是什么意思？"

周敦颐说："这是《论语》中孔子同子路、曾点、冉有、公西华的对话，孔子问他们几个将来的志向。"

程颐说："那他们的志向是什么？"周敦颐说："子路、冉有、公西华的志向都是做官治国。孔子问：'曾点你的志向怎么样？'曾点说的志向却是：'暮春三月，穿着刚做成的春装，陪同五六位成年人，六七个小孩在沂水边洗洗澡，在舞台上吹吹风，一路唱着歌回来。这就是我的志向。'孔子长叹一声说：'我赞同曾点的想法啊！'"

程颐不解，问："老师，难道子路他们做官治国的志向不好吗？"周敦颐说："不能说做官治国的志向不好。从我的愿望来说，我也是希望像咱们今天这样沐春风，穿杨柳，在这里吟风弄月，不受官场约束。"他见程颢在沉思，便问："你有何想法？"程颢说："吾与曾点的志向是一致的！"

周敦颐望着飘飘杨柳，吟诵道："暮春者，春服既成，冠者五六人，童子六七人，浴乎沂，风乎舞雩，咏而归。"

程颢、程颐也跟着吟诵："暮春者，春服既成……浴乎沂，风乎舞雩，咏而归。"

炊烟升起。有几声鸡鸣。周敦颐家是一处清堂竹屋。屋内有竹椅、竹几。周敦颐坐于上首，程颢、程颐分坐两边。桌上有芋头、蔬菜、酒壶。

周敦颐举起茶杯说："你们来这里一个多月，明天就要离开这里了，我备了薄酒给你们饯行。"说罢，给二程斟酒。

程颢说："先生，我就要上任去，望先生赐教。"周敦颐说："官场险恶，诱惑颇多。我就送你寡欲、养心吧。"程颢说："学生记下了。"程颐说："先生，我还要回太学读书，望先生赐教。"周敦颐说："我送你君子以道充为贵，身安是福。希望你学道有成啊！"程颐说学生记下了道充为贵，身安是福！"程颢、程颐——给周敦颐敬酒。

周敦颐微醉，拿起桌上的芋头说："我给你们念诗一首：'芋蔬可卒岁，绢布足衣食。饱暖大富贵，康宁无价金。吾乐盖易足，名廉朝暮箴。'"

程颢低吟："康宁无价金，名廉朝暮箴。"周敦颐说："程颢啊，我想起来了，你十一岁的时候不是写过两句诗，中心如自固，外物岂能迁？这心如何才能自固？还不是要靠寡欲来养吗？"程颢说："学生记下了。"

周敦颐感慨地说："如今的官场是侈靡之风盛行，官员只顾自己发财，不管百姓死活。我希望你当一个清官。"他喝了口酒，低吟道：

老子生来骨性寒，宦情不改旧儒酸。

停杯厌饮得醪味，举著常餐淡菜盘。

事冗不知筋力倦，官清赢得梦魂安。

故人欲问吾何况，为道春陵只一般。

程颐扶周敦颐到里屋歇息，程颢低吟："官清赢得梦魂安。"

第三章　初仕鄠县

这一日，在鄠县（今陕西户县）县衙里，鄠县县令正在与县尉说话。县令五十多岁，瘦瘦的，显得很精明，县尉四十多岁，长得五大三粗。县令说："昨日本县接了一起案件，怪棘手的。南山有一个乡民，借他兄长的房子来住，前几天在院中挖坑，发现地中藏有铜钱。两家人争执不下，都说钱是自己的，可埋钱的老人又过世了。这个案又没有佐证，怪不好判。"

程颢正在县令左边的桌子上埋头做着记录。县尉用眼看了看程颢，示意县令说："程主簿新科进士，脑筋好使，这案就交给主簿吧！我还要下乡捕盗去。"说罢，便匆匆离去。

县令望着县尉匆匆离去的背影，摇摇头："这个老滑头！"他见程颢抬起头来，正在望自己，便说："程主簿，你也看见了，这个县尉，下乡捕盗倒很卖力，一遇到难缠的案件，便丢下不管。怎么样，你来审这个案子？"

程颢丢下毛笔，立起身说："案情我略知一二，如大人信得过我，我就接下这个案子。"

县令见程颢说话口气很自信，想有意考验一下这个新来的主簿，便说："本县想了半天，想不出办法来，你就经办这个案子吧！"

程颢边收拾纸笔，边说："遵命。"

大堂上，程颢一脸严肃地坐在大堂中间。大堂两边是"肃静""回避"的牌子。台前跪着两个乡民，一个四十多岁，一个二十多岁的样子。

门口挤了不少围观的乡民。

一乡民说："堂中坐的县太爷好年轻啊！"

另一乡民说："那不是县太爷，听说是新来的主簿。昨日县太爷审不了案子，今日看看这个程主簿有啥能耐！"

程颢一拍惊堂木说："堂下所跪何人？所告何事？"

一个叫刘娃的乡民看上去有二十多岁，上身穿对襟白粗布衣，黑红的脸膛，很老实的样子，说："回老爷，俺家的房子租借与叔父来住，如今他扒出来俺家埋在地下的铜钱，硬说是他的，这不倒打一耙吗？房子是俺爹活着时借给他们家的，当时俺爹看他家住在破草房中，那一年下大雨，把房子冲塌了，俺爹看在一母同胞的分儿上，把这二间房子借给他家用，如今都过去二十年了，俺爹也死了，房子他们还住着，硬说那铜钱是他的！"

"你说那钱是你的，有啥证据？"跪在一边的乡民反问道。这个人看上去有四十多岁，显得很强悍的样子，也是穿一身白粗布衣服。

程颢问被告："你叫啥？"

那人赶紧说："回老爷，小民叫刘勇，是他叔。"

程颢说："刘勇，我问你，你说钱是你的，你有啥证据？"

刘勇说："老爷，那钱是皇上铸的，我哪有证据啊，反正是我埋在地下的。"

程颢又问："刘勇，你借你哥家房子几年了？"

刘勇说："二十年了，当时我二十岁，如今都四十岁了。"

程颢问："你是哪一年埋的钱？"

刘勇说："是借房子那一年。"

程颢说："把刘勇挖出的钱拿上来，让各位乡亲看一看。"

一衙役上前把用白布包着的十枚铜钱递与程颢，说："这是昨天从刘勇家挖的铜钱中取出的。"

程颢拿起一枚铜钱，刮掉锈斑，说："各位乡亲，这是仁宗初年造的铜钱，你借房子是仁宗庆历年间，那时候这钱已流行了数十年，怎么能是你的钱呢？如今官府所铸之钱，五六年即流行天下，你家即便要藏钱，怎么藏的都是二十年前的旧钱呢？怎么能是你家的呢？"

程颢又问刘娃："你父亲是啥时候埋的钱？"

刘娃说："听俺爹说是借给他家之前，怕有四十年了。"

程颢对刘勇说："你还有啥说？"

刘勇垂下了头说："钱判给侄儿算了。"

门口一阵哄笑。有人说："怎么说判给人家算了，钱本来就是人家的嘛！还配当叔，不知羞耻。"

程颢拿起毛笔写了一个"仁"字，拿起来说："乡亲们，这是什么字？"有人说是"仁"字。程颢又说'二'和'人'合在一起是'仁'字。这两个人，一个是侄子，一个是叔父，二人合在一起却不讲仁义。遇事讲仁义，是做人与处世的根本。孔子说不义而富且贵，于我如浮云。对不是自己的钱，当叔的怎么能说是自己的呢？"

刘勇说："老爷，我一时糊涂。"

门口一乡民说："你咋光胳膊肘往里拐呢！还是人家老爷说得好，人不能做不仁不义的事，要不咋在世上立身啊！"

县衙内。县尉匆匆进来，对正在看书的县令说："老爷，不得了，这个程颢真是了不得！几句话就把案子破了。"

县令也很惊奇，忙放下书，问："他是如何破的？快说说。"

县尉说："说也简单，他看了看铜钱见是仁宗初年铸的，早在刘勇借房二十年前就流通了，可刘勇却说是他在二十年前埋在地下的。这一下不就把刘勇证死了？因为官府所铸的钱不出五六年就流通开了，他不可能尽藏二十年前的旧钱吧！"

县令拍了拍额头说："主簿真乃奇才，分析得有理，有理！咱怎么没想到呢！看来，这个新科进士不一般！"

县尉有些嫉妒地说："你猜老百姓怎么说？"

县令问："咋说？"

县尉说："那天观看问案的老乡说，这个主簿比县太爷还高明呢！"

县令有些尴尬："真是后生可畏啊！"

县尉忽然想起一件事，对县令说："大人，本人前几日到南山去，见南山脚下的寺庙里人山人海，便进去观看，原来男男女女烧香的不少。一打听，说是这个寺庙里的佛头会发光，说是烧了香可以降福免灾。本来烧烧香没有什么，可我见一到了晚上，庙里庙外到处都住满了人，男男女女混杂在一起，时间长了，难免会发生有伤风化的问题。"

县令皱起眉头说："我也听说了，过去的县令都怕佛像有神助，不敢去制止烧香拜佛的行为，致使前去进香的人越来越多。看来这件事到了该管的时候，要不一旦真出了乱子，怕不好收场啊！怎么样，你去调查一下，看佛像发光是真是假，然后想办法劝阻老乡别去烧香。"

县尉又一次想到了程颢，他说："我听说程主簿不信鬼神，既然无头案都能破，这佛像发光他也能查明真相。"

县令心想：这个老滑头！可也不便再说什么，便说："那就让程主簿去吧，也正好再试一试他的能耐。"

这一日在南山寺庙内，时近黄昏，庙内人声鼎沸，香烟缭绕，男男女女出出进进。有向佛像磕头的，有进香的，有往香火箱内丢铜钱的。

一和尚敲着木鱼，喊："佛头发光了，佛爷显灵了，点一炷香降福消灾，点二炷香四季发财！"

随着和尚的喊声，他身边的佛像头在暮色里真的发出微光。

人们一片欢呼："佛头放光了，佛爷显灵了！"

人们纷纷跪了下去。

程颢随同两个衙役立在和尚身边，冷眼看着这一切。

程颢对和尚说："住持，你这佛像几时显灵一次？"

住持见程颢一副儒雅的装束，知道不是凡人，便说："贵人来，放光彩。先生是贵人，所以佛像就显灵了。"

程颢笑了笑说："本人不是贵人。这样吧，下次再显灵放光的时候，我一定早早来观看，如果我公务繁忙不能前来，就请住持把佛头砍下来，送到县衙里，让我看看到底为何会发光，行不行？"

一丝惊惶之色从住持脸上闪过，他忙说："这佛爷显灵说不定什么时候，不敢劳驾先生前来……"

程颢微微一笑，双眼直逼住持："那就把佛头砍下送去，我在县衙等着！"

住持嗫嚅着："这……好吧！"

程颢说："好啊！咱们后会有期！"说罢，出了庙门，骑马消失在夜色中。

南山寺庙内，香火缭绕，人头攒动。

住持看着善男信女络绎不绝朝庙内走来，脸上露出高兴的神色，他悄声对身边的小和尚说："上次放光之夜，仅香火钱就收了三百铜钱，顶平时半个月的香火钱。今晚又来不少人，你去点蜡吧！注意不要让人看见！"

小和尚有些胆怯地说："师父，上次那个县官说佛头再显灵叫咱把佛头砍下送到县上，要是县官知道咱在佛头里点蜡才显灵，会不会把俺的头也砍下来？"

住持低声说："这荒天野地里，谁知道咱的把戏？再说那县官也不会派人守在这里。去吧，没事！"

小和尚见天色已暗了下来，便向佛像背后溜去。

住持敲起木鱼，不紧不慢地说："佛像就要显灵了！显灵了！"

程颢微笑着出现在住持面前："住持，我今晚倒真来看看这佛像是如何显灵的。"

住持脸上一阵惊惶，随即又平静下来："贵人来，放光彩！"

香客都向佛桌后的佛像望去。

一衙役推着小和尚下来，小和尚手里拿着一支蜡炬，低着头。

衙役对程颢说："我守在佛像后面，这个和尚刚要往佛像后面的洞内放蜡，就被我捉住了。"

程颢微笑着问住持："你说他往佛头内放蜡干什么？"

住持无言以对。

小和尚怯怯地说："我早就怕脑袋搬家，不敢去，师父说不要紧。"

程颢对小和尚说："说出来，不砍脑袋，不说可真砍啊！"

小和尚说："师父说放上蜡炬是为了让佛头放光！"

程颢转向众香客："大家都听到了，佛头根本就不会放光！是住持在其中做了手脚，欺骗大家！"

一老太婆问："主簿，你给大伙说说，到底有没有神灵？有没有鬼？"

程颢见大家都在以渴求的目光望着他，心想这正是教化百姓的机会，便说："物生则气聚，死则散而归尽。人之生死是气之聚散。大家谁见过鬼神是啥模样？说到这里，我想起我母亲不信鬼的事。我十几岁的时候，有一年我们家住在江西庐陵，那一年夏天的一个中午，天很热，母亲正在厅中摇扇纳凉。女仆慌慌张张进来说：'有鬼执着扇。'母亲不慌不忙说：'有鬼执着扇你怕什么，他不过是因天太热罢了。'停一会儿，那个女仆又气喘吁吁跑进来说：'不好了，有鬼在外面擂鼓。'母亲说：'你看见鬼啦？'那女仆说：'外面鼓在响，有人说是鬼在擂鼓。'母亲说：'走，咱去看看。'顺手拿起手边的锥子，说：'真要有鬼，刺一下看他疼不疼。'待走到屋外，什么也没有。原来是这个女仆胆子小，整天疑神疑鬼的。"

那个老太婆又问："先生，有人说鬼能呼风唤雨，你信不信？"

程颢说："老人家，风是天地间气，气之蒸发升空形成雨。名山大川能兴云致雨，阴阳相交而形成雷电，与鬼神无关。"

老婆婆笑着说："照你这么一说，今后再遇天旱，不用再去求那土地爷了？"

程颢笑着，旁边一老大爷说："求土地奶奶也不中。"

说得人都笑了起来。

转眼到了麦收时节，渭河平原一片金黄，微风过后，掀起一波一波的麦浪。

这一天上午，吃过午饭，程颢从窗口望着金色的原野，深呼了一口气，对收拾碗筷的厨师说："我到前川去走走。"

厨师是一个老者，约五十多岁，边收拾桌子边说："主簿兴致蛮高啊！我打听个事，南山佛头放光真有那回事？"

程颢反问道："佛头是雕塑的，你想它会不会？"厨师想了想说："我想也不会。"程颢说："之前我专门去了一趟，提审了往佛头里放蜡烛的和尚，真相大白了。"厨师叹了口气说："和尚骗了多少人啊！"

程颢笑了笑说："这下你也不会再去烧香了吧！我出去了。晚饭多做一个人的，我的表叔后晌就要来了。"说罢便走了出去。

一阵风吹过，送来了一阵鸟声："麦天咋过，豌豆面馍，麦天咋过，豌豆面馍。"

程颢行走在麦田的金色波浪中，穿行在渭河岸边的柳行中。

渭河闪闪流淌，清风拂面，紫燕轻飞，鸟儿声声，麦浪滚滚。程颢望着望着，不禁有些诗意了，他想起了"暮春者，春服既成，冠者五六人，童子六七人，浴乎沂，风乎舞雩，咏而归"的语句，不禁欣欣然。再见周濂溪的情景又浮现在眼前：去年他考中进士之后，得知周濂溪先生任职四川合州，便利用朝廷尚未下达任命诏书的空闲时间同弟弟再次拜见周濂溪。周濂溪向他们讲了《论语》中孔子同子路、曾点、冉有、公西华的对话，孔子问他们将来的志向，子路、冉有、公西华的志向都是做官治国。孔子问："曾点你的志向怎么样？"曾点说的志向却是：暮春三月，穿着春装，陪同五六位成年人，六七个小孩在沂水边洗洗澡，在舞台上吹吹风，一路唱着歌。这就是他的志向。孔子长叹一声说："我赞同曾点的想法啊！"后来自己也说："自再见周茂汉（周濂溪）后，吟风弄月以归。吾也有点之意。"也就是说他也有了同曾点相同的志向，徜徉在山水之间，吟风弄月。

一阵微风吹过，他又回到现实中来，望着麦浪起伏的田野，吟出了诗一首：

> 云淡风轻近午天，望花随柳过前川。
>
> 旁人不识予心乐，将谓偷闲学少年。

程颢像孩子一样时而奔跑，时而捡起一颗石头向水面抛去，石头掠过河面漂起层层微波。

程颢住室，桌上放着《论语》《春秋》《中庸》。程颢给张载倒上一杯茶，说："表叔，请用茶，走了一天，够累的。我说过几天等我闲下来，我到你那儿去，你倒先过来了。"

张载有四十出头的样子，一身县令装束，边喝茶边说："我这是往洛川县赴任去，正好路过鄠县，一来是看看表侄，二来是有些问题在一起讨论讨论。开封一别，三年过去了，我先是在河北安国任司理参军，这回是到洛川当县令。我给你寄的书信你收到没有？"

程颢在桌子边坐下，找出张载的书信，说："书信我是一个月前收到的，给你的回信，我也写好了，无奈近日处理几起案子耽误了下来，尚未寄出。刚好你来了，有些问题咱们今晚正好探讨一下。"他拿起回信念道："定性未能不动，犹累于外物。"

张载说："这是我近来思之不解而感到困惑的一个问题：人的心情究竟会不会随事物的变化而变化？我的理解人本无心，因物有心。人的心情是随外界的事物变化而变化的。比如说：春天，百花盛开，人的心情随之明朗；秋天，万物萧条，人的心情随之悲凉。"

程颢说："人的心情随外界事物的变化而变化，这一点是有道理的。但你的困惑在于要摆脱物欲对人心的干扰而实现心之定。"

张载深以为然，思考着说："可不可以采取与外物隔绝的办法来实现心之定、心之纯洁呢？"

程颢摇了摇头："这正是我不能同意的地方。人生在世界中，道体现在世界万事万物中，我们只能在这万事万物中去体会性与道。人既然存在世界中，又如何能与空气与万物隔绝呢？人与世界不是相互对峙的内外关系，而是与天地万物浑然一体的关系。"

张载似乎仍有疑问："如何才能定性呢？"

程颢说："定性即是定心。我在少年时就写过'中心如自固，外物岂能迁'，心之所以能定，不在于强制本心，也不在于驱逐外物，而在于不受私心之累，不受一己私利之累，做到廓然而大公，物来而顺应。"

张载问："何以做到廓然而大公？"

程颢说："识仁。只要懂得仁，就可以普万物而无心，顺万物而无情。"

张载有豁然开朗之感，他拨了拨桌上的油灯，见灯花闪了几闪，灯明显亮了起来，说："不虚此行，不虚此行！我的心中敞亮多了！"

程颢将写给张载的回信递了过去，张载边看边说："表侄见识精辟，我回去好好研究。"收起信后，便回房休息去了。

这一天在鄠县县衙里，县令正与长安曹谢师直谈着什么。谢师直四十多岁，虽任武职，却有一副学士风度。他喝了一口茶，对县令说："敝人到京师公干，路过贵地，一面拜望县令大人，一面也想见见你的主簿程先生。听说程先生对《周易》颇有研究，有些问题，正好请教请教。"

县令略带不屑地说："这个主簿哪能同大人比，他一个新科进士，你能向他请教什么？不过办案倒是有一套，上任以来，连办了几起案子。他简直一个书呆子，除了办公就是在屋内看书。大人一定要见，我让他过来。"说罢便对当差的说："请主簿。"

当差的说："大人，刚才我见程主簿前往县学中去了，想必是去讲学去了。"

县令说："那也去请他回来，就说长安曹谢大人来了。"

谢师直连忙说："到县学讲什么？"县令说："这儿有几个人热心《易经》，程颢可能去讲书了。"谢师直说："不必请了，我正想赶过去，听一听程主簿讲的《易经》。"

县令面有难色："这怎么行，让大人屈尊前往？"

谢师直边往外走，边说："大人公务繁忙，有人给我引路即可。"便对当差的说："走吧！"

当差的是一个二十来岁的年轻人，倒也勤快，对县令说："老爷，那我们去啦！"

靠山坡的县学内，程颢正在讲学，讲堂内坐着几个学生，有两个长者也在座。

谢师直从后门悄悄进入，瞅了一个空位子坐下，当差的也坐了下来。

他见程颢讲道："天地交而万物通也，上下交而其志同也。这是《泰彖》中的句子。何以理解？"程颢停顿了一下，以探询的目光望着学生，见无人回答，便说："坤为地，乾为天，天本在上，而今在下，地本在下，而今在上，以示天阳之气下降，入地气之中，地阴之气上升，而入天气之中，故有'天地交'义。由于阴阳二气交感，万物生生不已，故为通达，即是'万物通'。就社会而言，乾象征君王，坤象征民众。君在下，众在上，以示君民上下交感，志气相通。自然界的阴阳二气交感，万物通而生长，社会中君臣上下交感，志向一致，故天下泰平和谐。因而称此卦为《泰》卦。"

这时，一个头上扎着辫子的年轻人站起来说："老师，《易经》不是用来算卦的吗，照你这么一说，《易经》变成了治国安邦之道了。"

程颢和颜悦色地说："《周易》产生后很长一段时间主要用于卜筮，在《春秋左传》中就记载了二十二个运用《周易》占卜的故事。有一个故事说：齐棠公死，崔武子吊丧，看其遗孀美貌，想纳为妾，但心中没有底，故占了一卦，得出是《困》。有人根据爻辞'困于石，据于蒺藜，入于其宫不见其妻，凶'断定，此女人不可娶。而崔武子不相信，认为一个无夫之妇有何害，若有害早已让先夫带走。故娶之为妾。后来生活得还美满。这说明，即使是古代，也有人对算卦提出怀疑。到了汉代，《周易》得到了汉武帝的青睐，由占卜之书而成为安邦治国、修身养性的哲学之书，称为五经之首，大道之源。"

谢师直也站了起来，问："先生，《周易》中包括哪些大道之源？"

程颢见是一个生人，便问："敢问先生尊姓大名？"

"在下谢师直，路过此地，适才听到先生精彩论《易》，不禁贸然相问。"

程颢便向学生说："有贵客到此，今天先讲到此，大家先回吧！"说罢，便连忙向谢师直说："先生为长安曹，有失远迎，失礼了，失礼了！"

谢师直见众人欲走，便拦住说："程主簿，我看不如让诸位不要走'咱们共同在一起切磋切磋。"

众人自然感到求之不得，程颢见长安曹这样说，便有些为难地说："只怕会慢待先生了！"

谢师直摆了摆手说："诸位坐下吧，听程主簿继续往下讲。"

程颢走下讲台，来到谢师直身边说："我听说大人对《易经》颇有研究，还是大人来讲吧！"

谢师直忙说："我今天是来当学生的，先生不必过谦。你看，大家都在洗耳恭听。"

程颢只好走上讲台，说："《周易》之所以是大道之源，我看有以下几条理由可以说明，《系辞上传》说：一阴一阳之谓道。《系辞下传》说：日往则月来，月往则日来。日月相推，而明生焉。寒往则暑来，暑往则寒来，寒暑相推，而岁成焉。"

小当差说："先生，这阴阳是怎么回事？咋说它就是道呢？"

程颢笑着说："天地万物，世间万事，万人万心，像万花筒似的，如何理出个头绪，老祖宗发明了两个字：阴、阳。日为阳，月为阴。阴阳交，万物生。这天地生出的万物，也都有阴有阳。如生为阳，死为阴；男为阳，女为阴；火为阳，水为阴。这阴阳又不是一个东西截然分两半，而是寒冬日暖，伏夏风凉；阴里头有阳，阳里头有阴。大的不用说，一片树叶子也有阴有阳；一座山向日为阳，背阳为阴；阴阳之间还要相交相合相感相恶相反相成相克相生。老祖宗用八卦摆了个阵势：乾为天，坤为地，艮为山，兑为泽，巽为风，震为雷，坎为水，离为火。老祖宗把八卦捉对儿一放，便将这阴阳之间所有的事交代得一清二楚。"

小当差说："咋交代得一清二楚？"

程颢将放在桌上的卦签拿起来一摇说："这八卦一转一动一碰，阴阳消长，变化无穷。这一变，天地间有了日月盈虚，岁月年华；草木有黄枯绿发，万物兴衰；人有生老病死，灾喜祸福；事有起落，家有盛败，国有兴亡。"

众人都听得目瞪口呆。小当差咂了咂舌头说想不到这《易经》这么多道道啊！"

谢师直说："这一点好理解，一阴一阳之谓道，揭示了日月运行寒来暑往的大自然变化之规律。而对人安身立命，治国安邦方面有何论断？"

程颢说："《系辞下传》说：刚柔者，立本者也；变通者，趣时者也；穷则变，变则通，通则久。也就是说：刚柔相济，能屈能伸，为人立身之本；因时制宜，善于变通，为处世之方。"

谢师直身边的当差小声说："想不到《易经》中有做人的学问，过去我只当是算卦用的。"谢师直小声说："你好好听着，《易经》中的学问大着呢！学好了，不仅可以修身齐家，还可以治国兴邦，安天下。"

程颢继续说："天地之大德曰生，圣人之大宝曰位。何以守位？曰仁。何以聚人？曰财。"

当差的站起来说："先生，那些治国安邦的道理俺也不懂，也不想懂，俺只知道一人吃饱全家不饥。俺只求平平安安就行了。先生能不能从《易经》上送俺一辈子都管用的话？"

程颢笑了笑说："可以送你四个字：行善去恶。《易经》说：'善不积，不足以成名；恶不积，不足以灭身。'小人以小善为无益，而弗为也，以小恶为无害，而弗去也。所以，勿以善小而不为，勿以恶小而为之。"

小当差满意地对谢师直说："今天我为你引路算来对了，在先生这里，我找到了一条一辈子都受用的路：行善去恶。"

谢师直站起来对程颢说："先生深明《易》道，并且是修身齐家，治国安邦的大道。我今天也受益不浅。"

程颢连忙说："我只是谈了一些研究《周易》的体会。听说先生对孔子的《春秋》有研究，望不吝赐教。"

谢师直连连摆手说："《春秋》我了解得很肤浅。今天时间不早了，咱们后会有期。我还要赶路往京师开封，告辞了。"

程颢将谢师直一直送到校门外，目送他消失在山道上。

二年后的一天，突然雷鸣电闪，大雨倾盆。程颢立于县衙大厅前，凝望着如注的雨幕，眉头越皱越紧。跟在身边的小当差焦急地说："这老天爷不睁眼了，一直下开了！再下，河一涨水，俺家的玉谷地怕保不住了！"

程颢披起蓑衣，回头对小当差说："咱到街西头大堤上看看去。"便同小当差冲入雨幕中。

西头大堤上，站了不少乡民。洪水滚滚，波浪滔滔，顺大堤往东流去。堤内的玉谷绿油油一片。

程颢走了过来。人群中有人说："多亏程主簿今春组织咱修这大堤，要不到现在，咱哭都来不及啊！"

河对面也立了不少人。忽听对面有人大喊："不好！溃堤了，快来堵堤啊！"对岸乱成一片。

小当差问程颢："大人，对岸是哪个县？今年春上没见修堤，如今真出事了。"

程颢望着对岸堤坝缺口越来越大，叹了口气说："古人说要未雨绸缪。这个县的县令是今年刚上任，今春咱们修堤时，我还提醒过他，一起修，他说不一定年年涨水，这不，到如今来不及了！"

雨渐渐小了。程颢望着渐渐转晴的天空，对小当差说："如今正值暑天，暴雨过后，容易引起痢疾流行。我看这一带的乡民爱喝生水，这恐怕是引起痢疾的重要原因。要让各保说说喝生水的坏处，养成喝开水的习惯。"

小当差说："大人你不知道，俺这里人老几辈都喝生水惯了，一下怕难改呀！这儿的人都说不干不净吃了没病！"

二人正说话间，忽然一衙役骑马过来说："大人，县令让你赶快回去，说是上头要咱县抽调民工到对面县去帮助抢修大堤。县令让你带五百人前往，明天就出发。"

程颢以严厉的口吻对衙役说："你马上骑马到各保去通知，严命各保抽五十名强壮劳力，于明早辰时到这里集合。自带干粮，自带工具，不得有误！"衙役骑马飞奔而去。

河堤上，程颢站在一大堤高处，正在对齐整整列队的民工说话："乡亲们，大家有的一夜没睡跑了几十里赶到这里，我谢谢大伙啦！渭县遭了灾，府里调咱县民工来，主要是抢修大堤。干活大伙不怕，我主要担心不要生病。听说这里流行痢疾，有一个村死亡大半。"程颢讲到这里，见下面民工一片哗然，便笑着说："大伙不要惊慌，吃的、住的我已做了安排，大伙要切记不能喝生水，更不能喝池塘里的水，天热再渴也要喝烧开的水。这样就不会得病。大家干活去吧！"

民工散开来，拿起铁锨往冲开的大堤上去。

站在程颢身边的小当差说："大人号令民工真像指挥打仗一样，昨天下午一通知，民工们哗地都来了。我听俺村的人说，程大人处事有方，今春修堤保住了庄稼，如今大人说叫咱干啥都行！咱会啥，不就会出力嘛！"

程颢感动地说："多好的老乡啊，越是这样咱越要关心他们。走，咱去看吃的、住的安排啥样了，不能让咱县的民工有一个得病。"

说罢，二人往村中走去。

大堤上，几个身着官服的人在巡看工地，程颢也在人群中。鄠县县令、渭县县令一左一右陪伴着京兆府的晁公。

晁公四十多岁，显得精明强干，他忧心忡忡地对渭县县令说："大雨过后，被冲垮的河堤是修起来了，可你这个县怎么又死了那么多人？"

这时，附近村庄传来一阵哭声，人们扭头望去，见村口一群穿白衣的人，抬着一口棺材往山坡上去。

渭县县令姓王，胖胖的，脸上急出了汗，说："河堤一决口，忙着堵堤，不知道洪水之后会出现疫情，好多乡民拉肚子，一拉起来止不住，拉脱水了，不几天就死了。这附近一个村死者大半。"

晁公把脸转向鄠县县令："你县发现拉肚子的没有？"

鄠县县令说："拉肚子主要是乡民喝了池塘中的生水引起的，我们那里由于程主簿事先发了通告，告诫乡民不要喝池塘中的水，目前未发现因拉肚子死人的。"

程颢说："我带来的五百民工，没有一个拉肚子的，目前都回家了。"

晁公叹了口气说："你们两个县相距不远，一河之隔，却是两种情景：鄠县未雨绸缪，先修河堤，保住了庄稼，又由于注意饮食卫生，防止了疫情发生。我们当父母官的，有没有爱民之心，真是天壤之别啊！"

渭县县令一脸愧色，连声说："都怪我考虑不周，春上我刚上任时，程主簿还提醒过我，要修河堤呢，如今后悔也来不及了！"

晁公对渭县县令说："河水已退去，你回去安排乡民防止疫情扩散吧，我到鄠县看看。"渭县县令急匆匆回去了。

晁公对鄠县县令说："你这里的主簿干得不错啊！我要向上举荐他。怎么样，你不嫉妒吧？"

县令说："主簿来了之后，我省了好多心，也给我增了不少光。有机会大人一定举荐举荐。"

晁公说："厌云山离这里多远？我想上山去看看，听说山上景致不错。"

县令说："不远，我陪你上去吧。"他手往南边一指说："那不就是厌云山主峰！"但见厌云山云雾缭绕。

晁公说："哪能让你陪我，你年龄大了，又爬不动山，让主簿去吧！"

程颢忙说："不巧先生，我手头还有一件案子，这样，我处理完就来，你先在山下寺院等我，明早我就赶上去。"

县令说："啥案子不会放一放？先陪晁公再说！"

晁公连连摆手："我有一人带路即行，主簿办案要紧！"

程颢便让小当差为晁公引路，说："晁公有些对不住呀，明天见！"

晁公上马，挥手道："明天见，我先上山了！"

第二日早晨，太阳出来的时候，程颢随同一衙役策马行驶在山道上。远近群山巍巍，溪水激石，山风阵阵。

程颢显得神清气爽，对衙役说："好景致！"

衙役说："先生何不吟诗一首，莫辜负了这大好美景！"

程颢让马放慢了速度，边游边走，吟出：

　　　吏身拘绊同疏属，俗眼尘昏甚瞽矇。

　　　辜负终南好泉石，一年一度到山中。

远处出现了一处寺庙。程颢来到庙前，晁公正在庙门前散步，见程颢跳下马来，便说："主簿来得早啊，案子处理完了？"

程颢说："昨晚问了案情，这个人因罪没官，有田产在这山脚，我正好一来陪晁公，二来可实地丈量，岂不两全其美！"

晁公说："那咱们上山吧，马都拴在这儿。"

衙役拴好马，跟了上来。

程颢同晁公边走边说："晁公，我自幼就听说这秦岭一带多奇山，常恨游赏无便。我到这里任主簿后，三年来，外出公干的时间多，三居其二，在家的时间少，这终南山的胜景也不曾领略。"

晁公边观赏山景边说："老弟年轻有为，这三年县上紧急公务自然干得不少，我听县令说你刚来时，他还不放心于你，几个案子办下来，他算服了你了。"

程颢感叹地说："这两年我也算尽心职事，可对官场还不太适应，本想为百姓多干些事，可又办不成。学问也荒废了。有时也想辞官归田，一心研究儒学之道。刚才我还吟了一首诗，正好反映了这种心情。"

晁公微笑着说："想不到你年纪轻轻，刚入仕途，就有归隐的想法，念来听听。"

程颢念道：

　　　身劳无补公家事，心冗空令学业衰。

　　　世路险巇功业远，未能归去不男儿。

念罢，程颢说："晁公，我想起几年前与弟弟到四川合州拜见周濂溪先生的事了，那次我们虽然师从周先生时间不长，可先生的洒脱胸怀对我们的影响实在是太大了，我自再见周先生后，也有了吾与点与的想法。"晁公不解地问："何为吾与点与？"程颢说："这'点'是指孔子的学生曾点。有一次周先生给我们讲《论语》中孔子与学生的对话，孔子问他的几个学生将来的志向，子路、冉有、公西华都说要治国从政，唯有曾点说他的志向是在春天的时候穿着春装，迎着春风，同几个好伙伴到河水里沐浴，在舞台上吹风。最后孔子说，我也同曾点的想法一样啊！"

晁公以开导的口吻说："老弟不要太灰心了，你在主簿任上干得不错，我还准备向朝廷举荐呢，再说这做官与做学问并不冲突，你研究孔孟之道，孔孟之道的核心是仁者爱人，在为政上不是讲求行仁政吗，你从政行仁政，不是实行仁者爱人吗？所以，我为你改一句：未能归去是男儿。"

程颢似有触动，沉吟道："未能归去是男儿？"

程颢向着更高的山峰走去。

鄠县县衙。这一日下午，程颢与县令大厅内坐着正在说话。从西窗外可望见小松黄杨翠绿绿的。

县令说："程主簿转眼来吾邑已三年了，本来我已向晁公举荐你在京兆尹任职，晁公也向吏部举荐，可前天吏部行文，要调你到南方江宁县去任主簿，我问吏部的官员为何不能在京兆尹任职，他说是为避亲。说实话，我实在不忍心让你远调，这三年，你成了我的左膀右臂，政声十分显著，老乡们都不愿让你走。"

程颢笑了笑说："避亲是因为我家祖居在长安一带，老宅空有几间房子，五世以下我家已迁到河北博野，后来因祖父跟随开国皇帝有功，被赐第京师。官员不得在祖居地任职，是大宋的制度，到江宁也好。说到在鄠县的政绩，我不敢妄言，我只是辅助你尽了我的职事而已。前一段时间，我陪晁公游终南山，在山上挖了小松黄杨四棵，栽在西墙外，还作了五首绝句。离别之际，现呈于你，聊作纪念。"说罢，程颢从书桌上取出诗稿递与县令。

县令将眼光从西窗外黄杨上收回，接过诗稿，吟了起来：

> 有生得遇唐虞圣，为政仍逢守令贤。
>
> 纵得无能闲主簿，嬉游不负艳阳天。

县令边收诗稿，边说："敝人有愧这'守令贤'三字呀，你怎能自贬为'无能闲主簿'呢？上任伊始，就破了十分棘手的藏钱纠纷案，揭穿了南山寺庙佛头显灵真相，破除了迷信，特别是今年大灾之后，由于你处置得当，灾后我县没发生瘟情，别的县死亡惨重，我们这里乡民安居乐业。这都得益于你的措置有力啊，怎能说是无能闲住簿啊？是不是我干预太多，使你发挥不了作用？"

程颢连连摆手："大人莫多心，这诗作是戏言，大人对我是既放手又信任。我这戏言、戏言！"

太学院内，几个太学生挤在一起，观看墙上贴的告示。程颐也立在旁边，若有所思。

吕希哲从人丛中走过来说："程先生，刚才我看了告示，说是今年殿试取消了！"

程颐一惊，问："为何取消？"

吕希哲说："告示上没说原因，只说因故取消。"

程颐叹了口气说："看来今年我中进士的希望又破灭了！本来已顺利地通过了乡试，有了贡举的资格，就等着殿试了！"

吕希哲说："听说上次先生是因为解试名额减半没能参加殿试？"

程颐点了点头，说："老天对我不公呀！看来我算是没有中第的命。算了，不说它了！本来我和哥哥拜见周敦颐先生之后就产生了厌烦科举的想法。这一下该遂愿了！"

吕希哲说："先生不必灰心，还可以再考嘛！以先生的道德学问，中个进士是没有问题的。"

程颐摇了摇头说："我不愿为科举考试而浪费时间。我主意已定，不再考了！"

吕希哲说："按照大宋荫庇规定，令大人位及博士，是可以录用你出来做官的。"

程颐说："可我们家叔伯弟兄多，父亲出于照顾叔伯弟兄考虑，恐怕要让给叔伯弟兄。我不打算接受荫庇。"

吕希哲叹口气说："只可惜先生了！"

这时，胡瑗拄着手杖走了过来，他见吕希哲弯着腰和程颐说话，便以严厉的口气说："吕希哲，把身子站直了说话！我是如何告诫你们的？"

吕希哲赶紧把身子站直，惶恐地说："胡大人，学生错了，忘了大人告诫。"

胡瑗对程颐说："你还是学职，又是他的先生，岂敢放松要求！我早就告诫你们，品行的养成除了读书学圣人经典，要从言谈举止上练起。上课要坐直，走路要昂头挺胸，显得精神饱满。"

程颐向胡瑗拱手施礼说："大人训诫的是！大人训诫的是！"

胡瑗用眼扫了一眼告示，转用和蔼的口气说："想必你也知道了，今年取消了殿试，你怎么办？还考吗？"

程颐决然说："我想好了，不再考了！大人不是也说过并非只有终南捷径一条路吗？"

胡瑗点头说："这我就放心了！你父亲来到了京城，你晚上回家去看看他吧。"

程颐一脸惊异神色，说："他怎么来了？"

程颐走进挂着灯笼的大门，向上房走去。程珦立在门口迎接："颐儿！"

程颐向父亲施礼："父亲大人！"

程珦拉程颐坐下，说："我听说今年殿试取消了？来看看你，不要灰心，来年重考！"

程颐说："我意已决，不再考了！胡瑗大人也支持我的想法。说学问不是科举能考出来的。他就没有中进士，如今却在管理太学。"

程珦说："既然你意已决，我就不再勉强。前几年朝廷授我绯鱼袋，又授我国之博士。按朝廷荫庇规定，可以录用咱家一人出来做官。你就出来吧！"

程颐说："父亲大人，我理解你的心情，你是怕我经受不了这次落榜的打击，才改变主意让我出来做官的。我意还是让堂弟出来吧，我还是在太学跟从胡瑗大人：再学习几年。"

程珦叹口气说："如果你执意不出来做官，我也不勉强。看来你母亲是有先见之明，你这一生是要做处士的。"

程颐笑了笑说："是呀，母亲小时候在哥哥读的书上写了殿前及第程延寿，而在我的书上写的是处士。我真的要当一名处士了。"

程珦叹了口气说："可惜她在你们二十岁时就死去了！要不看到你哥哥已中了进士，当了三年主簿。你虽然没中进士，可也上了太学，兼了学职，心里该多高兴呀！"

程颐说："哥哥一直是母亲的骄傲。我倒是总让母亲操心。如今又让父亲操心。"

程珦说："有无出息不在于科举中第，历史上以处士而成为大儒的并不少见。眼前的例子就是胡瑗大人。你要是能跟着胡瑗大人再学几年，必大有裨益。"

程颐点了点头。

太学生公舍。程颐与吕希哲、邢恕等几个太学生围着桌子在说话。桌上一灯如豆。

吕希哲说："昨日我回家，见到司马光领了一个瘦个子南方人来见父亲，父亲说他就是当年的状元郎王安石，二十二岁就当了县令，十几年来一直在地方上任职，很有治政经验。将来是朝廷的栋梁之才。要我认识认识。"

邢恕说："当今天下人才，不入于韩，就入于吕。他通过司马光来拜见令尊大人，就是要通过令尊大人向朝廷举荐吧？"

吕希哲不悦，冷冷地说："你这样说，好像是父亲在培植私谊？"

程颐接过话说："希哲误会了，天下谁人不知吕大人和韩维大人都是为了朝廷举荐人才！你同王安石见面后，印象如何？"

吕希哲脸色好了些，说："昨晚他同我谈了他对当下朝政的看法，认为是危机四伏，困难重重，力主要变革图强。"

程颐点了点头，说："看来这个王安石看问题精辟、透彻。范仲淹推行的庆历新政后，朝廷被虚假的繁荣所蒙蔽，认为天下太平了。我这几年往来洛阳与太学，在乡下所看到的情况，在京城所听到的情况，不容乐观呀！"

吕希哲说："先生都看到了什么？"

程颐说："我家居住在洛阳天津桥边的履道坊，时常听四乡的乡民抱怨说衣食不足，每到春天连下种的种子都没有。百姓愁怨之气上冲于天。若遇连年荒旱，百姓流离失所，必致天下大乱呀！我已写了上仁宗皇帝书，诸位可阅看。"说罢，他从桌上取出上书。

吕希哲接过，匆匆阅过，念了起来："方今之势，诚何异于抱火厝之积薪之下而寝其上，火未及燃，因谓之安者乎？"

邢恕疑惑地说："先生，是不是把形势说得太严重了？"

程颐一脸严肃地说："书曰：'民惟邦本，本固邦宁。'我以为固本之道，在于安民。安民之道，在于足衣食。今天下匮竭，百姓衣食不足，而反观京城官员侈靡之风盛行，坐食之卒计逾百万，如遇连年灾害，百姓流离失所，何尝不揭竿而起？朝廷不是坐于干柴之上吗？"

吕希哲说："先生所忧虑极是。先生同王安石的见解一致，都有忧国忧民之心。"

程颐走到窗前，推开窗户，望着黑沉沉的夜色，说："宋兴以来，已有百年繁盛，可如今朝廷上下因循之风盛行，我深以为忧啊！"

吕希哲仍在看上书，看着看着，不仅读出声来："词赋之中，非有治天下之道也，入学之以取科第，积日累久，至于卿相，帝王之道，教化之本，岂尝知之？"

邢恕说："先生这是对科举取士的不满，直指科举取士的弊病。"

程颐沉思着说："这个问题我思考良久了。国家取士，考取的不过是博闻强记、善于记诵、不晓义理之人。这些人日后位居庙堂之高，岂不误国害民？"

吕希哲说："王安石虽说是进士，可他也对科举取士有看法，昨晚还劝我也放弃科举，专意研究儒家经典，研究修身、治国之道。"

程颐说："他是经过十几年地方执政之后，才看出科举取士的弊端。可谓真知灼见。"

吕希哲说："先生既已放弃科举，我也跟从先生，一心研究儒家经典，不再去下无用功了。"

程颐赞赏地说："好！我有了同道了！"

吕希哲问邢恕："你咋办？"

邢恕说："你还有退路呀，令尊是翰林学士，你日后可荫庇做官，我还得取功名呀。"

程颐说："我并不一味反对考取功名。改革科举取士制度是朝廷大计。我这篇上书就是向朝廷的建议。在科举取士没改变之前，该考取功名的还得考取。我不是也考了两次吗？"

邢恕从吕希哲手中接过上书，看了看说："先生，希哲的父亲在翰林院任大学士，何不让他代转给皇上？"

吕希哲说："你不知道，为父已到国子监去了。不过他还是可以代转的。"

程颐说："那就拜托你转给令尊大人，让他代转吧。"

太学生簇拥着胡瑗走出太学大门。程颐扶着胡瑗。胡瑗显得赢弱。

胡瑗回头望着"大宋太学"牌子，依依不舍地离开。

胡瑗对程颐说："我以太常博士衔到杭州儿子处休养，这一去，怕再也难见面了。"

程颐动情地说："大人提出的'致天下之治者在人才，成天下之才者在教化，教化之所本者在学校'的名言，我谨记在心。大人是为了太学积劳成疾，累坏身子的。到杭州休养以后，会恢复的。我们都希望再聆听大人教诲。"

胡瑗说："你是我最中意的学生。在你的身上，我看到了儒学复兴的希望。"

程颐说："可大人这一走，今后我向谁求教呀？"

胡瑗说："如今吕公著大人在执掌国之监。他十分器重你，道德学问又高，可师之。"

程颐说："我会去拜访他的。"

这时街上送行的人越来越多。有太学生，有国子监的学生，有朝廷官员。

一官员指着围在胡瑗身边的太学生说："看，胡大人的门徒就是不一样！"

一官员问："哪里不一样？"

那个官员说："穿的衣服都是清一色的蓝布长衫，你再看他们都是昂头挺胸的，不像有的太学生，邋里邋遢的。"

那个官员仔细一瞅说："就是不一样！从学生身上也能反映出胡大人的作风。"

程颐扶着胡大人上了轿，鞠躬。

程颐身边的吕希哲说："京城欢送胡大人，真是万人空巷呀！"

程颐正在公舍内伏案执笔写着什么，吕公著在吕希哲陪同下走进屋内。

吕希哲说："先生，家父来看你来了。"

程颐抬头见是吕公著，忙起身施礼说："大人屈尊前来，不敢当，不敢当！"

吕公著摆摆手说："我是专程来请先生到国子监去任学正的。是为国求才而来。"说罢，在桌前凳子上坐下。笑盈盈地看着程颐惶恐的样子。

程颐说："前几日已有国子监的学生来，说明了大人的意思。我一个布衣，尚在太学读书，何德何能敢到国子监去任学正？"

吕公著说："学正在国子监负责执行学规，考校训导，为正九品。以先生的道德才学，我还以为是委屈了先生。先生可先就任，我将向朝廷举荐任馆阁之职。"

程颐脸上闪过惶恐之色，说："大人美意，我感激肺腑。不过确实不能从命，学生学识不足，不堪重任。"

吕公著说："先生不要自谦了。你的上仁宗皇帝书，我看了，已转给圣上，连仁宗皇帝都称赞先生见识高远，说你的上书与王安石的上书，都是治国安邦良策。"

程颐忙问："圣上真是这么说的？只要我的上书能到达圣听，也不枉费一腔心血。"

吕希哲问："圣上何不召见程先生，让先生面陈所学？我记得先生的上书里有这句话。"

吕公著看了眼程颐，在考虑如何回答，说："皇上正沉浸在庆历新政带来的好形势之中，并未看到社会存在的危机，连王安石的上书也是束之高阁呀。"

程颐叹了口气说："是啊，连位居朝中翰林的王安石上书都没有回音，我一布衣小民，何敢奢望皇帝召见？"说罢，提了水壶，走了出去。

吕公著对吕希哲说："有些话，我不便对程先生说，皇上看他在上书里自比诸葛亮，有狂妄之气，便留中不发了。"

吕希哲说："原来是这样。"

程颐提了茶壶进来，边给吕公著续水，边说："皇上是不是看我在上书里自比诸葛亮，嫌我狂傲？"

吕公著与吕希哲相视一笑，说："程先生真是明察秋毫呀！"

程颐说："我那是故作惊人之语，希望这篇上书能到达圣听，否则，我一介小民，怕连上书也到不了圣上面前。"

吕公著说："正如先生所言，那些执政大臣见你自比诸葛亮，也不敢怠慢，就赶紧呈给圣上。"

程颐叹了口气说："我的目的算是达到了，至于朝廷能不能接受我的谏言，那是朝廷考虑的事。我想不行于今，必行于后世。"

吕公著说："先生还是到国子监去任学正吧，我可是专程来恭请先生的。"

程颐说："请大人见谅，学生学识不足，实不敢从命。"

吕公著惋惜地说："可惜了！先生执意甚坚，我也不好勉强。"

程颐说："还望大人见谅。我一布衣，世不闻名，承蒙大人厚爱，屈尊前来，若非好贤乐善之深，谁能如此？"

吕公著说："先生乃当代大贤，我这是为朝廷求贤呀！"

程颐说："望大人持此好贤之心，广求天下人才，辅佐圣上，以造福天下百姓，吾愿足矣！"

吕公著说："今日我算了解先生的君子之风。想当世有多少趋利之徒，多方投靠，以求仕进。先生之德，令趋利之徒汗颜呀！"

程颐说："古之时，公卿大夫为国求贤，所以即使穷巷之士，也名必闻，才必用。今日之世，却是士人向公卿大夫求进，出现了进者显荣，耻于求进的士人默默无闻的情况。我本布衣，才微学寡，不敢枉道妄动，望大人谅解。"

吕公著点点头说："我理解。令兄还在陕西鄠县吗？"

程颐说："前几日来信说，他要奉调任南京上元县主簿，恐怕近日就要到洛阳家中了。"

吕公著说："您要是回家见到令兄，代我向他问候。"

程颐说："多谢大人！"

程颐送吕公著、吕希哲出公舍门。

吕公著边走边感慨说："程先生洞明经术，通古今治乱之要，实有经世济物之才，假如能被朝廷所用，必为国器。可惜太执拗了呀！"

吕希哲说："程先生识见远过众人，就拿你来让他任国子监学正来说吧，放在旁人，早趋之若鹜。可先生就是不从。有特立独行之操守。"

吕公著问："程先生在太学已收了几个学生？"

吕希哲说："我首拜之后，有杨国宝、邢恕、孙朴师之。近日四方之士有不少慕名前来。"

吕公著说："我想让你的弟弟希纯也拜先生为师，你们弟兄两个可不要错过向程先生学习的机会。"

吕希哲说："孩儿记下了！"

第四章　上元救民

　　白虎山下，是程家祖坟。这一日，在程希振高大的墓冢前，放置有油食供品。程珦点燃一炷高香，先行跪拜。

　　程颢、程颐随父亲跪拜。

　　程珦站在程希振墓碑前，说："祖父大人，四年前，我把你的遗骨迁到这伊川白虎山下，咱的家也安在洛阳的履道坊，咱也成了洛阳人。转眼四年过去了。你的曾孙颢儿已中了进士，做了三年主簿，如今要到南京上元县去任主簿。曾孙颐儿虽说没考上进士，可他在太学读书，深得胡瑗和翰林学士吕公著赏识，被吕公著视为可造之才。这两个曾孙将来要为程门争光的。"

　　程颢望着曾祖父的墓碑，说："父亲，我就要到上元去了，你还有何嘱咐？"

　　程珦说："咱们程家世受皇恩，世代为官。从高祖到曾祖到祖父，都清廉自守，勤政爱民，你要继承清白家风，勤于职事，心存爱民之心，多为百姓办事呀！"

　　程颐说："哥哥在陕西鄠县就被称为关中俊杰，到上元会有更大作为的。"

　　程颢说："说实话，我并不适宜做官，我感到是做官夺人志。鄠县才几年我就感到厌于官场，心生退意。真想随你到太学读书。"

　　程颐说："子夏说：'学而优则仕。'哥哥在任上读书可能思考问题更深一些。我倒没有这个条件。"

　　程颢若有所思地点了点头。

　　程珦说："这几年我利用在洛阳西京染院任职的机会，将你们的高祖、曾祖父和祖父的坟都迁到了这里。来，你们拜拜。"

　　程珦领着二程一一拜了高祖程羽、祖父程通墓。

　　在程通墓前，程珦说："你们爷爷在黄陂县当县令时，不仅敢于除暴安良，同时为政清廉，被百姓称为程青天。本来三年任期届满，要奉调到别处，可百姓联名请求朝廷连任，最后积劳成疾，死在黄陂。"

程颢一脸肃穆，说："爷爷为我树立了榜样。"

程珦说："爷爷乐于助人，不积钱财。平时把钱财都用来救济穷人和亲戚。到死时是借钱来安葬的。还是当朝宰相文彦博到黄陂巡查，了解情况后，上报朝廷，赐绢一百匹，才还清了借款。"

程颐说："爷爷清廉勤政，为我家留下了好家风。"

程珦与二程对程遹墓深深鞠躬。

程颢问："父亲，你在西京染院，事情多不多？要注意身体呀！"

程珦说："染院是负责朝中官员服装物品染色的。我不过负责监管，事情并不多。不过三年届满朝廷不会让我继续待在洛阳。"

程颢对程颐说："父亲年岁已高，若再外任，你可否跟在身边，也好有个照应？"

程颐说："我也是这样想的。太学胡瑗先生去后，我也不想再待下去。跟着父亲一来可帮助照顾身体，二来也好了解了解官场，观观世情。"

程颢笑了笑说："我想出世，你却想入世。"

程颐说："不了解世情，也是学不好儒家之道的。你几时上任？"

程颢说："明天就走吧。"

长江渡口，程颢登上小船，向江对岸漂去。

船夫边摇船边同程颢拉话："先生要到对岸哪里去？"

程颢边望着风平浪静的江面边说："到上元县去。"

船夫五十多岁，看上去饱经风霜，他说："先生像读书人，是去赶考的？"

程颢笑容可掬地说："是啊，是去赶考的。"

船夫显得很高兴，说："读书人一到这长江上，都要作诗吟唱，先生不来一首？"

程颢望着仆役说："老乡给我出考题了。"

仆役笑着说："难不倒的。"

程颢望着刚刚返青的岸柳，望着阳光照耀下浮光跃金的江水，显得激情澎湃，吟出：

> 新蒲嫩柳满汀洲，春入渔舟一棹浮。
>
> 云幕倒遮天外日，风帘轻飘竹间楼。
>
> 望穷远岫微茫见，兴逐归槎汗漫游。
>
> 不畏鲛鲤起波浪，却怜清槎向东流。

船夫轻叹道："先生，俺不懂诗，看你蛮高兴的，俺可没这心思。眼看到了青黄不接的季节，俺一家吃了上顿没下顿，都靠俺摇船挣钱买吃的。你说这百姓难不难？"

程颢沉下脸问："你家住在哪里，有多少稻田，几口人？"

船夫说："俺家就是上元县的，家里老老小小七口人，前些年还有十几亩稻田，日子还能过得去。去年村里一个大户人家收买土地，俺看土地价钱不低，老父亲看病又急需银子，便把地都卖了。这样一来，父亲的病是治了，可家里又没饭吃了。"

程颢感到问题的严重，便问："别的人家有卖地的吗？"

船夫说："有的图一时之利，把地都卖了；有的是偷懒不想种田，趁机把地卖了。俺村怕有三成的人没地了。"

程颢凝望着波涛汹涌的江面，一丝隐忧涌上心头，他喃喃地说："孟子说，无恒产，无恒心。这老乡没了田地，生计成了问题，不就要铤而走险吗？看来这风光秀丽的江南水乡，也潜伏着危机啊！"

说话间，船靠岸了。江边有两个县衙的人在问："谁是从陕西来的程主簿？"

程颢的仆役正从船上往下搬行李，程颢手掂一个包裹，刚好从船上下来，程颢问："你们是上元县衙的？"

来人一看，忙问："你就是程大人吧，小的迎候多时了。"忙接行李。

船夫正在从仆役手中接过银两，一听是程大人坐的船，便执意不要船费。程颢过来说："拿着吧，你家没地了，不要银两吃什么呀！"

船夫接过银子，回到船上。程颢几个坐上马车走了。

第二天上午，在上元（今江苏南京一带）县衙内，县令正向程颢介绍情况。县令五十多岁，穿一身宽大的官服，一脸病态。他慢条斯理地在大堂内边走动边说："咱上元归江宁府管，江宁府近在咫尺，啥事咱也做不了主，事事得禀报。在这里当县令不易啊！"

程颢好像听出县令话里有话，便问："咱分内的职事难道也做不了主？"

县令叹了口气说："时间一长你就知道了，你刚来，我也不便多说。咱这里地处长江要冲，要说也算是鱼米之乡，可这几年由于皇上实行不抑兼并的国策，贵家富户以高价收买土地之风很盛，老百姓图一时之利不计长远，把土地都卖了，长此以往农村没地的乡民非出事不可。"

程颢也表示了隐忧，他说："我过江时听船夫讲了他家卖地的事，想不到这里这么严重。我从陕西来，按说，那里也实行不抑兼并的国策，可很少有人买地的。"

县令说："可能那里贫，富户少，没能力买地。不像这里，富户多的是，而这边的乡民又贪图一时之利，所以卖地之风很盛。"

程颢说："上报朝廷了吗？"

县令说："早报到府上了，知府大人说，不抑兼并土地是宋朝的国策，在朝廷国策没变之前，江宁一府无力改变。"

程颢说："宋朝开国之后，经过唐朝末年五代连年混战，百姓流离失所，大片土地荒芜。宋太宗下诏鼓励流民开荒种地，免除一切税赋，农民才得到了土地。这几年朝廷仓储得以充实，农业得到恢复，农民得以安居乐业，可这土地兼并之风不制止，将后患无穷。"

县令忧心忡忡地说："可要制止又谈何容易！那些大户财大气粗不说，哪一个不是同官府藕断丝连？你断了他们的财路，他不同你拼命才怪！我身体有病，又快任期届满，维持着不出事就行了。"

程颢说："大人年龄大了，身体又不好，我想这几天就下去了解情况，探讨一下抑制土地兼并的办法，大人意下如何？"

县令说："要找一个两全其美的办法，既不得罪那些大户，又能抑制土地过分兼并。你下去吧。"

这天下午，几个村民在围看贴在墙上的告示。一个头戴礼帽像私塾先生的老者在念："上元县谕，土地为生民之本，凡一人不足二亩者不得出卖，任何人亦不得收买。"

先前见过程颢的船夫也在观看，他说："这是程大人上任后定的规矩，我送他过的江，当时我还认为他是来赶考的。我是一五一十把咱村买卖庄稼地的事给他说了。这个规矩定得好啊，要是程大人早来半年，我家也不会把地全卖了！如今后悔也来不及了。"

一个身穿阔大紫色丝绸长衫的老者慢步踱了过来，边走边说："让我看看写了什么。"他瞟了一眼，上去一把把告示揭了下来，气冲冲地说："皇上还允许买卖土地呢，这县官敢同皇上唱对台戏，明天问问江宁府去！"

船夫眨了眨眼睛，对身边一老者说："这人是谁，真厉害。"

老者低声说："人家孩子在朝廷户部当侍郎，听说就是专管户口土地的，我看这上元县的告示不好实行。"

船夫望着刚才那人远去的背影，摇了摇头，说："人心不足蛇吞象，如今有些富户家的田地一眼望不到边，还想再买地，有的穷人无一立锥的地方，你说这世道公平不公平！"

老者叹了口气，说："原指望这告示一出，我那孩子们不能卖地了，俺的邻居也不敢老想着买俺的那块好地了。这一下，我看不保险。"

船夫说："这都看县令和程大人能不能压过那些富户了。"

第二天上午，在江宁府（今江苏南京）门口，一帮人吵嚷着要见知府大人，先前那个撕告示的走上前来，对站在门口的府役说："我叫刘玉卿，前王庄的，就说我要见知府大人，请通报一声！"

府役望着吵嚷的人群说："他们是干啥的？说是都要进去？"

刘玉卿说："这些人都是上元县的富户，我们是来上告上元县令的，他前几天出了一个告示，禁止土地买卖。我们来问问，知府大人知道不知道！"

府役说："大人吩咐，刘大人可以进去，其他人在这里等候。"

那些人嚷着说："知府要是不管，刘大人给皇上写上书！去吧，我们在这里等候。"刘玉卿向大家抱了抱拳，同府役走了进去。

大堂内，干瘦的知府正在训斥上元县令，程颢在一旁皱着眉，显得不服气的样子。刘玉卿怒冲冲坐在一边。

知府说："不抑兼并是皇上的国策，要改变得朝廷下诏，你们上元县怎能自行其是？"

县令急得额头上出了汗，嗫嚅着说："程主簿说先试一下，反正对朝廷有好处，于百姓有利。"

刘玉卿气呼呼说："对我们可没利。买卖土地是自由的，对双方都有好处，我看朝廷的国策不能变，也不会变。"

程颢见县令不敢申辩，便说："知府大人，这件事是我在乡里访查之后向县令提议的。如果有错的话，我承担责任。太宗朝实行土地不抑兼并的国策，本意是鼓励多开垦荒地，可在实行中却走了样，形成目前富家有弥望之田，贫者无立锥之地，有田者无力耕种，有力者无田可种。唐朝尚有按人口分田的制度，今则荡然无存。就以上元县为例，已出现了富者跨州连县而无法制止，贫者由于失地而流离饿死的现象。长此以往，广大庶民百姓无饭吃，无衣穿，将会酿成大乱。我正是看到了这一点，才决心率先在本县制止兼并之风。一旦奏效，再上奏朝廷，颁旨全国实行；一旦失败，甘受惩罚，无意连累他人。"

知府大人见程颢言之有理，脸色转而和蔼了许多，他问县令："你们是这样考虑的吗？"

县令忙点点头："我也看到了兼并的危害，但采取措施却是程颢上任之后的事。这不，布告刚一贴出，他就把它撕掉了。"

刘玉卿仍是气呼呼的，把布告拿出说："你断了我的财路，不撕才怪呢。"

程颢说："这位大人，你想过没有，倘若有一天，无路可走的饥民，铤而走险，揭竿而起的时候，你要那么多土地还有何用？"

刘玉卿仍不服输，不过口气缓了许多："朝廷有的是兵，镇压就是了。"

程颢忧心忡忡地说："当大火成燎原之势时，怕难以扑灭了。"

刘玉卿说："那是朝廷的事，与我何干？"

知府大人说："覆巢之下，岂有完卵？这个道理我想刘大人应该是想得通的。"

刘玉卿张了张嘴，感到无话可说。

知府大人说："这样吧，这件事我也睁只眼闭只眼，你们就在下边试办，皇上要是追查下来，不要把本府牵连进去。刘大人回去和那些人说说道理，你看，我都被程主簿说服了，大家都是通情达理的。"

刘玉卿说："试试看吧。只要不说把已买的土地退回去，还好说。"

程颢笑着说："开始我们是有这一考虑的，人均不到二亩的不准买卖，过去多买的，多占的要退出来。后来考虑在大户那里怕行不通，就不再说退地的事了。"

知府大人说："限制兼并先走一步就不错了，要大户退地不打破脑袋才怪哩！"

说得大家都笑了。

一年后春天的一个上午，在上元县衙内，程颢与县令在院中边走边谈。县令感慨地说："我在这里已任职三年了，这次朝廷免职他任，乍一离开，怪有些舍不得，你看，我刚来时栽的柳树已长这么高了。"

程颢望着院中靠墙脚的几棵柳树，已柳丝浓郁，在微风的吹拂下青翠欲滴，几只小鸟在柳枝上跳来跳去。他对县令说："如今柳树也好像不忍心让你走啊！"

县令说："我向朝廷推荐了你，诏令说让你先代行县事，可能是考虑你刚到这里，再考查一段时间。你年轻有为，一定比我干得好。知府大人昨日和我谈话时还说，朝廷对咱们限制土地兼并的做法很重视，已经下令要各路制止土地兼并了。"

程颢略显宽心，说："这下看那些富户还有啥可说。不过，按我的想法，限制兼并是第一步，不能解决已经形成的土地严重不均，根本的办法是实行孟子一千多年前提出的井田制。将土地按人口分配，富户多占的土地交出一部分，或全部交出来。"

县令说："孟子的井田制只是一种天下大同的理想，千百年来何曾实行过！真要这样，恐怕皇上也不答应，各地官员也不会把土地拿出来平分，能限制一下过分兼并就不错了。"

程颢说："我也感到不好实行，只好等到将来条件成熟时吧。"

一个仆役从衙门外匆匆进来，说："大人，门口来了不少乡民，要见你。"

县令有些轻松地说："我调走了，不能问案了。他代行县令事。"接着对程颢说："你接案吧。"

程颢问："大人，这里过去积案多吗？"

县令叹了口气说："积案是不少，这几年由于土地兼并之风日盛，失地的百姓曰多，盗窃、杀人的案件也多了起来，每月不下二百起。"

程颢不无忧虑地说："这只不过才开始，看来制止土地兼并，使百姓安居乐业是治本之策。大人，我升堂去了。"

说罢，与县令作揖而别。

一场大雨过后，到处可见山坡上池塘被洪水冲开的口子。有几个乡民在望着口子唉声叹气："得赶紧上报县上，要不耽误下来，今年的稻谷都要旱死了。"

程颢同两个仆役和一个保长模样的人出现在冲开的池塘边。两脚都沾满了泥浆。

几个乡民见县令来了，都走了过来，七嘴八舌地说："再不修池塘，稻田都要旱干了，去年上面紧批慢批等了一个多月，不少地块的稻田都旱干了。"

程颢紧锁眉头，问身边的一个老农："修这个口子，需要几天？"

老农蛮有把握地说："有十来个壮劳力，五天就完工了，不耽误灌田的。"

程颢对保长说："动用民工的事一方面县上往江宁府报，明天你就可以安排村里修池塘，民工口粮先从县的仓库中支借。待府里批下来后再办手续。"

保长迟疑地说："好是好，可就怕府上怪罪下来，大人你担当不起。往年都是先批后干，尽管得一个月时间，可谁也不担责任。"

老农说："你站着说话不腰疼，往年当官的是不担责任，可稻子旱死了，我们只好喝西北风了。今年县上制止土地买卖，我家的这块稻田算保住了，要不然的话，想修池塘也没地方。"

程颢断然说："就这样说定了，保长你明天就组织民工修池塘，同时派人到县上领粮食。府上一旦追究下来，我负责任。"

乡民们高兴地说："这下好了，今年稻谷丰收有保证了。"

保长说："大伙回去准备一下，明天就上工去。"

这时，从江边靠过来一条船，船夫见县上来人了，便上岸来到池塘边，见是程颢，便有意地说："先生不是到江宁府乡试了，咋又来到俺这里？"

程颢笑眯眯地说："咱们认识，你还给我出过考题，给我说过你们村土地买卖的情况。"

保长走过来对船夫说："你知道他是谁？是咱县的县令。"程颢纠正说："是代行县事。"

船夫说："我早就知道了，不过他当时是主簿，如今高升了。"说罢赶紧跪下，村民也都要下跪，程颢忙扶起船夫说："我还要感谢你，是你给我反映了土地买卖的问题，县上才制定了限制土地买卖的规定。"

船夫有些后悔地说："你要是早来俺县就好了，俺也不会因贪图眼前小利把土地都卖了，弄得如今流离失所。俺问问，俺卖出的地，俺要是有了钱，能不能让俺再买回来？"

程颢说："眼下让大户再把土地卖给你，恐怕还做不到。就这限制土地买卖大户还不愿意，要不是朝廷有旨，他们才不会罢休。"

船夫失望地说："我算再也得不到土地了，只好一辈子在江上漂泊了。"

程颢说："老乡不必悲观，我已给你想好了办法，附近山坡上如果有没开的荒地，只要你肯出力气，开出的土地就是你的，这是朝廷鼓励的，就看你肯不肯下力了。"

船夫高兴地说："咱老百姓别的没有，有的就是力气，俺有俩孩子，都是壮劳力，正愁有力没处使。大人，我们这里过去咋不知道朝廷鼓励开荒的圣旨？"

几个老乡都说："是啊，俺连听都没听过。俺要是没地了，只好去租地主家的地种，吃亏可大了。"

船夫说："大人，俺没地后，就是看租地划不来才摇船的，这江上风吹雨打不说，还有生命危险，不是走投无路，谁会干这差事！"

程颢说："看来真是天高皇帝远，皇上的旨意达不到这里。谁有力气都可以开荒，谁开的地就是谁的，大家可以广为告知，就说是我程颢传达的朝廷旨意。"

船夫说："这下我就放心了。"

程颢说："眼下先不要说开荒，要听保长的安排，先把冲毁的池塘修好。"

几个老乡说："那是，那是，大人替我们考虑得这么周到，明天俺就上工去。"

程颢向村民道别后，转身返回县城。船夫望着程颢深一脚浅一脚的背影，感慨地说："我活了五十多岁，咱村是第一次来县太爷，别的县太爷不知都忙的啥。听说刚调走的县太爷光给程大人就留下了二百多起案子，人家程大人上任不到一个月，就把案子判完了。判得人都心服口服。"

一老汉说："就从程大人敢于组织民工修池塘来看，我敢断定他是一个心有百姓、敢作敢为的好官。咱们回去准备上工吧。"

船夫赶上程颢说："大人，你啥时过江，我还送你。"

程颢笑着说："好啊，到时候我再给你作一首诗。"

两人都笑了。

工地上，人们正在忙忙碌碌整修池塘。有的在往土筐中装土，有的在往冲开口子的地方担土。

一老汉停下挖土的铁锨，望着忙碌的人们，擦了一把汗，对担土的儿子说："这冲开的口子明天就可填好，后天就可蓄水，稻子不会干枯了。"

儿子长得五大三粗，喘着气说："这程大人办事就是快，要在往年一个月也批不下来。"

秋高气爽的季节，稻田里一片金黄。几个老农在稻田里收割稻子。

程颢同两个仆役信步走上大堤，见稻浪滚滚，闻稻花飘香，程颢不禁感叹："多美的景色啊！"

大路上有两个年轻小伙子一人手里持一根长竹竿，竹竿头有一网状的兜，在捕捉飞鸟。程颢听见了鸟叫，便走了过去，见一只鸟被网住，那个年轻人正在捉鸟，便说："这鸟对稻谷是有益的，你把它捉光了，地里的害虫可就要危害庄稼呀。我看你还是把它放了吧。"

年轻人不忍心，说："你是谁，管得真宽，俺好不容易捉住了一只鸟，正想拿回家去烧烧吃呢。"另一个人说："放了吧，我看人家说得有理，咱不能为了嘴馋而不要粮食呀。"

那个人不情愿地把鸟放了。程颢笑着说："这就对了。今后要对别人说，就说程县令说了，这鸟是益鸟，会捉地里的害虫。"

年轻人吓了一跳，说："原来是程县令，我们再也不捉这鸟了！"说罢把竹竿也折断了。

几个老农见是程颢来了，围了过来，一老汉手拿一束稻穗，对程颢说："程大人，你看看这穗子金灿灿、沉甸甸的，多亏大人及时组织抢修池塘，保证了稻谷浇水，要不哪来这好收成啊！"

程颢接过稻穗，深情地说："百姓辛辛苦苦在地里劳作，打下粮食上交朝廷养活我们这些朝廷命官，你们才是我们的衣食父母啊，我们只有心存爱心，才会对百姓有所帮助。我常常想，老百姓就像容易受到伤害的小草，我们要尽到保护的责任。"

老汉说："大人到俺县是俺的福分。俺孩子他舅昨天来借稻谷，说他们县今年夏天也被暴雨冲了池塘，可等上面批下来再修池塘时，稻谷都旱干了，没办法只好来张口借粮食了。"

程颢笑着问："你今年能打多少稻谷，够吃不够？"

老汉说："俺估计少说能打十担稻谷，借他二担蛮行。"

程颢说："这我就放心了。你们干活吧。我到江边看看。那撑船的老乡还开船不开？"

老汉说："不经常开了，这几个月他领着他的几个孩子在坡上开了几亩地，农闲时还去撑几船挣些钱花花。大人要找他，我去唤他。"

程颢忙说："不用，我随便问问。"说罢，便同随从向大江边走去。

程颢同随从来到长江边，见滚滚长江上一排排运粮的船只顺流而下。程颢问："这些船往哪里去送粮？"

一随从说："咱江宁是万里长江上的水运码头，往北漕运顺京杭大运河可直达京师汴梁。这些船只从这里转道北上，是往京城运皇粮的。"

程颢指着岸边搭起的小木板房说："里面住的是啥人？"

随从说："每年从上游下来的船只，到这里有不少生病的，不能撑船的就在这里住下来，等返回的船只把他们捎回去。这里面住的都是生了病的船工。"

这时一条船靠了岸，从船舱上抬下一个病人，往小棚子里走去。

程颢跟了上去，问："老乡，你们是从哪里下来的？"

一个二十多岁模样的年轻人头也不回地说："从四川来的。俺在江上走了几天几夜，俺爹也病了，只好停下来。"

程颢跟进了小棚子，见里边已有两个病人，便问："你们几时来的？"

靠门口木板上躺的一个老者见是县令来了，便折起身有气无力地说："来了半个月了，刚来时还给了点粮食，没几天就吃光了，上面说要等到府上批下来粮券才能给粮食，可人吃饭不能等啊，刚才这屋里才抬出去一个饿死的，要再不给粮，我也活不了几天。"说罢，便躺了下去。

刚才进来的年轻人已安顿好父亲，也走过来说："俺带的粮也不过吃一两天，再不发粮，喝西北风呀！每年俺给皇上运多少粮食，而运粮的却要活活饿死！"

程颢沉思着对随从说："看来只有动用县仓存粮来解燃眉之急了！"

一随从说："大人，那可是朝廷存的皇粮，用于大灾赈济的，不经漕司批准不能动用。今年夏天你为了修池塘而先动用的几万斤粮食，一直到前几天才批下来，听说漕司原本要治你先斩后奏之罪，后来派人调查之后，见当地老百姓都为你说情，粮食又大丰收，又完成了皇税，国库存粮补齐了，便不再追究了。这次不好再动用粮食了。"

程颢思虑着说："这些生病的人长年都有，是要想个长远的办法。可又不能等，等到漕司批下来，他们怕早没命了。这样，你先回去取一些粮食来，以救燃眉之急，我马上就到漕司找转运使大人。"说罢，便匆匆离去。棚中的人说真遇到好人啦！"

江宁府里，转运使正在院中绕着花圃观赏菊花，满眼一片金黄。府役进来说："大人，上元县县令求见。"转运使说："让他进来，大厅上见。"

程颢风尘仆仆进入大堂，转运使已在堂上坐定，问："你就是上元县令，所奏何事？"

程颢行礼后说："大人，敝人代行县事，今到长江边发现漕运的船工生了病有的已断粮，求大人尽快批粮券，以救急需。否则，要出人命的。"

转运使说："江宁这个地方每年因病而滞留下来的船工有多少人？"

程颢说："大体上有一百多人。这些船工都是受我们调遣往京城汴梁运送赋税的，属于官差，既然我们允许他们停下来治病，发粮食就应该及时一些，我听说过去由于要报到漕司大人这里来批，等粮食批下去，有病的船工也就饿死了。我想，一命之士，苟存心于爱物，于人必有所济。我们应当改变这种发粮的办法，使更多的船工及时吃到粮食。"

转运使感到问题的严重，他问："你看有何办法能使船工及时吃到粮食？"

程颢说："上元县就有官仓，船工一到，就允许我们发粮食，一年我们向漕司核销一次。这样既保证能按时供粮，又保证官仓不会出问题。"

转运使想了想说："这个办法好，就这样办。回去你就可以先就近发粮，年终我派人下去核查。你可不要在下面虚报冒领呀！"

程颢正色说："如发现虚报冒领，本人甘受惩处。"

第二天，一辆马车停在江边的木棚外，车上装着粮食。这时从车上跳下两个县役，招呼说："都出来领粮食，开始发粮食了！"

几个船工从棚内走出。那个从四川来的小伙子边接过半袋子粮食，边说："想不到粮食发得这么快，这下俺爹有救了。"

县役说："要不是程大人到漕司为你们求情，一个月粮食恐怕也发不下来。"

小伙子说："要是那样，粮食发下来人早就饿死了。这次多亏了程大人。"

县役中有一个年纪大的，边发粮食，边感叹说："我在这里发过多年粮了，过去往往是从县报到府，府再报到漕司，没有个把月粮食批不下来，可等粮食批下来了，生病的船工也大半被饿死了。这程大人确是为你们着想，说服了漕司转运使大人，先把粮食借给你们，今后生病的船工再也不会挨饿了。"

一老汉连声说："遇到好人啦，真遇到好人了！"

长江边，大江滚滚东流。程颢同一随从立在江边，正要上船，岸上来了不少送别的人。船夫微笑着向程颢说："大人，咱们真有缘分，上船吧。"

程颢一边向船夫打招呼，一边向岸上的老乡挥手说："乡亲们，大家回去吧，江边风大。"

一个三十多岁的年轻人对身边的人说："他就是程县令，刚到咱县时碰见俺在路上捉鸟，说鸟是益鸟，这一带也就是从那以后没人再捉这鸟了。"

一老大爷气喘吁吁赶过来，走到船边，将一篮稻谷放在程颢面前说："大人，今年多亏你帮俺修池塘，你看这稻谷黄灿灿，饱满满，多喜人啊！俺听说你远调外省，连夜赶了几十里路，这篮稻谷你一定要带上。"

程颢望着老汉汗津津的脸，伸手抓起一把稻谷闻了闻，说："好香啊！"说罢他把稻谷用手巾包好，装进口袋里，对老汉说："大爷，你的心意我领了，稻谷你拿回去，我要到山西晋城上任去，千里迢迢我可带不动这稻谷。"

老汉想了想，说："那你带的也太少了。"

程颢感慨地说："乡亲们的情意我是忘不了的。礼轻情意重啊！大家都回去吧！"

这时从人群中走出一老一少，扑通一声跪了下来，程颢一愣，忙扶起老人。老人说："程大人，你是俺船工的救命恩人啊，上次要不是你让县上及时给俺发粮，俺这命早就没有了。"

程颢说那是救急临时发的，又问后来的粮食供应及时不及时。

老人说："这一阵只要生病的船工一上岸，粮食就发下了。再也没有饿死人。都说是你大人救了船工的命。"

程颢说："县官既然被称为父母官，就应当尽到责任，不能见死不救呀。"他又一次向大家抱了抱拳："再见了，大家回去吧！"说罢，便登船向江北漂去。

天飘起了小雨，岸上的乡民挥手向程颢告别。扛稻谷的老汉望着雨中的小船说："老天也不忍心让程大人走啊！"

第五章　教化晋城

　　这一天黄昏时分，磁州（今河北磁县）府，时任知府的程珦正与程颐在府中说话。程颢从门口进来行礼说："父亲大人，孩儿有礼了！"

　　程珦忙说："快坐下歇息，何时到的磁州，刚才我和你弟弟还在说你快到了呢。"

　　程颐端了一杯茶递给程颢，说："走了几天，累得不行吧？"

　　程颢喝了一口茶，说："过了黄河，这一路都是坐的马车，倒不是很累，昨天晚上就到了磁州，因天晚住在驿馆里。你何时到了这里？"

　　程颐说："来了半个月，想不到在这里碰到了哥哥。洛阳一别，几年过去了，你忙于政事，又远在上元县，我想去看你也太远了。"程颢关切地问起程颐科举考试的情况，程颐说："我后来又考了一次，乡试通过了，不幸朝廷那年不举行廷试，看来我是没有中进士的命，算了，不再考了，今年我都三十几岁了。父亲年龄也大了，你官任在身，到处奔走，我就在父亲身边照顾他，有时代他写些上书。"程颢对弟弟的选择也甚赞同，说："科举并非终南捷径，官场并非坦途，我做了几年主簿，深有体会，已生倦意。从本意上说，咱们都不适合官场。我常说自己是未能归去不男儿。你在父亲身边一来照顾他，二来读书，研究孔孟儒学也好。父亲就有劳你照顾了。"接着问父亲："这几年你的身体还好吧，母亲不在后，你得自己照顾自己，还好弟弟现 在在你身边。"

　　程珦说："我也是快六十岁的人了，身体还算可以。这几年从江南到江北，在龚州任上二年，后到徐州做了三年知县，又远调到四川任凤州知事，去年才来到磁州。来回奔波几千里，我还算顶得住。不过精力是不如从前了。如今你弟在身边，你就 不用操心了。"

　　程颢说："听说皇上赐给你绯鱼袋，是哪一年的事？"

程珦从里屋取出一个箱子，打开，取出绯鱼袋，传与程颢、程颐。程颢边看边说："是皇上御赐的，上面有仁宗皇帝的御印。"

程颐看后递与父亲说："这是咱家的无价之宝。皇上的绯鱼袋只赐给对国家有特殊贡献的官员。"

程珦边关箱子边说："赐绯鱼袋是在任龚州知县之后。龚州那年夏天阴雨连绵，到处一片汪洋，庄稼收不成，晚秋又种不上。当时我想要是等到天晴再耕种，则农时已过了。我便把县里的富户人家召集起来，动员他们拿出几千担豆子贷给乡民，让乡民们把豆子撒到积水的田中，几天之后，水未尽干，而苗已出。当年龚州虽遭涝灾而百姓却得温饱。而其他县等地干才去下种，庄稼长不熟。无奈之下，朝廷只好开仓放粮。皇上因此表彰我，升为国子博士，赐绯鱼袋。"

这时一差役进来说："大人，城南角来了两个百姓，说你前几天让他们打的水井，今天出水了，请你去看看。"

程珦对兄弟俩说："怎么样，跟我去看看，看这水能不能饮用，要是能饮用，磁州百姓再不用为吃水发愁了。"

程颢与程颐说"行"，便同程珦出了大厅。

城南角，井架旁围了不少乡民。一桶水正从井口通过辘轳绞上来。一村民趴到桶内喝了一口水，抬头说："水凉甜凉甜，这下好了，咱再也不用到五里外担水吃啦！"

程珦一行人走了过来。乡民们忙闪开，一老大爷舀了一瓢水，递与程珦说："大人，你尝尝，看能不能饮用。"

程珦喝了水说："蛮甜的，没有怪味。乡亲们今后可以放饮用。"

老大爷说："咱这里人老几辈都在这里居住，都知道水不能喝，每天妇女要到几里外去挑水。多少个州官也没想到在这里打井，还是你程大人帮俺出主意，说这里离濠水近，有可能打出的水能饮用。大人，你心中有俺百姓啊！"

程珦笑了笑说："我刚来时也奇怪，不信这里的泉水不能喝。后来下乡才知道水有怪味，真的不能饮用。也亲眼看到妇女一大早便起来到几里外的地方挑水，挑回来的水还得省吃俭用。"

一年轻人说："我们说出来不怕大人笑话，洗脸水家里几口人都是轮着用，长这么大脸都没洗净过，脖子黑得跟轧花轴一样。"

程珦也笑了，说："那天我到这个地方察看，见濠水离这里不远，便想，濠水长年浸泡，这里地下水位不会太深，说不定能打出水。结果真出水了。"

一老者说："咱这磁州城是战国时赵简子所建，两千多年来，哪一个州官管过咱老百姓的吃水！你程大人是第一人。"

程珦说："当官就要设身处地为百姓着想，办不了大事办小事，不能不办事，更不能办祸害百姓的事。"

老者对立在身边的程颢说："程大人说得多好啊。朝廷的官员要是都跟大人一样，百姓就有福了！"

程珦笑眯眯地说："他是我的儿子，就要到晋城上任去，我让他来看看，就是要他到任之后也多为当地百姓办些好事。"

老者把程颢端详了一番，说："有其父必有其子，他一定不会令你失望的。"

程颢说晋城离这里不太远，老伯有机会还望能过去转转，我会记住老伯的话，为百姓办好事。"

老者忙摆手说："我那是瞎说，你们识文断字的，不比我懂的少。见笑了。"

几天后的一天早晨，磁州城外，程颢同父亲、弟弟话别。刘立之、邢恕也背着行李同程颢一起前往晋城。刘立之已有十几岁，看上去像个书童，他在开封拜程颢为师后，这几年一直在洛阳程珦家中学习，他早同程珦来到了磁州。这次他随同程颢到晋城去。邢恕是昨天来拜见的，也一同前去。程珦指着西南方隐约可见的山脉说："翻过太行山就是山西晋城。路上要小心。"

程颢跨上毛驴说："你们回去吧！俺们走啦！"

这一日黄昏，程颢三人来到晋城县衙前，下了毛驴，向县衙内走去。

第二天上午，晋城县衙内，程颢正与仆役往大堂正墙上挂一块木匾。木匾上是程颢题写的"视民如伤"四个大字。

这个县的主簿是一个五十多岁的干瘦老头。他进来之后，对程颢行了礼，自我介绍说："敝人是这里的主簿，大人刚来，有何吩咐请指教。"

程颢说："先生不必多礼。你帮我看看这匾挂得正不正。"

主簿立在大堂中间瞅了瞅说"正"，便念道："视民如伤？"他问："大人，请问，该如何解释呢？"

程颢说："这是《左传》里的话：臣闻国之兴也，视民如伤，是其福也；其亡也，以民为土芥，是其祸也。"

主簿仍不解其意，说："敝人仍不明白。"

程颢说："百姓常被称为草民，在万物之中，小草是最软弱，最易受到伤害的。为政者要想到百姓容易受到伤害，因而要时时尽到保护的责任，这就是国家的福啊！反之，把百姓视为土芥，认为可以任意糟蹋，国家就要遭祸了。我常常感到遗憾，有愧于这四字。"

主簿歪着头想了想，说："我明白了，这四个字的意思是，当官的要保护老百姓，而不要伤害老百姓。这匾挂在大堂上，就如同大人的座右铭啊。"

程颢说："今后咱们经常在一起办公，你看到我有违这四个字的地方，当即就给我提出来。"

主簿见新县令蛮和蔼的，便没了拘谨感，说："行啊，大人还有何吩咐？我去办。"

程颢说："明天咱们到乡下走走，观观民风。"

第二天上午，程颢同主簿来到了黄河边的一个叫河口的村子。几个乡绅在大槐树下坐着闲话。一花白头发的老者说："今年大考又过去了，听说咱晋城县又是没有一人中举！"

一老者说："我都七十多岁了，从小听大人说，咱县就没人中过举。你想想，这都一百多年过去了。"

又一老者说："不要说举人，这几年连秀才也没人考上。再这样下去，都成睁眼瞎了！这世道！"

程颢同主簿出现在老人们面前。程颢和颜悦色地说："长辈们，你们在谈论啥呀？"

白头老者说："俺在说晋城人都快成睁眼瞎了！"

程颢不解地问："宋兴以来，朝廷以文教兴国，大办教育，学校之设遍天下。咱们这里难道没有奉行朝廷的旨意，开办学校？"

主簿说："大人，你有所不知，晋城地处偏僻，读书人少。那几年村学办了不少，可要办县学，教书先生就很难找到。前任知县不是不想办学，可找不到先生啊！因此才出现一百多年没有儒生的现象。"

花白头发的老人说："这一代一代都不识字，不是要变成睁眼瞎吗！"

程颢说："为国之道在教化，教化的途径在书院。这样吧，我准备先筹备一所书院，没有先生，让我的几个学生来授课。"

花白头发的老者问主簿："这人像个先生，从哪儿来的？"

主簿说："他是刚到任的县令，不是教书先生。"

老者问："那他咋说他有学生？"

程颢接过话说："老人家，有几个儒生跟我在一起研究学问，他们本身就很有学问，当当教书先生是能胜任的。"

主簿说："老人家，程大人是进士出身，学问大着哩。人家当着县令，还有不少人向他求教学问。"

老者感慨地说："稀罕，稀罕，真稀罕，想不到县太爷还教学生！"

程颢笑着说："老人家，等书院办成了，我说不定还真会去给学生上课，到时欢迎咱村的学生去上学。"

几个老者连声说："好，好！"

程颢在人们的注目中走上了返城的路。花白头发老人说："我活了七十多岁，头一次见县太爷说要当教书先生的，真新鲜！"

一老者以怀疑的口气说："你别听他在咱这里说得好听，谁知道回去办不办！别高兴得太早了，出水才看两腿泥！等书院办起来再说吧。"

一个月后，程颢筹办的第一个书院在县城西一处院落中开学了。这是早年的一处庙宇，主簿派人简单清理了一下，搬来了几张桌子和凳子就算教室了。这一日程颢早早就吃完了饭，同刘立之、邢恕和主簿往书院走去。在大街上有同主簿认识的老乡向他招呼，问："主簿，这是去哪里公干啊？"

主簿指了指程颢说："程县令办了一所书院，今日听程大人讲书去。"

那人觉得稀罕，说："没听说县令讲书，这在咱县是头一回！等几天，我把俺的孩子也送去。"

程颢说："你的孩子上过村学没有，没上过村学还不行。"

那人说："早上过了，先生还夸他聪明，将来有出息。可咱县先前没书院，孩子只好在家里下闷功。去年省试，倒是去了，可连个秀才也没考上。"

程颢说："你让孩子来吧，不要再耽误了！"

那人说："我立马去叫他。"

书院内，十几个学生已坐好，正在等老师来上课。程颢同刘立之、邢恕出现在门口。主簿抢先一步，对学生们说："我来介绍一下，这位是本县县令，这两位是程县令请来的老师。"

程颢向学生们点点头，说："诸位都是从村学中选拔出来的优秀学生，有的这几年还多次参加省试。我到本县之后，感到这里的教育与平原地区相比，比较落后，听说多少年来我们这里连一个进士也没考上，便决心办一所书院，选拔县里俊异之士来书院学习。"他指着刘立之和邢恕说："他们二人是我聘请的先生，有什么问题你们在一起研究讨论。这里学习同村学不一样，不再背什么'关关雎鸠，在河之洲，窈窕淑女，君子好逑'……"

学生们一阵哄笑。

程颢继续说："要研究《诗经》《论语》中的微言大义，有关安身立命、治国安民的大道理。"

这时，主簿领着刚才在街上碰到的老乡和他的孩子进来。老乡五十来岁，头上包一白手巾，进门后向程颢鞠了躬说："大人，俺把孩子给你送来了，两年后，你能保他中举不能？"

程颢笑着说："我可不能给你打包票，到书院来的，将来科举是一方面，学会做人的道理是更重要的方面。"

他的孩子瞪了父亲一眼，说："爹，你回去吧！别在这里丢人现眼了。"说罢，便找了位置坐下。父亲红着脸走了。

程颢对邢恕说："你给他们布置学习内容吧！我回县衙去。"

邢恕拿出《论语》说："咱们先从孔子的《论语》学起，诸位先自学，相互之间也可以讨论，重点从《论语》中找一找怎么做人，一个人怎样在世上安身立命。十天之后我请程大人来给各位讲解。"

程颢摆摆手说："我来也不讲。主要同大家讨论。"说罢，便同主簿走了出去。

邢恕追了出来，他手里拿着纸和笔，对程颢说："老师，你到偏房来，这里有桌子，你得给书院题写个字。"

程颢边同邢恕往屋里走，边说："我的字写不好，再说题个啥名呢？"主簿在一旁说："书院是你办的，不如就写'程颢书院'，也好让百姓记住先生的名字。"

程颢摇了摇头。邢恕边为先生研墨边说："先生，书院的目的是让学生修身，明白做人的道理。我看就以先生生年的明道年号来题写，称为'明道书院'，一语双关。"

程颢想了想："好在我的字当地百姓知道得不多，'明道书院'还算符合我的办学本意，就这样题吧。"说罢，便在宣纸上写了"明道书院"四个大字。

邢恕高兴地说："过几天，我让人做块匾，将字刻在匾上，挂在门口。"

十天后的一天上午，程颢如约来到书院。在门口，他见到两个老者在端详刚挂上去的匾，便问："老人家，知道这几个字的意思吗？"

一老者一抬头，见是程颢在问，便说："你不是那天到俺村去的县太爷吗？你真的办了一所书院，开始我还不信，想着你不过是说说算了，过去就忘了。前天，有人从县里赶集回来说城西真办起了一所书院，我今天就来了，要亲眼看看，还要听听你的讲书呢。"

程颢笑了笑说："好啊，进去吧！"便同两位老者进去了。

教室内，几个学生正在讨论着什么，见刘立之同程颢进来，便不再说话，静听老师讲课。那两个老者也坐在那里，望着程颢。

程颢走进学生中间，笑着说："刚才大家讨论得怪热闹，怎么我一来就不吭声了，我来是听大家这几天学《论语》的体会的，不懂的问题咱们互相讨论。谁先说？"说罢，他笑望着大家，一副期待的表情。

第一天开学时被他父亲送来的叫刘盼的学生小声对身边的同学说："去年俺爹把俺送到外地一所学校，老师一天到晚就是让俺背《论语》《孟子》，结果，道理不懂，也没考上。这个程先生叫咱们讨论，怪新鲜。"

程颢微笑着问："你叫刘盼吧，你们在谈论什么，说出来让大家听听。"

刘盼站起来说："我们都是来听先生讲书的，先生让我们讨论，我们都不知从何说起。先生若不讲，我先问先生一个问题，可以吗？"

程颢鼓励他说："能提出问题，就说明能发现问题，提吧。"

刘盼说："先生说《论语》的核心是仁，那么，怎么才能做到仁呢？"

程颢说："《论语》并不只是讲仁，《论语》内容广博，包含治世、经济、教育、伦理以及天文地理、人生处世等，仁是孔子在《论语》中论述的重要方面。何为仁？"程颢站起来，扫了大家一眼，见大家都在思考，便有意停了一下，然后说："仁最难说明白，要叫我开一个方子，是不是可以这样说——'己欲立而立人，己欲达而达人，'或者说叫'己所不欲，勿施于人'。一个人，如果能做到这一点，就达到了仁的境界。"

花白头发的老者听得连连点头，他对程颢说："先生，仁与爱很相近，能不能说爱就是仁？"

程颢沉思着说："仁与爱是很相近，但不能说爱就是仁。个中道理，大家回去思考。"

程颢走出书院门的时候，见花白头发的老者还在门口，显然他是在等自己。老者一见程颢，便说："先生，你在俺村也办个书院吧，也给俺请个老师，今天你讲得多好啊，村里的孩子们都需要懂得做人的道理啊！"

程颢说："村学还是靠老私塾先生来办，你们乡是个大乡，我准备办一所学校，孩子们可以就近学习。书院就只能办这一所了。书院是选拔优秀的学生来深造的，只能办好这一所。各乡倒是要大力办学，我下一步就先在你们乡办学。在我的二年任期内，争取一乡办一所学校。"

老者说："这就好啦，晋城教育有希望了。不过，办学最缺的是先生，可先生又不能滥竽充数，否则是要误人子弟的。"

程颢说："你提醒得好啊，先生我是要亲自挑选的。你们先回去吧，我还会再到你们村去的。"

两个老者走了。

这一日上午，晋城县衙内，程颢正在与几个早到的地方乡绅说话。一个鹤发童颜的老者呷了一口茶说："程大人，你把我们几个老朽召集到县上来，有啥事啊？是不是又叫我们出钱呢？过去县上一有难办的事就给我们派款，好像我们是摇钱树一样。"其他几个老者也点点头。

程颢摇了摇头，给身边的老者倒上茶，说："这次我请各位老先生来，是想同各位商量一下如何办好咱县的教育。各位比我都清楚，几十年来，我县连一个贡生都没有考上，如今走在大街上，很难看到穿儒生衣服的读书人。"

乡绅们见是办教育，话都多了起来。鹤发老者说："看到咱县这几年的状况，我心里着急呀，秋考一发榜，我都感到脸红，年年都是名落孙山！"

一老者叹了口气说："几任县令都不重视教育，外地各乡都建立了学校，可我们这里只有一两个乡有学校，村学也不普遍，老师只会叫学生背曲儿，有的连古文的句读都搞不清，这不是误人子弟吗？"

一个略显驼背的老者说："症结在于，一是乡学少，二是先生不行。程大人你要大办学校，这方面叫俺们出钱出力，俺二话不说。是不是？"他笑着问其他几个人。

几个老者附和说："办学让我们出钱，我们情愿！"

程颢显得很激动，他站起来说："各位的精神可嘉，今天主要是征询大家的高见，并不是要大家出钱。听了大家的见解，看来问题的症结找出来了。关于办学，我想，一是校舍，二是先生。校舍可利用各乡的庙宇，将庙宇改为学校，不知乡亲们能不能接受？"

一老者说："咱们这里有的人信佛，有的不信。前几年信佛的热乎劲也过去了，我看问题不是很大。"

一驼背老者说："信佛不是照样考不上举人？还不如办学好。"

程颢说："这下我就放心了。本来我对占用庙宇做校舍是有顾虑的，怕乡亲们反对，我是不信佛教那一套说教的。在鄠县当主簿时，有人说佛头会放光，我对庙里的和尚说，放光时把佛头砍下来让我看看，后来这个迷信自然不攻自破。庙宇做校舍，对乡亲们也是一种现身说法，看看是知识有用，还是佛经有用。至于先生，我亲自挑选，不合格的决不任用，决不能让滥竽充数者，误人子弟。"

一座庙宇前，集聚了不少乡民。有几个乡民正在庙内整理屋子，有的在扫地，有的在往屋内抬桌椅板凳。一个年轻人指着观音佛像说："这里马上就要成为校舍了，干脆把佛像抬出去算了，在这里怪碍事。"说罢，就要同几个年轻人去移动佛像。

几个老大娘进来，见他们要移动佛像，便跪在佛像前不起来，哭叫着说："动不得呀，全凭老佛爷保佑咱村的呀，谁动它家就有不幸！"

这时，程颢同主簿走了进来，见几个老太太在哭喊，便对年轻人说："先不要动佛像，等她们想通了再移动。"

年轻人说："那这学校还办不办？"程颢说："当然办，这尊佛就先放在这里，咱看看它到底显不显灵。"

一个老太太说："还是这个先生讲道理。不像你们这些后生蛮不讲理。"

程颢问："你们中谁家有学生参加去年秋考了？"

一个老太太说："俺家孙子参加了。"

程颢问："考前你向老佛爷祈祷了没有？"

老太太说："年年考，年年祈祷。"

程颢说："考中了没有？"

老太太说："不知是俺心不诚还是咋的，孙子连考三年，都不中！"

程颢问："孙子都在哪里上的学，求谁为师？"

老太太说："俺乡也没学校，就是跟着村里的私塾先生学。"

程颢说："考秀才光跟着私塾先生学可不行，咱办这乡学，就是要多考秀才。你看这佛像在这里行不行？到时你的孙子在这里学习，你们也在这里烧香拜佛，能让你的孙子学习好吗？"

老太太说："唉，这佛俺也不拜了，拜了几年，钱也花了不少，还不是瞎子点灯白费蜡。搬走吧！"

几个年轻人过来把佛像抬走了。

老太太对程颢说："学校啥时开学，我把孙子送来。"

程颢说："好啊，开学时我还来，让我见见你的孙子。"

几天后的一个上午，程颢又一次来到这个乡学，参加学校的开学仪式。仪式很简单，程颢在举行了仪式之后，便坐在了教室后边，他要亲自听听这个学校的先生讲课。随他同来的主簿也坐在他的身边。

程颢望着高高低低的学生，想到了那个老太太的孙子，便问："老太太的孙子来了没有？"

主簿说："大人，第二排中间坐的就是她的孙子。"程颢抬头望去，见是一个矮个子，便放心地点了点头。

先生走了进来，见县令在座，显得有些紧张。这是一个老先生，六十多岁的样子，手拿一本《论语》，清了清嗓子，便说："今天我们讲孔子的《论语》。"随后便摇头晃脑地念起来子曰："学而时，习之，不亦说乎？有朋自远方来，不亦乐乎？人不知而不愠，不亦君子乎？"

学生们都跟着念："子曰：学而时，习之，不亦说乎？"

程颢站了起来，对老师说："先生，学而时习之，不应停顿，时习之，是说经常练习的意思。不亦说乎，这里的'说'应读'悦'，是高兴的意思。"

老先生头上浸出了汗。连忙说："县令亲为句读，纠正读音，老朽不胜感激。"

程颢说："先生原本在哪儿教书？"

老先生说："就在这个村教书，乡学成立，没先生，把我拔高过来的，我也感到不能胜任。"

程颢说："你讲下去吧！"说罢，便走了出去。

他来到校园里，站在一棵柏树下，让主簿去叫来校长。他对校长说："我刚才听了你请的先生的课，三句话，一个断句错了，一个字读错了，这个先生教私塾也难胜任，在这里更要误人子弟啊，把他退回去吧。"

校长显得有些为难，说："我们这里实在挑不出好先生，他一走，学校办不下去啊！"

程颢说："我从别的乡想办法给你挑选一个。十年树木，百年树人，先生是传道授业解惑的，以其昏昏，使人昭昭是行不通的，不能以讹传讹，误人子弟啊！"

校长说："那行，只要你请的先生一来，我就让他走。"

程颢说："不能等，多教一天的书，就可能多耽误一天学生。这样吧，你让他明天就走，我马上回城，让我的学生刘立之先来这里教一段时间。等找到了先生，再让他回城里的书院，反正如今邢恕也在那里，他也不忙。"

主簿说："那个孩子？"显然有些不信任。程颢说："别看他年龄小，可还是胜任的。"主簿说："这样也好，咱们回去吧！"

第二天早饭后，程颢送走了刘立之，正要准备下乡去，主簿匆匆进来说："大人，咱们去过的黄河边的那个村，来了一个老头，状告他孩子不养活他。已经把状子递上来了。"

程颢笑着说："你是主簿，这个案子你来受理吧！我还要到几个乡去看看学校办的情况。"

主簿为难地说："大人，你不要为难我了，我可比不得你，在鄠县破解疑案，连县令都佩服。我只能给你办办公文，跑跑腿。我一见案件就头疼。"

程颢笑着说："那我就不为难你了，今天就来办这个案。我来晋城几个月了，以前忙于办学校，还没有办过案。再不问案，老百姓该说我不务正业了！"说罢，便往大堂走去。临到大堂的时候，他又对主簿说："这个案子牵涉到孝敬老人的事，可让百姓都进来听听，受受教育。去让他们把衙门打开。"

主簿往前院去了。

程颢坐在大堂上，望着陆续进来的百姓，他见第一次下乡在黄河边大槐树下认识的花白头发的老者也走了进来，便对身边的差役说："去给那个老者搬个椅子，让他坐下。"

程颢看原告是一个六十多岁的老人，一副行医郎中的模样。而被告看上去有三十多岁，是一个老实巴交的乡民，便说："孩子孝敬父母是天经地义的事，你这个当晚辈的怎么能不养活老人呢！"

被告哭丧着脸说："大人，不是当晚辈的不养活老人，俺爹很早就死去了，他硬说俺是他的儿子。"

程颢一听，感到事情有些蹊跷，便问原告："你说他是你的儿子，有何凭证？"

原告说："大人，我是行医的郎中，长年在外奔走，俺媳妇生他的时候死了，我看养不活他，便将他抱给姓张的收养。还写有字据。如今他长大了，我老了，需要他养活，前天我到他家，他不认我，还把我赶出家门。"说罢，便将字据递了上去。

程颢先让主簿看字据，主簿看了字据，便对程颢说："确是抱给姓张的。"程颢接过字据看了看，便走下堂来，问被告："你今年多大年纪了？"

被告说："三十六岁。"

程颢问："老乡们，你们中有这个村的吗？有知道他爹的吗？"

花白头发老者说："大人，我就是同他一个村的，他爹前几天才死的，他妈早死了，是个苦命的孩子。"

程颢问被告："你爹多大岁数了？"

"七十六了。"

"这么说你生的时候你爹才四十岁。"他对众人说："可原告的字据是这样写的，我念给大家听听：抱与张三翁。原告，张三当年不过四十岁，你咋给他称为老翁呢？大家也想想，这不是骗人吗？"

围观的乡民一片嘲笑声。一老者说："开始听说小的不养活老的，俺都想来看看这个小的，准备吐他一脸吐沫。可想不到是老的不要脸，来骗人家养活！"

坐在椅子上的花白头发老者说："他是看人家小的家里富裕一些，就想出了这个办法，缺德呀！"

原告低下了头，连声说："大人，我错了，我一辈子在外行医，到老了无依无靠，便想出了这个歪门，让他养活，大人高明，识破了我的骗局，我认罚。"

程颢望着众人说："本来我是想通过这个案子教育不孝敬老人的年轻人，想不到变成老的不自尊，欺瞒年轻的。不过，我认为像他这样的老者只是极个别的，就咱们县来说，恐怕还是小的不想养活老的多吧？大家说是不是？"

几个老者连声说："大人说得对，如今的年轻人都嫌老人拖累他们，谁也不想养活俺呀！"

花白头发老者说："这些娃子们也不想想，他们是从石头缝里蹦出来的？"

程颢说："'老吾老以及人之老，幼吾幼以及人之幼，天下可运于掌。'孟子这句话的意思是说，善待自己的老人时要想着善待别人的老人，爱护自己的孩子时要想着爱护别人的孩子。这是说尊敬老人，爱护孩子。我们就先不说尊敬所有的老人，受护所有的孩子，起码我们晚辈要善待自己的老人，长辈要爱护自己的孩子。"

主簿悄悄对程颢说："大人，案子咋判，你看原告也在等着呢！"

程颢说："不要慌，判案不是目的，我想通过判案来教育乡民懂得为人之道。何为为人之道？"程颢像一个循循善诱的先生问大家。见大家都在倾听，他便走上大堂，环视众人说："为人之道为诚。诚者天下之大本。不诚无以为善，不诚无以为君子。修学不以诚则学杂；为事不以诚则事败；与人不以诚，则要丧其德而增人之怨。"

花白头发老者站起来指着原告说："亏你还是行医郎中，走南闯北几十年，连一个做人的道理也没学会，与人不诚，丢尽了人，看你今后咋在世上混！"

原告显得无地自容，红着脸说："大人，我枉活了几十年，过去我只给别人看病，实际上我自己也病得不轻。人无诚不立，这个'诚'字我是记下了。"

程颢满意地说："这就对了，你可以走了，今后以诚待人，会得到乡亲们的谅解的。"

原告走后，众人也要离开，程颢对大家说："大家先不要走，大家想想他为何冒充是这个孩子的父亲？而这个孩子为何辨别不出来？"

花白头发老者说："欺负俺们不识字，欺负俺们是睁眼瞎。他一拿出来字据，俺当时都没啥可说。"

被告不好意思地说："大人，前天晚上，半夜三更他敲开俺的门，硬说是俺爹回来了，我说俺爹早不在了，他说你是养在这家的，我才是你的亲爹，我手里有当时的字据。可俺村连一个识字人都没有。要是有人识字，他说俺爹是老翁早就识破他了。"

程颢说："这就是不识字的坏处，我到晋城后发现这里学校很少，多数乡民不识字，便大办学校。希望你们都要把自己的孩子往学校里送，不要让他们再当睁眼瞎了！"

被告说："大人，俺去学校不知要不要？"

程颢说："当然要，只要愿意学，年龄不分大小。"

被告说："俺回去就去报名！"

第二年初冬的一天，程颢同主簿一起到乡下检查办学情况。走了一乡又一乡，看到乡乡都建起了学校，到处是琅琅书声，程颢显得十分高兴。他对随行的主簿说："经过一年多的努力，办起了七十二所乡学，你看所到之处都在谈论办学和送孩子上学的事，街上打架斗殴的事也比往常少了。我看不出三年，这里的民风也会发生变化。"

主簿感慨地说："这都得益于大人教育办得好啊，不读书不识礼，治政教化为先，大人高人一筹！"

程颢说："你先不要奉承，这办学是告一段落，你说说下面乡里的情况，老百姓能不能安居乐业？"

主簿想了想说："大人，你要听实话，咱不如到乡里去看看，亲自去问问老百姓。"

程颢说："那咱现在就去，你看到哪个村？"主簿说："到最西边的一个村，紧靠太行山。离这里怕有几十里路。"

程颢说："再远也不怕，现在就走。"

日暮时分，程颢同主簿来到一个叫靠山根的山村。这个村只有几户人家。山民见来了两个外地人，便围了过来。一个老大爷有七十多岁的年纪，见了程颢便诉说这里遭到的不幸。他说："这里天高皇帝远，县太爷我活了七十多，还是头一回见到，可是打家劫舍的却见到不少。昨日晚上，从山上下来了一帮人，抢走了粮食不说，还把俺喂养的一头大黄牛给牵走了。真叫人哭天抹泪！"

程颢问："他们都是啥时候会来？"

老人说："说不准，一年总要来三两次，哪一家都受过他们的抢劫。"程颢望着夜色笼罩下的村庄，在大山威压下显得孤零零的，他来回走动着，对站在面前的老乡说："是得想个办法，是得想个办法。"

这时，一个外地模样的人气喘吁吁地走了过来，对程颢说："大人，行行好吧，我实在走不动了，俺是被征的官差，往河西去运粮，回来的路上得了疟疾，热一阵，冷一阵，今晚让俺在你的家住下，要不怕活不了了。"说罢，便倒了下来。

程颢忙把他扶了起来，对老者说："老人家，你看是不是让他先在你家住一晚，等明天好些再让他走？"

老者说："咱这里是通往河西的大路，每年都要收留不少往来的官差，这些人也怪可怜的。走吧，把他扶到俺家去。"老者对一个年轻后生说，自己在前面带路走了。

程颢同主簿也来到老者的家，安顿下病人后，老者让家人给程颢做饭。他在屋里生了火，便同程颢拉起了话。程颢说："你们这个小村附近还有村子没有？"老人说："拐过去村西的弯子，就有一个小村，离这里不过里把子路。"

程颢说："要不这样，你们这两个村组成一个互保组，遇到意外事故的时候，两个村的人相互帮忙。比如说，遇到强盗来抢劫，你给他们传递消息，一方面让他们防备，同时让他们的年轻人来帮着打盗贼。"老人高兴地说："这是个好办法，一个村就那么几家，强盗一来，谁也没办法。两个村就人多了，时间一长，那些强盗怕也不敢明目张胆再来了。"

主簿说："咱们县山地多，这种几家联保的办法是个好办法。可要有人起来牵这个头，要不然还是行不通。"

程颢问："老人家，你看咋办？"老者说村里人可以相互商量，四五家结为一保，公推一个人当家。"程颢想了想说："我看这个办法行，按照乡村远近为五保，推举愿为大家办事的人负责。目前主要为防盗贼，将来这五家可以力役相助，患难相恤，而使奸伪无所容。我还想到，像今天遇到的行旅在外而来到我们县境的人，凡生了病的，都要把他安顿好，把病养好再走。"

老人说："大人考虑得周到，要真是那样，咱们这里不就成了幸福天堂了！"程颢说："古代的圣人早就提出了这样的社会理想，那就是要老有所养，幼有所恤，人人安居乐业。在晋城，我就是要尽力朝着这个目标去努力。"

主簿说："大人真是孔圣人在世！我在晋城干了两任主簿，从没见过有你这样境界的县令。"

老人也说："你说这个五家联保的办法中，一个村四五家平时有难相互帮忙，这四五家中谁会干坏事也一清二楚。他想干坏事也不敢，即便干了大家起来检举他，他也跑不脱。"主簿说："这就是大人说的奸伪无所容。这坏人无处藏身，天下不就太平了！"

程颢沉思着说："五家联保的办法，我最初的想法是乡里发生天灾人祸，或是老弱病残需要照顾的，有的农忙时种地种不过来，可以力役相助。今天看来，在边远山村还可以用来对付强盗。再一点，如果作用发挥得好，奸邪小人、鸡鸣狗盗之徒也确无藏身之地。"老人说："如果真能那样，那就天下太平啦！"

程颢说："朝廷把我们放到地方上，我们就要担当起治理一方的责任。如果我们能真心为百姓所想，就能想出对百姓有所帮助的办法。"

冬日的一天上午，在县衙正堂内，程颢正召集一些乡绅和各乡的保长开会。程颢坐在大堂中间，正在讲他建立五户联保的想法。他说："前几天我到靠山根村去，发现一些偏远的山村经常受盗贼的抢劫，这些地方离乡里较远，保丁们也管不了，我想了一个办法，就是相邻的四五户结为一体，有难相助，力役相帮，也可叫五户联保，实现百姓安居乐业。大家对这个办法有何看法？我想听听意见。"程颢说罢，便静听大家的谈论。

一干瘦的士绅干咳了一声说："乡民最不好组织了，像一盘散沙一样。用这种办法把他们联结起来，实在高明！我看先生不仅是治县有方，依先生的见识，将来恐怕是治国的栋梁之才。老夫感佩之至啊！"

程颢连忙说："治国之道咱不敢妄言，不过既在县令任上，就要想办法把一个县治理好。"

一个长得胖胖的保长说："我看也行，五家一个联保有难互助，出事都有责任，这样相互监督，坏人也不敢干坏事，乡里也就太平了！"

程颢思考着说："先前我开办学校，是想以教化为先，这次实行联保法，是想把百姓连为一体，互保互助，做到安居乐业。孔圣人提出要建立少者怀之、老者安之的社会，我想在晋城把它变成现实。"众人听后连连说："大人这样为百姓着想，晋城百姓有福了！"

程颢对胖胖的保长说："先不要光讲好听的，五户联保先在你的保里实行，过一段时间我去你那里看看，你看如何？"

胖保长说："行，我回去就安排这个事，我们保有个出了名的贼窝村，就先在那个村搞联保。"

半月后的一天上午，雪后难得的一个晴天，程颢在胖保长和主簿的陪同下走在积雪覆盖的田野上。程颢深一脚浅一脚地在雪地上走着，脸上冒着热气，他问保长："你们乡五户联保搞了几村，进展顺利吗？"

胖保长说："俺乡十五个村，已进行了十个村，老百姓们可满意了，这一段连小偷小摸也不见了。有的村已到了路不拾遗、夜不闭户的地步。"

程颢脸上露出了满意的神色，他问："你说的那个村啥样？"

胖保长说："马上就到了，到那里你亲自看看变化。"

在黄河边上，有个村叫河口村，等程颢一行人出现在村口时，大槐树下有几个老者在站着说话。花白头发的老者见程颢来了，忙走过来说："这大老远的，天又刚晴，你就到俺村来了。走，到俺家去坐坐。"

程颢向几个老者打了招呼，便同老者一起进了村。他边走边问："你们村五户联保搞了没有？"老者说："俺村是有名的村，怪事多，偷鸡摸狗的多，加上这里地处渡口，啥人都有，大人你上次审的案子就是俺村人干的，你说丢人不丢人，不是人家爹硬要人家孩子认他爹！这次搞联保，别人不想和他在一起，无奈只好俺要了他过来，俺们是一个保。"

程颢笑着说："有你老人家看着，他不敢再去骗人了！"

突然，从村子里传来一阵女人的哭声："这叫俺咋活啊，谁把俺家的牛牵走了，俺家的指望就是这头牛啊！"忽见一人扑到老者面前，拦住他说："大伯，你看咋办吧，俺家的牛被人牵走了，孩子他妈哭叫着不活了，你是咱这一联保的保长，你得管啊！"

老者对程颢说："你看，我本来就不想干这个保长，这算几品呀，比你的七品还小好几级吧，可大家非推举我，前天才上任，今天就问案。"

程颢说："你老在村里德高望重，由你出面好多难办的事都能说下。至于办案的事，乡里这个大保长不会袖手旁观的，是不是？"程颢扭头问身边的胖保长。

胖保长说："那是，那是，必要时我让保丁来破案。"

程颢望了望覆盖着大地的白雪说："这案好破，到那家牛屋前后看看有没有脚印，再顺脚印找一找。"

老者想了想说："一个月前有一家丢了一只羊，后来有人看见石头去卖羊，村里人都知道他家没喂羊，我把他叫来一问，他就承认了，并保证说不再偷羊了。这次是不是他很难说。这样，先看看脚印再说。"老者同保长到那家去了。

程颢与主簿留了下来。乡民们听说县令来了，便围了过来。程颢说："大家看看这家牛会是谁偷的？"一老汉说："我们两家住的紧挨，今晨我起来倒尿盆，见他家的牛屋门前有脚印，心想，这大雪天老早出去干啥，现在想来是不是牵牛者的脚印？"

另一老头说："我早上起来到村头去担水，见石头娃一大早从外村回来，脚上被雪蹚湿了，问他去哪儿了，他支支吾吾说去他舅家了。我看他神色不对，是不是他干的？听说前一段他偷过一只羊。"

这时候胖保长同老者一前一后走了过来，后边跟着一个二十多岁的年轻人。老者走到程颢跟前说："案破了，正是石头这娃子干的，我到他家门前一看，他家有一行脚印就是去那家的，一问这娃子就招了，牛是他牵的，天明时送到他舅家了，原准备明天赶集时去卖。"

程颢笑着对胖保长说："怎么样，五户联保也能破案，看来这小保长的效率蛮高呀，你的保丁还没来，他就把案破了。"

胖保长说："要叫我那保丁来，说不定还真不好破这案。"

程颢叫过来那个孩子，说："前一段你偷了一只羊，当时你保证说不再偷了，今天咋办啊？"

石头说："俺再也不敢了，要是再去偷，你把俺抓走。"

程颢说："大家都监督他，看他还干不干坏事。要是他再干坏事，就向你们的保长说。"

一年轻人说："中，县令封了保长啦，大爷你这一辈子也算当了官啦！"

老人向大家摆了摆手说："别给我戴高帽子，五户联保可不是我一个人的事，大家的眼睛都要瞪得大大的，村里安稳了，对大家都有好处。"

主簿对程颢说："大人，咱们该回去了，时候不早了。"

程颢说："我们回去了，这次来，我亲身感受到五户联保的好处，你们乡要是都能像这里一样，那乡里就安定了。咱们走吧！"

胖保长说："大人既然来了，何不再走几个村看看，多了解一些情况？"

程颢说："我正想问你，听说你们这个乡人死了之后用火焚烧，真有这事？"
胖保长说："不光俺这乡，全县都是这样。咱顺路返回的时候，说不定就会碰到。我给你引路。"说罢，他们便告别乡民，从原路返回了。

在一个村庄的路口，程颢一行人碰到一队哭哭啼啼送葬的，待这些人走过去，胖保长对程颢说："你看这送葬的没有棺材，死人是用木板抬着，后面有人担了几担木材，那就是到地里用来烧尸体的。"程颢见那些人到河沟边停了下来，人也不哭了，有人在堆木材，后来就把尸体往木材上放。便说："咱快离开，要不一会儿顺风刮过来，气味不好闻。"

他们加快了脚步，时候不大，烟气升起来，既而人肉气味也飘了过来。程颢问：

"你是本地人，这焚尸的陋习始于何时？"胖保长一边用手捂住鼻子，一边说："我也说不准，反正我爷死后就是用火烧的，看着也真残忍。"

程颢说："俗话说入土为安，这焚烧尸体一来残忍，二来污染空气，你看这么远气味还这么难闻。中原一带都是土葬，我看要改变焚烧的陋习，回去后就要发布县谕，禁止焚尸。"

县衙门口，几个乡民正在围看新贴出的布告，一老先生在念："为根除焚尸陋习，从下月起禁止焚烧尸体。望各位乡民相互转告。"一老者说："这布告说得好啊，人死后拉到野地用火烧，多叫人寒心！中原地区早就土葬，就咱这里不开化，野蛮焚尸。这个县令办的事得人心。"一年轻人笑着说："怪不得你老高兴，你不用怕烧了，可俺们当小的得做棺材，得花钱啊！"

那老者说："老人辛苦一辈子，不应该好好安葬吗？"

年轻人说："应该，应该！"

这时街上走过几个穿蓝色衣服，头戴儒生帽的，年轻人问老者："他们是啥人，过去咋没见过穿这样衣服的？"

老者说："他们都是刚考上的秀才，明年秋天还要到省城去考举人。过去咱们县不重视教育，几十年连秀才也考不上，就没人穿儒生的衣服，你咋能见过这种衣服？"

年轻人说："看来程县令办学校是有效果了。咱们县明年大考不会再剃光头了！"

老者感慨地说："明年程大人就任已三年，按本朝的制度，县官三年一个任期，到时大人就要高升了！咱们县也是几十年没遇到这样的好官呀！"

转眼到了来年秋天，这一日上午，程颢同主簿在城隍庙里转悠，程颢边看庙里的孔子像，边说："先生，你在这里待久了，你说从有史以来，晋城历经几任县令？"主簿说："晋城从汉代设县以来，距今已有几百年，可我查过县志，有名有姓的县令只能查到二十一人，最早的一人姓李，其他的都没有记录。"

程颢感叹地说："从汉到今，远不止这二十一任县令在晋城任职，由于无案可查，那些县令都泯灭在历史的烟尘里了。他们之中，有做了好事的，也有做了坏事的，可后人都不得而知。本来古代诸侯之国，各有史记，故其善恶皆见于后世，自秦罢诸侯设县令，则史记亦废除了。我也查过这个县的志书，汉唐以来数百年间，县令见于史册者不过数十人，这就使贤者之政不幸而无传，而不肖者复幸而得掩盖其恶。"

程颢绕着孔子像转了一圈，对主簿说："孔圣人理应供奉，可我想应建一县令碑，使民观其名而不忘其政，后来之人能从其善而改其过，引为鉴戒。你看如何？"

主簿说："先生此议甚好，以先生在晋城的作为与政声，堪称前无古人，后无来者。我想在立的县令碑中应记述先生的政绩。"

程颢微皱眉头说："本人的姓名决不能记入，难道我是为了留名才建这碑的吗？我到晋城已经三年，咱们朝夕相处，难道你还不了解我的初衷吗？我是为晋城的长远着想啊！目前乡民刚知礼义，可教令未熟，民情未孚，我时间不长就要离任，这几天我结合在晋城的经历深感县令在县域治理中于国家政治的作用，才想到了建碑之事。"

主簿说："大人心怀如海，小人理解错了。不过先生的政绩是有目共睹的，你走之后还会有人把你记上的。"

程颢说："那就有违我的本意了。"

主簿说："那是乡亲们的心意啊，也叫天意啊，天意不能违，你不是这样说的吗？"程颢无可奈何地叹了口气。主簿说："立碑之事我来操办，这碑文可就非先生莫属了！"程颢说："明天你就来取吧，晚上我就写。"

下午，程颢正在书房写《晋城县令题名记》，程颢的学生刘立之在一旁帮着研墨，长得很文弱的样子。这时主簿匆匆进来说："先生，不好了，咱县发生了一起杀人案！"程颢倒很平静，让了座后说："我来晋城已三年，户数已增至几万户，到目前为止尚没发生杀人案，这一起杀人案定是上次咱们去过的那个村偷牛的小伙子干的。"刘立之边给主簿倒茶边说："你咋敢肯定是那个人干的？"程颢笑了笑说："不信你问问主簿，是不是那个偷牛的干的？去年冬天我和主簿去过这个村，见过那个人，是个恶少，先是偷羊，那次是偷牛，如果不改，这次杀人很可能就是他干的。"

主簿对刘立之说："我听县尉说，确实是那个人干的，这次又是因为偷牛，被邻居发现了，怕人家告发他，便起了歹心，用斧头将人家砍死了！"

程颢站起来说："这几年我几乎走遍了各个村落，自从普遍建立起五户联保之后，村里的恶性案件几乎没有了，过去的一些不法之徒也洗心革面，不再作恶了，为什么？因为无有藏身之地，谁要作恶，乡里乡邻都盯着他。这个恶少也是怕邻居告发他才杀人的，这是个个案，也说明并不是人人都能教化得了的，此人只有判处极刑了！"

主簿说："他判极刑是罪有应得。咱不说这事了，先生的碑文写好了吗？"程颢说："马上就好。"说罢便伏案写了起来："俾民观其名而不忘其政，后之人得从而质其是非以为师戒云耳。来者请嗣书其次。"主簿边看边说:"先生在晋城办的几件事乡民是有口皆碑,你不写后人也要写的。俗话说:政声人去后。"

程颢说:"你不要尽说好听的,我在碑文中有一句话:'教令未熟,民情未孚,而更书已至矣。'此时我才感到还有好多事没做,你说得对,政声人去后,乡民们的评价才是最好的碑文,那是留在人们心里的,刻在碑文上的如果名不副实,人们还要唾骂的!"

主簿说:"时辰不早了,我把碑文拿走了,明天就让人去刻写,先生该吃饭了。"说罢,便告辞了。

程颢与刘立之将主簿送到院门口,一阵秋风吹过,带来了阵阵寒意。程颢对刘立之说:"你先回去吧,我还要到粮仓去看一看,过几天府里要来检查粮库存粮,我放出的粮食不知都收回了没有。我得去看看。"刘立之说:"那你要快去快回,别太晚了。"

县粮仓门口,一个五十多岁的老农正在把粮袋往仓库内背,他的十几岁的孩子帮着他把粮袋往肩上放。程颢走了过来,管粮库的两个差役见县令来了,便说:"这么晚了,大人还没吃晚饭吧?"程颢说:"我挂念春上借给无粮的乡民的粮食是不是入库了,过几天朝廷要派人来检查,要是发现国库存粮不够,恐怕要治罪的。"

一个差役拿出记账本说:"程大人,你就放心吧,春上借出去的一千多担粮食这几天都入库了,刚才那一对父子是南山的,因路远,走到县城已天黑了,我们刚给量了量,现在正在往库里倒粮食。"这时一老一少走了出来,那个差役说:"这就是借给你们粮食的程县令。"老者扑通跪了下来,说:"大人,要不是春上青黄不接时你借给俺几斗粮食,俺一家三口早就饿死了,你是俺的救命恩人呀,这秋收庄稼一下场我就赶紧来还粮,无奈路太远,到这里天已黑了。"程颢忙拉起他说:"快别这样,乡民是朝廷的根本,为你们排解难处是我们的职责。只要你们生活有着落,我就放心了。快去找个地方住下吧。"一老一少谢过程颢后消失在夜色中。

程颢对两个差役说:"原先我也怕乡民借粮不还,现在看是我多虑了。多好的百姓啊,我们只有把他们放在心上,才能对得起他们对我们的期望啊!"

第二天上午,程颢正在县衙大堂内审看案件卷宗,忽报说朝廷派来的巡监到了,问程颢是不是到城门外迎接。程颢说:"我正在处理公务,让他自己进来吧。"说完便又埋头看卷宗了。

巡监是一个中年人,倒也不注重礼节,便进了县衙。见了程颢便开门见山说:"朝廷对晋城县今春从皇家粮仓中借出的粮食是否归仓不放心,特派我等前来检查。"程颢说："大人先休息一会儿，等一会儿我同你到仓库去——点验。"巡监喝了口茶，说："现在就去吧。"程颢同主簿与巡监一起走了出去。

在仓库门口，聚集了不少围观的人。程颢一行来到仓库门口的时候，巡监见有不少人，便问主簿："这些乡民是不是来闹事的？"主簿笑了笑，指着走在人群中的程颢说："他来了三年，晋城没有一起乡民闹事的，人口发展到十几万，只在前几天发生了一起杀人案，可破案的还未回来，他就知道是哪个村的人干的。"巡监也有些奇怪，便问："难道他会算卦？"主簿说："大人从来不信那一套，他时常在乡村私访，晋城的村差不多走完了，他在村里实行五户联保，社会安定了。哪个村有没有坏人他都清楚。"

巡监以佩服的口气说："程县令是个治政的人才，一个县能达到政通人和的局面不易呀！我回去后要向朝廷举荐。"主簿说："晋城百姓可不想让他走啊！"

程颢从乡民中走出来，对巡监说："咱们进去看粮食吧，这些乡民都是来送粮食的，有的乡民下乡时我认识，一见到我便同我说起话来，怠慢大人了！"巡监说："我看不必进去看了，这来送粮的乡民就说明了问题，我更相信大人的人品与官德，大人是不会欺骗朝廷的。"

这时从仓库门前的大路上走过去了一队推着独轮车，拿着挑粮工具的乡民，巡监望着他们的背影，不解地问："这些人到哪儿去？"程颢说："这些人是去收粮的。"巡监更不解地问："到哪儿去收粮食？"程颢说："不瞒大人说，过去乡民们要缴的税粮都要运到县界去。这里离县界有二百多里，乡民挑着一百多斤的粮食走二百多里山路，该受多少累啊。从去年开始，我选了几户讲信用、能靠得住的富户，每到秋季便到交界去收粮食，然后就近运往太原府，乡民们也就免除了运粮的辛苦，富户们也还能有一些利润，也乐意到交界去收粮。刚才走过的人可能就是被富户们雇用去收粮的。"

巡监说："看来大人是处处为乡民们着想啊，这种在交界收粮，就近运出的办法，我第一次在这里听到。真是细微之处见惜民情啊！"主簿说："大人对百姓的关爱还远不止这些。过去我们这里税赋重，再加上官府每年对这里征收的多，百姓们就更加苦不堪言。平时价格不高的粮食，一到官府来收购的时候，便成倍地上涨，百姓们就要付出很大的代价，得利的是那些有粮有钱的富户。程大人了解情况后，想出了一个办法，他也是挑选了讲信用、心不黑的富户，在粮食价钱不高的时候先收粮，这样等到官府征粮时将富户收的粮交上去。乡民们的负担就轻多了。"

巡监问程颢："这种办法百姓是有好处，可富户是否有利可图？"程颢说："富户存粮是有利息的，自然愿意。更重要的是由于物价稳定，所需费用不及前几年的十分之二三。"巡监问:"这些办法你是如何想出来的?"程颢说:"一命之士,只要存心于爱物,与人必有所济。我们只要心有百姓,就会想出对他们有利的办法。"巡监若有所思地点了点头。

程颢要离开晋城了。这一日上午,闻讯赶来送行的四乡百姓早就在县衙门前等候着。几个年长的乡绅在一起说着话。河口村花白头发的老者跑了几十里路也赶来了,他感慨地说:"程大人一来就办学校,这算抓到了根本上,今年秋考就考上了三个秀才,这是几十年来的头一回,算丢掉了光头的帽子,我县有人穿儒生衣,戴秀才帽了。"这时,明道学院的学生在老师的带领下列队走了过来,一乡绅指着学生队伍说:"这些学生都是程大人办的书院培养的高才生,几年后咱县的儒生就要大批出现了!"

这时,有人说:"程县令出来了!出来了!"人群开始向前挤去。有一个瞎婆婆对她的孩子说:"你好好看看,对我说说县太爷长啥样,今年要不是让咱来借粮,咱娘俩怕早就饿死了!"她的孩子被挤来挤去,踮起脚尖才看见了挤在人群中的程颢:"娘,我看见他了,戴一个县太爷帽,面容怪和善的,倒像一个教书先生。"他娘说:"心善的人脸也善,咱草民过去谁会看到眼里,都跟那地里的草一样,自生自灭。"这时,程颢走了过来,一个人领着他的孩子朝着程颢就跪了下来:"大人,俺这孩子你还教过他,进了你的书院后,学业大进,今年秋考中了秀才。俺向你报喜来了,想不到你高升了。快向大人磕头。"孩子正要跪下,程颢忙拦住说:"快别这样,我早知道有学生考了第一,不知道是你的孩子,我记得他是我办书院时特地挑出来的优异学生,当时你说他还到外地拜过师。"那人说:"这孩子就这两年进步大,要不是在书院学习,他能考第一?俺可忘不了你。"程颢正要说什么,瞎老太婆摸索着扑到程颢面前边哭边说:"恩人啊,要不是你救了俺,俺早就饿死了!"说罢便拉着儿子跪了下来。随着他们二人下跪,人群也跪了一大片,并出现了隐隐的哭声。这时天空落下了雪花,哭声也越来越大。程颢也很感伤,他动情地说:"乡亲们,不要这样,我在晋城只是尽了我的职责而已,做得还很不够。"他叫过随从,从马背上取出匾额说:"这是我的座右铭,可我常常感到有愧这四字。"

"大人请受匾!"程颢一扭头,见两个年轻人抬着一块木匾,上书:"教化晋城,视民如伤。"一瘦高乡绅走到程颢面前施了一礼说:"大人主政晋城三年,兴学校,行教化,减税赋,建五户联保,使晋城乡乡皆有校,明礼孝敬之风始行,粗鄙之俗大变,政通人和,社会安宁。今代表全县乡绅向大人赠匾。"

程颢双手接过匾,眼中闪着泪花,向乡亲们一拜,说:"乡亲们过誉了!接受这匾额我是受之有愧。我会时时用它激励鞭策自己的。乡民们，再见了。"

　　雪下得更大了，风雪中程颢在乡亲们的哭声中走出了城门。

　　太行山一派苍茫，几株苍松在风雪中昂然挺立。程颢同刘立之上了马向山顶走去。

第六章　随父入川

　　洛阳天津桥南的尊贤坊是程珦的家。程珦自从在至和三年（1056年）被朝廷任为国子博士，在洛阳西京染院任职后，就把家安在了这里，程家的人也结束了随其奔波的生活。这一天下午，程珦与程颐正在商议入蜀的事，程颢同刘立之风尘仆仆推门进来。程珦忙问："你咋也回来了？是任期到了吗？"程颢坐下说："是任期已满，我听说父亲在磁州任期也满，不知升任何处，便匆匆赶回，怕见不到父亲。"程颐端来一杯茶，递与程颢，说："哥，你回来的正是时候，再晚几天，我就要同父亲到四川广汉府去了。你升任何职？"程颢说："父亲是到广汉府任职？我也要去，反正如今也是闲职，朝廷只不过给了个著作郎，短期内不会有差事。去四川，一来照顾父亲生活，二来也想到四川游历游历，长长见识。"程珦想了想说："我身体尚可，倒不必你们二人都去照顾，要去游历倒是可以的。古人说，读万卷书，还要行万里路。这次入川，咱们要往西走到陕西，越秦岭，翻大巴山，过剑门关，行程怕有一千多里，是很能增长见识的。要去，你们弟兄二人都去吧。"程颐高兴地说："我本是闲人，正好同哥哥一同前往。父亲年纪大了，一路上没人侍候可不行。"

　　程颢望着弟弟高兴的样子，说："你怎么能说是闲人呢，这几年你在父亲身边，不仅在生活上照顾，还代为文笔。"程珦以怜爱的眼神看着程颐说："这几年颐儿在我身边确为我写了不少上书，我年纪大了，眼睛不好，有颐儿在身边，省了不少心。像前年八月，京城大雨，英宗求直言，颐儿代我写了《应诏上英宗皇帝书》，今年初，英宗皇帝卒，朝廷要厚葬，他又代我写了《上神宗皇帝论薄葬书》。这两封上书，都很合我的思想。"程颐望着院中暖暖的冬阳，心情并不开朗，他说："在第一封上书里，我根据父亲的意思，加上我对当今社会弊端的观察，提出了立求治之志、思责任之道、以求贤为先的谏言，可父亲呈上之后，如石沉大海，杳无音讯。"程珦走进内室，拿出上书，递与程颢说："你看看有何不妥？当时我到京城还让吕公著看了看，他盛赞上书为治国安民良言，对宽赋役、劝农桑、实仓廪、备灾害、修武备、明教化尤为称道，他说朝廷按这六条去办，何愁天下不治。当我说是颐儿所写时，他更为惊奇，连说堪为国士，日后要向皇上举荐。可想不到呈递之后却如泥牛入海。你看看吧。"说罢，便走了出去。程颢匆匆把上书浏览后，微笑着说："弟弟确有真知灼见，不过有些话可能皇上听了不高兴，像要皇上'省躬之过，思政之阙，广延群论'，这些话那些朝中大臣恐怕皇上不高兴，就不敢呈报上去，便留中不发了。"程颐似有一丝淡淡的伤感，他望着院中刮过来的寒风，思虑着说："上书中还有'夫以海宇之广，亿兆之众，一人不可以独治，必赖辅弼之贤，然后能成天下之务'的话，恐怕皇上更不愿听。后来我想了想，这一人不可以独治，有点向皇权挑战的味道，怪不得皇上不会采纳。"

程颢收起上书，以鼓励的口吻说："几年不见，弟弟不仅学识大进，而且思想更为开阔，考虑问题着眼于朝廷大政，思谋深远，像这一人不可以独治天下的看法，眼光远大，着眼于君臣共治，这可不是一般的见解。虽然目前不被皇上采用，将来会有采用的时候。"说到这里，他想起在晋城时曾听说弟弟曾被吕公著举荐过，便问事情经过，程颐说："这几年吕公著倒是举荐了我两次，一次是治平元年（1064年），就是你到晋城的那年，我到京师去，吕公著奉命判国子监，他曾登门访我，要我任国子监学正，我以学不足为由辞了。第二次是去年九月，吕公著上书朝廷，举荐我，我仍以学不足不愿仕相辞。"程颢见弟弟是实心不愿仕进，便不说什么，只说"吕公也算为国尽了举贤的责任"。程颐显得有些落寞的样子，说："我这次要同父亲到四川去，也是想换换环境。"这时，程珦手牵着一个四岁的孩子走了进来，对程颢说："你看，你在晋城三年，第一年儿子就出生了，你在任上，也没顾着回来，孩子都会走了，你怕还不认得吧！"一面催促孩子："快去叫父亲！"

程颢连忙拉住孩子，眼中闪出一股柔情，对随后跟进来的夫人说："你在家受累了，孩子有名了吗？"夫人说，正等你给孩子起名呢。程颢让父亲来起名，程珦说："还是你起吧。"程颢说："一路上我就想好了，就给他叫端懿，取行为端正、诚实之意。"程珦看了一下程颐，说："叫端懿好，他们这一辈就是端字辈。"程颢问父亲啥时入川，程珦说后天就走，再晚走，怕大雪封山，不好过秦岭。

一个月后的一天黄昏，程颢同父亲和弟弟来到了四川广汉，当三人骑着毛驴出现在广汉城门口时，程颢先下了毛驴，然后挽扶着父亲也下了毛驴。程颐望着城门上的"雒阳"两字问父亲，何以也叫洛阳？程珦望着暮色中已显得模糊不清的字说：

"这汉州古称雒阳，不过可不是咱们家的洛阳。在这几千里之外见到这两个字，也有一种他乡遇故知的感觉。"程颢边走边说："这里比咱们那里气温高多了，咱那里过年是最冷的时候，可这里穿棉衣的人很少，咱明天也该把棉衣脱去了。"程珦说："这里是天府之国，气候宜人，物产丰富。朝廷这次让我到汉州来当知州，是对我的优待，我只不过是一个库部员外郎，却让我来任知州，对皇上的知遇之恩，我只能在任上报答。明天我就要处理州里的事情，你们歇过来后可以到附近的成都去看看，成都离此地不过二十多里，那可是一个繁华的地方，也好去见识见识。"程颢说："等你安顿下来我们再去。"

第三天一大早，程颢与程颐便离开汉州前往成都游览。在游杜甫草堂的时候，程颐见草堂边有一个箍木桶的老者，一边箍桶一边口中念念有词，他对程颢说："你看那箍桶的老者，一边做工，一边还念着什么。"程颢说："我也见到了，咱过去看看。"二人走过去，老者仍在干他的活，程颐则发现老者箍木桶的竹片上有文字，仔细一看，原来是《周易》。程颐吃惊不小，他对哥哥说："问问他，箍桶咋能用《周易》来做原料。是他不懂《周易》的珍贵还是故意毁坏。"程颢正要诘问，却听老者说："二位先生，学过《易经》吗？"并拿出一个竹片指着上面的字说："这是《未济》，'男之穷'，何义？"程颢对弟弟使了眼色，意思说这个老者不是凡人，便向老者虚心求教。老者说："这'男之穷'的意思是'三阳皆失位'。"兄弟两个思虑良久，感到老者说得很隐晦，可又不便再问，便告辞了。

从成都回到汉州，弟兄俩向父亲讲了遇到箍桶者的事，程珦说："那个老者很可能是个隐者，古人说，小隐隐于山，大隐隐于市。我看他很有可能是个大隐者。他一定是把《周易》读通了，才用来箍桶，也只有大隐者才会这样做。"程颢说："看来成都真是藏龙卧虎之地。"程珦说："古人曰，三人行必有我师，又应验了这句古训。"

这一日下午，程珦同弟兄俩登上了雒城墙，寻觅古迹。程珦望着古城墙，感慨地说："汉州古称雒县，唐时设汉州，近日我翻阅《唐书》，见唐代有一叫吴融的写了一首《登汉州城楼》的诗，很有沧桑感，从唐到宋几百年过去了，这城楼仍然矗立在这里，可世道早已变了！"程颢对诗词歌赋甚感兴趣，说："父亲可否读来听听？"程珦望着落日下的城楼，吟道：

> 雨余秋色拂孤城，远目凝时万象清。
>
> 叠翠北来千嶂尽，漫流东去一江平。
>
> 从军固有荆州乐，怀古能无岘首情。
>
> 欲下阑干一回首，鸟归帆没戍烟明。

他们三人都沉浸在吴融诗的意境中，现在已是初春，城外已见淡淡的绿意在荡漾。良久，程珦说："房琯也曾在这里当过刺史，他本是唐玄宗时的丞相，由于刚直不阿，敢于直言，被后来的肃宗贬到这里，可他在这里很有善举，深得民心。后人在城里为他修了房公亭。回去你们可去看看。"

程颢像想起了什么，对父亲说："我从鄠县主簿到江宁主簿，后到晋城任县令，深感县政在朝政中的作用，县治则国治，而县治的关键在县令。我曾考察了几任县令的政绩，写了《晋城县令题名记》，刻于碑，使民观其名而不忘其政，后来者也能从中引为鉴戒。"程珦点了点头，以赞许的口气说："这事做得好，将历任县令的治县作为刻于碑，后来的就要考虑有所作为，总不能尸位素餐，让后人无啥可记。"他对程颐说："你在这里留心考察一下汉州历任官员的事迹，也立个碑。"他想了一会儿，又说："成都也了解一下，一并写进去。"程颐也认为是一件有意义的事，便答应了下来。

这一天晚上，程珦在汉州的开元寺里招待从朝中来巡查的中使，程颢、程颐也一同作陪。酒过三巡之后，程珦向中使打听朝中的情况。他说："汉州偏僻，我在这里十分闭塞，不知朝中有何动向。"中使谨慎地说："如今神宗重用王安石丞相，听说王丞相正在酝酿改革朝政。"程珦问怎么个改法，中使说不清楚，只听说王安石上了个上书，提出了天命不足畏、祖宗不足法的变法主张，朝中议论纷纷。

程珦离席沉默不语，望着庙宇外越来越浓的暮色，思虑着。这时有人进来送给程珦一封信，他接过拆开匆匆阅了，对程颢说："家里来信，说孩子有病，过几天你回河南家里去，一来回去看看孩子，再者河南地处中原，有何动向也好及时转告。宋兴以来，已有一百多年的稳定局面，可今天听了中使的话，我总觉得天下不会太平了。"程颢点了点头。程颐也陷入了沉思。这时突然外边有人喊："快来看呀，庙里的佛头放光了。"程珦见庙外不少人挤了进去，中使也是一脸疑惑，便说："一尊泥塑，放啥光！"仍不为所动。程颢笑了笑说："这套把戏我在鄠县就戳穿过，是和尚捣的鬼。"程珦说，眼下先不管它，他对中使说："汉州离三峡不远，你公事办完之后，可由颐儿陪同去游历一番。颢儿也从三峡顺长江走，时间会快些。"中使自然十分高兴。程颢说："我不便久留，明天就返回吧。"程珦见他归家心切，便同意了。

几天后的一日清晨，程颐同中使早早就骑马向三峡走去。三天后他们来到三峡的瞿塘峡。这里地势险要，前临大江，后为峭壁，只有一条羊肠小道可以通过。马是不能骑了，他们二人便在一个向导的引导下沿着崎岖不平的山路向前走去。在翻一座山时，中使实在是走不动了，见当地有抬轿的，便有心想坐轿上山。在路边等客的轿夫见胖胖的中使走得满头大汗，也拉着他让坐轿。程颐见中使实在走不动，便对向导说："让中使坐轿吧，我还能走。"中使也劝程颐坐轿。程颐笑着说："中使你久在宫殿，这山路确实不好走，你坐轿走吧。我到处游走，走惯了。"说完便同向导先走了。中使人高马大，两个轿夫是瘦小的四川人，抬不了多远，便停下来歇息。程颐望着汗流浃背的轿夫，对向导说："同样是人，有人坐轿，有人抬轿，这太不公平了，我不忍心坐轿，那分明是以人代畜啊！"向导说："先生心太善了，这些轿夫就是以卖力气吃饭的，你坐轿他才有饭吃，如果游客都像先生，他们就要饿死了。"程颐望着险峻的三峡风光，早没了欣赏的心情，连连发出叹息声。中使的兴致倒很高，连连说三峡风光太好了，不虚此行。他见程颐连连叹息，便问何故，程颐不好说什么，只好说是担心小侄儿的病。

当程颢风尘仆仆赶回洛阳家里的时候，孩子端悫已奄奄一息，处于昏迷状态。他躺在母亲怀中，小手抓住母亲的手，好像不情愿离开这个世界。程颢万万没有想到几个月没见孩子就病成这样，他用手挡在孩子的鼻孔上，感到呼吸越来越微弱，便意识到孩子不行了，眼泪不由自主流了下来。

三天后，程颢与夫人将孩子葬在伊县神阴乡祖坟。程颢写了一篇墓志，记述了儿子短短五岁的生平。由于正值仲夏，天气炎热，只好草草将孩子安葬，墓志刻碑来不及，就用朱砂书于砖，埋于地下。程颢含泪念了墓志文：

"邵公，广平程颢之次子也，生于治平始元仲秋之四日，死于熙宁首襟仲夏之十四日，越三日，葬之于伊阳县神阴乡祖茔之东。邵公，其幼名也，端悫，其名也。

"生而有奇质，未满岁而温粹端重之态，完然可爱，聪明日发，而方厚淳美之气益备。"

念到这里，程颢再也念不下去，望着隆起的小小的坟墓，程颢扶起早已哭干了眼泪的夫人，返回洛阳。一路上，程颢同夫人不时谈论着孩子的往事。夫人说："这孩子从开始会说话就很稳重，像一个小大人，那时你不在家，我教他学古诗，念三四遍他就会背诵，过后再也不忘。别的孩子们在他面前打打闹闹，他从不参加，只是在一边看。这样的孩子，怎么说走就走了？"程颢叹了口气，望着头顶火辣辣的太阳，眺望着不远处闪闪流淌的伊水，孩子的音容笑貌老是挥之不去。夫人说："父亲和弟弟远在汉州，如听到噩耗该如何承受得了！父亲是最疼爱他的，每次见到他总是夸他懂事、聪明、好学。弟弟常说将来能继承我家兄弟所学的定是这个侄儿，想不到他却早早夭折！"她忽然想起了什么，对程颢说："和咱住在一个巷里的邵先生前些日子说，他外出游历了，大约最近就会回来，让你回来后不要远去，他好像有话要跟你说。"程颢点了点头。

这天下午，程颢听说邵先生回来了，便前往探望。一进院子，邵雍便关切地问："我刚回来就听说贤侄不在了，就要过去呢。"程颢哀叹后说："算他命短，我也刚从汉州回来，所幸见了最后一面。父亲听说朝中要行新法，要我回来看看孩子，了解一下政局，想不到回来孩子就不行了。先生出去游历，对政局有何见闻？"

邵雍对程颢说："咱们到天津桥上说话吧，有几位朋友也在那儿等着我。"说罢，二人便向天津桥走去。

程家与邵家居住的履道坊在天津桥南，离桥约有三四里的样子。程颢他们走到桥南端的时候，见南岸桥头绿荫柳树下几个儒生装束的后生正面对悠悠东流的洛河在吟诵诗句。他向南望去，见定鼎门大街上熙熙攘攘，一抹斜阳照在横跨大街而立的牌坊上，"定鼎门"三字闪着暗红的光。向北望去，见天津桥是一座石拱桥，桥上人来人往，好不热闹。有骑马郊游的才俊，有坐轿的官员，有挑担的商贩，有在桥上观赏风景的儒生。洛水穿城而过，北面是西京的内城，宫殿巍峨，鳞次栉比。城墙外柳荫如烟，似有紫气升腾。天津桥正对着隋唐东都皇城的正门而建，依稀能见苍劲的"端门"二字。程颢依稀记得《通鉴注》上说炀帝派宇文恺营建东都，引洛水贯都，有河汉之象，因名其桥为天津桥。也有人说，天子门前的渡口叫天津。程颢想着有关天津桥的种种传说，随邵雍走到几个儒生落座的地方。有一个儒生正在吟哦刘禹锡的诗：

洛阳桥边春日斜，碧流清浅见琼沙。

无端陌上狂风急，惊起鸳鸯出浪花。

儒生们见邵先生来了，便起身让座。邵雍拉着程颢介绍说："他就是我常向你们提起的程颢先生，他还有一个弟弟，叫程颐，这兄弟俩可是当今大儒，我虽然五十多岁了，同他父亲早就熟识，同他兄弟是忘年交。我们之间相互切磋学问，其乐融融。"程颢忙说："邵先生是当代贤达，学问渊博。我们是后辈，岂能同先辈相提并论！"

这时，刚才吟诗的儒生对邵雍说："我早就听说先生爱在天津桥上吟诗，今暮春时节，洛河两岸草长莺飞，天津桥群英荟萃，少长咸集，先生何不赋诗呢？"邵雍略一思索，随口吟出了：

尧夫非是爱吟诗，诗是天津伫立时。

有意水声千古在，无情山色四边围。

孤鸿远入晴烟去，双鹭斜穿禁柳飞。

景物不妨闲自适，尧夫非是爱吟诗。

程颢微笑着说："先生这首句和尾句相连的写法，是一种独创，也可以叫邵体吧！"邵雍摆摆手说："说独特可以，称不上邵体，只不过是我喜爱而已。"

西斜的阳光照在南岸的柳树上，河面上飞过一群白鹭，越过定鼎大街，向龙门山方向飞去。这时不知从何处传来了杜鹃的叫声。在嘈杂的市声中，杜鹃的叫声时断时续，但细细听来，还是十分清晰的。邵雍是最先听到杜鹃的叫声的，他脸色突然变得阴沉起来，接着发出一声低低的叹息。程颢从旁边看到了邵雍的变化，他对邵雍说："先生何故叹息？"邵雍对程颢说："你听到杜鹃的叫声了吗？诸位听到了吗？"程颢侧耳静听，真的听到了时断时续的鸟叫。他说："这是杜鹃的叫声吗？据我所知，北方是很少有这种鸟的，这种鸟南方很多见。"邵雍望着一抹夕阳照在皇宫的檐角上,忧心忡忡地说："洛阳向来没有杜鹃,今日有杜鹃啼,是不良预兆。"刚才咏诗的后生问："为何说杜鹃啼叫不吉利？"邵雍望着皇宫上飞卷的阴云，忧心地说："杜鹃是啼血而死的，因而人们说它不吉利。天下将治，地气自北而南，天下将乱，地气自南而北。今南方的禽鸟得地气而北来，预示着一场社会动乱将要到来。我今春游历到京城开封，王安石上书皇上要求变法的事被传得沸沸扬扬，看来变法是势不可当的，可变法的结局却难以预料。你们这些人都要经历变法的洗礼啊。"

程颢笑着说："先生难道是桃花源中人，可以局外人观之？"邵雍显得轻松地说："我是山野之人，无官一身轻，不像你们正追求功名，脱不了这场风雨的。"他对程颢说："我从吕公著处了解到他已向皇上上了奏折，举荐你到朝中任监察御史。你看，你不是正好赶上这场变法了吗？"程颢听到这个消息并未感到特别高兴，反而有一丝隐忧，沉思着说："我学的是内圣外王之道，效命朝廷，为生民立命是应有之义。先生何以教我？"

邵雍说："我听说王安石的新法对百姓有苛刻、加重负担的一面，我有几个学生在朝中任职，要辞去官职，以示抵制。我劝他们不要这样,新法固严,你们在执行时能宽一分则民受一分赐，都离开则于民无补。"程颢细细地品味着,若有所思地点了点头。

一阵微风过后，又传来杜鹃的啼声。邵雍望着落照中的皇宫和悠悠流淌的洛河，吟出了两句诗：

几家大第横斜照，一片残春子规啼。

第七章　变法风云

春天来到了京城开封。这是宋神宗熙宁二年（1069年）的春天，由于朝廷上下酝酿要变法，因而今年的春天与往年相比显得多了些躁动与不安。

四月的一天上午，在京城皇宫的议事厅内，程颢同苏辙等几位大臣正在等王安石朝奏回来。程颢是两个月前接到朝廷的诏书由洛阳来到开封的，两个月来，他与苏辙作为王安石的属下直接参与了变法的筹备事宜。程颢与苏辙并不陌生，他们是同榜进士，几年不见转眼都进入了盛年，程颢想到自己已三十八岁，眼前的苏辙也快四十岁了。程颢同苏辙很能谈得来，除了谈对变法的看法外，诗词也是他们可谈的话题。程颢虽不写词，但对苏辙和王安石的词却是十分佩服。这时程颢见王安石还未回来，便对苏辙说："老兄，近来可有佳作，读来欣赏欣赏！"苏辙微微一笑说："我这一段时间忙于起草变法的文案，哪有心情作词啊。倒是昨日下朝，我见王执政作了一首诗，我把它记了下来。我给读来听听。"说罢，他念道：

习习春风拂柳条，御沟春水已冰消。

欲知四海春多少，先向天边问斗杓。

程颢望着窗外在微风中飘拂的垂柳，随着诗的意境展开，他好像看到春风满面的王安石正意气风发地向自己走来，他不由想起了刚来时王安石给自己看的今年春节写的一首诗："爆竹声中一岁除，春风送暖入屠苏。千门万户曈曈日，总把新桃换旧符。"苏辙见程颢似在沉思，便问对刚才所读诗的感想，程颢说："先生目前是踌躇满志啊，可我总觉得他把变法的阻力看得小了些，'御沟春水已冰消'，可这开封有倒春寒，闹不好御沟还会结冰的。"苏辙也有同感，他正要说下去，只见王安石匆匆走了进来。王安石看上去有四十七八的年纪，瘦瘦的脸上透着坚毅的神情。他是江西临川人，进士及第后二十八年间多数时间在地方上供职，去年神宗即位后，锐意改革，升他为参知政事，他即开始着手变法。今日早朝他是向皇上提议派员到各路检查新法推行情况的。王安石见程颢等人都在，便说："让诸位久等了，皇上已同意我的提议，由你们几位到各路去检查农田、水利、赋役等新法推行情况。如今新法推行并不顺利，有的地方并不执行，各位下去后要履行督察之责。对那些阻挠新法推行的官员，你们报上来，该撤换的就要撤换。"程颢听到这里，不禁想起了这位大人诗中的"总把新桃换旧符"，他感到这变法的势头是越来越猛了。

下得朝来，苏辙同程颢边走边谈。程颢说："王安石对推行新法大刀阔斧，顺之者昌，逆之者亡，老兄如何看这场变法？我初来朝中，还望多多指教。"苏辙思虑着说："据我观察，目前在变法问题上，朝中有两种意见，一是以王安石为首的，以兴起功利为目的变法，以发展生产，改变赋役来增加朝廷收入；一是以司马光、吕公著、富弼等大臣为主，主张以节流增加收入，不大动干戈。我听司马光这样说过，宋兴以来，已一百多年，这所老房子虽说破旧，但修修补补尚能维持，还未到大修大拆的地步。我是倾向司马先生的意见的，去年我向皇上建言要改变目前积贫积弱的局面，必须从裁冗官、冗员、冗兵入手，这虽然只是一个具体的措施，可得到了皇上的认可，我也因此被调到王安石新设立的制置三司条例司参与变法。这一段时间，我愈来愈感到变法太过激进，他提出的'天命不足畏，祖宗不足法，流俗不足恤'就很难被人接受。"程颢边听边思索，末了，他说："执政以顺民心为本，譬如流水，其波涛汹涌之时，实难平抑也。可他要做大动作，已在京城闹得人心惶惶。下一步，他还要实行青苗法，已有了些基本的想法。这次咱们下去正好可以听听下面的反应。这次巡查回来，要好好找他谈谈。"苏辙苦笑了一下说："目前他是一意孤行，听不进谏言啊！"

四个月后，当程颢风尘仆仆回到京城的时候，已是八月上旬。这一日上午，司马光来到了制置三司条例司，他见程颢便乐呵呵地说："早就听说你来到了制置三司条例司，当我来找你时，你又下去巡查了。怎么样，这次下去感受如何？"程颢见司马光有五十岁的样子，长得高大魁梧，一看就是北方人，知道他是不同意激进变法的，便谨慎地说："为臣下去是了解情况的，新法在鼓励地方兴修水利、开垦荒地方面是有促进作用。"司马光见其他人都在忙，便把程颢拉到一边说："今日咱不谈新法的事，我是上朝路过，给你透个信，吕公著已向神宗举荐你为太子中允，权知监察御史里行。不日你就要到任了。"程颢不解地问："我一小小县令，能在朝中当个差也就不错了，来这里不到半年，能胜任这太子中允和监察御史？"司马光笑了笑说："河洛一门两学士，在朝中早已闻名，再者你在上元、晋城任上颇有政绩，神宗是早已知名。这次吕公著一举荐，皇上就同意了。这太子中允是正八品，由县令升任的御史叫里行，行使的职权是一样的，行使对百官的弹劾职责。"程颢默默地听着，蓦然感到肩上沉甸甸的。他对司马光说："今后还望多加指教。"司马光沉思着说："目前朝中局势微妙得很，你还是多观察，少发言。"说罢，便匆匆走了。

当天下午，程颢来到王安石的家里，向王安石汇报到京西路检查新法的情况。程颢说："这次我到了京西路的洛阳、南阳一带，感到农田水利法对农业的促进很大，南阳一带新开垦的土地不少，可赋役法的执行情况不理想，有的地方根本就没有实行。"王安石说："这在我的意料之中，农田水利法是鼓励农民开荒和兴修水利，自然有积极性，地方官也好执行。赋役法是要改变税赋，为国家敛财，自然难以推行。下一步我还要强力推行青苗法，恐怕难度更大，但一定要推行，否则，谁不执行就罢谁的职。"这时，王安石的儿子王雱拥着他的妻子从内屋走了出来，接过话说："依我看，把当朝宰相富弼斩首弃于市，则新法行矣！"王雱看上去不过二十多岁，年轻气盛，是王安石推行新法的得力助手。程颢对他如此出言不逊，感到十分不满，脸色阴沉下来，以教训的口气说："我们正在商议朝廷政事，尔何出此言！"王安石也感到孩儿说话有些过头，便训斥说朝政大事岂是尔辈妄言的！下去吧。"王雱不情愿地离开了。王安石对程颢说："老弟莫要见怪，他一个毛头小伙子，说话不知天高地厚，不要和他一般见识。"程颢正色说："新法推行有些反对看法是正常的，我们可以从反对意见中看到不足之处，避免出现大的偏差，一片叫好并不正常啊！我听说你为了推行新法，选用了一些对你只会阿谀奉承的小人，而把诸如司马光这些老臣都撇在一边，这是不利于新法的。"王安石点点头，说："我目前对这些人只是利用而已，等到一定时候，这些人我还会让他们回到他们应该回的地方。"程颢摇了摇头说："君子好进也好退，小人可是好进不好退啊！"

王安石对程颢的话似乎听明白了，又似乎没有听明白。他无奈地说："新法在推行中可谓困难重重，既有朝中一些老臣的反对，又有地方上一些大臣的阻挠，我目前用他们是不得已啊！"程颢看着王安石愁苦的表情，忽然对他产生了一丝同情和怜悯，是啊，目前朝中对变法不满的人日益增多，王先生已处于进退两难的境地，他是在硬着头皮推行新法啊！窗外的暮色渐渐透了过来，程颢见天色已晚，便向王安石道了别。

第二天上午，程颢就被宋神宗召见。当他一走进崇政殿，向宋神宗跪拜之后，神宗就赶紧从龙椅上走了下来，把他扶了起来，连声说："你就是程颢，朕早就知名，这次吕公著举荐了你，希望你好好在监察御史任上为朕建言，补政缺失。"程颢见神宗正值盛年，显得英气勃勃，便谨慎地说："谢皇上知遇之恩。"宋神宗赐坐之后，对程颢说："爱卿说说看，怎样当好这监察御史？"程颢思索着说："使臣拾遗补缺，神赞朝廷则可；使臣掇拾臣下短长，以沽直名，则不能。"神宗暗自思忖，这么多大臣，没有人像程颢这样理解监察御史的，他联想到当前变法与反对者之间的相互攻击，对程颢的话愈加赞赏，连声说："真御史！真御史！爱卿真是懂得御史的真谛！眼下以王安石为首的变法派与以司马光为首的反对派正闹得不可开交，你可要在其中作好协调，使变法顺利推进。"程颢说："臣会公正行事的。《中庸》上有一言：'中也者，天下之大本也；和也者，天下之达道也。'不偏之谓中，不易之谓庸。这也是臣处事的准则。"宋神宗感叹地说："看来先生对中庸之道是深有研究的。而这两个大臣却是针尖对麦芒，一遇讨论便是吵，互不相让，不懂得中庸之道。"程颢说："他两个都是饱学之士，又都是皇上的顾命大臣，为了变法大业，有时不免各执一词，不过我听说私下他们倒无成见。"宋神宗点了点头，他对眼前这个温和儒雅的御史从内心感到喜爱，既有学问，又不张狂，便和蔼地问："今年有三十几岁？"程颢说："回皇上，臣今年三十八岁。"神宗又问："听说你的弟弟也是饱学之士，今年多大了？"程颢说："弟弟小我一岁，在学问上胜我一筹，我可以负责地举荐他。"神宗说："我早就听说洛阳有一门两学士，都是当代大儒。我记下了。还有哪些人才也可举荐？"程颢说："陕西的张载，也是一位儒者，品德高尚，学问高深，尤其致力于儒学研究，是一不可多得的人才。愿陛下以求贤育才为先，勿轻天下士。"神宗俯下身笑了笑说："当为卿戒之！"然后又问："依爱卿之见，朝廷的当务之急是何事？"程颢略一思索说："依臣之见，皇上要先明辨王霸的含义，确立治政的根本。得天理之正，极人伦之至者，尧舜之道也；用其私心，依仁义之偏者，霸者之事也。"宋神宗问何为王道。程颢说："王道如砥，本乎人情，出乎礼义，若履大路而行，无复回曲。霸者崎岖反侧于曲径之中，而卒不可与入尧舜之道。故诚心而王则王矣，假之而霸则霸矣。二者其道不同，在审其初心而已！"神宗静静地听程颢侃侃而谈，从他的论王霸的话语中，他似乎听出来顺人情，本礼义就是王道，而用其私心，假借仁义而行则是霸道。他品味着程颢最后说的要"审其初心"的话，心想："王安石变法本意是要改变近百年来积贫积弱的局面，没有个人私心在里边，不能说是霸道；可他又说祖宗不足法，显然也不是要行尧舜之道。看来这个程颢是不太同意王安石的变法措施，不过是没有明说罢了。"想到这里，他对程颢说："你对当前变法有何见解，可写成折子奏上来，供朕参考。"程颢见皇上有下朝的意思，便告辞了。临别的时候，神宗对程颢说："爱卿为大儒饱学之士，听你谈话长见识，增治国本领，我希望常常见到你。"程颢见神宗如此看重自己，为皇上的知遇之恩而感动。当他走到宫门口的时候，见天已过午，一内侍臣对程颢说："程御史难道不知道已到了皇上用膳的时间吗？"程颢连连向内侍臣赔不是。

　　这一日晚上，程颢正在家中书写奏章，门人报说是司马光来见，程颢连忙到门口迎接。只见在月光下，身材高大的司马光下得轿来，稳步走了过来。程颢忙施礼，司马光拦住说："不必，不必，这又不是在朝廷，何必施礼！"说罢便同程颢进了屋。司马光边走边说："这王安石也太性急了，七月刚颁布了均输法，两个月不到，今日又要皇上颁布青苗法，我在今日早朝时同他吵了一通，无奈皇上是支持他的，青苗法还是颁布了！"程颢边倒水边说："古语说欲速则不达，我的体会是出令当如流水，以顺民心为要。可能他的本意是为了朝廷，可如今闹得人情汹汹，这推行新法怕难有成效。"司马光坐下后见桌上放着摊开的宣纸和毛笔，便问写何文章。程颢说："这几天我也在思索如何改变近百年来形成的积贫积弱的局面，我把它集中概括为十个方面，向皇上提出，不知合适否？奏章刚开了头，刚好先生过来，就请过目，以便指正。"司马光拿起奏章，认真看了起来。他见论十事札子下面列了十个方面：师傅，六官，经界，乡党，贡士，兵役，民食，四民，山泽，分数。他见开篇是这样写的："圣人创法，皆本诸人情，极乎物理。"他对程颢说："你这几句话让王安石看了肯定会不高兴，他会认为你是在说他颁布的新法不合人情，不合事理。"程颢说："我并不反对变法，我认为大变则大补，小变则无益。问题是变法要合乎民情，顺乎事理。我认为解决朝廷目前面临的困境，要从这十个方面入手。"司马光饶有兴趣地说："这十个方面我看也切中要害，先说来听听。"程颢思索着说："师傅论者，我想着重说明要尊师重贤，形成尊德乐善之风。六官论者，我想着重说明要改变官职混乱、职业废弛的现状。经界论者，我想着重说明要正经界。天生蒸民，立之君使司牧之，必制其恒产，使之厚生，则经界不可不正，井地不可不均，此为治之大本也。唐尚能有口分授田之制，今则荡然无法。富者跨州县而莫之止，贫者流离饿殍而莫之恤。"司马光对这一点也深有同感，他接过话说："宋兴以来，由于采取不抑兼并的政策，使富者土地甲天下，贫者无立锥之地。唐代诗人杜甫的'朱门酒肉臭，路有冻死骨'的现象，在今天也出现了。你分析得透彻，根本在于土地的不均。可要恢复井田制，实行唐时的有口分授田，谈何容易！老百姓自然高兴，可那些众多的富户会把田拿出来让你分！"程颢显得有些闷闷不乐，他叹了口气说："这要看朝廷的决心了！要不只能是一种理想。这经界和民食是连在一起的，没有地的乡民哪有粮食？古者民必有九年之食，无三年之食者，就被称为国非其国。我观天下耕之者少，而食之者众。地力不尽，人功不勤，虽富室强宗，鲜有余积，况其贫弱者？或一州一县有年岁之凶，即盗贼纵横，饥羸满路。如不幸有三二千里之灾，或连年之歉则其患不可胜言矣。所以我说要渐从古制，均田务农，公私交为储粟之法，以为之备。"司马光仔细地倾听着程颢的论述，不时点头表示叹服，他见程颢已胸有成竹，简直是出口成章，便对他说："我不再打搅了，你赶快按你的想法写奏章吧，不过能否被皇上采纳，还很难说，因为目前皇上是支持变法的。"程颢说："明知不可为而为之，这也是我作为御史的职责所在。"司马光赞许地点了点头，便匆匆离开了。程颢送走了司马光后，便伏案写起了奏章。

第二天早朝，程颢就把他的奏章呈给了宋神宗。程颢见神宗阅毕，不露声色把奏章递与王安石，王安石看了，对奏章中体现的法先王的主张不以为然，他对站在对面的程颢说："程御史不愧是儒学大家，现今一千多年后提出恢复先秦的井田制、均贫富不是太过天真了吗？"程颢解释说："我的本意并不是说要恢复完全意义的井田制，是要改变目前土地严重不均的现状，实现按人口授田。"宋神宗看着二人的争论，心想，现今要均贫富谈何容易，他又不便直言程颢奏章的不合时宜，便说："二位爱卿不再争执吧，咱们还是议一议如何增加国库收人吧。"王安石说："以臣之见，不如卖祠部度牒做常平本钱。"程颢上前一步说："皇上，臣以为不可，祠部度牒是朝廷向僧人颁发的一种确认身份的凭证，可免除赋役，若天下人都可购买，岂不有失朝廷尊严？"王安石说："臣以为程御史所言自以为是王道之正，可未达王道之权也。若卖祠部度牒可得四十五万担粟，如遇灾年，按每人贷三担，可活十五万人。若认为这样的好事还不能做，难道是懂得王道之权吗？"程颢见王安石如此强词夺理，便不再申辩，只是心里在嘀咕："这不是同卖官鬻爵一样的性质吗？"

转眼到了第二年的春天，程颢在监察御史任上已履职七个月。三月四日这天上午，御史台里显得十分热闹，程颢与孙觉、吕公著、张戬、李常都在座。程颢望着门口院里盛开的梨花，一股春天的气息充溢心头。可他一想起半年多来御史台所经历的种种事端，心情便又沉郁下来。他一边听着诸位大臣对变法的议论，一边回忆起去年八月以来同执政大臣王安石的争论。就在九月同王安石就卖祠部度牒发生争执之后，十一月他在弹劾王广渊时又一次同他意见相左。他在了解王广渊在推行青苗法时有抑配的做法后，向皇上奏了一本，说他以抑配之法，迎朝廷旨意，以困百姓。他记得那次上朝，王安石说："何谓抑配？王广渊不过是积极地在他管理的地方推行青苗法，执行朝廷的旨意坚决罢了，你怎能说他是迎合朝廷，以困百姓？"当时他对王安石说："你对下面抑配的情形不了解，我听人说有的乡民不愿借青苗钱，可王广渊派下去的官员非让借钱不可，这不是抑配是什么？"王安石说："不管怎么说，广渊力主新法而遭劾，刘庠故坏新法而不问，举事如此，安得问人心向背？"现在回想起来，刘庠故坏新法之事自己一无所知，不存在问不问的事。

吕公著见程颢望着院中的梨花在沉思，便走过来说："程御史何故闷闷不乐，似有心事？"程颢见是执政大臣，又是自己的恩师来问，便赶紧施了一礼说："臣在反省履职以来的所作所为，也在检讨新法的得失。"吕公著笑着说："那你过去吧，参加我们几个人的议论，咱们共同来讨论讨论。"程颢随吕公著来到几个大臣身边，找了个位子坐下，见孙觉说："吕公，今日咱们来此聚会，少了一个重要人物，咱们的司马温公没来呀！"吕公著说："他不便来，他一来，王安石又要说咱们是合谋反对新法，就这人家还说司马温公是咱的赤帜。"这时范纯仁走了进来，他是刚从陕西转运副使调到朝廷任监察御史的，吕公著示意他坐下，问道："范御史，你从陕西来，青苗法在陕西已实行两年了，听听你的看法。"范纯仁说："当时陕西转运使李彦看到粮储不足，便在春上给乡民放贷，到谷熟时还粮，行了两年，粮库有所盈余。等于是放贷买青苗，因而叫青苗钱。"吕公著说："开始王安石对是否推行青苗法尚有疑虑，后来京东转运使王广渊上书言春季农民苦乏，而兼并之家乘机取利，乞留本道钱帛五十万，贷之贫民，岁可获息二十五万。王安石认为可行，改作青苗法，推行天下。"这时河北安抚使韩琦走了进来，他见吕公著等几位大臣在议论青苗法，便对吕公著说："让我说说他们在下面推行青苗法的情况，简直是官放高利贷！本来推行青苗法务在利民，可今令乡民每借一千，则岁纳一千三百，诸位想想，这不是官放利息是什么？与初始抑兼并、济困乏之意绝相违逆！我这里向皇上奏了一本，请求取消青苗法！"程颢见韩琦从袖中取出奏章，交与吕公著。心想："这韩琦不愧是武将出身，真是快人快语。"他正思考着韩琦所说的严重问题，吕公著对他说："程御史，值此事关朝廷大计、百姓生计的大事，作为谏官，可不能不言啊！"程颢一脸严肃地站了起来，对吕公著说："我已感到青苗法危害的严重性，晚上就考虑写奏章，明天就可上奏。"吕公著优虑着说："这奏章要是到了王安石控制的条例司，就要被驳回，已经发生几起了！"他对韩琦说："你的奏章要想办法直达皇上，否则到了条例司，也要被驳回。"韩琦笑了笑说："我自有办法。"

第二天早朝，宋神宗取出韩琦的奏章递与王安石说："你看看吧，韩琦真忠臣，虽在外，而不忘王室。这青苗法朕始谓可以利民，不意却害民如此！"王安石是一个脾气暴躁的人，见皇上如此听信韩琦所言，便勃然大怒："韩琦谓我为兴利之臣，试问今抑兼并、赈贫弱、制官理财，哪一项不是为了朝廷？安可谓兴利之臣？"程颢见王安石如此动怒，心想，他确是一个容不得不同看法的人，看来昨天晚上他写成的

《谏新法疏》的奏章如果被看到了肯定要被驳回。他正在想着是否直接向神宗上书，只见司马光上前一步，针锋相对地说："臣以为青苗法利少弊多，而臣之所忧，当在十年之外，非今日也。如今官府出钱贷款而收息，富人之家不愿取，而朝廷派下去的官员以多贷款多发粮为邀功的机会，强令富户贷款。又恐怕贫户还不起贷款，强令富户担保。而富户又不愿担保。结果，贫户还不起贷款，必然逃离四方，富户不能逃跑，必然承担连带责任。这样，天长日久，贫户也跑空了，富户也拖累穷了。这青苗法实为官放高利贷，有辱朝廷，万万推行不得！"程颢见王安石脸色气得铁青，又要和司马光辩论，便和颜悦色地说："天下事非一家私议，愿平气以听。"这时宋神宗对程颢说："爱卿有何谏言，也可道来。"程颢望了一眼王安石说："我也是谏言取消青苗钱利息的。臣窃谓：明者见于未行，智者防于未乱。盖安危之本在乎人情，治乱之机系乎事始。众心睽乖则有言不信，万邦协和则所为必成。固不可以威力取强，语言必胜。而近日所闻，尤为未便。伏见制置条例司疏驳大臣之奏，举劾不奉行新法之官，徒使中外物情，愈致惊骇。"宋神宗见程颢所言虽未明指王安石，但却无一不是指向王安石所倡导的变法。是啊，自从去年九月开始变法以来，朝廷上下是众心离异，人情汹汹，变法与反变法之争闹得满城风雨。他尤其对王安石疏驳大臣的上奏感到不满，对王安石投去别人不易觉察的一瞥，然后问程颢："那你的谏言是什么？"程颢说："望陛下奋神明之武断，审成败之先机，外汰使人之扰，亟推去息之仁。"宋神宗沉吟片刻，思虑着说："立青苗法本为利民，不意变成官放高利贷，是有违初衷，有辱朝廷！"程颢见神宗有如此看法，心想自己上奏的目的已达到，奏章即使被留中不报也无所谓了。王安石气得青了脸，十分委屈地说："臣行新法，全为富国强民之计。臣论此事，已十数万言，然陛下尚不能无疑，如此尚为异论所惑，则天下何事可为！当今内忧外患，国库空虚。青苗法推行之后，则会为国库每年增加几百万的收入。望陛下不为异论所惑，一意推行。否则，臣请辞去执政之职！"神宗显得为难起来，他望了望两边的大臣，司马光等一班大臣是希望停止新法的，而王安石一班大臣是希望推行新法的，他知道今天不能作定论，便宣布退朝了。

第二天上午，程颢被宣进宫来。程颢见宋神宗正在踱步，便思考着神宗单独召见所为何事。神宗见程颢进来，便笑着说："今日咱君臣不谈新法之争，让他们去争好了。那两个大臣，都是朕的忠臣，可脾气都是倔得很，我听说今日王安石就称病不上朝了。想当初，让司马光当执政大臣，他执意不接圣旨，还是朕把圣旨硬塞到他的手里，他才上的任。今日咱谈谈唐代的治理。爱卿对唐代的治理有何高见，我大宋应如何借鉴有益的方面？"程颢从袖中取出一份奏章，呈与神宗说："唐代的治理以养贤为先。这是臣去年刚就任御史时上奏的《论养贤札子》，不知皇上是否御览？"神宗匆匆阅毕，说："这个奏章有些印象，当时忙于推行新法，没来得及细致推敲，不过朕对你提出的养贤想法还是感到很有新意的。"程颢说："近来臣反思新法的决策过程及推行后出现的问题，感到有必要建立延英院以待四方之贤才。今后凡有政治则委之详定，凡有典礼则委之讨论，经画得以奏陈而治乱得以讲究也。"宋神宗似有所悟，他对程颢说："爱卿继续说下去，为何要这样做？我们过去作决定不也是反复讨论吗？"程颢说："自古以来是皇权独断，陛下继位以来广开言路，出现了谏言纷呈的局面。臣以为，朝廷不可一人独治，应是君与臣共治天下。设立延英院后，将天下有识之贤才招纳进来，今后凡朝廷重大事项先交与他们讨论，制订出方案后供朝廷决断。由于他们不承担执行之责，地位比较超脱，彼此之间没有利害关系，讨论起来就不会意气用事。不像王安石和司马光之间有时论争起来变成个人攻击。"宋神宗笑了起来："是啊，司马光说安石是江西佬，安石说司马光是山西子，有时在朝堂上几乎要打起来，朕有时还要出来劝架。你说的办法好，可以考虑设个延英院。"程颢见宋神宗接受了自己的建议，自然十分高兴，他说："臣历观古先王贤哲所以虚己求治，何尝不尽天下之才以成己之德也。故曰：大舜大焉，善与人同，乐取于人以为善。"神宗明白是要自己虚心纳谏，他对程颢说："朕不是听不进谏言的人，可新法既已推行，骤然停止亦不合适，你们要体谅朕的难处啊！"程颢见皇上还是不肯停止新法，自知不好再与皇上争辩，便不再说什么，心中却生出辞去监察御史的想法来。

程颢对辞职一事反复思考了一个多月，便下了决心，写了辞免上书。这天晚上，他来到司马光的家里，见里面十分热闹，吕公著、富弼等一班大臣都在座。当程颢走进客厅的时候，这班大臣正在议论王安石阻挠皇上任用司马光的事。司马光见程颢进来，忙起身让座。吕公著说："温公，我听说皇上准备任你为枢密副使，征求王安石意见时，他执意不同意？"司马光笑了笑说："咱是人家的反对派，你想会同意吗？不过这还得感谢他，本人也无意此职。当皇上征求我的看法时，我是执意不干的。我已向皇上写了九封奏章，可都被皇上驳回，看来是推不掉的。"程颢这时插话说："温公是皇上的顾命大臣，一味推托恐怕不好。我也向皇上递了辞呈，刚好恩公都在，我来告知一下。"说罢，他把奏章递给吕公著。吕公著边接奏章边对程颢说："你才上任几个月呀，算起来不过七个月，就要辞职，皇上对你又那么器重，我看不会准奏。"他阅过之后递与司马光，司马光眼睛不好，他对程颢说："你读来我听听，我同吕公看法不同，道不同不相为谋，我有时也想辞职呢！"程颢接过奏章，说：

"我这奏章有何不妥之处，还望诸公指正。"而后便轻声读了起来："臣闻：天下之理，本诸简易，而行之以顺道，则事无不成。故曰：'智者若禹之行水，行其所无事也。'舍而之于险阻，则不足以言智矣。盖自古兴治，虽有专任独决，能就事功者，未闻辅弼大臣人各有心，睽异不一，致国政异出，名分不正，中外人情交谓不可，而能有为者也。况于措置失宜，沮废公议，一二小臣实与大计，用贱陵贵，以邪妨正者乎？"

程颢念到这里，喝了一口茶，正要往下念，司马光示意说停一下。他对吕公著说："程御史这篇奏章写得何其痛快淋漓，我看把王安石执政以来的种种弊端算是说尽了。大臣意见不一，国政异出，本来有些政策朝廷并未通过，就匆忙推行，还有名分不正，制置三司条例司的官员位列各大臣之上，乱发司令，重用小人，贬低忠臣，真是说到了要害处！"吕公著微笑着说："程御史过去常常代其父写奏章，自然懂得要领。我怕这篇奏章呈上，皇上会不会怪罪？"司马光摆了摆手说："当今皇上的雅量还是有的，我记得富弼公有一次因何事和皇上吵了起来，唾沫星子都喷到皇上脸上，皇上也没怪罪，不是还照当宰相？"富弼略显不安地说："现在想起来当时也确不给皇上面子，当着那么多大臣和皇上吵得面红耳赤，皇上也真是大度，不跟我计较。这也造成了目前朝廷上下议论风盛行的局面。"程颢沉思着说："这是一种好的局面，如果不是上下敢于议论，形成万马齐喑的局面，新法的种种问题反映不上来，一旦酿成大错，将不可收拾！"司马光叹口气说："就是王安石太无容人之量了。你这奏章呈上去，即使皇上不说什么，他怕不会再留你在朝中了！"程颢看了一眼奏章说："我在奏章末尾也就写了'臣奉职不肖，议论无补，望早赐降责'的话，希望给予降职处理。"吕公著以怜爱的目光看着程颢说："公本是大儒，神宗对你寄予厚望，准备予以大用，你这一上奏，可给皇上出了难题，可给王安石有了辞你的口实呀！我看这奏章是不是不呈？"程颢断然说："我先写了《谏新法疏》，王安石对我的态度已一目了然，现在他要推行新法，是不会容忍我们在皇上身边给他唱反调的，所以我的离开是自然的事。"司马光超然地说："道不同不相为谋。王安石俨然以当代法家桑弘羊自居，奉行国富民贫之策，我辈师法儒家藏富于民之策，而当今皇上又言必听王安石，我看程御史辞职也罢，我在朝廷也不会久留，说不定有一天也会步其后尘。"吕公著说："那就呈报吧！"

富弼一脸忧愁之色，他立了起来，走到窗前，望着窗外沉沉夜色，听着一阵阵刮过的风声，对吕公著说："我为当前朝政的局势担忧啊，连明道这样正直、敦厚之人都要辞职，温公也不能相容，朝中还有谁是贤良方正之人？王安石刚推行新法时是君子小人并用，像你和温公还能提出些谏言，不致新法推行走入歧途，这样一来，他若皆用小人，朝政将不可收拾啊！"吕公著是沉默寡言的人，见富弼如此忧虑，只是摇头叹了口气。司马光接过话说："我看吕公迟早也要被他王安石贬出朝廷，连吕公这样的大贤也容不下，他王安石太褊狭了！也算我们瞎了眼，你说是不是，吕公？"吕公著只是苦笑了一下，并未多言。原来王安石与吕公著、韩维是同科进士，当时王安石虽高科有文才，但由于远在金陵，尚不知名。吕公著和韩维是朝中世臣，吕公著是仁宗朝宰相吕夷简之子。韩维的父亲是仁宗时的参知政事。朝中有"天下之士，不出于韩，即出于吕"的说法。王安石就结交吕公著和韩维，吕和韩也在朝中极力为王安石扬名。王安石对名德之士如司马光等竭力结为友善。神宗即位后，即召王安石人朝，以至大用。

司马光叹了口气说："也算我不识人。王安石才入相，朝廷皆认为得一贤才，我也为之庆幸。独吕献可认为王安石是小人，并当面说日后乱朝廷的必此人。我是识人不如献可，真不如明道啊！"程颢摇头说："温公过奖了！"吕公著说了一句："他看似朴野，中怀奸诈！我们都被他骗了。"富弼知道吕公著是说王安石的。

这一日早朝后，神宗将王安石留了下来。他拿出程颢的奏章，对王安石说："这个程颢真是个愚夫子，我本不愿罢其监察御史，可他执意请辞，念其有判案之才，任他为京西路提点刑狱，可他不但不领情，反而又上了奏章，要辞去这京西路提点刑狱。这让别人看来都是求之不得的事啊！你给念念，看如何处理！"王安石接过程颢的奏章，见标题是"辞京西路提点刑狱"，便饶有兴趣地念了起来：

"臣出自冗散，过蒙陛下拔擢，置在言责，伏自供职以来，每有论列，惟知以忧国爱君为心，不敢以扬己矜众为事。陛下亮其愚直，每加优容，故常指陈安危，辨析邪正。知人主不当自圣，则未尝为谄谀之言，知人臣义无私交，则不忍为阿党之计。明则陛下，幽则鬼神，臣之微诚，实仰临照。"神宗听到这里，似乎有些动容，他对王安石说："我第一次同程颢见面，问他如何干好监察御史，他就说不会做掇拾臣下短长以沽直名的事，只会做裨赞朝廷、对国家有利的事。我称他为真御史。他供职以来，确如他所言，唯知以忧国爱君为心，既不扬己矜众，亦未进谄谀之言，是一个文质彬彬的谦谦君子，朕真舍不得让他外任啊！"王安石亦有同感，他对神宗说："从个人道德上，程颢确是一块温润的碧玉，无丝毫瑕疵。不过他亏在政治上，与吕公著、司马光一班守旧的大臣气味相投，阻挠变法，这是不能容忍的！"神宗似乎对王安石的话并不爱听，便打断说："往下念吧！"王安石只好念了下去：

"然臣学术寡陋，知识阔疏，徒有捧土之心，曾微回天之力。近以力陈时政之失，并论大臣之非，不能裨补圣明，是臣隳废职业。"王安石念到此处，对神宗说："他倒有自知之明，反思不能裨补圣明，隳废职业，不能再在监察御史任上干了。"神宗却不这样看，他说："我欣赏他的捧土之心，是忧国爱君啊！"王安石不满地说："程颢与陈襄等专党吕公著，都无助陛下为治之实。今当邪说纷纷之时，乃用襄知制诰，颢为提点刑狱，人难称其平正。就连程颢也认为是恩典过颁。他本来只是一个御史，任提点刑狱，主管京西路各州的刑狱监察，不是降而是升，如此这般，天下何能服之！此辈小人，若附公著，得行其志，则天下之利皆归之，若有失误之事，皆归于别人。试想，这新法如何推行下去！与其这样，还不如让臣辞职算了！"神宗见王安石动了气，深知他的倔脾气，不能因为程颢而影响正在进行的变法，便说："那就将程颢改任镇宁军节度判官吧！"

四月下旬的一天上午，程颢正在家中同夫人收拾行李，司马光与吕公著走了进来，他二人是来为程颢送行的。吕公著望着捆好的行李说："你们准备何时动身赴澶州啊？"程颢端来茶水放在二位身边说："我准备明天就动身，好在这澶州也并不太远，过了黄河就到了。"吕公著说："你不该辞京西路提点刑狱，这下王安石该满意了，可对你有失公允！"司马光并不这样看，对程颢说："我同意你辞京西路提点刑狱，要不人家不放心，怕你在任上利用职务影响新法的推行。皇上近来还是劝我任枢密副使，我知道王安石不乐意我在京中，我是坚辞的。我向皇上请求到西京洛阳御史台做个闲散的官，好编修《资治通鉴》。这镇宁军的驻地在澶州，你在澶州做签判，虽然是个闲职，也算皇上的优待。如果事情不多的话，正可研究儒学啊。"程颢理解司马光的用心，是在宽慰自己，他望着照在院中暖暖的春阳，说："我本来是做好被朝廷贬到边远之地的准备的，我在《谢澶州签判表》中说皇上'察臣忠诚，恕臣狂直，不忍置重辟，投之远荒，解其察视之官，处以便安之地。生成之赐，义固等于乾坤；涵容之恩，重益逾于山岳'。我也就想到那里后，日新素学，信道逾笃。也许有一天我也会回到洛阳，咱们还会再见面。"吕公著也对程颢说："照王安石目前的做法，我也不会在京城待太久，说不定哪一天也会被贬出去。"司马光见日已正午，便对程颢说："我们走吧，明天我们也不便前来送行，免得人家说闲话。"程颢与夫人将他们二人一直送到了小巷口。

第八章　澶州府中

　　两天后，程颢来到了位于黄河之北的澶州府。这一天上午，程颢来到府中拜见府尹大人。程颢说："我本戴罪之人，来到这里还望大人多多关照。"府尹忙说："我早就听说先生为皇上所器重，这次罢官实为变法所致，皇上并不忍心把你外放。"程颢说："我是主动请求外任的，在判官任上还望多多指教。"府尹笑了笑说："早就听说大人为官清明，善于评判疑难案件。到这里可有用武之地了。"程颢摆了摆手说："对判案我不过是据理评判而已。过一段时间我想到各县看看，观观民风，巡查巡查案件。"府尹说："你有监察地方官的职权，你这个通判到下面一走，保管他们都对你敬畏三分！"程颢说："我主要是协助大人你处理公务的，这样一来我倒不急于下去了，免得大家都以为我是专来找毛病的。"府尹见程颢考虑周到，丝毫没有朝中大臣的傲慢，便连连点头。程颢见天已正午，便回家去了。

　　十一月的一天，程颢结束了各县的巡查，回到家中，见夫人伏在床上暗自垂泪，便问何事。已十来岁的女儿在一旁扶着母亲说："刚才有人捎来信说外公在江宁去世了，母亲一听就昏了过去。"程颢也感到突然，便俯下身子对夫人说："别哭坏了身子，你怀有身孕，对孩子也不好。你准备一下，我到府里去告个假，咱们明天就动身回去奔丧。不知你的身体能否受得了？"夫人抬头决然说："我能不回去吗？在俺几个姐妹中，俺爹最疼我了！"程颢叹了口气说："我是贬谪之身，不能随你去奔丧。对不住岳父大人啊！要不是那一年彭公到黄陵乡下碰到我在读书，我也不会娶你。"夫人说："那时我不懂事，爹回来对娘说黄陵县的程家公子知书达理，老成持重，他已答应将我许你为妻。娘自然同意。"程颢感慨地说："大人为政仁惠，黎民爱之如父母，不喜矫情悦众，扬己取誉，对我影响甚大。他曾对我说，为官之道在爱民。吾冬处被中，常思天下之寒者矣。"夫人说："我常听他也是这样教诲俺的两个哥哥。

俺小时候常听母亲说俺家祖上本来在陕西京兆府，唐朝中期家中有人在江西吉州任刺史，才举家迁居庐陵。爷爷以诗词名世，一生不得志，年纪轻轻就以东宫官退居临湘。父亲排行老二，孩提时就同别的孩子不一样，数岁已自知为学。爷爷常说'兴吾家者，必此儿也'。后来爷爷去世，家贫无法安葬，年幼的父亲整日啼哭。一年后在亲戚的帮助下父亲同奶奶走了几千里才把爷爷的灵柩运回庐陵老家安葬。"程颢叹了口气，说："一个未成年的孩子扶柩运灵几千里，中间要经受多少艰难，真不容易呀！"夫人继续回忆说："父亲考中进士后一直官做到户部侍郎，正三品，为官清明正直，体恤民力。那一年我到宣州去看望他，他正为一事生气，问其原因，原来是朝中大司农到那里巡查，别的地方官员争相送礼邀宠，他看不惯说：'刮民取赏，吾不忍为。'结果，惹得大司农很不高兴地走了。"程颢说："我还听说他在成都任转运使时，朝中的皇亲国戚常常到峨眉山去烧香拜佛，一住就是十几天，府中还要送给他们奇珍异宝，往往一年就要花去数百万钱。可这些钱最终是出在老百姓身上。公到任后，了解到这种情况后，一律三省其二。有一次一个朝中大臣来了，见礼品大为减少，很不高兴地走了，公也不迁就。他常说：'耗费民财，以邀上宠，吾不为也。'我任职以来也时常以公这句话来告诫自己。"

半个月后，程颢他们到了南京，彭公早已安葬。程颢同夫人到坟上祭奠之后，便返回了澶州府。

冬天到来了。一连几天凛冽的北风过后，雪粒夹着沙子便落了下来。这一日黄昏，程颢正在府内望着大雪出神，忽然一兵卒冒着漫天大雪冲了进来，他对程颢说："大人不好了，出事了！河清县修二股河的乡民围住了城门。"程颢心头一沉，心想果然出事了。他从南京奔丧回来就得知了水丞程昉强调河清县乡民修二股河的事。他当时还同程昉争辩过，按照宋朝的法律，二股河修堤只能征调受益的当地人去。河清县乡民不应征调。可程昉依仗是从朝中派来的水丞，根本听不进程颢的话，硬是强行从河清县征用了八百名民工来修河堤。那天他到工地巡视，见在刺骨的寒风中，乡民们不得不跳进冰凉的河水中去挖沙。他曾对监工的程昉说："天寒地冻，我们身着棉衣尚且难忍，乡民们跳进水中岂能受得了？要爱惜民力，将心比心呀！"程昉却说："他们就是干活的命！河堤修不好我可交不了差。"执意不让停工。如今大雪封河，看来民工是真受不了，要回家去。想到这里，他问那兵卒为何不开城门让他们进来回家？"兵卒说："守城的说，程水丞传来话，为防止修河堤的民工逃跑，不得开城门。可几百民工围住城门，出事咋办？"程颢感到情况严重，便随那兵卒冒着大雪快步向城门走去。当他来到城门口的时候，远远地就听见城外民工叫喊快开城门，要不俺就砸门啦！程颢登上城门楼，见大雪纷飞中城门外民工围了几百人，寒风刺骨中他们都穿着单衣，被冻得瑟瑟发抖。他问守城的头领："为何不安排开门？再不开门百姓怕要砸了城门，那不就酿成大乱！"头领为难地说："程水丞有命令，对逃跑的民工一律不开城门。否则拿我是问！"程颢问："他人在何处？"头领说："水丞回京城去了。"程颢说："你把城门打开，程水丞怪罪下来我来承担，我是澶州府的通判。"头领遵命开了城门。程颢对进来的民工说："天降大雪，也干不成活，大伙先回到家里，把棉衣换上，三天后再来干活，大家说中不中？"一个老大爷说："大人既然放俺回家，俺不会不讲良心，让大人为难，三天后俺保证回来！"程颢望着他们消失在大雪中，才返回家里。

程颢回到家里，夫人一边给他拍打身上的雪花，一边以略带埋怨的口气说："这几百人要是跑了，朝廷怪罪下来，咱可担当不起啊！你本来同那个水丞又不和睦，他要是从中生事，对咱更不利。"程颢说："夫人不用操心，我相信那些百姓会回来的。"

三天后的一个早晨，大雪初晴，程颢踏着厚厚的积雪向府内走去。他见一队队农民通过城门向城外走去，心想，这些百姓还是守信用的。心中的一块石头算是落了地。到了府衙正欲坐下办公，有人进来禀报说程水丞求见。程颢心想，他来得好快啊，看来是来问罪的，便坦然说："有请程水丞。"程水丞进来后对程颢说："我刚从二股河工地回来，因大雪返家的民工都回来啦。那天先生处置得当，避免了一场暴乱。弟自愧不如啊！"程颢见他态度谦和，便和蔼地说："己所不欲，勿施于人。试想大雪之中，我们身裹棉衣尚且感到寒冷，百姓们身着单衣，若不开城门，不让返家，岂不激变？百姓就像风中的小草，需要我们时时呵护啊！"水丞连连点头称是。

中午程颢回到家中，向夫人叙说了水丞的态度变化，夫人也放了心。吃饭的时候，夫人说上午有人送来一封书信。程颢顾不得吃饭，拆开信一看，见是弟弟的来信，信中说，父亲大人在汉州任上身体欠安，已向朝廷告假致仕。春节后将起程从成都返回洛阳，预计来年春上三四月可返家。程颢对夫人说："父亲大人年事已高，可担不起病啊。"夫人说："好在弟弟在身边，有个照应。"程颢叹口气说："弟弟这几年一直陪伴在父亲身边。父亲回到洛阳，我就向朝廷告假，就近谋个职事，以便照顾父亲。"夫人一边吃饭一边默默地听程颢说话，忽然感到一阵肚子疼。她知道是快要生了，对程颢说："快去把邻居接生婆叫来。"程颢对立在一边显得有些惊慌的女儿说："帮你娘收拾收拾，你又要添弟弟或妹妹了。"说罢，便大步走了出去。

程颢叫来了接生婆，便来到灶间烧水。女儿问："父亲，娘要是生个妹妹，该起个啥名啊？"程颢想了想说："要是妹妹就叫澶娘。"女儿问："为啥叫澶娘？"程颢说："你妹妹是在澶州出生的，所以叫澶娘。"他二人正说话间，接生婆从里屋出来了，说恭喜老爷是个千金！程颢与女儿相视一笑，说："我连名字都起好了！"

程颢与女儿进到屋内，见夫人一副虚弱的样子，便让女儿去端鸡蛋面汤，他在床边坐下，握住夫人的手。夫人一脸愧疚说："又是个女孩，自从老二五岁夭折后，我就想再来个男孩多好！只大儿一男怪孤单，可谁知又是个女儿！"程颢微微一笑，说你不要多想这些，只要平安生下就好。男孩女孩都是咱们的骨血。我倒喜欢这个女儿，刚才我连名字都想好了，她是在澶州出生的，就叫澶娘，你看如何？"

夫人见程颢对生个女儿没有丝毫不满的表示，便放宽了心，说："就叫澶娘吧！"

转眼到了多雨的夏天。这几日接连不断的暴雨使黄河水位猛涨。这一日黄昏时分，程颢正在家里望着院中瓢泼大雨发愁，忽然一匹马冲进了院子，一个浑身湿透的兵士跳下马来，走进屋内，对着他一拜，说："大人，黄河在京城一带有决口的危险，开封府的刘公涣大人特让来请大人商议堵决口事宜。"程颢匆匆阅罢递过来的信函，知水情紧急，便对夫人说事不宜迟，我马上要前往开封。"夫人望着暗下来的天色，着急地说："这样的天气，又下得这样大，路上可要小心！"程颢点了点头，披上夫人递来的蓑衣，从马厩里牵出马来，翻身上马，跟随那个兵士，冲入漆黑的雨夜里。

第二天，天还未亮，程颢就出现在京城西边的一个叫河桥的地方，开封府的刘公涣在这里设了兵营，负责指挥禁军堵黄河决口。刘帅见程颢冒雨来到，十分感动，说："黄河昨日在曹村决口，皇上十分震惊，命我带禁军前来堵口。我想到你在地方上有修堤坝的经历，便把你请来啦。你看如何是好？"程颢神色凝重地说："曹村离京城不远，曹村决口，京城危急。我们为臣子的，即使用身子去堵决口，也在所不惜！这样吧，你先把你手下的厢兵让我指挥，我先到曹村去堵。一旦堵不住，你再率禁军来支援！"刘公涣见程颢抱定了奋不顾身的决心，握住他的手说："程公真义士也！就这样办。我把厢兵的帅印交给你，有不听命令的，由你处置！"程颢接过帅印，便带领厢兵向曹村进发。

当程颢来到曹村黄河决口处，当地的乡民也围了过来，向程颢诉说洪水决口的危险。一个老汉说："大人，现在决口越来越宽，再不堵住，上游大水下来，恐怕想堵也堵不住了！"程颢见决口有两三丈宽，湍急的河水正把口子越撕越宽，不时有土块塌到水中。雨虽然住了，但黄河上游的洪峰正在涌来，已能看到顺水而下的麦垛和木材。他对一个厢兵头目说："你带几个弟兄到河对岸去，从对面填土，咱们两头对进，堵住决口。"厢兵头目说："咋过去？"程颢说："对岸有一棵树，你挑选能游水的，把绳索送过去，系在树上，让弟兄们拉着绳索过去。"待厢兵过去河后，两边便开始 往河里填土和石头。黄昏时分，决口快要堵住了，这时一棵粗大的树桩从上游漂了下来。程颢说："这棵大树要是能横在决口处，大功成矣！"说也奇怪，大树真的横了过来，刚好挡在决口处。众人赶紧填土，决口算是堵住了！那个老大爷对程颢说："大人是有神助啊！"程颢松了口气说："决口总算堵住了，京城开封可保无虞了！"

晚上，刘公涣来到大堤上慰劳程颢。刘公涣说："大人堵住了决口，有功于朝廷，我要上报皇上，为大人请功！"程颢说："臣本戴罪之人，何敢言功？此次堵决口，希望能洗涤罪名，吾愿足矣！"刘公涣说："我当为大人请功。"

第九章　洛阳讲学

　　两年后冬天的一天上午，一辆马车驶过洛阳天津桥，向履道坊方向走去。马车上坐着程颢与他的夫人及大女儿和两岁的澶娘。程颢对夫人说："这次回到家里，你不用再跟着我东奔西走了。朝廷已批准了我的就近照顾父亲的请求，在监局任个闲职。我也可以在洛阳好好讲学了。"夫人一手揽着澶娘，一边望着越来越近的履道坊说："回到家就好，再也不用担惊受怕了。"马车到了程家门口，程颢见父亲早早就等在那里，几年不见，他感到父亲明显老了许多，头发全白了，背也弯了不少。他赶紧下了马车，向父亲鞠了一躬。父亲连忙招呼儿媳和孙女下车，从儿媳手里接过澶娘，说："让爷爷看看，都两岁了，我还没见孙女的面！"一家人亲亲热热进了家门。

　　晚饭后，程颢同父亲在大门外散步。此时夜幕低垂，靠路北的国子监门口已点上了灯笼，有国子监的学生进进出出。程珦对程颢说："我这次回到洛阳，原本是想告老还乡，可皇上还是让我管理嵩山崇福宫。好在这个差事事情不多，从这里往嵩山走十八盘也不算太远。沿路风景也不错，正好可以散散心。"程颢关心地说父亲年纪大了，走山路还是要小心。你啥时去崇福宫，我跟你一起去，路上好有个照应。"程珦说："你还要到监局任职，有你弟弟陪我就行了，他前几天到京城开封去了，过几天就回来了。"程颢说："监局的任命恐怕不是近期能下达的，我听说有的要一年以后。我已向朝廷告了假，回来照顾你的起居。有时间的话，在家里给弟子们讲讲学。"程珦说："你还年轻，我怕当今皇上不会让你安生讲学。"程颢说："就我本意，本不想从政。加上当今王安石推行新法，闹得民怨沸腾，他又听不进谏言。我只想在家讲学为业。"程珦说："眼下讲讲学也好，先避避风头。我回到洛阳才知道，一大批同王安石意见相左的大臣都在洛阳或许昌。司马光在洛阳修《资治通鉴》，富弼也在洛阳。"程颢说："这些大臣是我的前辈，有机会我去拜访拜访。"程颢见夜色渐浓，便扶着父亲回去了。

几天后，程颐从开封回到了洛阳履道坊。一同与他前来的还有一个年纪在二十岁左右的叫游酢的学生。进门之后，程颐向哥哥介绍说："我前几天在开封街上巧遇了这个学生，几句交谈之后，我看他气质适合学道，他也有意前来就学，便把他带来了。"程颢见游酢一副文质彬彬的样子，也很喜爱，便说："欢迎你来就学，不过这里生活与居住多有不便，不知能适应否？"游酢说："能拜二位先生为师，是莫大幸事！到这里求学，给先生添麻烦了。君子食无求饱，居无求安，颜子箪瓢陋巷不改其乐，箪瓢陋巷何足乐？盖别有所乐胜之耳。"听了这句话，程颢与程颐会心一笑，说："你先与立之住在一起，明天就可以同他一起来听讲了。"说罢，便叫来了刘立之，程颢对刘立之说："他叫游酢，刚到的，同你住在一起，你要好好照顾他。"刘立之说："先生放心吧！"说罢，便接过他的行李往后院走去。游酢边走边问："刘兄，你是先生家的啥人，到这里多长时间了？"刘立之说我父亲与程先生是世交，几岁时父亲就亡故了，先生就收留了我，把我当成侄儿看待。"游酢问："哪个先生？"刘立之说："是大先生。"到了住室，刘立之将游酢床铺安置好后，领着他在院中到处转转。游酢见院子不大，却收拾得干净整齐。靠东墙的一处空地，是菜地，萝卜叶上有一层薄雪，显得青翠翠的。刘立之说："这一大家十几口人，光靠程老先生和程大先生的俸禄是养活不了的，程老先生今年从四川回家之后，就带领我们把院内空地和房后闲地都种上了菜。你看这萝卜长得多好，前几天，我说该刨萝卜了吧，程老先生说，慌啥，俗话说，冻溜响，萝卜长。大雪过后再刨也不晚。说起程家的生活，十几年前，我刚来时，只有程老先生一人在外做官，那时候，家里上有老，下有小，加上程老先生也收有故去的亲朋好友的子女，生活很困难，后来程大先生做了官，日子才稍微能过得去。"游酢说："问句不该问的话，他家孩子们多，你在这里啥样？"刘立之说："无论大先生还是二先生，都是善良的人，对我视如亲侄，吃饭穿衣同他们的孩子一样对待。"这时天空飘起了雪花，天显得暗了起来。刘立之招呼游酢回住处去，路过厢房的时候，刘立之听见从房中传来端懿的读书声，对游酢说："这是大先生的长子，今年二十岁了，叫端懿，过几年就要参加乡试，正在用功呢。"游酢问："二先生有几个孩子？"刘立之说二先生有三个孩子，长子叫端中，次子叫端辅，三子叫端彦，都是男孩。长子同大先生的长子年龄差不多，老二、老三还小，老大也在准备乡试。二先生家到现在还未添女儿。"游酢望着院中纷纷扬扬的雪花，感慨地说："风雪夜读书，今晚咱们就开始读书，莫辜负了这大雪天。"

　　第二年春天的一天上午，程珦同程颢、程颐乘一辆马车出了家门，向十八盘方向走去。中午时分，他们来到十八盘山下，弃了马车，徒步向山上走去。上了山后，程颢见父亲实在走不动，便雇了一辆毛驴车，父子三人都上了车，向崇福宫走去。薄暮时分，他们来到位于嵩山脚下的崇福宫，程颢见是一座庙宇，在苍茫的夜色下显得十分静谧。程珦指着西边不远处的一座庙宇说："那是嵩阳书院，明天我带你们过去。"

　　第二天早饭后，程珦领着兄弟二人先到供奉宋真宗御容的地方向真宗行了跪拜礼。礼毕，程珦说："真宗归天后，御容供在这里，朝廷让我在这里管理崇福宫，得以时见真宗的尊容。"说罢，便同他们一起观看崇福宫。程颢见这个道观建于万岁峰下，旁临叠石溪，泉水叮咚，一大片房舍不下千余间。他们游览了弈棋亭、泛觞亭，见这泛觞亭是在一方青石板上刻九曲石渠，引太乙泉水导入石渠，酒杯顺曲流动，感到很神奇。随后便来到了嵩阳书院。进得门来，程颢见太室山中峰就在书院后面，东西二十四峰环拱，一股清幽的气息弥漫开来。院内竹林森森，环流交汇，便向弟弟说："真是圣人之境！"程颐也十分喜爱这个地方，说："这嵩阳书院是当今四大书院之首，其他如睢阳的应天书院、庐山的白鹿洞书院、长沙的岳麓书院我看都不及它。"这时一阵清风吹来，竹林发出一片轻喧声。继而有诵诗声传来："一双幽色出凡尘，数粒秋烟二尺鳞。从此静窗闻细韵，琴声长伴读书人。"程颢听出是唐代诗人李群玉的诗，便对弟弟说："父亲如久居崇福宫，咱们就在这里聚徒讲学，我看这里清幽得很，很适宜潜心研究学问。"程颐说："我也有此意。洛阳家中的几个学生可捎信让他们前来就读。"正说话间，学院的山长听说程家父子来到，忙过来迎见。山长是一个须眉皆白的老者，他对程珦一拱手说："先生管理崇福宫，对嵩阳书院也是一大幸事！"程珦不解地问："何为幸事？"山长说："你的两位公子都是当今的名儒，又是至孝，你在崇福宫，他们到书院来讲学还能照顾你的起居，这不是书院的幸事？"程颢说："山长过奖了！我们想在这里借贵书院一方宝地，来讲讲学，不知山长可否应允？"山长说："这几天学生听说你们要来讲学，高兴异常。二位是当今大儒，请也不好请，哪有不允之理。住处我都替你们安排好了，就在讲堂的后面，等一会儿我领你们过去。不知先生明天能否开讲？"程颢说："我们讲学主要是和学生在一起讨论，不知有多少学生？"山长说眼下学生有十几个，不过只要先生一来，学生便会从四方云集而来。"程颢望了望父亲说："我明天先开始讲学，今天就不回去了，让弟弟先陪你回去。"程颐见天已正午，便陪着父亲回崇福宫去了。

　　第二天上午，一吃过早饭，程颢便走进了嵩阳书院的讲堂。学生们见他进来，便一齐立了起来。程颢示意大家坐下，自己也拉过椅子坐了下来，温和地说："我先提问几个问题，咱们在一起讨论讨论。诸位不要拘束。"他用和蔼的目光望着大家，然后说："《诗》《书》《礼》《易》《春秋》是儒家的经典，可你们谁能说说要学好儒家的经典，该从哪里入门呢？"一个学生站起来说："是不是要先从《周易》入门？"程颢轻轻摇了摇头说："要学好儒家经典，我以为要从《大学》《中庸》《孟子》《论语》学起。"那个学生说："先生，《礼记》中包含了《大学》《中庸》，你怎么把它单独抽出，与《论语》《孟子》并列呢？"程颢微笑着说："各位长途跋涉不辞辛苦到这里求学所为何事？是为做官，还是为了发财？"那个学生说："俺投先生门下，一不为做官，二不为发财，俺是来求修身安命之本的。"程颢问另一学生："《大学》《中庸》你们可曾读过？其核心是什么？"他见学生们答不出，便说："修身安命德为本，《大学》是修身入德之门。"一学生说："何以见之？"程颢说："《大学》之道在明德新民，止于至善。就是说，《大学》的核心是使人明白是非，改变人的思想，使人达到善的境界。你们可知《中庸》的微妙之处？"他见学生一脸困惑，便说："我先给你们读一段《中庸》的原文：'喜怒哀乐之未发，谓之中；发而皆中节，谓之和。中也者，天下之大本也；和也者，天下之达道也。致中和，天地位焉，万物育焉。'你们从中体会吧！"一学生问："先生，人在世上处世，哪一个字可终生受用？"程颢指着书桌上的《中庸》说："你就从它里面找吧！"这个学生想了想说："先生，是不是'中'字？"程颢说："这就是中庸的微妙之处，不偏之谓中，不易之谓庸。中者，天下之正道；庸者，天下之定理。你们体会体会，这中庸是不是以不变应万变的常胜之理？这就是我把《大学》和《中庸》从《礼记》中抽出，与《论语》和《孟子》并列的理由，也是为啥由此入门的道理。我是十分看重这'四书'的。"一个学生站起来问："先生，它为何是以不变应万变的常胜之理？"程颢和颜悦色地说："你想想，世间万物错综复杂，我们在行事时只要不走极端，不绝对肯定，又不绝对否定，不就可以以不变应万变吗？孟子周游列国，给各位君主提供治国方略，就是要求处世不能偏激，不能走极端。对好战者，他就让他关注国计民生；对好杀者，他要他多行仁政。"一个学生低声对身边的学生说："'中'字真可受用终生！先生在原来'五经'的基础上，提出了'四书'的分类，原先可没先生这样分法。先生不愧是大学问家！"那个学生边记边说："这四书就是《大学》《论语》《中庸》《孟子》，这四本书可安身立命，受用终生。"

晚上程颢回到崇福宫父亲的住处，同父亲和弟弟讨论"四书"与"五经"的关系。程颢说："今天在和学生讲学时我将《大学》《中庸》与《论语》《孟子》并列，称为'四书'，有学生认为过去没有这种分法，弟弟怎么看？"程颐想了想说："《大学》《中庸》本来是《礼记》中的一个篇章。汉以来作为小经与《论语》《孟子》单本流行。《大学》是孔子之遗言，圣人之完书。学者由是而学，则不迷于入德之门。《中庸》这卷书阐明了无过无不及的中庸之道。善读《中庸》者，只得此一卷书，终身用之不尽。教者德为本，《大学》《中庸》皆以修身为本，我想将其单独列出，与《论语》《孟子》并称'四书'，是站得住脚的。"程颢问父亲的看法，程珦说："我听你弟弟说得有道理。"程颢这才放了心，他对弟弟说："这几年你钻研儒学比我深，刚才一番话讲得很透彻。过几天你也来讲一讲。"程颐笑着说："大哥过奖了。"程珦这时对程颢说："明天朝中王宣徽要来崇福宫祭拜，点名要见你，你过来陪陪吧！"程颢说行，并对弟弟说："你明天过去讲讲吧，学生们都希望你给大家讲讲。"程颐说好吧。

第二天快晌午时，王宣徽来到了崇福宫，程珦与程颢陪同他游览了寺庙，吃饭时，王宣徽对崇福宫赞赏有加，并即兴赋诗一首，并要程珦来和。程珦笑了笑说："我已年迈，早已没了诗兴，这样吧，让吾儿代和吧！"王宣徽对程颢说："程少卿公既如此说，就请先生和吧。"程颢略一思索，便拿来了纸笔，写下了《代少卿和王宣徽游崇福宫》诗：

> 睿祖开真宇，祥光下紫微。
> 威容凝粹穆，仙仗严周围。
> 嗣圣严追奉，神游遂此归。
> 冕毓临秘殿，天日照西畿。
> 朱凤衔星盖，青童护玉衣。
> 鹤笙鸣远吹，珠蕊弄晴辉。
> 瑶草春常在，琼霜晓未晞。
> 木文灵象出，太一醴泉飞。
> 醮夕思飙驭，香晨望绛帏。
> 衰迟愧官职，萧泪自忘机。

程颢先递与父亲看，程珦匆匆阅过，对王宣徽说："末一句，表露了我的心情，我年老体衰，愧在这里任职，早就想辞职归去，可皇上就是不允。就聊作和诗吧！"王宣徽接过和诗，连声称好。第二天就返回京城去了。

熙宁六年（1073年）七月的一天黄昏，程颢讲完学走出讲堂，立在嵩阳书院门口的古柏树下，见夕阳衔山，清风徐徐吹来，感觉十分惬意。山长款步走来，见了程颢施一礼说："自先生来后，书院生员大增，有不远千里慕名而来者，生员由原来的十几人而达到一百多人。学院一扫原来的寂寞气氛，如今生徒济济一堂，日后必为栋梁之才！"程颢望着在院内院外三三两两走动的学生，也十分高兴，向山长回了礼，说："山长也是管理有方，这么多学生能安心学习，你费心不小啊！"说话间，有两个背着行李的学生走了过来，其中一个学生问："请问先生，这里就是嵩阳书院吗？"山长指了指门上匾额说："正是嵩阳书院。"那个学生又问："程先生在这里不在？我们是从南方来的，前几天到了洛阳他家里，说是在这里讲学，我们特地赶过来的。"山长笑着说："程先生要是不在这儿你们就不会来求学吧？"两人笑着说："是的，我们正是慕先生之名而来。"山长指着程颢说："他就是程先生。"二人放下行李，急忙向程颢行礼。程颢忙还了礼。一学生说："我们是南安人，临行的时候，周家的人托我们给先生带一书信。"说罢，便将信交与程颢。程颢拆开一看，见是周敦颐先生家的哀书，说是周敦颐已于六月七日病故。他对山长说："你去安排二人的食宿吧。"便独自一人向南方遥拜了三下。他对围拢来的学生们说："我同弟弟十五六岁时拜周先生为师，深受先生安贫乐道的影响，那时就厌科举之业，慨然有求道之志。虽然后来做了几年官，但始终未忘求道之愿。后来我曾再次拜见过先生，他那莲花节操，云水襟怀，吟风弄月雅兴，使我深受感染。我曾发出'微斯人吾谁与归'的感叹，可想不到先生已逝，无奈山川阻隔，不能前往吊唁，只能遥拜为祭！"同学们也被程颢的真情所打动，跟着向南方遥拜。此时，最后一抹夕阳的余晖照在古柏树梢上，程颢似乎感到整个书院都笼罩在悲哀之中。

一年后，转眼到了神宗熙宁七年（1074年）。程珦由于年岁日高，虽还挂着崇福宫管理的职衔，却很少到那里问事，程颢也就回到了洛阳，在家里聚徒讲学。这一日上午，邵雍过来找到程珦说："吕公著也辞了相位，来到了洛阳，咱们过去看看他们好吗？"程珦说："是应该去看看他们，这样吧，我来请客，以尽地主之谊。"邵雍说："我是请不起客的，只能作陪了。把你的两个儿子也叫上，程颢同他们曾同朝为官，程颐也过去，同他们认识认识。"程珦便叫人通知两个儿子去了。

在天津桥边的一个酒家里，依次坐着程珦、邵雍、司马光、吕公著和程家两兄弟。天气已进入夏季，显得闷热异常。从酒家门口望过去，洛河汹涌流动着，岸上的垂柳显得没精打采的样子，没有一丝风，知了在嘶嘶地鸣叫，更增添了人的烦躁。程珦举起手中的酒杯环顾一下众人说："我和邵先生作为洛阳的主人敬各位一杯，如今变法势头正猛，顺之者昌，逆之者亡，我看咱们还是以饮酒赋诗为上，免谈国事。怎么样？"众人深以为然，相互敬起酒来。司马光端起一杯酒说："我比吕公早二年到西京，就一门心思编《资治通鉴》，这方面，神宗还是很支持的，让我把书局都搬过来了。我把家安在南郊的诸葛街，有一处庄院，倒很幽静，我起名曰'独乐园'，各位有空过去看看。"说罢，将杯中酒一饮而尽。邵雍说："范仲淹写了名句'先天下之忧而忧，后天下之乐而乐'，传为佳句，司马公何故取名独乐园呢？"司马光说："先生是看我襟怀不广吧？可世事如此，我欲'致君舜尧上，再使风俗淳'，无奈王执政不容多言，只好独善其身，独乐了。"邵雍理解了司马光的处境，看出了他的无奈，他对司马光说："你和吕公都是人中之龙，来到洛阳，不过是暂时闲卧而已，我想总有你们呼风唤雨的一天！"吕公著和司马光连忙说："岂敢，岂敢！吃酒，吃酒！"邵雍却不以为然地说："天下者非一人之天下，这变法如今闹得天下汹汹，远的不说，光是洛阳城里，近来就有大批流民流浪街头，试问，这是利民之法，还是害民之法？"程颢离司马光近，他说："邵先生今天也来气了，过去对天下大事是保持缄默的。"邵雍听了程颢的话，说："我本山野之人，本不应议论朝政，开始我是对变法持中立态度，我还对要辞职反对新法的学生说不要辞职，你们在推行新法时能宽一分，则百姓多一分慈啊。可如今这新法闹得是天怨人怒，我实在是不得不发呀！"程颐微笑着说："连邵先生这大隐之人也看不下去，可见这新法是不得人心的。想当初开始推行新法时，我也是看不透它的利弊，并没有轻易表态，可王安石在各路强行推行时，我在四川汉州就顶住不推行，好在天高皇帝远，王安石是鞭长莫及，也奈何不得。前年他派了一个钦差下去检查，强行推行新法，我就以有病为由辞了官。后来我到崇福宫任个闲职，成了闲云野鹤，逍遥得很。这几年从洛阳到嵩山，山山水水我是游遍了。"邵雍说："看来我是过于入世了，尚未达到先生的境界。"司马光对邵雍说："今后咱们都向程先生学，忘情山水，不管世事，也做个闲云野鹤怎么样？"此时，一阵狂风吹来，忽然间天昏地暗，似有大雨将来。邵雍看了看天，忧心忡忡地说："我不能在这里和你们清谈了，得赶紧回去，我那避身之所，得赶紧用木头压一压，否则刮起大风，要把它刮上九霄云外。"司马光不解地问："先生不是住在天津桥南的一庄园？"程颢说："公有所不知，邵先生一生不做官，以大儒自许，前几年刚迁入洛阳的时候，住在一个破窑内，用石头垒起锅灶，烧火做饭。先生是后来才搬到天津桥南去的。虽然是草屋，可总算是有了住处。"程颐说："原先我想资助他买一处庄园，人家不肯。"司马光说："你们一大家子，也不宽裕，此事由我来做。"邵雍边走出酒家边说："不妥，不妥！"司马光说："别再清高了，此事由我做主，就这样定。你先回去吧。再不置房子，夫人也不好受，谁会长期跟你住到漏雨的屋里？"邵雍听了这话，想想也是，便苦笑着走了。

第十章　安乐风月

一个多月后的一天下午，程颢同司马光来到天津桥南的邵雍新迁的家里。这是一所四合院落,有门楼, 院中有左右厢房,上房是五间高屋。这里原本是五代节度使安审琦的故宅,有三十多间。邵雍见老友们来到, 便十分热情地将大家迎进上房。司马光环顾了一下院落,问邵雍可否满意。邵雍一边招呼夫人和孩子邵伯温给客人倒水,一边说:"我这是住进安乐窝了, 唉, 我是受之有愧, 却之不恭, 叫我好为难呀!"司马光笑着说:"你原在皇城南门的端门外居住,那里像个破窑,要不你还去住你那破窑,让夫人和伯温来给你看房子!"说得大家都笑了。司马光对邵雍说:"再下雨不必惊慌了吧?"邵雍说:"要不我说是安乐窝呢!司马公, 你给我置的这处庄院花了多少银两, 我心中得有个数呀。"司马光喝了口茶说:"我一个人也置办不起这房子, 这是我和富弼公等二十几个老友凑钱给你置办的, 你只管住就是了, 难道还要你还账吗!"邵雍尴尬地说: "要我还我也还不起呀, 不过你们的情义我是不会忘记的!"司马光有意扭转了话题, 他说:"我的住处叫独乐园, 邵先生的住处也不能没有名呀!"邵雍说: "就叫安乐窝如何?本人一生安贫乐道, 晚年得到老友资助有了住处,有了安居之地, 可以更好地乐道, 从道也。"程颢思索着说:"安贫乐道, 安居乐道, 安乐窝, 好, 好, 就叫安乐窝。"司马光见邵雍心情畅荡, 便说: "今日咱们就以安乐窝为题写诗唱和, 如何?"邵雍看了一眼程颢, 说:"可以吧?"程颢自谦地说: "我是晚辈, 跟二位先生不能随意唱和, 否则有失礼数。"司马光说:"咱们是忘年交, 正好可以唱和。邵先生先来。"邵雍笑着说:"我在三十岁时从林州共城迁居洛阳, 因爱洛阳山水之美, 可更可贵的是洛阳人对我的厚爱。我前几年生活拮据,走到哪里吃到哪里住到哪里。有的士大夫还专设房屋让我居住, 我算了算, 洛阳城内城外有十三处我住的地方。"程颢笑着说:"洛阳人都以你能到他家居住为自豪,一听到你的小车声，就慌得连鞋也不穿来迎接你，生怕别人把你拉走了。"司马光惊奇地问："邵公，你的小车在哪里，让我开开眼。"邵雍笑了笑说："就是放在院中的那辆独轮车，小毛驴拉着。"司马光看了一眼放在院中的独轮车，说："先生坐着独轮车在洛阳城行走风光得很呀！"邵雍说："洛阳人对我盛情得很，司马公的好意我更是难忘。"司马光说："快作诗吧，我们等着和呢！"邵雍说道：我先作一首谢诗。说罢，便吟了起来：

> 重谢诸公为买园，买园城里占林泉。
>
> 七千来步平流水，二十余家争出钱。
>
> ……
>
> 洞号长生宜有主，窝名安乐岂无权？

众人说："让你起兴哩，你怎么作起谢诗了，我们难道是来听你谢诗的？不行，再来一首！"邵雍无奈地说："那我就以安乐窝为题起兴，再来一首。"说完便吟道：

> 安乐窝中弄旧编，旧编将绝又重联。
>
> 灯前烛下三千日，水畔花间二十年。
>
> 有主山河难占籍，无争风月任收权。
>
> 闲吟闲咏人休问，此个功夫世不传。

司马光笑着说："先生怪保守啊，你的功夫还不外传呢，总该传给伯温侄儿吧？"伯温笑着给司马光倒水，说："爹到如今也没传给我，只是要我自己去体会。俺已二十岁了，还不知能不能考上功名呢！"邵雍说："我的功夫不是一心考功名的人所能学到的。"司马光笑着说："邵公，你的功夫可用两个字来概括：'自在'，我就以此来和。"说罢，司马光吟道：

> 安乐窝中自在身，犹嫌名字落红尘。
>
> 醉吟终日不知老，经史满堂谁道贫？
>
> 长掩柴荆避寒暑，只将花卉记冬春。
>
> 料非闲处打乖客，乃是清朝避世人。

邵雍听了哈哈笑着说："知我者司马公也。我确是一个自在之人，我春看洛城花，秋玩天津月，夏披嵩岭风，冬赏龙山雪。一年四季，坐着那独轮车，遍游洛阳山水，好不快哉！"司马光对程颢说："该你了。"程颢想了想说："让我来评论先生有些太难为我了，可又不能不和，我想了几句。"然后就读于大家：

> 打乖非是要安身，道大方能混世尘。
>
> 陋巷一生颜氏乐，清风千古伯夷贫。
>
> 客求墨妙多携卷，天为诗豪剩借春。

尽把笑谈亲俗子，德容犹足慰乡人。

邵雍听了二人的和诗，连连摆手说："过誉了，过誉了。我本是一山野之人，哪来的满腹经纶，怎敢称为诗豪？我写的诗都是一些随感而发的顺口溜，登不上大雅之堂！"这时有几个七八岁的儿童走了进来，他们边走边念：

一去二三里，烟村四五家。

门前六七树，八九十枝花。

司马光问一个头上绑着朝天髻的少年说："这是谁教的儿歌？"那个少年说："是邵先生教的，俺这一带的娃子们都会念。"司马光对程颢说："这真是一首好诗，既明白如话，又意境清新，真可以进蒙学教材。"邵雍说："这是今年春天我坐着独轮车到伊川一带漫游，对那里景色的真实写照，不经意间藏了十个数字。说到伊川，那真是个山清水秀的地方，有时间的话，我带你们一起去游览。"程颢仍然接着司马光的话说："邵先生的诗道法自然，又恬淡闲适，是他心境的反映。没有这种心境，是写不出这种诗来的。"邵雍笑着说："程小老弟的诗也写得浑然天成，我早就读过你写的《无题》：云淡风轻近午天，望花随柳过前川。旁人不识予心乐，将谓偷闲学少年。"程颢说："这是我早年在陕西鄠县时写的一首诗，当时心静心安，这样的诗如今是写不出了！"司马光感叹道："是啊，我们这些人是达不到邵先生的闲适心境啊！"程颢对司马光说："我还读过邵先生的两句诗：'梧桐月向怀中照，杨柳风来面上吹。'仔细品味，感到尧夫真风流豪士！"司马光连连称是。邵雍摆摆手说："二位过誉了，我不过是心闲而已。"

说话间已到了落日时分，邵雍留程颢他们在家里吃了便饭，便踏着清亮亮的月光向天津桥附近的月陂踱去。月陂在洛水南，是唐朝开元年间（713~741）引洛河水修建的一处水泊。这里四周有茂林修竹，水中间建有凉亭，是士大夫和达官贵人的游玩之处。此时已近中秋，皎洁的月光洒在水面上，四周的景物显得清幽幽的。他们在一处凉亭坐了下来，司马光要来了酒菜，几个人浅饮低酌起来。月光透过树丛照在桌面上，泉水从高处跌下，发出哗哗的响声。邵雍见此美景，便鼓动司马光和程颢作诗。司马光让程颢先来写，程颢也早有诗意在涌动，便也不再推辞，吟了一首《游月陂》：

月陂堤上四徘徊，北有中天百尺台。

万物已随秋气改，一樽聊为晚凉开。

水心云影闲相照，林下泉声静自来。

世事无端何足计，但逢佳日约重陪。

司马光说："'世事无端何足计'，此句甚佳！来，咱们再干一杯！世事多变，咱们不必计较进退得失，要像邵先生那样闲适、自在。"大家把酒干了，司马光要邵雍吟诗，邵雍环顾了一下四周的景色，见月光从头顶上斜照下来，洒在众人的怀中，一丝微风从水面上吹来，使人感到十分惬意。他对司马光说："我那首《梧桐月下》诗的意境同此刻的情境相同，我吟一下如何？"见司马公含笑点头，邵雍便吟道：

> 尧夫非是爱吟诗，虽老精神未耗时。
>
> 水竹清闲先据了，莺花富贵又兼之。
>
> 梧桐月向怀中照，杨柳风来面上吹。
>
> 被有许多闲捧拥，尧夫非是爱吟诗。

邵雍吟罢，便催司马光吟诗。司马光说："我还接着安乐窝出诗吧！"说罢，便离席边走边吟道：

> 灵台无事日休休，安乐由来不外求。
>
> 细雨寒风宜独坐，暖天佳景即闲游。
>
> 松篁亦足开青眼，桃李何妨插白头。
>
> 我以著书为职业，为君偷暇上高楼。

邵雍听了，感慨地说："先生以著书为职业，是为国资治的大事，我是一闲人，正像你说的，有了安乐窝雨天可独坐，暖日好出游！"司马光说："先生是大儒，有大境界，我等是尘世之人，还修不到你的境界啊！"程颢见时候不早了，便提出该回家去了，司马光见天色已晚，便住在了程颢家里。

第二天吃过早饭后，司马光随程颢来到了书房。程颢给司马光边倒水边说："当年在御史台，我听说神宗皇帝下诏让你到许州任知府。让你路过开封时进宫召见，你为何不想见他？"司马光说："当时皇上唯王安石之言是信，我怕见了皇上说出自己的意见皇上不高兴，不说闷在心里不好受。所以只好避而不见。怎么样，皇上不高兴了吧？"程颢说："皇上对你会不会来见他心里没底，他问我司马光会不会来见？我说，陛下要是能接受他的谏言，停止新法，他会来见你，否则的话，他是不会来见你的。"司马光问："皇上听了你的话怎么说？"程颢笑着说："皇上说这个拗相公，真是个司马牛！"司马光说："我这个雅号看来皇上也知道了，可我的心思只有程先生知道呀。"

这时有一个叫田明之的后生进来问今天去不去洛河查看。程颢说："改日再去吧，我有贵客。"司马光问："你一个监察御史怎么来当个洛河竹木务？岂不是大材小用！"程颢说："这怪不得朝廷，是我自己要求的。一来洛河竹木务是个闲差，二来离家不远，既便于照看父亲，又有时间讲书，岂非两全其美！"司马光低头在书房内徘徊良久，继而抬起头来望着窗外瑟瑟秋风中抖落的树叶，无限感慨地说："世事如此，我们独力难支，眼下只好暂避风头，好在我有编书职事，十年八年可作消磨，你正好研究孔孟之道。倡圣学，继绝学，辩异端，淳风俗，明道德，也是一大善举。"程颢点了点头，感伤地说："我对从政早已厌倦，研究天理之道是长久之夙愿。如今正好有了机会，可遂心愿。先生与我不同，先生是朝中栋梁，人中龙凤，来到洛阳，不过是暂时蛰伏而已，总有一天，先生还是要龙腾四海的！"司马光摆摆手说："我自从去年来到这里后，一门心思放在编书上，往日朝政的纷争，早已如过眼云烟，近日心情很平静，心好像被放到了一个平安的地方。"程颢说："这是为何？能不能告诉我？"司马光神秘地一笑说："我心里有了一个'中'字，感到十分安乐。"

程颢正要说话，弟弟程颐走了进来。这程颐中等身材，穿一身蓝色儒服，头戴儒生帽，一脸沉毅之气。与程颢比较起来，司马光感到虽然二人都是儒学大家，可能弟弟脾气更刚毅些，而程颢则显得一团和气，温文尔雅。程颐看到司马光在，忙施了礼，说："不知司马公来，晚辈刚给学生们讲完课。"司马光说："我也不过五十多岁，你们弟兄也四十多岁了，不必称晚辈！我同你哥曾同朝为官，我常听他说起你，咱们就以弟兄相称吧！"程颐说："先生贵为相公，又是学问大家，我等草民岂能与你称兄道弟？"司马光笑了笑说："我何敢称学问大家？只不过是对历史感兴趣，多看了一些史书罢了。皇上命编《资治通鉴》，也是勉为其难。你在洛阳讲学，早已名传河洛，史学上的一些问题还要向你请教的。"程颐连忙摇头说："岂敢！岂敢！你们刚才谈到哪里了，接着说吧，我这一来算打乱了。"程颢说："司马先生这几日悟出了'中'字，心中甚安。"程颐说："圣人之学，中为大本，中者，天下之至理也。先生悟出了中，可立于不败之地了。"司马光对程颢说："我的兴趣在史学上，不像你们对圣学见解透彻。这中是天下的至理，想想也是。遇事不走极端，不是就能避免挫折吗？"程颢说："《论语》说的'允执其中'就是无过无不及，就是遇事不走极端，就是孔圣人说的己所不欲勿施于人。"司马光笑着说："你们弟兄算是河洛的大儒，圣贤的真谛你们是学到家了！我悟到了中就感到心安了，可见圣学真是博大精深！"程颐说："先生要是手中常拿一串佛珠可能心中会更安静些。"司马光摇了摇头说："这话我不敢苟同，因为我们都是尘世中人，要拿个佛珠可能就走极端了，试想我们若那个样子走在洛阳大街上，心中能安静？那要出家才行。"程颐也感到说的不合时宜，同时暗自佩服司马光的悟性非同一般。程颢也望了弟弟一眼，感到此话欠妥，他见时候不早了，便招呼吃午饭去了。

程颢同司马光吃了午饭，又同司马光说了会儿话，程珦从外边走了进来。司马光见程珦六十多岁的人了并不显老，走路没一点老态，便说："吃饭时我还问程老先生到哪里去了，他们说是去参加同甲会去了，怎么这样快就结束了？"程珦坐下后说："我听说司马公你来了，便中途退场回来了，他们还在吟诗作赋。你哥司马旦也在场。"司马光说："你在会上又听到朝中有何变故？我回到洛阳，一心编书，孤陋寡闻，快与世隔绝了。"程珦以略感欣慰的口气说："安石被罢了相，到江宁任知府去了。听说陈襄向神宗举荐了三十多人，还特别举荐了你和颢儿，可神宗虽然连连称善却终不任用。"司马光说："安石虽被罢相，可吕惠卿当政，仍在推行新法，我和程颢都是反对新法的，皇上怎能任用我们呢？再说我这几天心才安下来，也不想打破平静了！你说是不是？"他看着程颢。程颢点了点头，对父亲说："神宗执意变法，这次怎么罢了王安石的相位？"程珦说："听人说有个叫郑侠的向皇上递了一张《流民乞讨图》，皇上思索了一夜，第二天决定罢农田均税法，并将王安石罢相。"程颢思索着说："看来皇上这次是对新法实行的后果感到失望，加上连日大旱，百姓流离失所，使皇上对新法产生了动摇，才不得不罢了王安石。不过有吕惠卿当执政，新法还会推行下去的，吕是安石推行新法的得力助手。"司马光说："不说了，我要打道回府了，我还是去钻我的故纸堆为好。你们别忘了到我的独乐园去啊！"说罢便向程家父子告辞了。程颢、程颐将司马光送走后，回到家里，程颢问："父亲你们同甲会都有谁？"程珦说："有文彦博、司马旦，还有一老叫吕公著，你都认识。"正说话间，田明之进来说："程大人，马都备好了，咱们该走了吧？"程颐问："你们到哪里去？"程颢说："去检查洛河竹木运输，我这个竹木务总得视事啊！"

第二年春天的一天上午，程颢、程颐扶着父亲去见邵雍。他们是应邵雍的邀请去游月陂的。程颢的家在街东面，临出门的时候，父亲带了手杖，一边走一边欣赏着大好春光，心情十分畅荡。当他们走到邵雍家门口时，程颢扶着父亲先行，程颐进去请邵雍。程颐进了大门，邵夫人迎了出来，说："程二秀才，是来请我家先生的吧？他马上就准备好了。"说话间，见邵雍提了酒壶，掂了篮子出来。程颐忙过去，从门口拿起先生的手杖递给他，接过篮子，扶着邵雍说："先生你还备有酒菜啊？"邵雍乐呵呵地说："难得今天好春光，咱们喝一点乐乐。"

走到水泊处，邵雍见程珦和程颢早等候在亭子里，便将带的酒和菜放在石桌上。邵雍赶紧让程珦坐下，问去冬以来身体可好？程珦乐呵呵地说："托邵先生的福，体健安康啊！"邵雍先向程珦敬酒，程珦喝了一杯后说："邵先生，我得向你赔礼啊！"邵雍不解问何礼可赔？程珦笑着说："你不记得了，我去年秋天打搅了的游兴啊？"邵雍笑着说："那就喝一杯吧！"原来当时邵雍正在伊川一带游历，程珦想同邵雍闲谈，便让人捎信要邵先生回来。邵雍接到信后，就返回了，还写了一首诗。程珦喝了酒，说把你写的诗读来让我听听。邵雍望着程颢、程颐笑了笑，说："我当时也十分想念你们父子，一接到你们的来信，便中断了游程。"说罢，便念了起来：《思程氏父子兄弟因以寄之》：

> 年年时节近中秋，佳水佳山烂熳游。
>
> 此际归期为君促，伊川不得久迟留。

程颢知道邵雍诗来得快，便鼓动说："邵先生，今日春风和畅，柳丝低垂，如此美景，先生不能无诗啊！"邵雍笑着说："我先来，你好和。"他略一沉吟，便说："我这诗题叫《月陂上闲步吟》：'草软波平风细溜，云轻日淡柳低摧。狂言不记道何事，剧饮未尝如此杯。好景只知闲信步，朋欢那觉大开怀。必期快作赏心事，却恐赏心难便来。'"

邵雍吟罢，含笑望着程颢与程颐。程颢知道弟弟不善作这应和之诗，便笑着说："我来和一首，先生见笑了。"他略一思索，便吟诵出：

> 先生相与赏西街，小子亲携几杖来。
>
> 行处每容参剧论，坐隅还许沥余杯。
>
> 槛前流水心同乐，林外青山眼重开。
>
> 时泰心闲两难得，直须乘兴数追陪。

邵雍边听边点头，对程颢的和诗很是赞赏，末了他说："你们都四十岁了，这'小子'不妥吧？"程颐笑着说："先生已六十多岁，俺弟兄俩小你二十多岁，难道称大子？"说得大家都笑了。

程颢见邵雍今日心情好，便问起先生研究《易经》的体会。程颐也想听听先生对《易经》的看法，便给邵雍倒了杯酒，说："我敬先生一杯，先生把酒喝了，好给俺们说说你的心得。"邵雍喝了酒说："我正在写《皇极经世书》，这部书就是我运用易理和易数推究宇宙起源、自然变化和社会治理的。我认为宇宙的本原是太极，是太极生出天地，天生于动，地生于静。太极生出数、象和器来。"程颢在静静地听，程颐似有疑问要问，程颢给他使眼色不要打断，邵雍继续说："太极不动，性也；发则神，神则数，数则象，象则器，器则变，复归于神也。"程颐平常对数没有深入研究，他对易是从自然之理和伦理道德的角度来研究的，因而对邵雍以数说象并不感兴趣，他笑着说："先生的数很奥妙，非常人所能理解呀！"邵雍问程颢有何看法，程颢只是微笑，不置可否。邵雍对坐在一边打盹的程珦说："明道每次听我讲述，只是倾听，不予表态，实际上非助我也。倒是正叔刚才说的数很奥妙，让我思考该如何讲的通俗些。"程颢说："先生研究宇宙大理，奥妙无穷，我在先生面前只是一个学生，不倾听怎能理解先生的微言大义啊！"程珦醒了过来，对邵雍说："在你面前，他们不就是一小子么？"这时程颢说："先生，我倒想问问，你写的《皇极经世书》，是如何经世的？"邵雍说："简要地说，就是内圣外王之道。孔子说：'为政以德，譬如北辰，居其所而众星共之。'君主只有内成仁人，才能成为天下爱戴的圣主；才能对外行王道。否则，就是霸道和暴政。"程颐对邵雍这番话十分赞同，说："这话直白，不像数、象、器那样奥妙。"程颢不满弟弟在邵先生面前说话放肆，可看邵先生仍然乐呵呵的，便说："先生之学，先从理上推意，言象、数，言天下之理，倡内圣外王之道，真振古之豪杰也！"

程颢在洛河竹木务任上已有三年。这一年十月的一天黄昏，程颢与弟弟程颐正在与父亲闲话，门人进来说有一五十多岁的先生求见。程珦笑着说："天这么晚了，莫非关中你表叔来了？"他们弟兄二人赶紧到门外去看。果然，在沉沉暮色中，程颢见表叔张载正同一后生一前一后走来。他们赶紧接了行李，引到堂上，张载问："表哥身体尚好？"程珦呵呵地说："我一致仕之人，皇上说是让我管理嵩山崇福宫，也没有啥事，我倒是利用这个机会来回走走，把洛阳附近的山水都转遍了。你这是到哪里去啊？"这时门人把饭端了上来，张载边吃边说："在京城的吕大防举荐我到太常礼院任职，我这是去赴任的。"程颢心想，这太常礼院是掌管祭祀的，表叔是关中大儒，朝廷也算知人善任。吕大防是谁，他不清楚。他问张载，张载说："这吕家弟兄好几个，都跟我从学，吕大中、吕大临都还在关中钻研学问，吕大防早就在太常礼院任职了。我先前曾在朝中任过职，因与朝廷政见不合而辞归，如今安石虽罢相，可皇上并未停止新法，我看这次前往对朝政还不会有所补益，还发挥不了作用，不如退而讲学，讲名道义，以资后学，这样也许更好些。"程颐听了却不以为然，他说："何必这样呢！我认为，义当往则往，义当归来则归来。"程颢也同意他前往京城，张载这才决定第二天就动身。他说："我听吕大防言安石罢相后，以吴充为宰相，充向神宗提议召回司马光、吕公著，又推举孙觉、李常和表侄你回朝，结果神宗不允。"程颢苦笑着说："神宗可能有他的难处，去年设置经义局，我听人说，神宗曾向安石说程某可用，可安石就是不表态。这次如果司马光回不了朝廷，我岂能回去？"张载说："吕大防上次来信说神宗并没有忘记你，遇到从洛阳回去的官员，常问起你，并连称你是佳士。"程颢叹了口气说："我的进退是小事，国家的荣衰事大。我虽不在朝廷，却时常以天下为念。去年十月，天空中出现彗星，是灾异之象，朝廷下诏求直言，我应诏写了论朝政得失的奏章，弟弟也代吕公著写了《应诏上神宗皇帝书》。"张载笑着对程颐说："表侄的道德文章早已闻名河洛，可惜埋没了！快拿来让我们欣赏欣赏！"程颐到书房内取出奏章，递与张载说："吕公年事已高，这几年因反对新法，也被朝廷罢黜来到洛阳，他的三儿子还拜邵先生为师。去年他同父亲一同参加同甲会，我去照应父亲，席间他谈到给神宗上书的事，要我代笔，我不过是照他的意思写的罢了。"张载边听边看，不禁赞叹地说："我早就听说表侄写一笔好文章，表哥在四川汉州时的奏章就是表侄代笔的，今日观之，果然名不虚传。"他把奏章交给坐在身边的苏炳说："你好好学习学习。"说罢，便跟着程颐到厢房歇息去了。

晚上，苏炳在油灯下一边阅读程颐的文章，一边记着笔记。他想，这程家弟兄确实不一般，这奏章谈的都是治国安民的大道理。他在笔记上记道："诚能省己之存心，考己之任人，查己之为政，思己之自处，然后质之人言，何惑之不可辩也。"他想，这是告诫皇上要明察秋毫，不要被惑言所蒙蔽。他又往下看，不禁击节："这几句写得太好了！'为政之道，以顺民心为本，以厚民生为本，以安而不扰民为本。'"便抄写了下来。

第二天吃罢早饭，张载同程颢、程颐一起又讨论起来义与非义的问题。张载对程颐说："由昨天你说的义当往则往，义当归则归，我想到了孟子说的义者宜也，义，是否可以说是明是非，立可否？"程颐说："我意还可以再进一步，赏善罚恶建功立业。"程颢说："天下兴亡，匹夫有责，是忠义；己所不欲，勿施于人，将心比心是仁义；诚者，天下之大本，是信义；大公无私，是公义。"苏炳见程颢句句精言，忙记了下来。他望着程颐，见他缓缓地说："立天之道曰阴与阳，立地之道曰柔与刚，立人之道曰仁与义。"程颢接着说："学莫大于致知，养心莫大于仁义。一个人如何养心，只有存仁义之心，行仁义之事，才能仰不负于天，俯不负于地，处事不负于人，也才能涵养心田。"程颢见苏炳不停地记录，便笑着说："你不要句句都录，我们的话也并非句句真言，表叔的话你倒要好好录下来，是可以传世的。"张载摆摆手说："我的话有啥价值？你讲的忠义、仁义、信义、公义，倒有传世价值。"程颢说："表叔过奖了。你也是我的启蒙老师，那一年我到陕西去，你讲的为天地立心，为生民立命，为往圣继绝学，为万世开太平，是何等的气魄！读之使人荡气回肠！"程颐也说："何为仁，何为义？为生民立命，才是大仁、大义！"苏炳忙记下："为生民立命是大仁大义。"张载见时候不早，便与苏炳告别了程氏二弟兄，向开封走去。

福先寺坐落于洛阳城东。这一日下午，程颢同吕公著、洛阳府尹贾昌衡、司马光登上了福先寺。程颢望着春日的阳光照着寺下面蓊蓊郁郁的森林，对贾昌衡说："你是洛阳府尹，当知这福先寺的来历，它为何建于此地？"贾昌衡五十多岁，却早早的满头银发，他说："这福先寺建于唐代，原本是武则天生母杨氏的住处，后来杨氏去世，就以舍为寺。这寺本来建在城中，是后来迁到这里的。今日我们在这里为吕公赴河阳送行，是难得的清静之所。我让人备了酒菜，诸位可要畅饮。"不多时，酒菜送了上来。贾昌衡招呼诸位入席，他先端起酒杯对吕公著说："吕公，你久居洛阳，我照顾不周，这次蒙皇上起用任河阳知府，我先敬前辈你一杯！"吕公著虽年已七旬，却显得精神矍铄，他见贾昌衡一饮而尽，便也把酒喝下，说："我自从几年前来到洛阳后，承蒙各位照应，这几年过着闲云野鹤的生活，惬意得很。本来我是要归隐林泉，在洛阳颐养天年的，可皇上偏不让我当野老，又让我老朽出任河阳。"他望了一眼坐在对面的司马光说："司马公，我是很羡慕你啊，你在洛阳建独乐园，一边编书，一边在独乐园中独乐，逍遥得很啊！"司马光见吕公著似对自己有讥讽之意，望着坐在身边的程颢说："看来诸位对我的独乐园有曲解，如今朝政容不得我辈参言，我是不得已而退居洛阳，筑独乐园而独善其身啊！吕公受皇上重用，正可以大展抱负，拯救苍生于水火！"吕公著也是火暴脾气，眼盯着司马光说："司马公，世事如此，我能有何作为，难道我是为了图这个河阳知府而折腰吗！"司马光见他曲解了，正要说明，程颢立起来说："两位前辈，都不要再说了，如今世事纷乱，大家都是忧心如焚。吕公的出任自当对苍生有利，司马公的蛰伏只是暂时的，有朝一日还会登上朝堂的。我想了几句诗，来助助兴。"贾昌衡也怕他们二人吵起来，便说："为吕公饯行不能没诗，读来听听！"程颢笑了笑说："那我就献丑了。"说罢，他望着东城门外的飘扬的旗帜，想着明天吕公离开洛阳，晚上就到了河阳，便吟了起来：

晓日都门飐旗旌，晚风铙吹入三城。

知君再为苍生起，不是寻常刺史行。

贾昌衡听了，见程颢是在勉励吕公，便说："由这'知君再为苍生起'，我想起了不久前邵先生与吕公的和诗'先生不是闭关人，高趋逍遥混世尘。得志须为天下雨，放怀聊占洛阳春'，我想这也是邵先生对吕公的期望：为天下着想。不过程先生对咱司马公也不能没诗呀！"程颢说："少不了，不过怕司马公见笑。"司马光微笑着说："我知道你的天理研究天下闻名，对你的诗却没欣赏过。今日算是领教你的敏捷的诗才了。"程颢说，那我就再为司马公来一首。说罢略一思索，便吟了起来：

二龙闲卧洛波清，今日都门独饯行。

愿得贤人均出处，始知深意在苍生。

贾昌衡心想，这程先生确会调解矛盾，他见司马光和吕公著脸色都好转了，便笑着对他二人说："二位都是人中之龙，我的心愿和程先生是相同的，为了天下苍生，愿所有贤人都能被皇上任用，为百姓造福。"吕公著说："老朽可不敢称龙，人家司马先生才是龙呀！"司马光回敬说："本人不是龙，本人是司马牛！"说得大伙都笑了。这样一来，气氛显得融洽起来。这时太阳已经西斜，他们又来到福先寺旁边的晚春亭，有一叫王安的年轻书生提议诸老写诗记游，吕公著让程颢先来。程颢望了望晚春亭四周的景色，只见亭下西斜的阳光照在盛开的鲜花上，一阵清风吹来，显得十分惬意。他略一思索，吟道：

> 亭下花光春正好，亭头山色晚优佳。
>
> 欲知剩占春风处，思顺街东第一家。

吕公著见时候不早，便对贾昌衡说："谢谢诸位的盛情，明天我就要到河阳去了，今天美中不足的是邵先生因病没来，要是他来的话，定会写出更多的诗来。"贾昌衡说："邵先生虽说身体欠安，不能前来，可他写有诗啊，我前几天去看望他，见他写有四贤诗，我给念念：'彦国之言铺陈，晦叔之言简当，君实之言优游，伯淳之言条畅。四贤洛阳之望，是以在人之上。有宋熙宁之间，大为一时之壮。'"

程颢也听说邵雍写有四贤诗，可一直没有见到，今日听了，有些不安，说："今日富弼公不在，你们二位堪称大贤，我怎能恭添其间？再见到邵先生，我要让他把诗改改。"贾昌衡说："都流传开了，你让邵先生如何改？"吕公著和司马光也是无可奈何，说邵先生过誉了。

司马光知道程颢是经常照料邵先生的，便问邵先生病情如何，程颢叹了口气说："今年以来先生病得不轻，我与弟是轮流去照看他，先生家没有别人，他的孩子尚小，邵夫人整日唉声叹气的。"司马光显得着急起来，他说："我有些大意了，上次有病想着只是有些伤风，这一段又忙着赶写《资治通鉴》，没有及时过去看他，这样吧，明天我就去招呼先生。"吕公著也叹了口气说："我是不能看望先生了，我儿希贤还是先生的学生，这一段就让他代我在先生家里招呼招呼吧。"程颢见天色已晚，便与诸位与吕公著告别。返回的路上，贾昌衡对程颢说："先生在洛阳已八年，光任洛河竹木务已三年，我准备向皇上上书，举荐你。"程颢谢了贾知府的好意，并没有放在心上。

　　三个月后的一天黄昏，程颢与弟急匆匆地来到了邵雍家里。一进屋门，见司马光与张载都在。程颢问表叔何日抵洛。张载说是昨日从关中回京师汴梁，听说邵先生病重，特来看望。程颢说先生从今年三月得病以来，已三月有余。近几日显得病情加重，不过先生的头脑尚清楚。他们来到邵雍的床前，邵雍见司马光来到，以诙谐的口吻说："我看来是要到天上去巡察了，怕再不能与你们在一起饮酒赋诗了。"司马光握住他的手说："你研究了一辈子的天理，老天对你有感情，不会早早把你招上去的。"邵雍摆了摆手说："死生是常事啊。我三十年前从共城来到洛阳，有幸结识诸位，乃一大幸事！我别无长物，就留下一部书，一编诗，一炷香，一坛酒。"

说罢，他让孩儿伯温从书房中取出《伊川击壤集》，程颢接过诗集，只听邵雍在轻声吟：

安乐窝中快活人，闲来四物幸相亲。

一编诗逸收花月，一部书严惊鬼神。

一炷香清冲宇泰，一樽美酒湛天真。

邵伯温给父亲端上茶，邵雍喝下后，说："我今天还写了几句，念给你们听听，这恐怕是我最后作诗了：'生于太平世，长于太平世，死于太平世。客问年几何？六十有七岁。俯仰天地间，浩然独无愧！'"

程颢听了，对邵雍说："先生歇息歇息吧，你确实不愧这'俯仰天地间，浩然独无愧'！"他见邵雍闭了眼，一边翻书一边心想，先生实在豁达，病已至此，还如此平静！他见有先生对自己诗集的评价，便看了下去：

安乐窝中诗一编，自歌自咏自怡然。

陶熔水石闲勋业，铨择风花静事权。

意去乍乘千里马，兴来初上九重天。

欢时更改三两字，醉后吟哦五七篇。

直恐心通云外月，又疑身是洞中仙。

他边看边对司马光说："邵先生的诗往往于平实中突现佳句，这'意去乍乘千里马，兴来初上九重天'写得何其洒脱！"司马光见邵先生昏昏睡去，便示意走出屋外，接过程颢手中的诗集说："我老早就听邵先生说他写有安乐窝中四长吟，你读的算吟诗，让我找找吟酒诗。"他见到吟酒诗之后，先是默念，后来便大声读了起来：

安乐窝中酒一樽，非为养气又颐真。

频频到口微成醉，拍拍满怀都是春。

卷舒万世兴亡手，出入千重云水身。

雨后静观山意思，风前闲看月精神。

这时只听邵雍在屋里说："谁在读我的诗？我那是酒后信口胡言，快别念了！"司马光与程颢和张载走进屋里，司马光笑着说："像这种胡言，先生多写些，这可能是先生有酒喝时写的吧？我记得先生写过无酒吟。那时多可怜呀！"说着，他便边走边吟道："自从新法行，尝苦樽无酒。每有宾朋至，尽日闲相守。必欲丐于人，交亲自无有。必欲典衣买，焉能得长久！"邵雍躺在床上，微闭着眼，嘴角露出一丝苦涩，他说："我这诗只有咱几个诗友知道，要是传到京城，怕有麻烦。不过如今我也无所畏惧了，反正我的时间不多了！可惜的是，我们几个诗友再也不能在一起喝酒唱和了。"张载凑到床前，说："我给你诊诊脉象吧？"邵雍见是张载，便把胳膊伸了出来，说："难得你从关中来看我。"张载说："我也算是路过，听说先生病重，便过来了。"他把了一会儿脉，对邵雍说："先生脉不亏，不要停止用药。"邵雍平静地说："听其自然吧！"张载说："先生信命乎，我给先生推推命吧？"邵雍闭眼说："世俗之命我不知，我所知者天命也！"张载叹口气说："既然说是天命，那就不用再多言了！"邵雍对众人说："买卜稽疑是买疑，病深何药可能医？听其自然罢了。"说罢，又闭了眼睛。

深夜时分，程颐走了进来，他见邵雍平静一如白天，便略为放宽了心，他对守在床边的伯温说："你到外面歇息吧，我来照应。"邵伯温看上去有二十四五岁，显得眉清目秀。他见程先生让自己去歇息，感到过意不去。这几个月来，住在同一里巷的程大先生和程二先生天天守在父亲身旁，要不是他们，自己还不知道该如何伺候父亲。他给程先生倒了了杯茶，说："我稍为歇息就过来。"这时程颢同司马光、张载也走了进来，邵雍被惊醒，他有些过意不去地说："我太拖累诸位了，你们都回去歇息吧！"程颐见邵雍有些伤感，为了使气氛不致太过悲伤，有意说道："先生到这步境地，我们也没办法。先生自己有何主张，看着办吧！"邵雍见程颐说话诙谐，便也微笑着说："我一生学道，研究天命，也没有办法，也没主张呀！正叔可谓生姜树头生，生姜树头生矣！"司马光对程颐说："邵先生临终还不忘给你开玩笑，说你是生姜树头生呀！"程颐见邵雍忽然气息奄奄，已不能说话，只是举起双手，便紧张地问："先生是要与我辈诀别吗？还有何事向我辈交代吗？"停了一会儿，邵雍缓缓地说："我好像处在悬崖边上，面前已没有可走之路，路宽能使人走，路径窄就走不通，我有何法呀！我要到天上云游去了。"说完便闭上了眼睛。程颐见先生床边别无东西，只有一卷《伊川击壤集》。邵伯温进来见父亲过世，便伏在父亲身上号啕大哭起来。司马光同程颢、程颐向邵雍行了礼，便到屋外商量起后事来。

这时邵伯温走了出来，他对程颢说："父亲生前同先生交往最深，前后在一个里巷居住三十年，我看他老人家的墓志铭只好烦请先生来写了！"程颢郑重地点了点头说："先生是亘古之豪杰，河洛之佼佼者。我能为先生写墓志铭，乃为幸事。"说罢，便沉思着走了出去。当他走到院中的时候，见月在中天，洒下一地银辉。他对月沉思良久，心想，先生的思想如光风霁月，今日先生虽云天远游，他留下的作品和思想却照耀着后人。这时程颐也来到院中，见哥哥在思索，便走了过去。程颢说："我已得先生墓志矣，先生之学可谓安且成。"程颐仔细品味哥哥对邵先生的评价，也认为恰如其分。

由于正处暑天，邵先生的遗体不便久放，三天后就安葬于伊川墓地。安葬那天，程家弟兄、司马光都送到坟上。来不及刻写碑文，程颢便念了他撰写的墓志铭：

"熙宁丁巳孟秋癸丑，尧夫先生疾终于家。洛之人吊哭者，相属于途，其尤亲切旧者，又聚谋丧事。先生之子泣以告曰：'昔先人有言，志于墓者，必以属吾伯淳。'噫！先生知我者，以是命我，我何可辞？"

程颢在介绍了邵先生的生平后，又念道："先生少时，自雄其才，慷慨有大志。既力慕高远，为先王之事为必可致。及其学益老，德益邵。玩心高明，观于天地之运化，阴阳之消长，以达乎万物之变，然后颓然其顺，浩然其归。"

程颐与司马光站在一起，他听着哥哥对邵先生的评价，望着秋阳下一览无余的山川，感叹起造化无穷，人世苦短。

程颢继续念道："先生德气粹然，望之可知其贤。然不事表暴，不设防畛，正而不谅，通而不汗，清明坦夷，洞彻中外。接人无贵贱亲疏之间，群居燕饮，笑语终日。……其与人言，必依孝弟，乐道人之善，而未尝及其恶，故贤者悦其德，不贤者服其化，所以厚风俗、成人材者，先生之功多矣！"司马光对程颐说："邵先生真乃贤人，'贤者悦其德，不贤者服其化'，能得此评价，人间少有啊！"程颐点点头。正要接话，听哥已快念完，便凝神听了下去：

"呜呼先生，志豪力雄，阔步长趋，凌高厉空；探幽索隐，曲畅旁通。在古或难，先生从容；有问有观，以钱以丰。天不慭道，哲人之凶；鸣皋在南，伊流在东；有宁一宫，先生所终。"

程颢念完了墓志铭，像完成了一件大事，了却了一桩心愿，长出一口气，他望着南边隐约可见的九皋山，望着不远处悠悠东去的伊河水，心想，先生一生眷恋伊洛大地，在这块土地上游历行吟，写下了不少诗篇，还把他的诗集命名为《伊川击壤集》，如今先生又安葬于此，鸣皋在南，伊流在东，可谓得其所了。

临近晌午，程颢与弟弟程颐和司马光在安葬了邵雍之后，便乘了马车返回。徐徐的风儿吹来，他们一路上又回忆起几年前同邵雍在这一带畅游的往事。程颢说："我想起了先生写的一首诗，'气候如当日，山川似旧时，独来还独往，此意有谁知'。如今山川依旧，可先生已长眠地下。"程颐也感伤地说："那一年秋天，先生在这一带游历，父亲由于长时间没见着先生，便捎信让他回去。先生回来后给父亲写了一首诗：'年年时节近中秋，佳水佳山烂熳游。此际归期为君促，伊川不得久迟留。'"司马光说："这首诗我见过，题目是《思程氏父子兄弟因以寄之》，从中可见先生对你们的思念之深，先生正在这佳山佳水游玩，一接到你们捎来的信，便回去了。"他望着不远处的龙门山色说："我记得先生多次写过游龙门的诗，有一首《留题龙门》是这样写的：'融结成来不记秋，断崖苍壁锁烟愁。中分洪造夏王力，横断大山伊水流。八节滩声长在耳，一川风景尽归楼。行人莫动凭栏目，无限英雄浪白头。'"

说话间他们已来到龙门山下，但见两岸松柏青葱，左岸佛像林立，伊水静静东流。程颢望着眼前景象说："要是在夏季河水暴涨，'八节滩声长在耳'是不假的，如今是听不到了，可'一川风景尽归楼'是不虚的。"他们顺着坡跟走到宾阳洞前，上了石台阶，程颢扭头西望，见夕阳的余晖像一团烟霞弥漫开来，脚下的伊水像铺了一层金，闪烁发光。他想起了邵先生写的一首诗，与眼前的景色十分相似：

数朝从款走烟霞，纵意凭栏看物华。

百尺楼台通鸟道，一川烟水属僧家。

他们观看了卢舍那大佛，面对卢舍那大佛慈眉善目的形象，程颢好像是看到了邵先生在微笑，他把这种感觉告诉了弟弟，弟弟也说他也有这种感觉，卢舍那大佛本来就是一切善的化身，邵先生一生劝人向善也就是佛了。

这一年冬日的一天下午，张载在苏炳的陪同下来到了程家。程颢见表叔来到，自然十分高兴，忙把他让进屋里。程颢见表叔气色明显不如几个月前，便问何以匆匆从京城返回洛阳。张载叹了口气说："我今年受吕大防举荐，被神宗召见，让同知太常礼院，可每次议论都同上司的意见不合，我一气之下干脆辞了官，加上入冬以来病情加重，我怕回不了长安，便匆匆赶回来了。"程颢见比自己大十几岁的表叔体弱得很，便关切地问今年五十几岁了。张载说："我已过了五十八岁，这次回陕西，今后还能不能再见面都难说。晚上咱们和你弟弟在一起畅谈畅谈，交换一些思考的问题。"程颢见张载说得怪沉重，心中不禁闪过一丝不安，他想，邵先生刚过世，难道上天又要接走眼前这位哲人？他不敢往下想，便开导说："冬天人易患病，一到开春万物复苏，表叔病就好了。下午弟弟就讲学回来了，晚上咱们是要在一起好好谈一谈。有好多问题，我和弟弟正要求教表叔。"张载摇了摇头说："相互启发吧！"

黄昏时分，天上飘起了雪花。程颐落一身雪花进了院门。吃过晚饭后程颢特地在书房里生起了炭火，沏好了茶。晚上，张载、程颢、程颐围炉而坐，苏炳坐在书桌旁，准备记录。苏炳见张载脸色呈蜡黄色，虽然不过五十多岁，可看上去似有六十多岁，这一阵病痛的折磨使他显得老了许多。他很看重这次三人的谈话，想尽可能地记详细些，以便给后世留下珍贵的记录。他听见张载说："早晨起来做事，人往往显得神清气爽，这是气使之然啊！"程颐笑了笑说："我不这样看，如果是这样的话，则人就专为气所使。人应该有目的啊！"张载说："这是自然现象啊！像我一到五更就睡不着。"程颢说："虽然是自然现象，我也以为人还是以恬养为好。否则，起得过早，对人体是不适的。"张载说："我是说那些学子啊，为了考功名，多少人三更灯火五更鸡！"程颐笑着说："表叔，这正是为了功名使然，不是气使然。"张载想了想，笑了。苏炳边记边想，老师是研究气的，谈问题多从气入手，程家兄弟谈问题多从人的本性入手，这可能就是他们之间的区别。他给诸位老师续上了茶，听程颢说道："我观天下之士，有些立志报效朝廷而才不足，有的有才可报效朝廷而诚不足。今日正须才与至诚合一，方能有所作为。"张载很同意程颢的说法，他说："才与诚，看起来是二物，其实是一物。"程颢说："诚者，天下之大本。学者不可以不诚，不诚无以为善，不诚无以为君子；修学不以诚，则学杂；为事不以诚，则事败；自谋不以诚，则自欺其心而自弃其忠，与人不以诚，则自丧其德而增人之怨。"程颐接下来说："学莫大于平心，平心莫大于正，正莫大于诚。"张载听了，连连点头。苏炳则感到妙语连珠，生怕有遗珠之憾，连忙记了下来。程颢继续说："才而不诚，犹不是也。若非至诚，虽有忠义功业，终不能有大作为！"苏炳见茶壶中水不多，便到外面提水，走到屋外，见纷纷扬扬的雪花正从天空落下，院中已有了一层薄雪。他提水回到屋内，说："雪下得好大啊，明年看来是个好年景！"张载却叹了口气说："眼下田地不均，丰收年景乡民也好不到哪里去。我一直在想，治天下不行古代的井田制，终不能使田地平均。周朝的井田制是均贫富的良方啊！"程颢深以为然，他问道："听说表叔在家乡曾搞了井田制的试验，效果如何？"张载苦笑着说："我曾想买田来试验一下，可由于缺少银两，终未能实行，还是纸上谈兵而已。我的想法是：朝廷把土地收回，按人口分给乡民耕种，朝廷收十分之一的税赋。"程颐担心地问："朝廷实行不抑兼并的政令，富户占地广大，恐怕朝廷很难收回！"张载说："对原来占有土地多的富户，可授予田官，以减少他们的阻力。这样一来，即便是暴君污吏，也不能破坏井田，乡民也就平均了。"程颢击节赞赏说："井田制取民田使贫富均，则愿者众，不愿者寡。"张载说："可惜只是一纸空文！"程颐摇头说："表叔莫叹息，不行于当时，行于后世，是一样的。"苏炳环视着屋里的三个儒者，心想，别看他们貌不惊人，思考的却都是治国平天下的大事。他想起了老师的名言"为天地立心，为生民立命，为往圣继绝学，为万世开太平"。他见老师脸黄黄的，心里不禁为老师的病情担忧。这时他们把话题又转到君子与小人上，苏炳便又准备记录。程颐对张载说："何以谓君子，何以谓小人？君子则所见者大，小人则所见者小且近。君子之志所虑者，岂止其一身？直虑及天下千万世。小人之虑，一朝之忿，曾不遑恤其身。"程颢说："大人者，与天地合其德，与日月合其明。圣人之明犹日月，不可过也，过则不明。圣人于天下事，只顾得天理，育万物。"程颢停了一下，顺着刚才的话题说："我在朝廷一年多时间，领悟了一些君臣之道：君道无为，臣道有为。君子之于人也，当于有过中求无过，不当于无过中求有过。事上之道莫若忠，待下之道莫若恕。"苏炳边记边思考程颢所讲的话，感到句句是粹言，他听程颢又说道："圣人致公，心尽天地万物之理；圣人循理，故平直而易行。圣人心如止水，行政如流水自然。"程颐见时候不早，便对哥哥说今晚就谈到这里吧。张载同苏炳走到院中，见雪越来越大，他对苏炳说："过去我听人言伯淳治世之道优于正叔，今晚谈之果然，他的救世之志、治国平天下的抱负以及为君为臣之道确实不同凡响。今后你可师之。"苏炳见老师似在交代后事，便说："先生不要忧虑自己的病情，一开春你的病就会好的。天不早了，咱们歇息去吧。"

一周后的一天黄昏，传来了张载病逝的噩耗。来人告诉程颢说，张先生行至临潼，由于路途劳累病情加重，头天晚上还沐浴更衣而寝，等第二天早上去见他时，再也唤不醒了。程颢遥望西天，见阴云密布，似要下雪的样子，他想到邵先生今年才驾鹤西归，表叔也西天云游，关东关西一年之内连丧两位大儒，确是不幸。张载一周前谈话的景象还历历在目，转眼却撒手人间。他不禁悲从中来，吟了一首《哭张子厚先生》：

> 叹息斯文约共修，如何夫子便长休！
> 东山无复苍生望，西土谁共后学求？
> 千古声名联棣萼，二年零落去山丘。
> 寝门恸哭知何限，岂独交亲念旧游？

第二年三月的一天，程颢来到了位于陕西关中平原东北部的蒲城县。他是受朝廷的派遣来这里巡查旱情的，可说来也巧，当程颢一行来到蒲城的第二天，天下了一场透雨，已枯萎的麦苗泛起了青意。乡民们把喜雨归结为皇恩浩荡，男女老幼沿着河堤欢迎程颢一行的到来。程颢高兴之余陪朝中来的一个姓陆的大臣游了当地白石、万固名胜，写下了《陪陆子履游白石、万固》：

> 条山苍苍河流黄，中蒲形势天下强。
> 帝得贤侯殿一方，四年不更慰民望。
> 元丰戊午季春月，上心闵雨愁黎苍。
> 使车四出走群望，我亦奉命来陕疆。
> 精诚感格天意顺，诏书才下雨已滂。
> 病麦还青禾出土，野农鼓舞歌君王。
> 故人相见不道旧，为雨欢喜殊未央。

圣主宽忧小臣乐，自可放荡舒胸肠。
白石万固皆胜地，主人为我携壶觞。
况逢佳日俗所尚，车马未晓填康庄。
扶提十里杂老幼，迤逦千骑明戈枪。
初听鸣铙入青蔼，渐见朱旆辉朝阳。
邀头自是谢康乐，后乘独惭元漫郎。
侯来虽知有宾客，众喜更为将丰穰。
临溪坐石遍岩谷，幽处往往闻丝簧。
　山光似迎好客动，日景定为游人长。
乘高望远兴不尽，恋恋不知歧路忙。
人生汨没苦百态，得此乐事真难常。
我辞佳境已惆怅，侯亦那得久此乡？
他时会合重相语，孤负泉石何能忘？

这次游览，他是骑马上山的。归途中，在下到白径岭时，他骑在马上，雨后的田野更加清新，放眼望去，北边可见滚滚黄河，东面可见巍巍华山，不禁又赋诗一首《下白径岭，先寄孔周翰郎中》。诗曰：

骤经微雨过芳郊，转觉长河气象豪。
归骑已登吴坂峻，飞云犹认华山高。
门前歧路通西国，城上楼台压巨涛。
欲问甘棠旧风化，主人邀客醉春醪。

第十一章 扶沟任上

一辆马车进了豫东扶沟县城门。这是宋神宗元丰元年（1078年）的冬天，凛冽的西北风刮起阵阵黄沙，吹得人睁不开眼睛。坐在马车棚里的程颢听着车外呼啸的狂风，心想，这豫东一带就是风沙大，看来今后要同这风沙打交道了。他看了看身上穿的知县官服，苦笑了一下，不禁想起皇上对自己的任用来。从陕西蒲城回来后，他先是被宋神宗召到京城解释天象，宋神宗看来对自己十分挂念，一见面就说："爱卿自从离开京城后，朕一直思念着你，前几天有人从洛阳回来，朕还问起过你。这次要你来看天象，你可要讲实话。"他说："蒙皇上错爱，臣敢不直言？彗星出现在翼轸间，正好对应于京城附近，彗星可是灾星呀！"他听朝中官员说，过后王安石劝神宗治罪，说他有污皇上圣明。神宗却说："朕下诏求直言，言者无罪。"他还听说，有一次王安石向神宗奏请撰写《三经义》，神宗推荐了自己，可王安石却踌躇着说同大臣商量商量，结果并未任用自己。后来皇上见扶沟县令空缺，便任用了他，这一次王安石也不好再拦，便下了诏书。程颢临行前对父亲说："我本不想再赴任，可圣意难违，加上这几年我在洛阳的体察，感到县治是国家治理的根本，古人说郡县治则天下治，也想在县治上摸索摸索。"父亲倒是很支持他的想法，说："你去安顿后，我和你弟弟也过去，你也可以一边公干一边讲学。"他记得弟弟说过"孔子曰学而优则仕，我看仕而优也可以为学"。程颢还在想心事，车夫对他说："大人，扶沟县衙到了。"程颢见县衙到了，便下了马车。

程颢安顿下来之后，这天一吃过早饭就同一个老主簿到乡下去了。这是冬日里一个难得的晴天，他们二人沿着流过县城边的蔡河边走边谈。程颢望着缓缓流动的河水，问身边的老主簿："你是本县人，这地处平原的扶沟县，有啥特产啊？"老主簿五十多岁，是一个干瘦的老头，他干咳了一下，不好意思地说："大人，不是我卖俺县的赖，这里啥特产也没有，就是出产小偷。"程颢见他一脸正经的样子，不像是说笑话，便说："愿闻其详！"老主簿指着河边停的木板船说："这蔡河流经咱们县，给县里的老百姓带来了不少好处。每年船从上游给当地运来急需的木材，也把县里出产的大豆等粮食运出去。可有些不法之徒就是不干好事，专门去偷人家运东西的船只，每年还要烧毁几十条船！"程颢听了，也感到问题严重，他问主簿："这些偷盗的是不是因为家里揭不开锅，没办法才去偷的？"主簿说："不是，这些人是偷惯了，灾荒年偷，丰收年也偷，照他们的话说是一天不偷些东西手痒痒。"程颢皱眉说："扶沟产小偷，这名声传出去可不好啊，更不用说是有些人成了惯偷，贻害无穷啊！"他又问："这些人中有小孩子没有？"主簿说："有的一家几代都是惯偷，小孩子也早就染坏了！"程颢同主簿来到蔡河边停着的一条船跟前，程颢见船被烧得只剩下了船舱，便问正在修补船的一个老人说你的船咋被烧了？"老人说："俺昨晚停在这里，半夜里来了几个强盗，先是抢走了船上的粮食，然后逼俺拿出银子，俺拿不出银子，他们就烧了俺的船，这些人真把俺害苦了啊！"程颢对主簿说："我听县尉说昨晚发生了一起抢劫案，原来就发生在这里，明天就要审案，我倒要看看这些强盗都是些啥人！"

第二天上午，扶沟县衙挤满了前来观看审案的乡民。程颢端坐在大堂上，他身后的墙壁上挂了一块木匾，上书"视民如伤"。审案开始，县尉将五个犯人带了上来，程颢一一问了他们的姓名，问他们为何要抢劫船只，其中一个看去有三十多岁的年轻人说："老爷，不瞒你说，俺们老几辈都是干这一行的，不抢他们俺活不下去啊！"程颢说："你叫啥？"那人说俺叫刘栓。程颢问："你有孩元吗？"那个叫刘栓的年轻人说："孩子都十来岁了。"程颢说："你打算让你的孩子长大也当强盗吗？"那人低头不语。程颢提高了声音说："人与牲畜有何区别？就在于人懂得义与不义。你们这些人都想一想，假如你们的粮食被人抢了，你们家的房子被人放火烧了，你们咋过下去？再说，你们都有孩子，你们长期干这些不义之事，对孩子们有啥影响？"那几个人见程颢说得恳切，便一齐跪下说："老爷，俺再也不干这伤天害理的事了，你饶俺这一回吧！"程颢对他们说："这样吧，今天我放你们回去，首先要保证不再干坏事。同时要监督你们的同伙不能再干坏事，劝他们来自首。能做到的，我放你们出去。"那几个人见程颢真的要放他们，便立了保证，千恩万谢地走了。

程颢下了堂，刚回到住处，老主簿来说洛阳来人了。程颢连忙迎了出去，见一辆马车停在院内，正从车上走下父亲和弟弟，还有夫人，还有一个年轻书生。他便赶紧走上去，搀了父亲，弟弟指着那个正在帮忙拿行李的年轻人说："他叫谢良佐，上蔡人，来向你求学的。"程颢对年轻人笑了笑说："上蔡离这里不远，你何不直接找我？"谢良佐腼腆地说："俺先到洛阳，才知道先生在扶沟。便同老先生一起来了。"程颢定神望了谢良佐一会儿，见他眼神中透着坚毅，便对弟弟说："此君经过深造，必有成就！"程颐说："我看也是。他在洛阳学习极为用功。确为可造之人。"

吃过午饭后，程颢同父亲和弟弟及谢良佐在一起说话。父亲问："你来这一段时间感到这一带民风如何？"程颢笑了笑说："我给你讲个笑话，刚来时我问当地人咱这里有啥特产，你猜人家咋说，人家说，咱们这里没啥特产，就是出产小偷。上午我才审了一个抢劫案，有一个叫刘栓的年轻人说是从他上几辈开始就干这一行。" 程珦听了，感到很惊讶，他问："那你咋处理这个人？"程颢说："我把他放了，他答应不再偷盗，并还要其他同伙来自首。看来要转变这一带民风，不是惩处几个小偷的事，我想下一步开办教育，使人们知礼义，辨是非，懂羞耻。"父亲很赞同他的做法，他对程颐说："今冬你在这里也可帮你哥筹办书院。"程颐说行。便问程颢打算在哪里建书院。程颢叫来了主簿，商定就在县衙的后面建一书院。

第二年春天，经过几个月的筹建，书院建成了。上房有三间，是讲堂。左右两边是厢房，作为学生住宿和生活的地方。这一天程颢同弟弟和谢良佐，还有主簿来到新建的书院。主簿走在前面，见大门匾上"书院"两个字写得丰满俊秀，便问谢良佐是谁写的。谢良佐指了指已走进院中的程颢说："是程县令写的。本来先生不想题字，可后来想这是咱们县的第一所书院，便题写了'书院'两个字。"主簿端详着说："这可是咱县的无价之宝啊！"

程颢与程颐在观看了讲堂和厢房之后，便来到门前，亲手栽下了一棵槐树。程颐栽好树后对程颢说："哥，你到扶沟任职后，四方求学的书生都到这里来找你，这个书院办得很及时。"程颢笑了笑说："书生们也不都是奔我来的，你也在这里呀！"程颐摇了摇头说："书生们主要是找你的。我最近想到京城开封去，父亲的生活起居你多操心些。"程颢说："你去吧，这几个月你照顾了父亲的生活，又帮忙筹建书院，我省了不少心。你到开封后如遇到学识渊博之人可引荐前来任教，这里书院缺教授啊！"程颐点头记下了。

一个月后的一天上午，程颢正在书院的讲堂上给谢良佐等几个秀才讲解《论语》，程颐领了一个二十多岁的儒生走了进来。程颢见是弟弟回来了，便停了讲授，同弟弟及来人来到厢房。程颐介绍说："这位先生是我在开封认识的，叫游酢，字定夫，一见一交谈，感到先生学识渊博，可资进道。先生愿来学院任教职，我把他引来了。"程颢见游酢长得眉目清秀，一派南方人的气质，便十分喜爱，他问："先生是哪里人？"游酢回答说："我本福建人，早就仰慕先生，无缘得见，今日拜于先生门下，乃三生有幸。"说罢，便行了礼。程颢连忙还了礼说："我这里已有不少学生，还有不少学生慕名而来，我还要处理公务，先生来书院任教职，是对我的帮助。当然，咱们还可在一起切磋学问。"游酢见程颢如此谦和，便感到不安起来，他说："四方学生都是慕先生之名而来，我任教职，还怕辱污先生之名。我还是在这里当先生的学生为好。这教职一事怕难胜任。我只能做些管理管理学生的事。"程颢对弟弟一笑说："弟弟看中的人肯定错不了，弟弟说你可资进道，你就先帮我把学院的教职做好。"游酢只好点了点头。这时谢良佐走了过来，程颢把游酢给他介绍了，游酢一见谢良佐也不过二十五岁，高挑的个子，脸上透着敦厚神色，便喜欢上了他，在他的引导下去安排住宿了。

中午吃过饭之后，游酢来到谢良佐的住处，见谢良佐正坐在书桌旁用毛笔写什么，他凑过去一看，见他在抄录《论语》，便说："为兄好用功啊！"谢良佐示意他坐下，仍边写边说："明道先生要我们不要浪费一日之光阴，做到日有所得，我订了个本子，叫日知录，等我把这段话抄完，再陪你说话。"游酢说你写吧。他便到书院门口去了。刚走到门口，见一书生样的挎一行李卷走了进来，正张望着，似在寻人。游酢便问："先生你找谁？"来人说："在下叫杨时，特来拜见在这里求学的谢良佐兄，不知能为引见否？"游酢见这个书生同自己年龄差不多，说话文绉绉的，便说："我也是刚同谢兄认识，你随我来吧。"当他们二人来到谢的住房时，谢良佐已写完了日知录，正在看书。见游酢领了一个年轻人进来，便起身让座。杨时自我介绍说："我叫杨时，本是福建人，去年因体弱多病，北上京城寻医，病治好后，曾在文彦博处求学，今年文公说：'你在我这里无啥益处，程颢、程颐在扶沟办书院讲学，你到他们那里吧。'他还说：'谢良佐在那里，你可先找到他，让他引见。'我今天就冒昧地来了。望谢兄代为引见。"谢良佐为他二人倒上茶说："文公同程先生的父亲是世交，我在洛阳时见过他，其实见程先生不用引见，你可直接去见他。明天他就来上课，我把你介绍给先生。今天你就和游先生先住在一起。"接着他又介绍了些书院的情况。杨时便同游酢回去安排住宿了。

第二天是个大晴天，当初春的太阳刚从地平线上升起来的时候，杨时便同游酢吃过了早饭，早早地来到了讲堂。杨时见讲堂内坐了十来个学生，便问坐在身边的谢良佐何以只有十几个学生，谢良佐告诉他，这些学生是各地来的秀才，程先生是要亲自授课的，讲的是儒学。程先生还在各个乡村办有学校，把一些优秀的子弟集中起来，选一些德高望重的先生去教，我还见先生到学校亲自给小学生们讲学。听了谢的介绍，杨时对程颢充满了敬意，心想，他是一个县令，处理好政务就不容易，哪还有时间兴办教育，并还要亲自授课。这时谢良佐对杨时说："你看，程先生来了。"杨时往门口望去，见程颢中等身材，穿一身蓝色长袍，头戴一儒生常戴的帽子。阳光从他头上洒了下来，显得容光焕发。他走上讲堂，望了一眼在座的儒生，将手中的《诗经》放在桌子上，吟了起来：

　　瞻彼日月，悠悠我思，

　　道之云远，曷云能来？

杨时随着程颢的吟哦连忙记了下来，他侧目看谢良佐，却不见他记录，而只是随着程先生的吟哦，也在吟哦：

　　瞻彼日月，悠悠我思。

　　……

杨时也不由自主地吟了起来：

　　瞻彼日月，悠悠我思。

　　……

下课后，程颢来到谢良佐的身边，杨时赶紧站了起来，谢良佐向程颢介绍说："先生，这位叫杨时，是昨日从文彦博先生处过来的，让我代为引见。"杨时赶紧向程颢鞠躬，程颢见杨时虽身材不很高大，却透着江南人的灵秀，便说："我猜想你也是江南人吧？"杨时说："先生，学生是福建人，去年来京城治病，得见文公，是他让我来拜见先生的。"程颢笑了笑说："我这里也没有特别的地方，要学诗，不过是吟风弄月罢了。这一堂课你都听了，就是教你们吟哦一番。诗可以兴。想当年我十几岁时，跟随周茂叔从学，吟《诗经》，咏唐诗，整日吟风弄月，也学了点先生的莲花品格。"杨时沉思着说："照先生这样说，'道之云远，曷云能来'，这'道'是不是就是日日运行不息的太阳和月亮？"程颢心头一喜，含笑看谢良佐，见谢有些茫然，他又把目光投向游酢，见游也不甚解，便说："杨君领会得容易，日月运行有它的规律，这就是道。"游酢问："先生，何为道？"程颢说："立天之道曰阴与阳，立地之道曰柔与刚，立人之道曰仁与义。"杨时对谢良佐小声说："先生讲得精辟，短短三句话，讲明了天道、地道、人道。"程颢听到杨时的议论，又是会心一笑，心想，他就是领会得快，便说："天地万物之理，无独必有对。一阴一阳，一善一恶，阳长则阴消，善增则恶减。皆自然而然，非有安排也。我每中夜以思，不知手之舞之足之蹈之也。"杨时又对游酢说："先生提出了天地万物的一个大道理，就是无独必有对。"他对程颢说："先生是否可以理解道就是有阴则有阳，有善则有恶，有是则有非。"程颢点了点头，然后说："生生之理，自然不息，有生便有死，有始便有终，人之常理也。"程颢望了望都在静静思考的学生，继续说："为何说天地万物无独必有对呢？天与地对，阴与阳对，日与月对，这是自然之理；拿人类来说，男与女对，老与少对，富与贫对。拿国家来说，君与臣对，治与乱对，盛与衰对，忠与奸对。"谢良佐问："先生，何为治世之道？"程颢说："天下之理本诸简易，而行之于顺道，则事无不成。故曰智者若禹之行水，行其所无事也。圣人之心，要重时政而谨民事。善使民者，顺民而不劳，出令当如流水，以顺人心。"谢良佐边听边记："顺民不劳，治世之道。"这时游酢问何为为君之道，程颢说："君贵明，不贵察，臣贵正，不贵权；君子之与人也，当于有过中求无过，不当于无过中求有过。待下之道莫若恕，事上之道莫若忠。"杨时小声对游酢说："先生既讲了为君之道，又讲了为臣之道。你算是有了两个收获。"游酢边记边说："你快问问先生为学之道。"杨时见讲堂外地上日影已转了过去，远处传来几声公鸡的啼鸣，见坐在先生身边的刘立之不时焦急地用目光示意先生，他知道日已过午，便说："时间不早了，再讲下去恐怕耽误先生吃饭。下次再问吧。"程颢向外看了看西斜的日头，也说时候不早了，便叫上刘立之回去了。

杨时边收拾本子边问谢良佐："那个叫刘立之的学生是先生的啥人，跟随先生像个书童似的？"谢良佐说："他是先生当年在京城开封赶考时收的第一个学生，那时刘才七岁，先生二十五岁，今年先生已四十六七岁了，这二十多年来，刘立之是一直跟随先生的。"杨时望着跟在程颢后面的刘立之，以充满羡慕的口吻说："能在先生身边受言传身教二十多年，是多大的幸福啊！今日我辈聆听先生一席话就感到受益匪浅，真是相见恨晚！"游酢也有同感，他对谢良佐说："回头你把你记的先生的语录让我们抄下来。"谢良佐说："书院也是刚开讲，前一阵先生忙于处理县上的政务，只给我们讲了一次，回头我把记录给你们。"杨时和游酢约定下午去谢良佐处抄笔记。

吃过午饭后，他们来到谢良佐的住处，一推开门，见谢正在记日知录。谢见杨时和游酢进来，便从抽屉里取出一个本子，说："这是我记的两位先生的平日语。你们看吧。"杨时接过来，见封皮上书："二先生平日语。"他翻开第一页，见上面用毛笔写着："切脉最可体仁。观鸡雏，此可观仁。"便不解地问谢良佐是何意。谢良佐说："有一次先生不适，我给先生切脉，我问他何为仁，先生未正面回答，只是说：'切脉最可体仁。'我不解其意，先生指着地下一只毛茸茸正在啄食小米的小鸡说：'观此鸡雏，可观仁。'我到现在还不甚了解先生解仁的意思，请杨兄明示。"杨时想了想 说："先生是从表象上说明问题，我理解是不是这样：给人切脉是从一个人的脉搏跳动中可以体会到他的内心是否具有仁爱之心。而小小的鸡雏温柔可爱，具有仁爱之心的人也就像这可爱的鸡雏一样。"游酢也认为杨时领会得很准确，他笑着说："杨君确如先生说的领会得容易。"他翻了下一页说："程二先生是这样解仁的：仁道难名，惟公近之，非以公便是仁。又说仁则一，不仁则二。杨君，此又何解？"杨时谦让地说："谢兄说说吧，你亲耳听程二先生说的，肯定理解得深。"谢良佐说："我也说不好，我想，仁有仁爱仁慈仁义之意，而具有仁者之心的人，必有大公之心，否则，一个只顾自己的人，不会有仁者之心。"游酢问："可二先生又为何说'非以公便是仁'？"谢良佐说："二先生分析得透彻，公为何不等于仁？拿朝廷来说，它倒有大公，可有些做法确对老百姓不仁。"游酢想了想说："有道理，王安石变法，是出于公心，为了国家富强，可他的一些做法确对老百姓不仁。"杨时继续往下翻，见有一句话是这样写的："与善人处，坏了人；须是与不善人处，方成就得人。"他有些不解，问谢良佐说："古人言近朱者赤，近墨者黑，程先生这句话怎样解释？"谢良佐说："开始我也不解其意，先生说，这个'善'指的是性格柔弱的人，如果你经常与柔弱的人相处，可能不会有刚强的性格。"杨时说："如此说来我就懂了。"杨时继续往下看，当他看到"以记诵博识为玩物丧志"时，便问是何意。谢良佐说："那是我在洛中求学时，将古人的善行辑录了一本小册子。前几天我同先生谈话，我无意中背了一段，先生先是夸我博闻强记，然后又说：'记诵博识为玩物丧志。'我听了先生的话，感到脸都红了。为了记住先生的教诲，我特地写了下来。"杨时对游酢说："先生看问题总是高人一筹，记诵如果不能转化为知识，把记诵当作卖弄，就是玩物丧志了。"游酢也点头称是。杨时把看过的本子递与谢良佐，扭过头问游酢说："君跟随先生有一段时间了，不知有何精言妙句可做教诲的？"游酢从随身携带的书包中取出一个本子说："我来的时间不长，听先生讲课的次数不多，加之也没有谢兄勤奋，只记了这么几章。"说罢便递了过去。

　　杨时笑着接过本子，边看边说："游兄记得虽少，可都是先生的治国良言。我念来各位听听。"谢良佐也连忙拿起了毛笔。杨时对游酢说："还是你来念吧，我也要记。"游酢接过本子念道："善言治天下者，不患法度之不立，而患人才之不成。善修身者，不患气质之不美，而患师学之不明。人才不成，虽有良法美意，孰与行之？师学不明，虽有受道之质，孰与成之？"游酢念到这里，充满敬意地说："我跟随先生时间不长，可感到真是找到了可资师学的老师。"他见谢良佐和杨时都有同感，正要说下去，见刘立之和程先生走了进来，便连忙让座，程颢说："诸君在讨论何事？说来听听。我刚处理了一件案子，便过来了。"杨时说："我们几个来的时间不一致，正在对笔记。"程颢接过游酢的本子，见上面有他谈话的语言，便说："游君也很有心啊！"游酢看了一眼谢良佐说："我与谢兄比还差得远，人家是日日录，日日有得，我记的还很有限。"杨时见是请教的好机会，便说："先生说治天下以求人才为急，而人才从何而来？"程颢想了想说："天地生一世人，自足了一世事。但恨人不能尽用天下之才，此其不能大治。自古治乱相承，亦常事，君子多而小人少，则治，小人多而君子少，则乱。作新人才难，变化人才易。今诸人之才皆可用，且人岂肯为小人？在君相变化如何耳。若宰相用之为君子，孰不肯为君子？"杨时问："先生，这样说人都不愿当小人？"程颢见杨时有疑问，便说："我向诸君讲一下我刚受理的一个案子。这扶沟不是多盗吗？我刚来的时候，捉住了一伙在蔡河上作恶的盗贼。我把他们教育一番之后便放了，其中一个小伙子当面向我保证永不再犯。可是昨天接到报案，说有一个村失盗。我说，肯定是放走的那个人干的。今晨县衙役回来说是那人干的，可当他们赶到时，那人已上吊死了。问他家人，家人说，他向程县令保证过永不再犯，可这次忍不住又去偷人家东西，叫他咋向程县令交代，不如死了算了，便自尽了。这件事就说明一个道理：人岂肯为小人，在君相变化如何耳。他是个惯犯，一时忍不住又犯了，假如这次不自尽，被捉到县里，让我再教育一下，可能就不会再犯了。我了解到，那次被放的其他人，都没有再犯过事。"这时天已经暗了下来，刘立之示意先生该回去吃饭了，程颢说："好吧！"便同刘立之返回了县府家里。

程颢回到府内刚坐下，弟弟程颐领了一个年轻书生进来。他对程颢介绍说："哥，这个书生叫周纯明，他的父亲曾受业邵先生，父卒后，邵先生对纯明关爱如子，如今邵先生又不在了，纯明只好投奔这里来了。"程颢见周纯明曾师从邵雍，便热情地欢迎他的到来。他对周纯明说："我尚在为官，你可师从吾弟，书院已有了不少学生，明天就可前往听讲。这里就是你的家，吃住都在这里，同你在邵先生处一样，不必拘束。"周纯明见程颢如此平易，说话亲切和蔼，十分感动，深深地鞠了一躬，便随程颐安排住处去了。

转眼到了第二年春天的三月，这一天程颢与弟弟从扶沟回到了离别一年多的洛阳，他们是应颍川陈公异的邀请参加他在洛阳的住所落成而举行的禊祭的。禊祭，是古代为了消除不祥之灾而举行的一种仪式，一般于春秋之季在水边进行。陈公异的住所在洛南，仪式就在洛河之滨举行。农历三月三日这一天下午，当他们出现在会客室的时候，程颢见往日的一些老友都在，他先后向司马光、吕公著行了拜见礼，接着便入了席。酒过三巡之后，司马光说："今日陈公住所落成，诸公前来，一为庆贺，二为禊祭，免除不祥，不能无诗啊！"他把目光投向程颢，程颢见座中皆洛阳鸿儒，日已西斜，不远处洛河波光粼粼，微波拍着河岸发出清朗的低吟。天上有薄薄的云，似有阴风吹来，便沉思片刻，站起来说："今日陈公修禊，承司马公提议，不揣浅薄，赋诗一首，以记盛事：'盛集兰亭旧，风流洛社今。座中无俗客，水曲有清音。香篆来还去，花枝泛复沉。未须愁日暮，天际是轻阴。'"

司马光连连称好，然后他对坐在程颢身边的程颐说："也来一首！"程颐微笑着："说司马公是知道我是不善于写这些应景之作的，就不要难为我了。"司马光也微笑着说："这次禊饮后，我准备把诸位的诗集中起来，那你就给这次禊饮诗写序吧。"程颐说："好吧，我写好后，由司马公定夺。"

第二天上午，程颐来到陈公异的住处，将写好的诗序交给了司马光。司马光与陈公异正在闲话，招呼他坐下，便急切地展纸读了起来：

"上巳禊饮，风流远矣，而兰亭之会，最为后人所称慕者，何哉？盖其游多豪逸之才，而右军之书复为好事者所重耳。事之显晦，未尝不在人也。

"颍川陈公异始治洛居，则引流回环为滥觞之所。元丰乙未，首修禊事。公异好古重道，所会皆儒学之士。既乐嘉宾，形于咏歌，有不愧山阴之句。诸君属而和者，皆有高致。野人程颐不能赋诗，因论今昔之异而为之评曰：以好贤方逐乐之心，礼仪为疏旷之比，道艺当笔札之功，诚不愧矣。安知后日之视今日，不若今人之慕昔人也。"

阅毕，司马光对陈公异说："先生的这篇序言，有王右军《兰亭集序》之遗风，乃春秋笔法！"陈公异接过匆匆阅过，感叹地说："我找人裱起来，挂在堂上，定使蓬荜生辉！"程颐摇头说："我本山野之人，让诸君过奖了！"

这年夏天的一天上午，程颢一脸悲戚之色走进了书院的讲堂。他对学生们说："我和弟弟走了一个多月的时间，是到陕西华阴去奔丧了。舅父侯无可是六月去世的，我在奔丧期间听到了他种种事情，感到他是一个至诚至爱的人，我在很多方面不及他。"杨时见程颢一个多月不见，显得有些消瘦，可能是受了路途奔波之苦，他听程颢讲起了他舅父的事："舅父是华阴人，其先人祖籍是太原。少时倜傥不羁，既壮，笃志为学。严寒酷暑，未尝废业，博览群书，声闻四驰，就学者日众。故自陕西以西，多宗舅父之学。他曾先后在四川巴州化成县、耀州华原县、庆州、陕西泾阳县任职。家贫，无仓石之储，而人有不得其所者，必以舅父为归。非力能也，诚使然也。我举一个例子，有一天他从远处归来，友人郭行来到家里说他父病重，看病须百千两银，就是把他的房子卖了也不够。舅父听了十分同情，把衣袋中的余钱数了数尽数给了他。我还听说，他有一次到京师开封赶考，回来时，悉散其所余银两。

他说，这些钱是乡里以资应考的，不可以为他利，当为同举者共之。将要回来时听说乡里同来的有人生病，舅父说："吾归则彼死矣！'他便留下照顾这个病人。病愈后，这人因贫无以车乘，舅父便将自己的马让与他，自己在马后跟着走。这些至诚至爱的事何等感人！学者不可以不诚，不诚无以为善，不诚无以为君子。"杨时见先生在以舅舅的事引发来说诚，便站起来说："先生，何为诚？"程颢示意他坐下，说："诚者敬也。不诚不敬。学贵信，信在诚。诚则信矣，信则诚矣。不信不立，不诚不行。"杨时见先生妙语连珠，生怕漏记，便赶紧书下。这时他见先生出了讲堂，便对谢良佐说："先生真当世大儒，今日以事说诚，受益匪浅。谢君感觉如何？"谢良佐似口含英华，余香犹存，他微笑着说："今日大先生讲了一个'诚'字，我初见二先生时，教了一个'敬'字。这'诚、敬'二字我算学到手了。"杨时问："二先生是如何教'敬'字的？"同学们都静听谢的讲解。谢却不慌不忙地说："我在洛阳时，第一次见到二先生，他写了一个'敬'字叫我去揣摩，我想了几天，自认是'恭'。先生微笑着说：'敬者诚也，诚者天道，敬为人事之本，敬则诚。'我一想，感到自己理解得太肤浅了。"杨时反复思索着说："诚者敬也，敬者诚也。敬则诚。"他笑着对谢良佐说："今日我也学会了两个字：诚、敬。"谢良佐说："杨君懂得了这两个字，可以受用一生，先生说：敬胜百邪。"杨时深以为然。他们正谈论时，程颢从讲堂外走了进来，身后还跟了一个年约三十多岁的书生，他走到讲堂上，指着刚在讲堂落座的书生说："我给诸君介绍一下，他叫吕大临，是从陕西蓝田来的，早先从学张载先生，是先生的得意门生，十几年前我和弟弟到陕西讲学时曾见过他，想不到今天他来到这里找我。"杨时见吕大临沉稳、质朴，俨然一学者风度，便心想，他一来，谢良佐、游酢，加上自己，先生有了四个弟子。他看程颢也在望着他们四个人在微笑，心想，看来先生是个以传授儒学为事业的人，并不在乎官职的升迁去留。他听说今年二月，皇上曾下诏要升他为判武学，因御史台里有人反对，仍任旧职。为这事，当朝大臣吕公著还上书为程颢申辩，神宗不听，只好作罢。先生照样做他的县令，照样来书院讲学。杨时想到这里，见吕大临站了起来，作自我介绍说："我弟兄四个，大防、大忠、大钧都是进士，唯我遵从张载先生教诲，不留恋科举，一心跟随先生研究儒学。十几年前，程先生到关中讲学时，我就聆听过先生教诲，感到先生见识高远，张载先生病重时对我说：'我辞世后，可东去师之。'今日我来拜师，望先生及诸君接纳。"程颢一脸庄重的神态，在讲堂上踱来踱去，他边听吕大临说话，边回忆张载的音容笑貌，见吕停了说话，便说："张载先生创立的关学，对我的影响很大，如今先生去世，弟子们大都东来拜我弟兄为师，这就促进了关学与洛学的交流与融合。我在这里办书院，自然欢迎你的到来。"他望了望讲堂外渐渐暗下来的天色，说："今天天色不早，看来明天要下雨，我明天还来讲学，诸位罢学吧。"刘立之走了过来，帮助安排吕大临的住所。

第二天是个阴雨天，程颢一大早就来到了讲堂，他见吕大临早早就坐在了讲堂上，便问他昨晚休息得可好，有何不便可随时找他。吕大临对生活十分满意。程颢见学生到齐了，便开始了讲学。他说："吾学虽有所受，但'天理'二字却是自家体贴出来的。早年我与弟弟曾拜周敦颐为师，先生每每让我们寻颜子乐处。先生的博大胸怀使我们开启了研究义理的心智，遂厌科举之路。我虽在朝廷为官，但一直致力于理与天理的研究。何为理？理则天下只是一个理，故推至四海而准，须是质诸天地，考诸三王不易之理。"讲到这里，程颢见诸君都在默默地思考，杨时似有问题要发问，他便说："杨君有何问题请讲！"杨时说："先生说的理是否包括自然之理和治世之理？"程颢心想，他就是领会得快，便说："是包括自然和社会。我说的质诸天地是自然之理，是物理，物理最好玩。诸君想想，万物莫不有对，独阴不生，独阳不生，生生之理，自然不息，是不是这个道理？我每当静夜思之，不禁兴奋得手之舞之！"吕大临思索着问："先生，这万物莫不有对，我没听张载先生讲过，何以说明？"程颢和缓地说："天与地对，阴与阳对，寒与暑对，明与暗对。拿人来说，好与坏对，君子与小人对，君与臣对。一阴一阳，一善一恶，阳长则阴消，善增则恶减。寒往则暑来，暑往则寒来，寒暑相推则岁成矣！"吕大临接着问："先生，何为'息'？"程颢说："训息为生者，盖息则生矣。一事息，则一事生，中无间断。否极泰来，物极必反。拿人来说，从人一生下来，长一日便是少一日，何曾得住。拿人事来说，祸兮福所倚，福兮祸所伏。这些道理诸君可深思之。"谢良佐对坐在身边的杨时小声说："我听过二先生谈论，同大先生观点一致，他也是说天地之间皆有对，有阴则有阳，有善则有恶。君子小人之气常停，不可都生君子。"杨时边听边思索大先生和二先生说的话，心想：这两位确为当世大儒，思考的问题大到天地，小到人事，言前人所未言。他思虑着自然与社会的种种事物，感到无独必有对、否极泰来确为至理名言。这时他听程颢又讲起了天气寒暑变化："冬至一阳生，而每遇至后则倍寒，何也？这是在阴阳消长之际无截然断绝之理，如天将晓，复至阴黑，亦是同理。"杨时边听边想："先生这是在讲阴阳变化的过程，不可决然分开。"这时他又听先生讲起了天地有无内外的问题："有一个学生问我天地有无内外？言天地之外，便不识天地也。人之在天地，如鱼在水，不知有水，直待出水，方知动不得。"杨时听到这里，便笑了，他看吕大临也在窃笑，感到先生这个比喻太好笑了：是啊，人不能离开地，一离开地，也会像鱼离开水一样动不得。

程颢讲了一会儿，显然有些累了，他望了望屋外，见雨住了，太阳也出来了，照在屋外的地上，便对学生们说："咱们出去走走，太阳出来了，外面的空气好清新啊！"杨时随着诸君都来到院里，他听吕大临在问先生太阳离这里有多远。杨时想："这不是有些为难先生吧？"他也想听听先生是如何回答的，便往先生身边靠近些。 他见先生抬头望了望悬在南天的日头，缓慢地说："日之形人莫不见，似轮似饼。其形若有限，则其光亦有限。我听人说日头离地有三万里，可我又想，若日头只在三万里中出没，则须有光所不到处，又安有此理？今天之苍苍，岂是天之形？视下也亦须如此。杨时听到此，心想难道从天上往地下看也是苍苍一色吗？"这时听先生又说："我想日头固然是阳精也，周回而行，中心是须弥山，日无适而不为精也。 地既无适而不为中，日则无适而不为精也。气行满天地之中，然气须有精处，故其见如轮如饼。"杨时边听边望南天上的日头，心想："照先生这样说，日头是一团精气，可它为何会放光呢？"程颢好像看出了诸位的不解，继续说："这日头会放光，就如这地下放一溜柴薪，从头点着，火到处，其光皆一般，非是有一块物推着行将去。 气行到寅，则寅上有光，气行到卯，则卯上有光。气充塞，则无所不到。"杨时见吕大临似有不解，一脸茫然，便问道："先生，这么说是日头会动？是气在推动它动？"程颢说："日升日降，周回而行，是日之行也。"杨时似仍有不解之处，又问："地为何会动？"程颢说："自然有好多现象待诸君去理解，去探索，地为何会动，诸君可思之，我也只能存疑。"杨时见先生真如孔子所言，做到了知之为知之，不知为不知，对先生愈加敬佩。

一个多月后的一天晚上，杨时推开了吕大临住处的门，他是要向吕大临来告别的。见吕大临正在油灯下手执毛笔抄写，一脸专注的神情，他便有些不忍打扰。这时一阵风吹来，灯光摇了几下，吕大临抬头见是杨君来，便赶紧起身让座，并问："何时从京城回来？"杨时拿起吕的记录本边看边说："我离开这些日子，先生又都讲了些什么？我是今日黄昏才到家的，这就赶紧过来看你的记录。过几天我要到南方去了，再也不能聆听先生的睿智妙言！"说罢，他便急匆匆地念了起来："学者须先识仁。仁者，浑然与物同体。义、礼、知、信皆仁也。识得此理，以诚敬存之而已，不须防检，不须穷索。"沉思良久，杨时又重复说道："仁者，浑然与物同体。义、礼、知、信皆仁也。以诚敬之心对待，就能得到仁。吕先生，我理解得对吗？"吕大临说："怪不得先生说杨君会得容易，我今天算是领教了！"杨时继续看下去，见本子上写道："若心懈则有防，心苟不懈，何防之有？理有未得，故须求索。存久自明，安得求索？此道与物无对，大不足以名之，天地之用皆我之用。孟子言'万物皆备于我'须反身而诚，则犹是二物有对，以己合彼，终未有之，又安得乐？"看到这里，杨时对孟子说的

"万物皆备于我"似有不解，他以探求的目光问吕大临。吕大临思索着说："先生在这里引用孟子的话，从字面上是说世间万物都是为我而准备的。我是万物的主宰。引申开来是说人人皆可成尧舜，人人皆可为圣贤。我曾听先生讲过人人皆可成圣贤。孟子这句话与先生说的天地之用皆我之用，都是具有震撼人心的作用，能起到一灯能除千年暗，一智能灭千年愚的效果。"杨时听了，也感到振奋，他想，先生目光远大，气势恢宏，万物皆备于我，天地万物为我所用，人人都可成为圣贤。想到这里，他忽然问吕大临："先生这样讲，对孔子说的唯上智与下愚不移是个修正。"吕大临说："这才是先生的过人之处，敢于超越古代圣贤！"杨时继续往下看，见写道："订顽意思，乃备言此体。以此意存之，更有何事？'必有事焉而勿正，心勿忘，勿助长'，未尝致毫纤之力，此其存之之道。若存得，便合有得。盖良知良能元不丧失，以昔日习心未除，却须存习此心，久则可夺旧习。此理至约，惟患不能守。既能体之而乐，亦不患不能守也。"他反复思索着说："先生说的'心勿忘，勿助长'是何意？结合上下文看，要成为圣贤，必须反身而诚，做到内心向善。而内心向善，靠自己坚守，不可拔苗助长。只要良知良能不丧失，久则可去旧习。"吕大临击掌赞道："杨君算把先生的识仁篇说透了：仁者，要诚；诚者，要反求内心。'心勿忘，勿助长'，这也是先生说的教育的理。勿助长，是说不要人为拔高，不拔苗助长。"吕大临说完话后，问杨时："我听说你要返回南方，可有此事？"杨时以无限留恋的神情说："我三年前即已考上进士，并被朝廷任为参军，因厌于职事，一心研究义理，便来跟从先生求学。前几日家里来信说要我回去，我给先生说了，先生同意，今日我特意来向你告知的。这一回去，近期怕难再回来，我家在福建将乐县，离中原山川阻隔，怕很难再见面！"吕大临也很伤感，他对杨时说："我来的时间短，我们几个学生中，先生是很器重你的，我每每从和你的讨论中，也增添了不少知识。这一走真不知何时才相见！不过以你的学识和对先生天理的理解，是会把先生之道向南方传播开来的。"杨时说："要不是家里有事催我南归，我是不愿离开先生的，先生之学博大精深，我不过是初入门户而已。说不定我还会回来的。"

第二天上午，在程颢家里，程颢特地把谢良佐、游酢、吕大临叫来给杨时送行。程颢今天看上去既有些伤感，可又有些兴奋，他坐在书房临窗的桌旁，见窗外的一株梨树上挂着几个金黄的秋梨，便吩咐刘立之把梨摘了，亲自给杨时递了过去说："今日杨君南归，吾无以为赠，唯赠此梨尔。"杨时赶紧上前把梨接过，向先生一拜说："学生在此学到了先生理学的精髓，当受用终生。这次将载道南归，当不负先生教诲，在南方传播开来。"程颢以欣慰的口吻说："在杨君来之前，我的弟子们多是北方人，你和游酢来了之后，南方也有了弟子。你说你懂得了理的精髓，说说看。"说罢，他便以欣赏的目光看着杨时。杨时望了一眼程颢，思索着说："先生说的理即心，心即理，我的理解是天下只是一理。只是一个自然之理。有物必有则，物即是形色，即是天性。不循天理之正者，非圣贤之道也。"程颢听着听着，脸上显露出满意的神色。他连声说："杨君最会得容易，杨君最会得容易！"游酢说："杨君回去可以开学馆讲学了！"程颢见时候不早了，便把杨时送出门外。杨时依依不舍地向程颢拜别，上路往南走了。程颢望着他的背影，想到杨时回去后将会开馆讲学，便对身边的学生说："吾道南矣！"

送走了杨时，谢良佐提议到村外走一走。程颢见秋天的太阳暖洋洋地照在村外的麦田上，今天是个难得的好天气，便说："行啊，咱们到村外去走一走。"谢良佐不放过难得的向先生求教的机会。他走近先生身边说："先生，刚才你让杨时吃梨子的时候，我由梨子想到桃仁和杏仁。桃仁和杏仁今冬种于地下，明春即可长出幼苗，长出一片生意。这种现象是不是先生说的以仁为生？桃杏之核有生意，故仁者为生，活者为仁，死者为不仁。今人身体麻痹，不知痛痒，谓之不仁。"程颢边走边静静地听着，见谢良佐见解如此有新意，便对吕大临说："刚才我说杨君最会得容易，谢良佐却如一颗石子投入水中，看得深远。仁最难名，我曾说以仁为生，自然物中能带来生意、生机的为仁，对人有怜悯之心的为仁，反之，对人的痛苦漠不关心的为不仁。我记得小时候，有一年冬天，一个要饭的走近家门口，母亲端出一碗饭递给他，那人脸上露出感激的笑容。我体会这种怜悯之心就是仁爱之心。仁者，以天地万物为一体，博施众济，乃圣之功用，故曰：己欲立而立人，己欲达而达人，能近取譬，可谓仁之方也已。"谢良佐见自己的问题引出先生的这番议论，他对吕大临说："吕兄从关中来，不知张载先生对仁有何议论？"吕大临说："张先生的仁的论述主要体现在《西铭》中，他是这样说的：'民吾同胞，物吾与也。凡天下疲癃残疾、茕独鳏寡，皆吾兄弟之颠连而无告者也。违曰悖德，害仁曰贼。'"程颢边走边思索，自叹道："表叔的《西铭》，我和弟弟是反复阅读的，我常想，能写出这样的文字，只是须得子厚有这样的笔力，他人无缘做得。孟子之后，未有人及此。得此文字，省多少言语。仁孝之理皆备于此，如果哪一刻做不到，便是不仁不孝也。"谢良佐问身边的游酢读没读过《西铭》，游酢摇了摇头说没读过，程颢说："你们可向吕君问教，他刚才背的不是原文，原文他恐怕早就能背下来了。"吕大临说："回去我抄与你们。"

这天下午，程颐来到了书院。他见谢良佐和游酢正在抄写张载的《西铭》，便叹了口气说："民吾同胞，物吾与也。表叔是何等仁人慈悲之人！可天不假寿！今日读先生之文，却不见先生之人，可叹！可叹！"吕大临见程颐如此伤感，心想可见先生与张载感情不同一般，他对程颐说："张先生平时也多次讲到先生对理的见解，可否也给讲讲仁？"程颐说："我听说昨日为兄已为各位讲了《西铭》，解了仁，今日我为各位讲讲我二十多岁时写的《养鱼记》吧！"这时谢良佐和游酢已抄好了《西铭》，也专注听了起来。程颐回忆着说："我今年已四十七岁，那是二十多年前的事，当时我二十二岁。"说着，他从讲堂上的一卷书中取出一页纸，念了起来：

"书斋之前有石盆池。家人买鱼子食猫，见其煦沫也，不忍，因择其可生者，得百余，养其中，大者如指，细者如箸。支颐而观之者竟日。始舍之，洋洋然，鱼之得其所也；终观之，戚戚焉，吾之感于中也。

"吾读古圣人书，观古圣人之政禁，数罟不得入洿池，鱼尾不盈尺不中杀，市不得鬻，人不得食。圣人之仁，养物而不伤也如是。物获如是，则吾人之乐其生，遂其性，宜何如哉？思是鱼之于是时，宁有是困耶？推是鱼，孰不可见耶？

"鱼乎！鱼乎！细钩密网，吾不得禁之于彼；炮燔咀嚼，吾得免尔于此。吾知江海之大，足使尔遂其性，思置汝于彼，而未得其路，徒能以斗斛之水，生汝之命。生汝诚吾心。汝得生已多，万类天地中，吾心将奈何？鱼乎！鱼乎！感吾心之戚戚者，岂止鱼而已乎？因作《养鱼记》。"

程颐念完了，吕大临也差不多记了下来，他见先生望着窗外树上一只在寒风中冻得发抖的小鸟在发愣，眼中是怜悯的神情，心想，先生真是圣人之仁啊！养物而不伤，可能由寒风中的小鸟又想到万类天地中的众多生灵的命运，包括众多乡民的命运。谢良佐见吕大临在沉思，小声对游酢说："先生这篇《养鱼记》，就是先生对仁的最好的注解，先生的仁爱之心真是天地可鉴啊！"游酢由衷地点了点头。程颐好像从往事的回忆中回到了现实中来，他对学生们说："养物不伤，是圣人之仁，也是我一直追求的仁爱之心。这篇小文是我今年春上在整理书稿时发现的，读后感到尚有意思，便写了跋。今日读与诸君。个中意思，可细细体会。"谢良佐想起了《论语》中有仁者静寿的话，便问先生该如何理解？程颐没有正面回答，只是说："我读到了东坡先生的《书上清宫碑》，念给你们听听，自己去体会。'道家者流，本于黄帝、老子。其道以清静无为为宗，以虚明应物为用，以慈俭不争为行，合于《周易》何思何虑、《论语》仁者静寿之说，如是而已。'"他连续诵读了两遍，见谢良佐和吕大临记下了，便回家了。

程颐回到家里，天已黑了，程颢在焦急地等他。程颢见到弟弟回来了，便说："你回来得正好，这一段书院我是顾不上了，你多去讲讲学。"程颐问县上出了何事。程颢说："前一段司农来了一趟，回去后向朝廷上奏要扶沟的输役钱也征到四等户。

今天下午来了朝旨，要限期执行，我正为此事发愁。扶沟这地方是贫瘠之地，由于地处京畿，宋兴以来皇上才只让征到三等户，四等户本是贫户，哪来的钱上缴朝廷？"程珦说："宋兴以来朝廷把乡民分为五等，一至三等户为富户。四等以下为贫户，富户正是不愿服苦役才交输役钱，贫户正是缴不起钱才出苦力。这个司农奏得不当。"程颢说："我正考虑向神宗上奏，驳回司农的谏言。"

几天后，宋神宗收到了程颢的上奏。他见程颢在上奏里说："扶沟为京畿之地，地薄民贫。今年皇上免了地税，无不称颂。近日司农将输役钱征至四等户。臣以为不可。宋兴以来，为体现对京畿之地的皇恩，输役钱一直只征到三等户，四等户无钱可出劳工。如征到四等户以下，这些户是出不起钱的。出不起钱必以抗旨论，这就激化了贫户与朝廷的对立。"神宗见程颢分析得透彻，便传来司农，说："扶沟地处京畿，又地瘠人贫，不宜将输役钱征到四等户。仍照旧例吧。"司农见皇上改变了自己的建议，料想是程颢上奏的结果，心存不满，正欲言，神宗对司农说："这个程颢你不认识，几年前在宫中当过监察御史里行，是个不可多得的人才。这次官制改革，他也该升职了。"司农见皇上如此看重程颢，便也不好再说什么，只好给扶沟下了停止执行输役钱征至四等户的朝旨。

来年春节后的一天，程颢接到了朝廷的任命：任奉仪郎。奉仪郎是宋代的一种荣誉官职，并无实职。程颢仍在扶沟任县令。这一天上午，程颢同县里的老主簿到乡下去查看麦苗长势。他们来到城外的一块麦田里，见由于久旱无雨，麦苗有一半已焦黄，再看路边的柳树也无精打采的，全没有春的气息。有一个姓张的老农在地头扶着锄发愁。程颢走过去问："老乡，这天要是老不下雨，得想办法保住麦苗啊！"张老汉见程颢怪和蔼，便说："天不下雨，人有啥法？"程颢说："我看咱这里是沙地，北面又临河不远，挖井用水车灌溉怎样？"张老汉一听，心想："是啊，咱这里是沙土地，挖不了几尺就能够见水，用水车把水提上来，就可以浇地，这办法中！"他问主簿："这位先生是谁？"主簿说："他就是咱县的程县令。"张老汉感激地说："县令来给俺出的办法准行。这样，我今天就开始挖井，我看后天就能出水。到时程县令来看俺用水灌田。"程颢笑着说："好，到时我一定来！"

第三天上午，程颢同主簿一行人来到了打井的地头。张老汉正在水车上用脚踩水，两个年轻人也在帮着踩，清清的流水哗哗地流进干旱的麦地，张老汉见程颢来了，便下了水车，满脸堆笑地说："还是程县令说得准，这里地势低，又离河不远，我和两个儿子干了不到两天，就出水了，你看那浇过的麦苗，又返青了。"程颢放眼望去，见在阳光的照耀下，返青的麦苗青翠翠的，他也感到高兴，对随同来的几位村长说："各位回去后也在本村赶快打井，这是保苗的唯一办法，不要再等老天下雨了，再等怕麦苗就要干了。"主簿说："程县令常说，一命之士，只要心存爱意，与人总有所济。这挖井灌田的办法就是程县令想出来的，你们回去后要抓紧组织，可别再耽误时间了！"程颢对各位抱了抱拳说："一年之计在于春，今春的旱情是再也不能等了，挖一口井也就是三两天，各村都来挖井，今年的收成还有希望，拜托了。"各个村长也向程颢拜了拜，表示回去就开始挖井，便离开了。

一个多月后的一天，皇宫中姓陈的司农同姓刘的括地官来到了扶沟县。当他们的轿一进入扶沟县境，便感到与在别的地方的不同，放眼望去，绿油油的麦田一望无际，微风吹来，起伏的麦田漾起阵阵波浪，嗅一口，是麦子特有的沁人心脾的清香。布谷鸟送来"麦田咋过，豌豆面馍"的叫声。陈司农对刘括地官说："一路走来，这扶沟就是不同，别的县麦子几乎干枯，唯有这个县麦田绿油油的，难道他们这里受到老天的特别照顾？"刘括地官也感到奇怪，他也听说今年扶沟这一带春旱严重，可眼下的景象却又不像。他对司农说："前面有一老农，咱去问问。"二人下了轿来到正在地头树下乘凉的张老汉跟前，司农问："老乡，咱这里今年旱不旱？"张老汉见二人身着官服，也不敢怠慢，忙说："今年旱得很啊，我家的地开始几乎都旱焦了。后来程县令来叫俺挖井灌田，这麦田才又长绿了。你们是从皇宫里来的吧，可要给程县令说说好话，俺县今年能有好收成，全靠他叫挖井灌田。要是光等老天下雨，今年只有喝西北风啦！"司农见老农说得诚恳，便对括地官说："看来这程县令是很体恤下民，这让乡民挖井灌田，过去不仅扶沟没有过，其他县也没有过。"他望了望不远处流动的河水，对括地官说："你问问老乡，他这地可有地券？"括地官经这一提醒，想起自己的任务，便说："老乡，我问一下，你这地是租种别人的，还是自己的，是自己的有无地券啊？"张老汉一听这话，显得警觉起来，他说："这地是俺自家的，宋兴以前，这一片都是荒地，加上离河又近，别人没有种，是俺爹领着俺开荒开出来的，宋兴以后，还给俺发了地券。我听说前一段时间，朝廷派人来丈地，说俺县有一千多公顷地，应归朝廷所有，俺有朝廷发的地券也不管用。为这事，俺村还有人到县上找到朝廷来的官员讲理，程县令也替俺说话。不知你们是不是来说这事的？"括地官说："我们正是受皇上旨意来解决这事的。考虑到你们有地券的情况，决定不再收回土地，由征税改为地租，也不再加赋，你看如何？"司农见老农在思考，又说："这田只要交了地租，就如同私田一样，可以买卖。"张老汉想了想说："为这事俺也跑怕了，胳膊哪能拧过大腿，只要地还是俺的，改税作租也中。"括地官见老乡是这个态度，便想事情好办，于是向老乡告别，坐上轿向扶沟县衙走去。

这天下午，县衙内，程颢正在看书。主簿把司农和括地官引了进来。程颢放下书，招呼二人坐下，吩咐倒上茶，递上扇子说："二位辛苦了，这天刚进入五月就热得不得了！二位有何公干，到这里来？"司农打量着程颢，见他有四十七八的年纪，温文尔雅，俨然一个儒者。他喝了一口茶说："我来主要是看看夏粮长势，刘括地官是来公布改税作租的。这一路走来，我们都看到了，就数县令治下的扶沟夏粮长势好，程县令是治政有方，乡民是一片称颂啊！"括地官也点了点头，然后说："前段奉朝廷之命，派人来丈量土地，有一千多公顷地应归朝廷所有，可由于乡民持有地券，追呼不已，无奈之下，我们决定采取改税作租的办法，这次就是来颁布这项法令的。想必程县令会感到满意吧！"程颢思索着说："这地租是定数还是增数？"括地官说："租是逐年递增的。"程颢叹口气说："乡民只知眼下不加赋税，可不知今后增租夺田，无生存之地啊！"司农对程颢说："我们来时见到一个老乡，已向他说明了改税作租的办法，这人倒是接受，你作为朝廷命官，应执行朝廷的法令呀。再说，上次征输役钱已违了朝廷的旨意，这次再违，不怕皇上降罪吗！"程颢说："民为邦本，本固邦宁。假若几年后这里的乡民没有了土地，辗转于沟壑之间，造成社会不稳，岂非是对皇上的最大不敬！"司农不得不佩服程颢深谋远虑。他示意括地官不再坚持。括地官也为程颢的爱民之心所感动，动情地说："公为仁厚之人，弟这次回去，宁受责，不违公。贵县仍照旧制，不将这一千多公顷土地收归朝廷，也不再改税作租，让乡民自种自吃，休养生息吧！"程颢连忙站起来说："我代扶沟父老乡亲给二位大人行礼了！"司农和括地官连忙拦住。第二天便往他县去了。

扶沟又到了连绵的秋雨季节。这一天黄昏，程颢站在县衙大堂前，望着哗哗落下的雨珠，十分焦急不安。他知道这里地处黄河故道，遍地沙丘，既怕旱又怕涝。今春虽说遭遇大旱，但由于打了水井，麦季还算收成不错，可入秋以来，一连几天秋雨下个不停，低洼地早已一片汪洋，眼看就要吃到嘴的玉谷被水淹后，有的倒伏在地，有的玉谷发霉。几天前他已向司农上报了扶沟的水灾，请求朝廷发粮赈济。可听说由于邻县也纷纷请求发粮，司农大怒，要派员下来核查灾情。想到这里，他对站在身边也在望着越来越大的雨而发愁的老主簿说："有司农派员来核查的消息没有？"主簿说："我听人说，朝廷派的人已到了淮阳，这几天就要来咱这里了。"

第三天下午，雨渐渐住了，程颢同老主簿正在核对各保上报的断粮的户数。衙役进来说朝廷来的人到了。程颢正要出去迎接，见司农已下了轿，后面跟了一乘小轿。程颢同老主簿对视了一下，感到来者不善，他看司农是满脸乌云，小轿上下来的随从也是阴沉着脸。进到大堂上，司农气呼呼地对程颢说："原来上报缺粮的县这次一核实，说他们用陈粮就可救济灾民，秋粮马上就要下来了，不需要贷粮救济了。你们这里还需要否？"程颢说："司农大人，你一路都看到了，这几日一直是大雨滂沱，秋庄稼都被淹在水里，他县何以说秋粮还有收成！今春大旱，独我县因打井而有所收成外，他县几乎绝收，何来陈粮可以救民？我县有饥民两千户，需粮六千石。不贷这些粮，则饥民将有饿死之虞。"司农正色说："他县就不怕饥民饿死？难道你就不怕皇上罢黜？"程颢也显得激动起来，说："今年正值朝廷考绩之年，他县何以不怕灾民饿死，就是为了一己升迁计，本官不忍置百姓生死于不顾，而言不需贷粮。否则，虽得升职，于心何忍！"司农无奈，只好准予贷粮六千石。

放粮这一天上午，程颢同主簿到了王庄村。当他们出现在放粮现场的时候，第一家挖井的张老汉一眼就认出了程颢，他对乡民们说："乡亲们，程大人来了，咱今天能借到粮食，全是程大人向朝里来的大官求情求来的，我的一个亲戚在邻县，前几天我去他家，说起放粮的事，他说俺县是没指望了，我问一样受灾，为啥朝廷不放粮。他说刚开始说放粮，后来朝廷派人来调查，县太爷怕报上去影响升官，便说不需要粮食，这不把俺坑死！咱们能拿到这救命粮，全靠程大人啊！"说着，张老汉便跪了下来，他一跪，在场的乡民便都跪了下来。望着下跪的乡民，程颢心头一热，忙向前一步，把张老汉拉了起来，说："乡民们都快起来，我在这里当政就要替老百姓做主，乡民明明受了灾，没吃的，我能忍心不报灾，不要粮吗？"他问张老汉领了多少粮。张老汉指了指身边的布袋说有百十斤吧。程颢知道他家人口多，可看了看其他领到粮的也都是差不多，便对主簿说："每户人口不一，放粮一样，人口多的可吃不到明年麦天呀！"主簿无奈说："司农是按户放的粮，咱不好更改呀，否则追究起来不好办。"程颢决然说："救济应以人口多少发放粮食，平均放粮人口多者不够用，起不到救饥的作用。一命之士，就要对乡民生命负责，否则，要吾何用？传令下去，其他地方都要以人口多寡发放口粮。司农追究下来，我来承担。"主簿说："行。"

这一日上午，程颢正在堂上望着"视民如伤"的匾额出神，人报说司农来访。程颢心头一惊，想必是问罪来了，随即镇定下来。他叫来主簿，正在商量如何应对，司农一行三人便气冲冲地走了进来，刚坐定，司农就质问程颢为何发粮各户数量不一，是否内中有私情，不容程颢申辩，便喝令县衙役杖打主簿。主簿是一瘦骨嶙峋的老头，哪经住杖打，可怜巴巴地望着程颢。程颢急忙拦住衙役的棍杖，对司农说："济饥当以户之人口众寡来定多少，不能以户来定多少，况且这是本县下的命令，要杖责就打本县吧！"说罢，便要下跪。司农见状，尽管对程颢还是有气，忙拦住说："算了吧，吾何敢杖责朝廷命官！"说罢，便气呼呼地走了。主簿见司农走了，才从地上起来，惊魂未定说："多亏大人拦了责任，要不我这老骨头可经不住那棍棒打。"程颢扶住他说："也真让老先生受惊了，快下去歇息吧。"程颢与主簿正要退堂，一衙役送来一封公函，程颢拆开见是内侍都知王中正要来巡阅地方保甲情况。主簿一听便焦急地对程颢说："这个王中正可不是省油的灯，仗着是内侍臣，得到皇上宠爱，所到之处耀武扬威，遇到稍不顺眼的县官不是骂就是打，因而见他的县官都是站站兢兢，百般逢迎，我听说他前几天在邻县巡阅，为了接待他，专门到京城购置蚊帐，大摆宴席。所经过的县，一个比一个奢华。大人，王中正来咱县，你看如何安排？他可轻视不得啊！"程颢皱着眉头，显得十分厌恶地说："吾邑本贫，又刚遭水灾，安能效法他邑？他来了，咱有旧青帐可用之。向民索取，法所禁也。咱总不能为了取悦于他，而向乡民摊派银两吧！"主簿规劝着说："大人说得极是，可大人也得为自己想一想，你刚刚得罪了司农，若再得罪了王中正，这马上就要考绩，不就要影响皇上对你的任用吗？"程颢笑了笑说："我已厌于政事，明年一任满，我还回洛阳讲学去。"主簿一脸无奈，苦笑着走了。

这天下午，酒足饭饱之后，王中正在前呼后拥中出了淮阳县城门，向扶沟县进发。坐在轿中的王中正远远地望见扶沟县城门时，没有见到出城迎接的官员，感到很不是滋味。他下了轿，沉着脸问身边的人："这扶沟知县是不知道本官要来，还是有意怠慢？谁在这里任职？"一侍从回答说："老爷，公函早就下达了，在这里任职的是做过监察御史的程颢。"听了这话，王中正摆了摆手说："算了，我们不进县城了，这程颢是当过监察御史的，闹不好他要向皇上奏一本，我们可吃不消！走吧，咱们到别的县去。"侍从便吩咐掉转马头绕过县城向西走了。

一年后的十一月，程颢离开了任职三个年头的扶沟县。这天早上，程颢早早就出了县城门，他怕惊动乡民赶来送行。可谁知他一出县城门，快走出县界的时候，忽听后面传来一片喊叫声，接着传来低低的哭泣声。程颢扭头一看，见有六七百乡民正向自己赶来。他见状，便下了轿，很快就被赶到的乡民围了起来。他认出了走在前头的张老汉，张老汉向他一作揖，拦住他乘的轿说："程大人，你要走也不言一声，俺是看见你的轿出了城，才赶来送行的。俺大伙几天前听说你要离开，几百人跑到知府那里，求他留下你，想不到你还是走了！你来了不到三年，可给俺办了多少事啊！远的不说，去年春上大旱，要不是你要俺打井灌田，俺一家非饿死不可。去年秋天涝，你又给俺放粮。今春你又来到俺的地里，给俺筹划着修渠排水，让俺旱时用井灌田，涝时用水渠排水。你对俺的事，真是放在心里。"程颢眼里也湿润起来，他望着跪在地上的乡民，心里一阵激动，他向大伙鞠了一躬，说："乡民们，大伙快起来，从前年冬天来到这里，到今天，也算有三个年头，我做得还很不够，比如说这地里排水，我虽有计划，但尚未来得及实行就要走了，我希望新来的县令会把计划进行下去。这样，咱扶沟旱有井，涝有渠，就不愁口粮了。"他说到这里，对张老汉笑着说："井是你带头打的，渠你也带个头，让大伙跟你学，咋样？"张老汉说："只要你不走，我就先把渠修起来！"程颢笑着说："我离任是朝廷的命令。再说我回去就近到盐局任职，还是为了照顾年老的父亲生活。"

这时一个老妇人跑了过来，只见她一把推开众人，跪在地上哭着说："程大人，你都是为了俺那不争气的娃子才被罢职的啊！俺对不起你呀！"程颢拉起了老妇人，劝说道："这事不怨你的儿子，本来他犯偷盗之罪捉拿到县，又私自逃跑，是应严加惩治的，可我看他年龄尚小，他又在我面前保证说永不再犯，我就把他交给你带回去了。是有人在皇上面前告我状，说我袒护盗贼，皇上才把我罢免的。我不后悔，如果你的儿子能改邪归正，我也就心安了。"张老汉望了望老妇人，对程颢说："大人，我说你还是有些冤枉，她的儿子本来就不是咱县的，到咱县偷东西，捉住就不能轻饶！你这一放，连官也丢了，我们前几天有千把人到知府去乞留也不行，你说冤不冤？"有人小声说："听说他就好管事，别的县审不了的案子，他好去审，一审就破了。"程颢见时候不早了，便向众人作了揖，上轿走了。

第十二章 关中讲学

　　程颢回到洛阳家中，方知弟弟早已动身往陕西关中讲学去了。

　　程颐是受陕西吕大临的邀请前往关中的。关中，是潼关以西，宝鸡以东的广大地区，号称八百里秦川。秋天来到了关中平原，展现在程颐视野里的是一派萧瑟景象。呼呼的西北风一阵紧似一阵地刮着，路旁稀疏的杨树早落光了叶子。程颐同六七名陕西关中学者坐一辆马车边走边谈。黄昏时分，涉过了一条清浅的河流，便来到了一个仅有几户人家的村庄。程颐下了马车，活动了一下腿，对帮助从马车上卸行李的两个年轻学者说："到底是年龄不饶人，我这年过半百的人，坐了一天马车，感到浑身酸疼，不像你们年轻人，仍然活蹦乱跳的。"一个学者忙过来，扶着程颐在一石头上休息，一个学者从马车上将行李取下来递与程颐。程颐接过行李袋说："这里面是几本书和几件换洗的衣裳。"他瞅了瞅马头说："我挂在上面的一千钱咋不见了？早上上路时，我让马夫挂上去的。"几个学者和马夫急忙在马车附近找了起来。程颐倒并不显得着急，他看没有找到，便自言自语地说："我记得是早上出发时挂在马脖子上的呀？"马夫是个五十多岁的老者，半个月来，从洛阳到陕西一路走来，同程颐也熟了，他对程颐说："叫我看，不是早晨你装东西时弄丢了，就是下午咱们过河时掉到河里了。"程颐叹了口气说："这丢了一千钱，怪可惜的！"那两个学者也说怪可惜的！这时有一个学者却说："千钱是小数，不值得可惜！"又一个学者接过话说："叫我看，水中和囊中，可以同样对待。先生的钱丢了，可别人拾到了，人亡人得，有何可叹？"程颐想想这个学者的话，感到很有道理。他感到陕西有高识的学者，便说："这位学者说得对，我的钱丢了，要是别人捡到了，还能买东西，这钱算没丢。但我怕它掉到水里，别人也不能用，算是真丢了！"几个学者听了程颐的话，也都为这钱真掉到河里而可惜起来，程颐反倒劝导说："诸位不必可惜，说不准这钱真是掉到路上，被人捡走了，人亡人得，有何可叹呢？"

　　两天后的黄昏时分，程颐一行来到了雍城，吕大临早就安排了程颐的住处。吃过饭后，吕大临问程颐一路有何见闻。程颐讲了路上丢失一千钱的经过及几个学者的看法后，感叹地说："人之器识固不同。自上圣至下愚，不知有几等。我这次同行者不过几个人罢了，可这几人对丢钱的看法就不一样。"吕大临听了几个人的看法，低头想了一会儿，问程颐："先生看哪个人的看法最善？"程颐说："最后那个学者说得最好：人亡人得，有何可叹？"吕大临听了，点点头说："这句话说得确乎高明！然而我观先生之言，则见其有体而无用也。"程颐摆摆手说："过奖了，过奖了！"随后，他便问起了张载逝世后关中学者的情况。吕大临说："张先生逝世之后，有的出关到中原投入先生门下，更多的只能在关中自学，没有了张先生，我们像迷途的羔羊，看不清研究的方向，不得已，众学者推举我邀请先生来关中讲学，先生不惧路途遥远，奔走五六百里，来到关中。这几日，我们盼先生真如大旱之盼甘霖。"程颐听不惯这类溢美之词，可初来乍到，也不便说什么，只是摆摆手说："张载先生是我的表叔，在学问上我也是很敬重他的。他在关中形成了关学，我们弟兄在洛阳形成了洛学，虽然在某些方面我们有不同的看法，但这并不妨碍我们之间的交流。我这次来一是缘于关中学者们的盛情之邀，再者是借机宣传洛学，促成洛学与关学的交流融合。"吕大临见程颐说得诚恳，心头洋溢起一丝暖意，他对程颐说："我们这些关学弟子，也早就想到洛阳去学习洛学。先生的起居食宿都安排好了，你只管讲学好了。"程颐笑着说："不瞒你说，父亲致仕以后，家中的开销全靠兄长的俸禄，这次入关父亲拿出了一千钱给我，也是硬挤出来的，我却把它弄丢了！"吕大临笑着说："钱丢在我们关中的地面上，人亡人得，我们来管你的生活好了！"说得程颐也笑了。

　　第二天一大早，吕大临就来接程颐过去吃早饭。吃过饭后，他们顶着刚升起的暖暖的秋阳，往村头古庙中走去。吕大临边走边对程颐说："这座古庙张载先生在世时也是时常在里面讲学的。"程颐见古庙有三间房大小，庙前有两株苍柏，从树身上看，很有些年龄了。他走了进去，见屋里坐了十几名身穿儒服的学者，大家见他进来，便起来向他鞠躬，他还了礼，见对面的墙上有张载的大幅画像，便对着像鞠了一躬，然后在讲堂上坐了下来，望了一眼台下的学者，说今天我坐在这里，想起了张载先生的一句名言，也是对我年轻时影响深远的一句话：'为天地立心，为生民立命，为往圣继绝学，为万世开太平。'洛学与关学在对自然现象的理解上，可能有不同的方面，可在'为生民立命，为万世开太平'上，我们却是一致的。"他笑着说："张先生对气的理解和我不同，他认为物亡气不散，我认为凡物之散，其气遂尽，无复归本原之理。"他见学者们眼中似有不解之意，便对吕大临说："诸位是不是对我的话有异议？可以提来。"吕大临说："张先生在世时说物散气不散，先生今说物散气散，请举例证之。"程颐显得庄重起来，他一字一顿地说："凡物之散，其气遂尽，无复归本原之理。何以见得？天地如洪炉，虽生物销铄亦尽，况既散之气，岂有复在？天地造化又焉用此既散之气？其造化者，自是生气。"吕大临似有不解，他小声问道："先生，海水涨潮与退潮是否与气有关？"程颐思虑了片刻，说："海水涨潮，日出则水干涸，等到潮退，其干涸的水没有了；月出则潮水生，非是已涸之水变为潮水。此是气之终始。开合便是易，一开一合谓之易。"吕大临停下记录，思考着，感到程先生与张先生在对气的理解上是有不同，张先生常说，物散气不散，记得他举下雨为例，说雨落地下，升而为气，气又变而为雨。不过他对程先生说的"开合便是易，一开一合谓之易"很感兴趣，心想，张先生还未这样讲过。

程颐望着窗外暖暖的秋阳，继续说："气之所由生，不与外气相杂，但以外气涵养而已。"他把学生们引到庙外，仰望蓝色的天空，缓缓地说："人与气，就如鱼与水，鱼之性命非是水为之，但必以水涵养，鱼乃得生耳。人居天地气中，与鱼在水无异。至于饮食之养，皆是外气涵养之道。人出入的气息，只不过是口一开一合形成的罢了。所出之息，非所入之气，但真元自能生气。所入之气，正当开时，随之而入，非假此气以助真元也。"学者们静静地立在程颐的身边，沐浴在暖暖的秋阳下，听着程先生对气的讲述。有一个学者对身边的吕大临说："在大气中，我们这些人都成了鱼了！"吕大临呼了一口气，又吐出一口气说："我呼出的气原来不是吸人的气，还是程先生体会得细致！"

散学后，吕大临同几个学者与程先生一起返回住处。他们沿着一条小路边走边谈。路两边是稀疏的谷子。已是初秋，谷子叶子黄了，几株粗大的谷穗显得沉甸甸的。程颐望着漫山遍野金黄的谷子在一阵紧似一阵的秋风中摇摆，继续着关于气的话题。他说："天有五气，故凡生物，莫不具有五性。比如草木，其黄者得土之性多，其白者得金之性多。像这谷子，呈黄色，得土性多。"他又若有所思地指着近旁地里低矮的谷子说："地亦有地气，刚开垦的地地气足，庄稼就长得茂盛，种过几遍后，地气不足了，庄稼就不行了。就像这块地的庄稼一样，人也是如此，年轻时血气方刚，正是成就事业的好时光，到了老年，体弱气衰，气息奄奄，就朝不保夕了。"吕大临由地气想到了阴阳，他问："先生，天地阴阳与气是何关系？"程颐说："阴阳，气也。气是形而下者，道是形而上者。天地之间皆有对，有阴则有阳，有善则有恶。君子小人之气常停，不可都生君子。但六分君子则治，六分小人则乱。七分君子则大治，七分小人则大乱。如是，则尧舜之世，不能无小人。"吕大临见程先生将话题由气引申到社会治理上，他暗想：先生很有意思，阴阳是气，生人也是气，并且君子小人之气常停，一半对一半，不会都生君子，也不会都生小人。想到这里，他向程颐投去敬佩的目光，感叹先生见解的独到。

几天后的一个晚上，吕大临来看程颐。当他推开先生虚掩的房门，见程颐正端坐在书桌旁看书，一盏小油灯冒着袅袅油烟，使屋里有了棉籽油的味道。吕大临见先生看得专注，也不便打扰，便立在门口，程颐扭头看见了他，忙招呼他过来坐下。吕大临问先生看的何书。程颐说："是《春秋》"。吕大临正想请教书从何看起，便说："古代典籍浩繁，有《论语》《孟子》《春秋》《中庸》，以先生之见，应从何入门，方事半功倍？"程颐想了想说："以我的经验，可先读《论语》《孟子》，再读《易经》，然后看《春秋》。何以如此？《春秋》一句是一事，是非便见于此，但《易经》论其义，《春秋》因其行事，是非较著。所以宜先看《易经》，识得义理，方可看《春秋》。《春秋》以何为准？无如《中庸》。欲知《中庸》，无如权，须是时而为中。何为权？权之为言，秤锤之义也。何物为权？义也。"吕大临见程先生娓娓道来，讲得透彻，确为至理，便又问道："这几日我一直在思考知与行的问题，依先生来看，是知为本，还是行为本？"程颐见油灯光线暗了下来，便一边给油灯添油，一边说："我的体会是，知至则当遂至之，知终则当终之，须以知为本。知之深，则行之必至，无有知之而不能行者。知而不能行，只是知得浅。饥而不食乌喙，人不蹈水火，只是知。人为不善，只为不知。知至而至之，知几之事，故可与几；知终而终之，故可与存义。知至是致知，博学，明辨，审问，慎思，皆致知知至之事，笃行便是终之。"吕大临望着明亮的灯光，心中也显得敞亮起来。他说："看来是知为本，只要懂得了道理，就会行到底。"程颐点了头。然后又若有所思地说："我听说朝廷派当朝大臣沈括来到陕西做鄜延路的主帅，又派文彦博到河东路任转运使，任河东主帅。当前辽国对我大宋是虎视眈眈，我怕文公刚来不明形势，盲目乐观放松戒备，向他上书一封，你过目一下，看有无不妥之处。"说罢，便从书桌上取出写好的书信，递与吕大临。吕大临急忙接了过来，就着灯光读了起来：

"颐荷德既深，思报宜异，辄以狂言，勉闻台听。公到任之初，必多询访。众人对公之语，颐能料之。当曰：'虏既再寇河外，必不复来，公可高枕矣。'是常言也。未知奇胜之道。兵法云：攻必取者，攻其不守也。谓其不来，乃其所以来也。又曰：'彼兴大众，岂徒然哉？河边外空矣，复来何利？'是大不然。诚使彼得出不意，破荡数垒，足以劳弊一道，为利大矣，何必负载而归，然后为利也。窃恐谋士悦于宽忧，计司幸于缓责，众论既一，公虽未信，而上下之心已懈矣。是可虑也。

"宁捐力而不用，毋惜功而致悔。莫若使彼闻严备而绝意，则疆场安矣。岂独使敌人知有备而不来，当使内地之人信可恃而愿往，则一二年间，便可致完实，长久之策也。自古乘塞御敌，必用骁猛；招徕抚养，多在儒将。今日之事则异矣，愿公念之。"

吕大临阅毕，除了对程先生的御敌之策感到佩服外，又对程先生多了一层了解，他向程先生望去，见先生在屋内来回踱步，脸上透着刚毅，他想，看不出先生一儒者却胸中藏有御兵之策。他见先生转过身来到他的身边，便立起来说："先生之计实为戍边御敌的长远之计，'宁捐力而不用，毋惜功而致悔'，实为长治久安之忠告。要不是先生说是你写给河东帅的书信，别人会以为是哪一个将领写的，难道先生专门研读过兵法？"程颐微微一笑说："兵法我倒没有刻意研读，但也涉猎过一些兵书。我十八岁时有一次听舅舅说他要带兵平息蛮族入侵，还写下了一首南征诗。这次入关时，我在整理书本时意外地翻检到了当年写的诗，想到有可能到舅舅的坟上去看看，便把诗抄了带来。"他说罢便从桌上拿起一张纸，念了起来：

词华奔竞至道离，茫茫学者争驱驰。

先生独奋孟轲舌，扶持圣教增光辉。

志期周礼制区夏，人称孔子生关西。

当途闻声交荐牍，苍生无福徒尔为。

道大不为当世用，着书将期来者知。

今朝有客关内至，闻从大幕征南垂。

南垂凶寇陷州郡，久张螳臂抗天威。

圣皇赫怒捷书涣，虎侯秉钺驱熊罴。

宏才未得天下宰，良谋且作军中师。

蠹儿小蛮何足殄，庶几聊吐胸中奇！

随着程颐的慷慨激昂的低吟，吕大临仿佛看到当年还是十八岁青年的程颐羡慕舅舅南征的神情，他从"志期周礼制区夏，人称孔子生关西""宏才未得天下宰，良谋且作军中师"这两句诗中看到先生对舅舅的评价十分了得。同时他又想，这又何尝不是先生对自己的期许呢？程颐也沉浸在对舅舅的怀念中，他自言自语说："在我少年的成长中，对我影响大的一是母亲，再就是舅舅。舅舅对儒学的研究，在关中是独树一帜的。我小时候常听他讲孔孟之道，深受教益。"吕大临说："我也听张载先生讲过侯先生，说他也很尊崇他，可惜天不假年，早早就过世了！"程颐说："我讲学告一段落后，准备到舅舅的坟上去祭奠，这也是来时父亲特别交代的。"吕大临说："过几天就是十月一日，俺这里叫鬼节，到时我陪你去。他的坟离雍城也不太远。"程颐凝望着窗外的一地清亮的月光，感伤地说："是该去看看舅舅了，不知舅舅的坟头上有了几许荒草？"吕大临见引起了先生的哀伤之情，便说时候不早，就告辞了。

第十三章 洛阳交游

四月的一天上午，寓居在颍昌的程颢陪父亲在颍昌府外的湖边散步。随着春天的来临，父亲的脸色也显得红润了。在这杨柳轻拂的湖边漫步，程颢见父亲气定神闲，步履沉稳，全然不像七十多岁的老人。他对父亲说："春天来了，以后多到这湖边走走，散散心。"程珦望着波光粼粼的湖面，不时有鱼儿跳起，对程颢说这里倒是一个饮酒赋诗的好地方。"他像突然想起什么，对程颢说："你弟弟去年秋天去陕西讲学，也快回来了，他走时不知咱们搬来颍昌呀。"程颢明白父亲是怕弟弟回来时找不到颍昌，便笑着对父亲说："我早就给他捎去了信，他只要回来就会直接到这里来的。"程珦这才放了心。他喃喃地说："他要回来，这几天也就该到家了。"这时只见一乘小轿抬了过来，轿停稳当，颍昌知府韩维从轿里下来，他见程家父子都在，便先向程珦行了礼，然后望着春风轻拂的湖面，说："多美的春光啊！"程珦连忙还了礼，然后接过韩维的话说："这大好的春光，不能无诗呀！我听说当年你们弟兄三个与梅尧臣唱酬，先生诗才稍优，何时再来一次诗会，也为这西湖平添斯文之盛事？"韩维摆了摆手说："我们弟兄哪能与梅尧臣相比，不过是一时兴之所至，向梅先生学习作词罢了。至于说诗会，我倒十分赞成，可就是缺了正叔，过几天范淳夫也要来此，到时候咱们就来一次西湖宴饮，岂不乐乎！"程颢说："过几日为弟也该回来了，他对先生你可是敬仰有加呀！"韩维说："我可是盼他早日出关，你们父子来后，洛学的中心便移到了颍昌，可学生们感到美中不足的是少了一个先生。他要回来，咱这里就成了理学中心了。"程颢见韩公如此评价，便有些不安，说："我们到这里来多亏先生照顾。去年秋天我刚从扶沟回到洛阳，家里一大家人，没了俸禄，难以为继，是先生今春邀我们到这里来居住，父亲常常感到过意不去。"韩维说："也算咱有缘分，今春我来颍昌任职，听说先生家贫，便把你们邀来居住，咱们也好就近讨论问题呀。

再说，你们父子到来，也给颖昌平添了盛事，这一段时间，多少学者听说先生在颖昌，都远道而来。我这知府也感到脸上有光。过去说洛学中心在河洛，今春以来变成洛学中心在颖昌了。"程颢谦恭地说："我们弟兄两个只有我在这里，为弟尚在关中。倒是你们弟兄三个都在颖昌，确为颖昌一大斯文盛事啊！谁不知你们三人是诗文俱佳！"韩维微微一笑，望着碧波荡漾的湖面说："等正叔从关中返回，咱们选个良辰，在一起会会诗如何？"程颢说："正好可以切磋切磋。"

几个月后的一日下午，程颢同弟程颐与从关中同来的吕大临和先前来向程颢求学的几个学生来到西湖边，韩维与韩绛、韩缜早等在这里。韩维见程家兄弟来到，便从桌旁站起，说："今日春和景明，我在这西湖略备薄酒，咱们一边饮酒，一边酬诗。来，来，各位快入座。"他见程老先生没来，便问程颢："老先生何以没来，这可是他提议的呀！"程颢说父亲年龄大了，不胜酒力，就不来了。韩维有些遗憾地说："那咱们开始吧！"他先举起杯来，对程颐说："我介绍一下，这是我的兄长韩绛，这是为弟韩缜，这是景仁兄。来，咱们先为先生顺利从关中返回干杯！"众人把酒喝后，程颐对程颢说："哥，我先来表示一下如何？"待程颢含笑点头后，程颐举杯说："韩先生，我去年秋天到关中讲学不在家，家兄在信中说是你邀请家父来颖昌居住，真解决了我家的生计，这杯酒，代家父表示感谢了！"韩维拦住说："正叔这样说就有些见外了，我能请到程老先生是一种荣幸，现在你也回来了，洛学的中心真的移到颖昌了，我高兴得很呀！"说罢，便一饮而尽。程颢见范景仁看上去有六十多岁的样子，显得十分硬朗，他正微笑着注目自己的弟弟，便端起杯来对韩维说："我们的感激之情，为弟已表达，如今在这里能见到景仁兄，实为幸事，看来颖昌也是藏龙卧虎之地啊！当年我在监察御史任上，就景仰先生，一直无缘得见，今日得见，先敬先生一杯。"范景仁把酒喝后，说："在朝中我也听说神宗很赏识你，说你是真御史。不过我可不会像先生那样中允平和，我是一个疾恶如仇的人，看到王安石变法的弊端，就在朝堂上予以驳斥。皇上不采纳我的谏言，我就走人。我向神宗上书说：'臣言不行，无颜复立于朝，请致仕。'当时我才六十三岁。我在上书中还说，陛下有纳谏之资，大臣有拒谏之计；陛下有爱民之性，大臣有残民之术。虽曰乞身而去，未敢忘忧国之心。"程颢默默地听着，他知道范景仁所说的"拒谏、残民"是指王安石和他的变法，便对范景仁说："熙宁、元丰年间（1068~1085），士大夫论天下贤者，必曰君实、景仁，二先生的道德风范，足以师表当世，其议论可否，足以荣辱天下。可就是这样的贤者，朝廷不能用，岂不悲乎！"程颐见哥哥动了感情，便接过话说："今日咱们受韩公之邀，是来宴饮唱和的，朝政纷争，咱就不提了，来，我也敬范公一杯。"

范景仁饮了，然后问程颐知不知道君实的近况。程颐说返回洛阳时还到君实的洛南住处看望了先生，他正在编写《资治通鉴》。闲暇时常同吕公著诸公一起聚聚，倒也十分快意。韩维插话说："这样看来，我们这些反对变法的大臣都来到了一起，并形成了两个中心：一个是以君实、吕公著诸公为主的洛阳中心；一个就是我们这几位的颍昌中心。"程颐笑着说："我不算数的，我没在朝中任过职，不过一山野之人罢了！"韩维说："你跑不掉的，谁人不知程太公的好多上书都是你的手笔！"程颐说："诸位有何上书，如用得着我，还愿效命！"韩维边看着程颐边说："看来你还是脱不了干系！来，我敬一杯。"

这时一阵阴云飘过，忽然下起雨来。众人在水边的亭子内，看雨洒长天，心情十分畅快。一会儿，雨住了，雨后又出了彩虹，架在西湖的上空，显得十分壮观。韩维提议由程颢先出诗。程颢见推辞不过，便吟了一首《西湖》：

> 溟水桥边鸭子陂，楼台只在郡城西。
>
> 烟波乍见心先快，岛屿将寻路欲迷。
>
> 尽日无风横舴艋，有时经雨饮虹霓。
>
> 知何咫尺尘埃地，能使游人意不齐？

韩维感叹程颢的诗才，示意程颐来一首，程颐摆手说："不行，我来给诸位倒茶！"韩维便说："我来一首，权当抛砖引玉。"他见程颢和范景仁坐在一起，在低头交谈什么，心想，他二人，一个是当代大儒，信奉一瓢饮，一箪食仍不改其乐；一个是当朝元老，却信奉佛教，念念不忘烧香拜佛。可有意思的是，程颢本不信佛，却能与范景仁相安无事，看他们还谈得十分投机！他略一思索，便吟了四句诗：

> 曲肱饮水程夫子，宴坐焚香范使君。
>
> 顾我未能忘旧乐，绿樽红芰对西曛。

程颢听了，微笑着对范景仁说："你这个信佛的，快去焚香呀！"他又对韩维说："先生有何心事而不能忘旧乐？先生原本是朝中人啊！不像我们无官一身轻。"韩维望着西沉的太阳，沉思良久，把酒饮下，叹口气说："不说朝中烦心事，先生快来和诗吧。"程颢让范景仁来和，范景仁摇头，程颢也不推辞，望着亭外盛开的荷花，吟道：

> 对花酌酒公能乐，饭糗羹藜我自贫。
>
> 若语至诚无内外，却应分别更迷真。

韩维听了，心想，真是诗言志，看来明道先生对我们在这里摆酒宴是有不同看法的，他可能由酒宴想到了自家的生活窘迫。他想，近几天是应到他们的住处看看，是不是需要生活上的帮助。程颐见天色尚早，便提议说到湖上泛舟。韩维便叫来了船，程颐同范景仁上了船，韩维让程颢也上船。程颢见船小，人多怕不安全，便没有上船，在岸上散步去了。

　　程颐同范景仁坐在一起，在黄昏的朦胧气氛中，他们的小船缓缓地向湖心移去。范景仁不知怎的想起了多年以前在成都时同程颐的一次见面。他感叹地对程颐说："先生可还记得当年在成都时的那次见面？我可是受益匪浅啊！"程颐淡淡地说："何以此说，我都不记得了。"范景仁说："我到成都不久，先生随老太公来成都，你已走出二里远，我差人将先生追回，在门头僧寺相见。我问先生来此有何见闻？先生说，闻你常言'当使三军之士知事帅君如事父母'，我当时还认为这句话有不妥之处。你说：'公言是，然公为政不若是，何也？'我说先生何以有此说，请指出来。"程颐望着已暗下来的湖面，回忆着说："我当时也不客气，就说，你的前任刚去世，你接任后就大宴将校、宾客于府门，这种做法是视旧帅如父母乎？我记得你说也感到不妥，并没出席，而由属下代为主持，我认为尤为不可。公与旧帅为同僚，失同僚之义，其过小，属官与主帅，其义重。"范景仁接着说："我当时说，既然如此，人也请了，不如撤下菜肴，只颁酒食如何。你还说，也不妥。武夫视酒食为重事，若上酒食，则属不敬。若不上酒食，则体现知事旧帅之义。后来真按先生说的做了。倘若我不把先生追回，就听不到先生的这番教诲了。"韩维在一旁听了，感叹地说："程先生说得好，而范兄喜义也使人感佩啊！"这时岸上有人禀报说有人要见韩公。韩维不情愿地对程颐和范景仁说："当官真是身不由己啊，这难得的片刻清闲也做不到。"说罢，便匆匆上岸去了。程颐望着韩维的背影，对范景仁说："做官夺人志。像我一山野之人，如闲云野鹤一般，自在得很。"范景仁深有同感地说："做官不仅身不自由，还要看人颜色行事，我是感同身受。可不如先生说得深刻，做官夺人志，入木三分！"他们说着话便上了岸，程颢见他们上来，便说："时候不早了，咱们往回走吧！"他们正要返回住处，韩维匆匆赶来，显得有些歉意，说："难得一次同游，我又不能奉陪到底，实在抱歉！"程颐问："是何人见你，所为何事？"韩维说："一朋友介绍来的，要我向皇上举荐他。"程颐说："以我之见，此人不可荐。先生为国荐贤，当你去求他，哪有自己来求你荐的，这种人，往往为小人，不可举也。"韩维与范景仁交换了一下眼神，感到程颐说得有些过分。程颐说："今日大臣,乐意让人求之，可能有好处吧？如果大臣都将求人者拒之门外，人岂会自讨没趣？"韩维想了想，感到先生说的是有道理。他心想，先生真是目光犀利，看社会弊病一针见血，当今哪个官员不是热衷于受人之托，名为向朝廷举荐贤能，实为中饱私囊。像先生说的为求贤而去访求贤能的官员是不多见的。他们一边走一边说着话，这时已到了日暮时分，高大的府衙已被暮色所遮掩。韩维叹了口气说："又过了一天，日又暮矣！"程颐见韩公似有伤感的情绪，便说："我已接近五十，先生不过长吾辈十几岁，何必悲观！逝者如斯，此常理如此，何可叹乎！"韩维说："吾将老矣，过一日即少一日，焉能不叹！"程颐微笑着说："你不要匆忙走去就行了。"韩维明知不可而故问："逝者如斯，不舍昼夜，如何能不匆忙走去？"程颐笑着说："若不能停住就走去算了。"韩维也笑着说："我当先生有何高招，时光如流水，不往前走也不行呀！"

当程颐他们回到家里时，父亲已用过晚饭。他拿出一封信对程颢、程颐说："你们吃过饭来一下，司马光来信要我们回洛阳，咱们商量一下行程。"程颢与弟匆匆吃了饭，便来到父亲的住处。程珦说："司马光在信中说，吕公著和富弼在洛阳组织了一个耆英会，要我回去参加。咱们在韩公这里也快半年了，是不是回洛阳去？"程颢说："咱是今年春上来的，如今是七月，现在天气尚热，是不是再过一月，等到八月再回？"程颐也说现在走怕路上天热父亲受不了，最后商定八月再回。

八月下旬的一天黄昏，程颢与弟及父亲回到了洛阳家里。第二天早上，司马光与吕公著就赶来拜访。司马光对程珦说："文彦博公从河东路回来后身体欠安，不能前来，特要我和吕公来看望太中公。并向你说明举办耆英会的宗旨。"程珦说："我虽同文公同岁，小富弼公两岁，但两公都位列朝中大臣，吕公你也是朝中宰相，本人不过是一知府罢了，不能恭列其中。"吕公著说："太中公不必自谦，我听说你被先皇帝赐绯鱼袋，是何等的荣耀！再说文公说了入会的人员是序齿不序官，是不看官职高低的。"程珦仍是执意不参加。司马光笑着说："我序齿还不够七十呢，可文公硬要拉我入会。"程颢笑着说："父亲自致仕之后，不参与任何社会活动，连家里的事也不管，终日只是静坐，他看来是不会参加文公的耆英会，可你不同，你在洛阳不参加，文公是不会同意的。"程颐接过话说："父亲这几年算把洛阳的山水游遍了，近来也懒得出门，整日就是静坐。"接着他问："司马公，你修《资治通鉴》写到何代了？"司马光说："正在研究唐代的史料。唐初的历史好写，唐太宗和唐肃宗虽说都是英明的君王，可二位都有篡逆之罪。"程颐说："是啊，玄武门之变，唐太宗使用的手法是不光彩。再一个人物是魏征，其人先事太子李建成，玄武门之变后改事太宗李世民，从人格上是有污的。"司马光说："我不这样看，魏征这样做无可厚非，与历史上管仲事二主是一样的。"程颢插话说："我不同意司马公的看法，管仲是知非而反正，忍死以成功业，而魏征则只是事仇。"司马光反诘道："难道魏征不是知道李世民必为明主而反正吗？怎么只是事仇呢？"吕公著见二人谁也说服不了谁，又见时候不早了，便说："这些历史恩怨怕不是一时能说清的，你们改日再探讨吧，咱们该回去了。"

　　九月九日这一天，洛阳资圣院显得十分热闹，新落成的耆英堂内群贤毕集。从河东回来以太尉身份任西京洛阳留守的文彦博同司马光在大堂门口招呼着各位来宾进入。程颢与程颐也走了进来。程颢在门口对文彦博说："文公，我们受父亲之托，特来向耆英堂落成表示祝贺！"文彦博向他们二人拱了拱手表示感谢。文彦博领着他们来到了耆英堂旁边的妙觉僧舍，看画在墙上的十二位老者。程颢问："这是谁画的？"文彦博说："是郑奂画的。我组织的耆英会是序齿不序官，本来是要邀太中公入会的，他不参加是个遗憾。我想明年再组织个同甲会，想必太中公不会拒绝吧。"程颢说："到时我一定动员父亲参加。"文彦博说："这耆英会是仿效白居易的香山九老会，由我和富弼等十二位参加，叫作耆英诗会。入会者年龄都在七十岁以上，司马公虽不到七十，我也把他拉进来，让他入社并序其事。"正说话间，程颢见富弼与一班老臣走了进来。富弼鹤发童颜，挂一龙头拐杖，他走近自己的像前，仔细端详起来，末了，笑嘻嘻地对文彦博说："这个郑奂，把我的胡子画得长了！"说罢，便哈哈笑了起来。司马光将来的各位时彦一一暗中向程颐、程颢作了介绍。程颐、程颢暗中记住了他们的名字：郭汝言、王尚恭、赵丙、刘几、冯行已、楚建中、王谨言、张向、张焘、王拱辰。末了，司马光说："富弼与文公就不用说了，他二人排在画首。"程颢边看画边与目前人相对，感到惟妙惟肖，对程颐说："西京向为贤俊荟萃之地，今日得见，真是幸事！"程颐点了点头，说："洛阳自古帝王都，自汉、唐以降，多少文人骚客聚会于此。宋为西京，多少致仕的官员都迁居在这里，加上一些因反对王安石变法而被逐出京城的官员，洛阳真成了藏龙卧虎之地。"程颢对司马光说："你和、吕公就是蛰伏在洛阳的人中之龙啊，有朝一日是还要龙腾虎跃的。"司马光说："目前王安石执政，我只有埋头钻故纸堆了。"看罢了画像，二程弟兄与司马光、文彦博、富弼等又来到耆英堂，他们几位在会客厅坐下，侍者送上了茶水，文彦博问司马光说："今春咱们第一次在富弼公家聚会时诸位吟的诗集，先生整理出来了吧？"司马光说："文公嘱咐的事，小弟岂敢怠慢，我还照你的吩咐写了诗序。请过目。"说罢，从袖中取出一卷诗稿递与文彦博。文彦博翻了一下，对坐在身边的程颢说："你把序念一下，让我们都来欣赏一下这位史学家的春秋笔法。我是老眼昏花，看不清了。"程颢接过诗稿，念起了司马光写的《耆英会序》：

　　"乐天在洛，与高年者八人游，时人慕之，为九老图传于世。宋兴，洛中诸公继而为之者凡再矣，皆图形普明僧舍。普明，乐天之故第也……"

　　司马光说："我这序只是记录了诗会的盛况。真正有价值的是诸公写的诗。文公的诗在卷首，明道你念一下。"程颢掀开首页，先默念了一遍，然后轻声念了起来：

　　　　九老唐贤形绘事，元丰今胜会昌春。

　　　　垂肩素发皆时彦，挥尘清谈尽席珍。

　　　　染翰不停诗思健，飞觞无算酒行频。

　　　　兰亭雅集夸修禊，洛社英游贵序宾。

　　　　自愧空疏陪几杖，更容款密奉簪绅。

　　　　当筵尚齿尤多幸，十二人中第二人。

　　程颐与司马光坐在一起，他不解地问："这第二人是何意？"司马光说："文公是说他年龄排第二，富弼公是第一吧！"富弼接过话说："老朽是比文公多吃几年饭。"众人见天已过午，便离开了。

　　程颢与程颐回到家里，吃过饭后，向父亲述说了上午在耆英堂的情况。程颢并将带回的耆英会诗集让父亲过目。程珦翻了翻，说："有司马光的诗，给我读读。"程颢知父亲对司马光的诗作感兴趣，便念了起来：

　　　　洛下衣冠爱惜春，相从小饮任天真。

　　　　随家所有自可乐，为具更微谁笑贫。

　　　　不待珍羞方下箸，只将佳景便娱宾。

　　　　庾公此兴知非浅，蔡薿终难作主人。

　　程颐也在静静地听，末了，他微微一笑说："看来，司马公在宴会上是不拘礼节的，不待珍馐上来就下筷子了。"程珦也笑了。程颢见诗集中有富弼的诗，他往后翻了翻，见还有苏颂的和诗，便看了下去。苏颂的诗是这样写的：

　　　　古人称宴安，居处必择地。

　　　　诸公来河南，有若不期会。

　　　　岩岩大司徒，早辞槐鼎贵。

　　　　嘉谟纳渊衷，故事留台寺。

　　　　构第铜驼坊，开门瀍水次。

　　　　居守德爵间，位重官三事。

　　　　高轩每过从，纵言谈道艺。

　　　　复有乡里贤，凤昔承嘉惠。

　　　　嵩岭高横空，洛波清见底。

　　　　履道追昔游，行厨载芳醴。

　　　　燕毛礼所重，安车皆庋止。

　　　　年尊二国公，齿序众君子。

愿公寿千秋，慰民瞻具尔。

三载一来朝，当陪天子祀。

程颢把耆英会诗集递给程颐，然后问父亲说："富弼公是洛阳人吧，苏颂在和诗中说他'构第铜驼坊，开门瀍水次'。"程珦说："富弼公长我二岁，我今年已七十六岁，算来他今年也是七十八岁的老人了，可还是诗兴不减，与年轻人往来唱和，我不行了，早没了这些雅兴。"程颢说："我过去见你在各地任上写了不少诗作，可否整理整理，结个集？"程珦摆了摆手说："那些即兴之作，有何价值，我早把它处理了，以免贻笑后人。"程颐听到这里，抬起头来显出惋惜的神情对哥哥说："我早就想把父亲的诗作整理结集，看来是无法办到了！"程珦说："无价值的东西，留下来有何用？历史上留下来的庸品还少吗？"程颢见父亲如此说，便也不再说什么，只感到父亲思想境界高人一筹。他见这几天一直是难得的好晴天，便提议明天到龙门登高去。程珦说："我懒得动，你们弟兄去吧。"程颢想为父也是七十六七的人了，便不再说啥。

第十四章 创建伊皋书院

　　履道坊离龙门有二十几里路，第二天早上程颢他们是乘坐毛驴车到达的。秋天的龙门山有些萧条，只有路边白的黄的野菊花给人一些生机。他们上了东山，拜谒了白居易墓后，来到后面山上的胜善上方寺。程颐见这里松林环抱，寺虽破旧，却十分幽静，便有了在此讲学的想法。程颢见他绕着寺院观看，便说这里确为著书讲道之所。程颐说了他的想法，程颢说："如今文彦博在河南府任职，这一带都属他管，可以向他提出来。"程颐说："回去后我就向文公写书简。"

　　几天后的一日上午，程颐派家中仆人来到了位于洛阳城中的河南府，向文彦博送去了一封书信。文彦博拆开来信，见是程颐写的《上文潞公求龙门庵地小简》：

　　颐窃见胜善上方旧址，从来荒废为无用之地。野人率易，敢有干闻，欲得葺幽居于其上，为避暑著书之所。唐王龟构书堂于西谷，松斋之名，传之至今。颐虽不才，亦能为龙门山添胜迹于后代，为门下之美事。可否？俟命。

　　文彦博阅罢程颐的书简，心想："这个夫子是轻易不求人的，按说我们同居一城，有何想法也可当面提出，可他还是写了书简，难道是怕我当面拒绝不成？"想到这里，他便提笔给程颐写了一封书简，让来人带回。

　　当仆人回到家里的时候，程颐正同父亲在院中闲话。程颐见仆人带回了文彦博的回信，便急切地拆开阅读起来。文公的书简是这样写的：

　　"先生斯文己任，道尊海宇，著书立言，名重天下，从游之徒，归门其盛。龙门久芜，虽然葺幽，岂能容之？吾伊阙南鸣皋镇小庄一址，粮地十顷，谨奉构堂，以为著书讲道之所，不惟启后学之圣迹，亦当代斯文之美事。无为赐价，惟简是凭。"

　　程珦问文公来简所为何事，程颐便把求龙门庵一事向父亲说了，并说文公却把地点改在了伊阙南，说那里有他的小庄一处，粮地十顷，愿送给作著书讲道之所。

程珦听了，甚为高兴，说："文公位居宰辅，是一富可敌国的人物。洛阳一带他的封地不少。他把鸣皋的庄院给你，又有粮地十顷，不仅讲学有了地方，而且连咱家的生计也有了着落。从颍昌回来后，我一直为咱家的生计发愁，这一大家人，加上收养的孩子，和前来求学的生徒，吃喝开支不在小数，仅凭我的俸禄，每月不过二十几贯钱，你哥不过是个正六品，去官后每月的俸禄不过十几贯。我致仕和你哥去官之后，按照宋朝的规定，除了基本俸禄之外，在任时的其他待遇如职田、衣料钱、杂役钱都没有了，要维持咱家的开支，实在不易。这履道坊家居已属紧张，哪能再辟出讲堂？你和你哥商量一下，赶紧把伊皋书院建起来。"

这天晚上，程颐向哥哥讲了文彦博回信和准备在龙门南鸣皋筹建书院的想法。程颢自然十分赞同。他说："这几年我们一直在嵩阳书院讲学，登封毕竟有些山高路远，很多学者希望能在洛阳有个讲学的地方。龙门山的上方寺有些破旧，地方狭小，文公赠与的鸣皋有十顷土地，是个不错的地方。我这几天还要到嵩阳书院去讲学，我看你同刘立之过去看看，抓紧把书院建起来。"程颐原本是想让哥一同前往的，可看到哥哥要去讲学，便不再说什么，决定独自到鸣皋去。

第二天早上，程颢送程颐到鸣皋去，程珦也早早起来。深秋的早晨已有了寒意。厢房的讲堂内传来学子诵读的声音。程颢对程颐说："这几年来咱们家求学的学子日益增多，这一个讲堂实在不能满足，而在洛阳附近再找个地方也非易事。"程珦走过来说："书院偏僻些好，洛阳为陪都，著书讲学并非不受干扰。朝廷一有风吹草动，就要受到影响。"他边走边说："当年白居易为何由长安迁居洛阳这里，就是为了避免陷入牛僧孺和李德裕的党争旋涡，而要求到洛阳任东都分司。"程颐对白居易也在这履道坊一带居住，感到很新鲜，便问："他是如何迁居于此的？"程珦说："我同富弼公交谈中得知，这一带在东汉时是太学的所在地，在唐时是已故散骑杨凭的宅园。白居易是从当时一个叫田苏的手中买到的，面积有十五亩的样子。因银子不足，白居易只好用两匹马抵之。"程颢听了父亲的介绍，心想，怪不得这一带散落有白居易的诗碑刻记，原来这里曾是他的故园。他从五十八岁到七十六岁去世，一直在这里居住了十八年。程颐想的是父亲说的书院还是偏僻些好的话，是啊，目前王安石推行新法，而洛阳一班老臣在一起议论纷纷，搞不好就要祸及自身。书院建在鸣皋不失为明智之举。

待刘立之把马牵出来，程颐就上马向龙门南走了。

落日时分，程颐同刘立之骑马来到嵩县九皋山下的田湖镇。展现在他眼前的是一派静谧的田园风光。左边的九皋山在夕阳的照耀下披一层金辉，山脚下的伊河沉浸在暮霭中，闪着幽暗的光，农家的炊烟在一望无际的麦田上浮游，四周看上去是茂密的森林。这时传来了一声凄厉的猿声。程颐对这里的环境十分满意。他同刘立之下了马，来到一个叫鸣皋的小村里，走进了面南坐北的一所庄园。他进门时，把门的老人问："来者有何贵干呀？"程颐拿出了文彦博写的信，说："我从洛阳来，是文公叫我来看房子的。"老者接过信看了看说："你进去吧，俺听说了，这所庄园今后就归先生了。"程颐进去看了看，见院子不小，有四五亩的样子，上房有五间瓦房，两边各是三间厢房。晚上在看门人处吃了饭，就歇息了。

第二天早晨，当太阳从九皋山上将明媚的光线洒在院中的时候，程颐已起了床，同刘立之一起站在上房前打量着沐浴在秋阳下的院落。院子里看门的老者正在打扫落在地上的树叶。程颐同刘立之合计着上房五间可做讲堂，左手的厢房可做学生的住处，右手的厢房可做伙房。他们走过上房后面，见里面还有一个小四合院，上房是三间瓦房。刘立之高兴地说："先生就住在这里，随后将师娘也接过来。"程颐也十分满意，他望着对面的九皋山，耳听着不远处传来的伊河时隐时现的哗哗的水声，感叹地说："文公把这世外桃源给了我，我正想在这里做隐士。"刘立之说："先生目前要做隐士，怕不是时候。洛阳的那些大臣多次向朝廷举荐你，说不定哪天你就入朝了。"程颐说："我早已绝意仕途，我所以看中这里，就是想远离尘世，一心研究性命之学。可就不知能否如愿。"刘立之说："我怕难能如愿。如果司马公那班老臣一当政，还不请你出山？"程颐并不以为然，似乎也不甚关心这类问题，笑了笑说我本山野之人，有鸣皋这样清净的地方着书讲学，心已足矣！我眼下考虑的是给这个书院起个名字。"他望了望对面的九皋山，思虑良久，然后说："我记得《诗经》有一篇曰：鹤鸣于九皋，声闻于天。这书院又建在伊水之畔，就叫伊皋书院如何？"刘立之自然十分赞成。

两天后，程颐回到了洛阳，向父亲介绍了鸣皋庄园的情况，父亲一听除了有所四合院可做书院，还有十顷良田，自然十分高兴。他对程颐说："还是文公考虑周到，有了这十顷良田，不仅书院的开销有了依靠，咱家的生计也有了保障。文公这是在无形之中帮咱的啊！"程颐点了点头，对文公亦是心存感激。程珦说："你哥近几天就要从嵩阳书院讲学回来，你们弟兄两个就可考虑在鸣皋设馆讲学了。"程颐说："过去我们东奔西跑，一直没有自己的书院，鸣皋建起书院后，我们也就不用再来回奔波了。书院名我已想好了，叫伊皋书院，我哥回来后，他若无不同意见，我就去把牌子挂上，书院就算正式开张了。"程珦对书院的名字没有不同看法，他只是说："我已老了，不能随你们到书院去，好在鸣皋离洛阳不远，你们就来回跑着吧，我只要身体无毛病，你们就安心在书院。"程颐说："我和哥哥日常有一人在洛阳家里照顾你，你在家我们不放心。"

这年冬天，一场大雪覆盖了九皋山和山下的田野。这一日清晨，雪住了，程颐、程颢与几个学生出了伊皋书院大门，一直向伊河边走去。程颢是几天前从洛阳来看新建立的书院的，不料被大雪隔在了这里。正好利用这几天时间，程颢也给学生们讲了几堂课。今日天放晴，程颢便约弟弟和几名学生出了门，想感受一下雪后的伊皋景色。学生中有随他从洛阳一起来的刘绚。刘绚是南方人，入冬以来一直拜程颢求学。他望着白雪皑皑的九皋山，不由赞叹说："我们南方既没有这么高的山，冬天也没有下过这么大的雪。"程颐前几年在河南、陕西、山西、四川跑了不少地方，也见过不少名山大川。他对刘绚说："这九皋山是外方山的起脉，向东一直绵延到登封嵩山一带。要说高说不上，从这里一直向南，到伏牛山的腹地，才算是到了大山深处。不过这九皋山却是一座有着浓厚文化底蕴的山。今秋以来，我在这里听了不少当地老人讲述的传说，看了一册九皋山上的一个住持辑的诗集，感到这山不寻常。"程颢是第一次到鸣皋，对九皋山自然感兴趣，他望着白雪皑皑的高山，有些遗憾地说："我早就听说南边的山叫九皋山。今日大雪封山，上不去，要不真要上去拜访一下住持。你讲讲，这里都有哪些文人墨客登临过。"程颐一边望着九皋山，一边说："这伊河上面的沙沟一带，据老乡们说是伊尹出生的地方，伊尹长大后躬耕在有莘之野，有莘之野就在沙沟外的伊河边上。"程颢对伊尹并不陌生，可听说伊尹就出生在这一带还是第一次，他望着脚下悠悠流动的伊河，说："伊尹在伊河边出生，伊河之名是否与伊尹有关？伊尹可是第一个帝王之师啊！伊尹、伊水交相辉映，出现在我国古代文明史上，这嵩县不就是古代文明的发源地吗？"程颐见哥哥想得深远，便说："所以我说咱把书院建在鸣皋是有意义的。"刘绚见程颐并没说下去，心想，这伊皋书院不就是经过先生来传承文明吗？这时一只苍鹰展翅从伊河边飞起向九皋山冲去，程颐说："远古时的鹤在今天已很难看到了，《诗经》中有几篇写到九皋山。《小雅》曰：'鹤鸣于九皋，声闻于天。'唐时的大诗人李白曾登过九皋山，写下了三首咏赞的诗篇。他还说'欲卧鸣皋绝世尘'。唐朝的宰相李德裕也上过九皋山，他在诗中说'远见鸣皋山，青峰原上出'。唐时洛阳人祖咏在诗中说'照日龙虎姿，攒空冰雪状'。"这时太阳忽然出来了，程颢见白雪下的九皋山真有龙虎的气势，众人都被阳光下的九皋山的魅力所震撼。

程颢望了一会儿山，走到清清的伊水边，见冰冻的河边有几丝青草绿茸茸地在抗拒着严寒。他对走过来的刘绚说："过去我说过天地大德曰生。你看，在这冰天雪地的严冬，天道仍在运行着它的规律：生生不已，为来春准备着绿意。"几个学生见程颢又讲起了天理，便围了过来。程颢上了河岸，来到白雪覆盖下的麦地边，扒开一层雪，指着绿茸茸的麦苗说："下雪前这些麦苗黄恹恹的，远没有现在精神。这也是天道。寒来暑往，生生不息。天地之大德曰生，万物之生意最可观。"刘绚听得入神，听着程颢不经意间说出的这些极富哲理的话，心想，先生不愧是儒学大家，便决定跟先生学习一段时间。他本来是要到京城去就任翰林院编修的，路过洛阳时听说二程弟兄在鸣皋设馆讲学，很多学者都拜师求学，便跟着来了，前几天听了两位先生的讲学，感到确实名不虚传，真有虚往实归的感觉，不虚此行。今日听了先生的一番话，感到先生的思想如大海一样深邃，前几天的讲学，不过是在海边只舀了一瓢水而已。

吃过早饭后，程颢在伊皋书院的讲堂里继续给学者们讲学。刘绚听得出来，他是在继续早上的话题。程颢说："天地之大德曰生。何为生？何为息？"他望着台下的学者，似在等待回答，却自言道："息训为生，盖息则生矣。一事息，则一事生，中无间断。寒往则暑来，暑往则寒来，寒暑相推而岁成焉。"刘绚特地记下了"息则生"，心想，这"息则生"要好好琢磨琢磨。

这时有一学者问先生何为天道，程颢说："《周易·系辞》有三句话说得精辟：立天之道曰阴与阳；立地之道曰柔与刚；立人之道曰仁与义。这三句话道出了天、地、人之理，诸君可深思之。我着重说说这人之道。以己及物，仁也。推己及物，恕也。忠恕一以贯之。忠者天道，恕者人道。大凡出义则人利，出利则入义。天下之事，惟义利而已。"刘绚一一记下了这些字字珠玑的话，心想，下去后要好好消化消化。

第二天吃过早饭，程颢与刘绚告别送行的程颐后骑上马返回洛阳。他们几乎是伴着伊水一路向东走去。程颢的心情很好，这次来到鸣皋，一方面讲了学，一方面实地看到了鸣皋文彦博赠与的十余顷良田，他盘算着如果正常年景这十余顷地所产粮食应该能弥补家里生活的不足，今后不必再为生计多操心了。他的兴致很高，策马跑了一段，便放任马踱起步来。他想和刘绚谈些什么，可又不知从何说起，忽然想起有一次听富弼说过刘绚是真县令，便问刘绚是因何事受到富弼公的赏识。刘绚说那是他当县令的时候，有一年县里大旱，粮食颗粒无收，知府下来巡查，只免除十分之二的赋税，他恼了，说："眼看百姓就要饿死，要是不把赋税全免，我就要把这官帽交给你了！"当时富弼任宰相，听了汇报，说了那样的话。程颢说："看来你有仁爱之心啊！敢于为民请命，不在乎丢官不丢官，可又升了官，这就叫'出义则入利'。"刘绚仔细想了，心想："先生昨天说的'出义则入利，出利则入义。天下之事，惟义利而已'，是这个理。"他又想道："文彦博将鸣皋庄园给了先生，出的是利，可却落了义名，对他来说，不就是出利入义吗？"

　　程颢与刘绚回到洛阳家里已是晚上掌灯时分，吃过饭后，程颢与父亲说话去了，刘绚便在住屋灯下整理这几天在伊皋书院的笔记。他将这次所录的程颢的言论名曰师训。依所记录写下了下列精言：

　　　　"毋不敬，俨若思，安定辞，安民哉。君德也。君德即天德也。"

　　　　"敬以直内，义以方外，敬义立而德不孤。"

　　　　"夫子之道，忠恕而已。"

　　写到此，他想到先生说的"事上之道莫若忠，待下之道莫若恕"和"君子当于有过中求无过，不当于无过中求有过"的话，不禁暗自佩服先生对孔子忠恕之道理解的独特。

　　他翻了几页笔记，记下了有关"诚敬"的话："诚者天之道，敬者人事之本。敬则诚。"

　　他回想着先生的言谈举止，感到有一种前所未有的快意在心中充溢。他想，这可能就是先生说的学之乐吧："学至于乐则成矣。笃信好学，未知自得之为乐。好之者，如游他人园圃；乐之者，则己物尔。"

　　第二天早上，刘绚早早就起了床，与程颢告了别，准备向开封去。临走的时候，他对程颢说："我到翰林院上任后，如有时间，还会来向先生拜师的。这次虚来实归，受益匪浅。"程颢说："过奖了！我也是乐于同先生在一起切磋学问的。"说罢，便与刘绚拱手相别。这时，刘绚见有三个学者模样的青年走了过来，其中一人拱手问："请问先生，这里是程先生的家吗？我们是从福建来的，特地来向程先生拜师的。"刘绚指了指程颢说："快行礼吧，这位就是程先生。"他见先生又有门生来，便骑上马走了。

　　程颢送走了刘绚，赶紧将福建来的三位学者引进家里，一问才知他们和杨时是同乡，是他介绍来的。程颢问："这洛阳城这么大，你们是咋找到我住的地方的？"一个瘦瘦的青年说："洛阳城大，可先生的名声更大，我们几个一到洛阳，问程先生家在何处，没有人不知的。有一个老先生说：'别看先生现在不做官了，可先生是身益退，位益卑，而名益高于天下。凡是到洛阳的学者，都要到先生门下去拜访。你们去吧，他家就在洛南的履道坊。'"程颢摇了摇头说："盛名之下其实难副。你们来，咱们好在一起研究学问。"程颢将几个学者安顿好后，见司马光的哥哥司马旦走了进来。司马旦进屋见了程珦，问候了起居饮食后，说："这几日我的弟弟心情不好，想到嵩山去登山，他走不开，让我来拉正叔一同前往。正叔去哪了？"程珦说："他在嵩县的鸣皋办了个书院，讲学去了。要不了几天就会回来的。到时我让他去找你

　　　　　　　　　　　　　　　173

们。"司马旦叹了口气说："也只好等几天了，可我的弟弟是个急性子，这几天老说想正叔了，正叔是不是把他忘了，也不去找他了。"程珦说："要不我让人去把他喊回来？"司马旦说："不必如此，我回去向他说明就行了。"说罢，便离了程家。

几天后的一个上午，从伊皋书院回来的程颐早早就来到了位于洛阳东南的司马光的独乐园。司马光一见程颐就抱怨说："你是把老友给忘记了，还是又结交了新友？"程颐笑着说："我是到鸣皋办书院去了，再说即使交了新友也不会忘了你这个老友。"程颐见院中的绳子上搭着被子，冬日的阳光照在被子上。他走了过去，见被子上有密密麻麻的字。便对司马光说："司马公，我光听说你在被子上写有《布衾铭》，今日算是见到了。"司马光摸着被子说："这被子还是范镇老先生赠与的。我写的《布衾铭》，不过是一种自励罢了。"程颐见被子上的《布衾铭》是这样写的："颜乐箪瓢，百世师模；纣居琼室，死为独夫。君子以俭为德，小人以奢丧躯。然则斯衾之陋，其可忽诸？"程颐想，先生一生节俭，每晚盖着这《布衾铭》入睡，思考的却是《资治通鉴》大文章，其人品可为万世师！他感慨地对司马光说："司马公，你这篇《布衾铭》是可同你写的《资治通鉴》一样传世的！君子以俭为德，可当座右铭啊！"司马光摇了摇头说："过奖了！天不早了，咱们也该上路了，这里离嵩山也怕有几十里的路呢。"程颐便同司马光和司马旦骑了马往十八盘走了。

日暮时分，程颐一行来到了嵩山脚下。这时天阴了起来，高峻的嵩山主峰淹没在云雾中。程颐下了马，见马瘦骨嶙峋的，低下头在路边吃草，想起来一天也没给马料吃，感到心里酸酸的，看看山谷也暗了下来，似要下雨的样子，心想，今天是看不到嵩山的景色了。他对司马光说："咱骑的马都很瘦，跑不快，到这里天又阴了，还不知明天能不能上山呀！"司马光说："今晚先住下，明天看天再说。"说罢，他们便牵了马向嵩阳书院走去。程颐边走边看，吟了一首诗：

　　　　鞭羸百里远来游，岩谷阴云暝不收。

　　　　遮断好山教不见，如何天意异人谋？

第二天早上，天放晴了，程颐与司马光弟兄早早吃罢饭便开始登嵩阳书院后面的高峰。程颐年轻，一路上走在前面，司马光与兄长都是六十多岁的人了，缓步跟在后面。他们上到一处石崖边，程颐提议歇一歇。司马光倒不感到十分累，可他看兄长有些累，便找了块干净的石头让哥哥坐下休息。程颐望着跟前一丈多高的石崖说："司马公，你应给嵩山题写个字，刻在这石崖上。"司马光看了看石崖说："题啥字呀，咱上山也没带笔墨。"程颐说："下山写也行，回头让嵩阳书院找人刻在这上面。"司马光望着高峻的山峰说："先不说题字的事，咱还是继续登山吧，走这一段路，我有个体会，登山有道，徐行则不困。措足于平稳之地则不跌。遇到险要的地方，要慎之矣！"程颐品味着司马光的话，感到耐人寻味，心想，这"登山有道，徐行则不困"，不也是先生的箴言吗？他们又往上走了一段，路愈加险峻，司马光告诫他二人说："据我长期爬山的经验，登陡峻的山，要看着地，然后敢行；遇到不牢靠的地方，先顿顿足，然后才敢立。"程颐边走边思索着司马光的话：视地，然后敢行，顿足，然后敢立。心想，温公不愧为大学问家，很平常的话中也蕴涵着哲理。

黄昏时分，他们下了山，回到书院，程颐对书院的山长说："司马公登嵩山，不让他留下点墨宝，岂不遗憾？取笔墨来！"山长取来了笔墨，司马光就在院中墙壁上题写了："登山有道，徐行则不困。措足于平稳之地，则不跌，慎之矣。"山长端详着说："司马公的题字使书院生辉，过几日我找人把它刻在石上，使之流传后世。"司马光说："我说的是很平常的话，人行路就要慢慢来，不一定刻下来。"程颐心想，君实先生也真是脚踏实地之人。

第三天黄昏时分，程颐回到了洛阳家里，一进屋，门人就来说昨天有一个叫王佺期的托人送来了一个包裹。程颐将包裹打开，见是一个药罐，里面装的是炼制的金丹。程颐看罢，摇了摇头，一脸无奈的神情，他对门人说："这个王佺期也太关心我了，这金丹可是贵重的药品！我虽然身体不太好，但也不能服用。等会儿我给父亲送过去。"吃过饭后，程颐把金丹送给了父亲，便回到屋内歇息了。他躺在床上，尽管一天骑马使他浑身不自在，却老想着王佺期送金丹的事，便思索起来：药能通神治病，可要医治人的精神恐怕还要靠"诚"字。想到这里，他爬起来将构思好的《谢王佺期寄丹诗》抄在纸上："至诚通圣药通神，远寄衰翁济病身。我亦有丹君信否？用时还解寿斯民。"写完之后，他想着，明天要派门人给王佺期寄去。

元丰六年（1083年）八月十五这一天上午，洛阳东园文彦博的宅第内显得十分热闹。一吃过早饭，年近八旬的文彦博便吩咐家人准备酒席，他兴致勃勃地站在园门口迎接前来赴会的老人。这天天气晴朗，秋高气爽，灿烂的阳光照在院中盛开的秋菊上，微风吹来阵阵清香。司马旦乘一顶小轿先到，紧跟着席汝言来了，程珦在程颢的陪护下也来了。他们几个人在文彦博的带领下先绕园转了转，满园盛开的菊花使老人们显得神清气爽。不远处但见湖水渺渺。文彦博边走边介绍说："我这所宅院在唐时称东园，本是一处药圃，因其在洛城东，故名东园。"程珦指着远处的湖水说："这湖水从何而来，是洛水注入？"文彦博说："东城地低，这里临瀍水，是瀍水汇集的。"不一会儿，他们来到湖边，但见水天一色，湖上还有泛舟游者，如在江湖

间。程珦见渊映瀍水，两处堂屋宛在水中，问是何人所建。文彦博说那是两处药
圃。他们往西走了一里地，才来到文公的住所。席上的菜肴早摆好了，诸位人席
后，程珦从窗外望着缥缈的湖面，感慨地说："文公的东园真乃水云乡，在这里居
住，不成仙才怪哪！"文彦博说："我是天天围着这湖面转，可还是成不了仙！"
说得大家都笑了。文彦博端起酒杯说："诸公，今日在我这儿举行同甲会，也算了
我的心愿。前几年我举办了耆英会，程公和司马公都没参加，我心里就觉得不痛
快，这次咱四位都是丙午年出生，也都是七十八岁，一年在一起聚一聚，说说话，
何其畅快！"他把酒先喝下，众人也都喝了。程颢举杯说："我是晚辈，先敬诸公
一杯！愿诸公寿比南山，福如东海。"他见诸公饮后，便对文彦博说："文公，今
日不能无诗呀！"程珦与司马旦也附和着要文彦博写诗记盛。文彦博略一思索，便
说："我先来一首，诸公好和。"说罢，便吟道：

> 四人三百二十岁，况是同生丙午年。
> 拾得梁园同赋客，合成商岭采芝仙。
> 清谈瀺瀺风生席，素发飘飘雪满肩。
> 此会从来诚未有，洛中应作画图传。

程颢以欣赏的目光看着席上坐着的四个老寿星，文彦博居中，左边是司马旦，右
边是席汝言，父亲紧靠司马旦坐，刚进来的范纯仁与父亲坐在一起，正在小声说着什
么。湖面上吹来了淡淡的微风，吹起了几个老者的白发，真应了诗中的"素发飘飘雪
满肩"。在这个地方，他知道不便多言，便静静地听文公说话。只见文公对父亲说：
"程伯温中散，我算引了个头，该你了！"程珦说："文公太客气了，咱们之中，就
你官职显赫，是几朝的宰相，还叫我的职衔。你叫我作诗，我可作不来，我本不是立
马可来的人。虽说在任的时候也写过一些诗，可自认拿沿来怕贻笑后世，前几年我把
它们都烧毁了。有一首我尚无烧毁，念给诸公听听，也算交卷吧。"范纯仁听说程珦
烧毁诗稿，甚是可惜，便催程珦快念。程珦问文彦博念旧作算不算数。文彦博说：
"你念吧，要不这一首我们也听不到了！"程珦这才念了起来：

> 藏拙归来已十年，身心世事不相关。
> 洛阳山水寻须遍，更有何人似我闲。

文彦博捋着花白的胡子，在思索着程珦此时读诗的用意，联想到耆英会几个老
臣在一起时议论朝政的情况，看来程先生是用此诗来表明他的态度，"身心世事不相
关"，看来，同甲会与耆英会不同，同甲会就是同乐会，不关世事。想到这里，他对
程珦说："先生致仕后与在任时可谓判若两人啊！我听说当年你在四川成都任上时，
对王安石的青苗法公开抵制，不予实行。如今却不关世事了。"程珦说："不在其

位，不谋其政。这十几年来，我是放浪山水，‘洛阳山水寻须遍，更有何人似我闲’呀！”文彦博将目光投向司马旦和席汝言，示意他二位出诗，司马旦摆摆手说：“我不善此道，还是席公出吧！”席汝言说：“程公都把以前写的诗烧了，我何敢再言诗呀！”说得大家都笑了。文彦博对范纯仁说：“老弟要不你来一首，凑凑趣！”范纯仁为难地说：“我本不是你老发起的同甲会的成员，今日是来祝贺的。既然文公发话，我就不揣浅陋，来一首。”说罢，便想了想，接着文公的诗，吟道：

> 四公眉寿复均年，此会前修未省传。
>
> 筋力轻安同少壮，风标潇洒似神仙。
>
> 分司东洛荣难并，聚德西蒙事莫肩。
>
> 今夕天宫应有奏，老人星彩近台躔。

文彦博举起酒杯，笑容满面地说：“来，为咱‘风标潇洒似神仙’干杯！”他看诸公把酒饮下，示意诸位吃菜，然后边吃边说：“我想咱这同甲会与耆英会一样，也是序齿不序官，不分官职大小，只以生月排序，再加一条，只论风花雪月，不论世事浮沉。如何？”程珦带头鼓掌说好。

他们边吃边说了一会儿闲话，不知不觉还是扯到了朝政上。席汝言问文彦博说：“先生前后居宰相位达五十年，阅人多矣，对王安石有何看法？”文彦博看了一眼程珦，微笑着说：“我可有些违规，虽然我不赞成他的变法，但我说王安石其人还算光明磊落，不搞阴谋。我给大家举一例。吕海死后司马光给写墓志铭，当时河南监收使刘航要求由他书写于石，可当他看完铭文，觉得司马光的铭文中直斥王安石的言辞太激烈，便迟疑起来。谁知刘航的儿子刘安世主动提出承担书写于石的使命。刘航怕出事，便告诉儿子千万不要摹本外传，怕王安石知道。后来真有个叫蔡天申的人，用高价贿赂石工，得到摹本，送给王安石，企图邀功。谁知王安石不但没有加罪司马光和刘安世，还把摹本挂到厅内墙上欣赏，对属下人说：君实之文，两汉之文也。”程颢在一边听了文公的这段话，对王安石其人有了更深的了解，不禁回忆起在监察御史任上同王安石的种种交往，已经有十几年没有王安石的消息了，便问文彦博知不知道王安石的近况。文彦博说：“我还是听说一些他的消息，他二次罢相后回到江西临川老家，隐居起来，整日放歌山水，过着田园牧歌的生活。想必他今年也有六十多岁了。”程颢算了算说：“他长我整十岁，今年应是六十二了。”文彦博想起一事对程颢说：“神宗对你是念念不忘，前几日我听吕公著说皇上有意起用你，问你有何打算？”程颢说：“我近几年一直在家里讲学，无意仕进，再说父亲年岁已高，也不能远离。”文彦博听了，却不以为然，他说：“既然皇上有意起用你，我意不能推辞，再说你家并不富裕，我听说你们还收养了朋友的遗孤，光凭程老先生的致仕薪金是很困难的。"程珦说:"这几年多亏洛阳几位的帮助,前年我们到颍昌韩公那里住了大半年,今年文公又把鸣皋的一处庄园给了我们,可帮了大忙。我还得谢谢文公呀!"文彦博摆摆手说:"在鸣皋建书院是斯文盛事,不用谢。我看还是出来任职,对家里生活好些。"程珦点了点头,说:"多一份俸禄也好补补家用。"程颢见父亲也这样说,便说:"回去我向朝廷写个札子,看能否就近任职,也好照顾老父亲。"

第十五章　如坐春风

　　九月下旬的一天下午，日落时分，程颢来到位于汝州府西北的商酒务镇，但见这里街道整齐，人声鼎沸，俨然一闹市集镇。他嗅着空气中浓浓的扑鼻酒味，心想：这商酒务镇果真是酒乡啊！他是几天前接到圣旨从洛阳来到汝州府任监酒税的。知府见是当年的监察御史来任监酒税，自是十分高兴，他对程颢说："有你这个监察御史来监督酒税，看谁还敢偷税漏税！咱这里西北方向的商酒务镇有几家酿酒的作坊，家家户户都会造酒，你的任务就是监督这个地方的酒税收缴，看来你只好住在那里了。"程颢在知府的安排下第二天就来到了商酒务镇。他同陪同的酒税员站在镇的街头，向西北望去，只见落日下绵延的群山披一层金辉。税员是一个老头，他说那山是外方山，南面的山才是伏牛山，这一带是个小平原，老几辈就会造酒，出产的宝丰酒还是朝廷贡品。程颢对酒并不感兴趣，他边听边问："这里的城隍庙在哪里？咱去看看。"老税员见程颢对城隍庙有兴趣，便引了过去。

　　城隍庙在镇的西头，当程颢站在庙前的时候，落日的余晖正好扫过庙顶上，他怔怔地立在那里，心中似闪过一种悲凉的况味，对着落日发呆起来。老税员见状，也不便多言，只是默不作声。程颢见落日的余晖消失了，也回过神来，对老税员说："我想利用这个庙来讲学，不知可行？"老税员见这个监酒税举止文雅，不像官员，倒像个教书先生，也感到有些意外。他也不便多言，便说："这庙平时是闲的，先生要用来讲学，自是好事。"程颢见天色不早，便随着老税员前往住处去了。

　　程颢的住地紧靠酒税所，在商酒务镇中街，离地处镇西的城隍庙不远。晚上吃过饭后，程颢在大街上闲步，闻着扑鼻来的酒香，心里老是平静不下来，他望着街东高悬的月亮，不知何故，下午在城隍庙看到的落日余晖又一次闪过脑海，他踏着石板路上清亮的月光，缓缓地踱着，似感到时间的流动、生命的流失。他想，自己已五十二岁了，这汝州监酒税可能就是生命的最后一站。这样想着，不觉又走到城隍庙前。他在庙前站了一会儿，便回住处去了。

冬日的一天下午，程颢正在城隍庙内给学生们讲学。刘绚同朱光庭骑马来到庙门前，二人下了马，来到庙门口，看门的问："二位先生也是来求学的吗？"刘绚上前说："是的，里面学生多吗？"老人说："要说程先生不过来此两个多月时间，可远近的学生都往这里来。庙里都快盛不下了。"这时，刚好程颢走了出来，见是刘绚和朱光庭来了，便招呼他二人进去。程颢边走边问刘绚说："你在朝中任职，为何来这里？"刘绚说："近日朝中派我到南阳一带巡查，我顺路过来听听先生教诲。一到洛阳刚好遇到朱兄也来向你求学，我们就一起来了。"他们来到程颢休息的一间小屋里，程颢说："这是我临时讲学休息的地方，我本住在街中的监税所，平时税上的事情也不多，我也就在这里以讲学为主。你们都是学有所成的学者，来了咱们也好在一起探讨些问题。晚上你们就住在这里，我上监税所住。你们就在我家吃饭，我家夫人也是刚来，要不吃饭我也不好给你们安排。"刘绚和朱光庭见程颢安排得很周到，连生活都考虑好了，心里十分感动。程颢见天色不早，便引着他们到家里去吃晚饭去了。

吃过晚饭，他们三人在街上漫步。时令仍是隆冬，晚风中寒意侵人，他们边走边谈。刘绚说："我与先生相别一年了，时时想聆听先生教诲。"程颢缓缓地说："近来我思考一个问题：何为君子之事？蛊之象曰：君子以振民育德。君子之事，唯有此二者，余无他焉。二者，为己为人之道也。"刘绚思索着，君子之事唯有此二者"振民育德"，也是为己为人之道，他想起了商朝第一个宰相伊尹的话："天之生斯民也，使先知觉后知，使先觉觉后觉。予，天民之先觉者也，予将以斯道觉斯民也。"他望着在前面的先生，心想："先生研究的天理之道，就是振民育德之道，先生不就是孔孟之后这一千四百多年来又一个大儒吗？"晚上，刘绚把自己对先生的看法对朱光庭说了，朱光庭也有同样的认识。

第二天是一个难得的晴好天气，吃罢早饭，程颢邀刘绚和朱光庭到汝河边游玩。汝河像一条绸缎平铺在沙滩上，在寒风的轻拂下闪闪飘动。河岸上柳树枝条在风中摆动，田野里麦苗显得青翠翠的。他们被汝河的景色所陶醉。程颢似有写诗的冲动。这时刘绚问道："先生，何以为学？能否给我们谈谈你读书的体会？"程颢想了想说："读书要玩味。读诗古人常一咏三叹，就是在咏叹中体会诗的意境。我的书铭就是：含其英，茹其实，精于思，贯于一。"朱光庭也在凝神思考程颢不经意中说出的读书心得，他小声对刘绚说："先生这几句话够我辈受用终生的。"刘绚望着先生并不高大的身材，点了点头，心想："每来拜见一次都有一次收获，先生不就是智慧的大海吗？"程颢继续着他的思路，谈他的学问之道："学要在敬也、诚也，学者不可以不诚，不诚无以为善，不诚无以为君子。"刘绚向朱光庭投去会心的一笑，见朱光庭也在边听边思，他细细地品味着先生的话，先生把"诚"不仅与做学问联系起来，而且与善、君子、做事、为人联系起来。这时，程颢像在总结，说："学莫大于平心，平心莫大于正，正莫大于诚。诚者，天下之大本也。和者，天下之达道也。"朱光庭过去听过程颢论'诚'与'敬'，但论"和"却是第一次，他问道："先生，何以说'和'是天下之达道？"刘绚对先生论"和"也感到新鲜，特别将"和"提到天下之达道，是言人所未言，他也向程颢投去期望的目光，程颢说："和者，和谐也。家和万事成，国和万事兴。万邦协和，天下太平。今天下汹汹，朝中议论纷纷，何谈国家兴盛？"朱光庭知道先生虽地处朝堂之外，仍关心着朝中大事，他说："诚如先生所言，王安石推行新法，闹得朝中朝臣不和，如今虽然王安石下野，可新法仍在各地实行，百姓并未在新法中获利，闹得天下汹汹。我看这局面不能持续下去了。"程颢越听脸色越阴沉，他叹了口气，说："如今的局面是难以挽回的了。"

这天晚上程颢回到家里，见外甥张敷从洛阳来了。张敷一见面就对程颢说富弼先生去世了，家里外公让来告知一声。程颢吃过饭后便与夫人商量说："我在官职任上，是不能回去吊唁的，可我同富弼先生相识相知多年，又不能没有表示，只好写一祭文，让外甥代为祭奠。"夫人表示同意。程颢便回到书房写起了祭文。他记起今日是十一月十九日，便写道："维元丰六年（1083年），岁次癸亥，十一月壬寅朔，十九日庚申，奉议郎、监汝州盐酒税、轻车都尉、赐绯鱼袋程颢，谨遣外甥张敷以清酌庶羞之奠，敢昭告于太尉文忠公之灵。"

这时，张敷提着茶壶进来，给续上水后，见舅舅写他被赐绯鱼袋，便问是何时受赐的。他知道这绯鱼袋是皇上对德高望重的大臣的恩赐，非同一般。程颢淡淡一笑说："那是我在晋城任上，由于治理和教化晋城有功，被皇上特赐的。"张敷说："我听外爷说他也被皇上赐过绯鱼袋。"程颢说："我怎能同你外公相提并论呢？"

两天后，张敷回到了洛阳，见到程颐后便向他说了大舅托付之事。这天晚上程颐便与张敷一起来到富弼的家里。司马光也在祭堂里，见到程颐，便问："你哥回来了没有？"程颐取出祭文说："哥在任上，不便离职，托外甥代为致祭，并写了祭文。"司马光凝神看了祭文，见祭文写道："孰如我公，道行乎重熙累洽之运，而身享乎尊富安荣之完；事系天下之重，位极人臣之班。生逢四世，皆上圣之主；时历七纪，膺太平之安。勋业揭乎日月，闻望塞乎天渊，优游里第者犹十有三年。"他对程颐说：

"尊兄的祭文对富弼公的评价可谓恰如其分。"他望着灵堂上画的富弼的遗像,沉浸在对往事的回忆中。他缓缓地对程颐说:"富弼公在我的印象中是一个对人宽厚仁慈的人,与人谈话从不起高腔,平时是个好好先生。可每临大节,则正色慷慨,没有人能使之屈服的。在处理事情上,又周密谨慎,非万全不行事。可他平时不拘礼节。我听说自唐以来,众人见宰相不管老少都要参拜,宰相送客从不下台阶。富弼公任宰相以来,见客不让人参拜,送客必出门,看着客人上了马,才回来。公廉洁正直,连英宗给的赏赐也不接受。那是英宗刚继位的时候,在大赏群臣后,单独给了他一份礼物。他跪拜不受。英宗不理解,问何以不受,他说:'我要是接受了陛下的礼物,日后你要是做出不当的事来,我如何进谏?'英宗这才理解了他的用心。富弼公历四朝,任宰相五十年,德高望重。自十三年前回洛阳养老后,常闭门谢客。有人问何以拒客,他说:'我是洛阳人,累世居洛,亲朋故友何止千百?凡待人,无论贵贱贤愚,礼貌当如一。见谁不见谁,不是待客之道。若人人都见,身体有疾又不允许。干脆都不见吧!'有一次他出门到老子祠去,乘小轿过天津桥,桥侧赶集的人都跟着轿看,一直跟到安门。集市上都空了。"程颐听了,更加深了对富弼的崇敬。他望着络绎不绝的吊唁者,对司马光说:"富弼公去世后,洛阳城中士大夫无论远近,识与不识,相见则谈论先生,不相见则写书告知,来吊唁的都是洒泪而归。富弼公是如此得士大夫之心呀!"司马光望着富弼的遗像,说:"富弼公是洛阳的人杰,千古完人!"

两个月后的一天早晨,程颢送朱光庭返回洛阳。朱光庭先向程颢夫人道谢,然后有些恋恋不舍地对程颢说:"这两个月,听先生讲学,跟随先生言传身教,受益匪浅。要不是偃师家中有急事,我还要再跟随先生一段时间。"程颢说:"你和刘绚的悟性很好,理学的发扬光大就靠你们来传播。时间不早了,你就上路吧!"程颢送出门外,见他上了马,才转过身去。

朱光庭骑在马上,不时回忆着程先生的音容笑貌。先生的温文尔雅,先生的睿智与见解独到,使他感到这两个月来如坐春风,如沐春雨,心灵得到了滋润。他望着田野里葱绿的麦苗,路旁随风飘扬的柳丝,愉快地回忆起同刘绚向先生问学的情景。那是刘绚要走的前一天晚上,他与刘绚想向先生探讨学习的方法。先生一开始并未谈具体的方法,而是说学者欲有所得,须是笃,诚意烛理。然后说,学者要先会疑,就是说对前人的观点要敢于提出疑问。学源于思。人思如泉涌,浚之愈新。聪明如何磨去?使之则有,不使则亡。他还说不思故有惑,不求故无得,不问故无知。那天晚上,他与刘绚回去后讨论了好长时间,感到先生不经意间把学问之道都说了出来。想到这里，他又一次感到春风扑面。刘绚问他有何感受，他说："如同在春风中坐了两个月。"

元丰八年（1085年）六月的一天下午，程颢与弟程颐在汝州商酒务镇家中正在谈论着司马光复出的事。西斜的阳光透过窗户照在屋内，程颢躺在床上，看上去病恹恹的，显得有些有气无力的样子。程颐看上去比他哥哥精神得多，虽然他只小其兄一岁，这一年也五十三岁了。程颢自打去年其夫人彭氏去世之后，由于精神打击太大，身体便垮了下来。程颐近来一直照看着哥哥的起居。他对哥哥说："今年三月宋神宗驾崩之后，太皇太后执掌宫中大事，便召司马光、吕公著等一班老臣复位，我听说司马光准备让你回京任事。"程颢指着桌上的药碗说："我这身体，总不能端着药碗上朝吧！"这时程颢的大儿子端懿领一汝州官员进来说恭贺程先生，朝廷任先生为宗正寺丞。知府大人特派我来贺喜。"程颢忙谢过了，然后苦笑着说："太皇太后的圣恩我领了，可我这身体怕是不能赴任啊！"那个官员说了些安慰的话，便回府去了。程颢待儿子送客回来，便与程颐商量着返回洛阳的事，他说："这朝廷的任命能不能赴任，反正酒税务是不能干了，还是先回洛阳再说。"说到这里，他望着从窗外照进来的斜阳，不知怎的，眼前出现了他刚来时的那天黄昏，在街西头庙前所看到的一抹斜晖。他心想："难道这是我生命的最后一抹余晖吗？"

三天后的黄昏，程颢在程颐和儿子的陪伴下回到了洛阳家中。一进门，父亲见程颢病恹恹的，就感到不妙。他向程颐了解了病情，便叹了口气说："看来朝廷的任命近期是不能赴任了。还是治病要紧。明天就到城里去请医生，这病是一天也不能耽误。"程颐点了点头，说明天我亲自去请医生。"晚饭后，程颢问父亲这宗正寺丞是何职事。程珦说："唐代设六部九卿，后来官制混乱，直到宋元丰改制之后，才恢复唐代的六部九卿。如今丞相、太尉、御史大夫为三公，三公之下设九卿，作为朝廷分管具体事务的官员。如祭祀、礼仪、军事、行政、司法、教育等。九卿中有太常寺、宗正寺、光禄寺、卫尉寺、太仆寺、大理寺、鸿胪寺、司农寺、太府寺。这宗正寺是管皇族和宗室事务的。宗正寺设卿一人，从三品；丞设三人，从六品。"程颢静静地听着父亲的介绍，脸上露出一丝苦涩。他对父亲说："我对能否赴宗正寺丞任上已无太大希望，所忧虑的是不能尽孝。母亲过世得早，这二十多年来，父亲为这个家算是费尽了心。咱家人众，弟弟一直不仕，我也是任职的时间没有离职的时间长，家里的开销全靠你的俸禄维持。想起来我都难过，你七十多岁的老人，还要为家里操心。如今我又病成这样，怕是不能为你颐养天年尽力了。"他说到这里，鼻子一酸，似要落下泪来。程珦开导他说："不要说这些话，明天我就让你弟去城里请医生，你的病并无大碍。早早歇息吧！”说罢，他便缓缓走了出去。程颢在泪眼迷离中看着父亲走到院中，心想：“我是不能给你送终了！”

六月十五日这天夜里，天忽然刮起了大风，紧接着乌云遮了月亮。程颐同程颢的大儿子端懿、女儿和吕大临在病床前陪着程颢。程颢显得神情安详，他望着明亮的蜡烛，对吕大临说：“吾学虽有所授，但‘天理’二字却是自家体贴出来的。”吕大临默默地听着，他见先生把目光投向程二先生，说：“父亲今后就靠你照料了！理学也靠你传扬了。”程颐拉着哥哥的手说：“你就放心吧，家里的一切由我照料。”程颢忽然显得有些呼吸急促，便让吕大临去唤父亲过来。还未等父亲走到，一阵风吹过，吹灭了蜡烛。待再点亮时，程颢已咽了气。程珦进来见状，一下子瘫坐在椅子上，大儿子端懿、女儿趴在父亲的身上哭了起来。程颐哭了一阵，便将父亲搀了出去，安排歇息。然后他来到院中，见天色已显微明，却阴沉沉的，一阵风刮过，有微雨洒落下来。他哽咽着说：“看来老天也为之落泪呀！”他一边思虑着哥哥的后事安排，一边回忆着哥哥的一生，心想：“他是孟子之后一千四百年来继往圣绝学的第一人。如今他也去了！”雨愈下愈大，程颐仍呆呆地立在雨中。吕大临从屋内出来将他拉了回去。

这天上午，天仍是阴沉着脸，不见放晴的样子。程颐与吕大临、邵雍的儿子邵博在上房一起商量后事。程颐望着院中灵堂前络绎不绝前来吊唁的人们，对吕大临说：“看来三天就下葬时间太短，哥哥走得太突然，他的学生有的还不知道消息，就这样匆忙下葬，会遭到学生们的埋怨的。”吕大临说：“至少得五天。本来以先生的才能，正要为朝廷效力，却不幸早逝！我听说洛阳城里的人不管与先生识与不识，在一起谈论起来都为先生感到惋惜，也为朝廷感到可惜。都要来吊唁。三天时间太短了！”程颐说：“那就按五天安排。好在这几天老天也有意挽留，不算太热。五天后，先将哥体丘于屋后，由我照看，待墓穴及墓志铭落成，再择日葬于老坟。”接着他们便商量起安葬的有关事宜。程颐对吕大临说：“你与哥哥相知很深，就由你来致哀辞吧，我给韩持国写信，由他来写墓志铭。”吕大临点了点头。

安排了这些事后，程颐便回到屋内，给韩持国写起书信来：

“颐辄恃顾遇之厚，敢以哀诚，上烦台听。

“家兄学术才行，为世所重，自朝廷至于草野，相知何止千数。今将归葬伊川，当求志述，以传不朽。然念：相知者虽多也，能知其道者则鲜矣；有文者亦众也，而其文足以发明其志意，形容其德义者，则鲜矣；能言者非少也，而名尊德重，足以取信于人者则鲜矣。如是，志之作岂易哉？颐窃谓：智足以知其道学，文足以彰其才德，言足以取信后世，莫如阁下。家兄素出门下，受知最深，不幸早逝，当蒙哀恻。顾其道不得施于时，学不及传之书，遂将泯没无闻，此尤深可哀也。恭惟阁下至诚待物，与人有终，知其生必当念其死，爱其人必欲成其名。顾丐雄文，以光穴岁，俾伯夷不泯于西山，展季得显于东国。则死生受赐，子孙敢忘？捐躯殒命，未足为报。率妄之罪，非所敢逃。"

程颐是怀着对其兄的深深思念和哀伤给韩持国写信的。当他写到"顾其道不得施于时，学不及传之书，遂将泯没无闻"时，不禁悲从中来，感到家兄一生忙于传道授业，虽在天理的研究上有开创性贡献，但并未将天理的思想加以系统整理，此时他便萌发了为家兄写传的念头。他绕室转了一圈，对信又推敲了一番，便把信装好，准备派门人专程给韩持国先生送去。他又想起应找一大贤来刻墓志铭。便又给当朝侍郎、大书法家孙叔曼写了一封信：

"颐辄恃垂顾，敢以哀诚，上烦台听。

"家兄学术才行，为时所重，出入门下，受知最深，不幸短命，天下孰不哀之？又其功业不得施于时，道学不及传之书，遂将泯没无闻，此尤深可哀也。

"窃惟自昔有道之士，名或未彰，贤人君子为之发扬而后显于后世者多矣。今将归葬伊川，太一资政韩公为志其墓，思得大贤之笔，共久其传。恭惟阁下，名足以取重将来，道足以流光后世，致诚待物，与人有终，知其生必当念其死，爱其人必欲成其名。愿求真迹，以偾穴岁。倘蒙哀矜，曲赐开允，则死生受赐，子孙敢忘！内循率妄，战越无地。"

正当程颐将信折好之时，文彦博在吕大临的搀扶下来到屋里。程颐一见文老进来，忙鞠躬施礼，扶他坐下，说："正要过去向老先生报哀，不想先生来了。"文彦博说："明道去世，惊动洛阳城内外。大街小巷，人人哀之、痛之。我过来一则吊唁，一则是想看看后事如何处置。"程颐说："按规矩要停放一百天，定在九月二十四日安葬。我正想求教先生为家兄墓碑题字。"文彦博问谁写墓志，当他听说是韩持国时，便说："韩持国为资政，明道先生名闻天下，由他写墓志正合我意。我就给墓碑写字吧。"这时有人进来说："司马光派人来吊唁。话音刚落，两个宫中打扮的官员便走了进来，先是递上司马光的书信一封。程颐接过书信，见上面写道："惊闻明道弟不幸早逝，悲痛万分，本应前往吊唁，无奈行走不便，加上宫中繁忙，特派员前往致哀。"一官员说："高太后闻听程宗丞病逝，亦很伤悲，特在伊川赐地三顷，用于安葬先生。"程颐闻听，连忙跪谢。待宫中人走后，他对文彦博说："原先我正为伊川墓地狭小发愁。这下好了，朝廷赐地三顷，解了墓地之需。"文彦博说："我看这也是司马光的主意，只有他了解你家的情况，给高太后出的主意。"程颐想了想，感到文公说得有道理，对文彦博说："文公你在鸣皋赐了一处庄园，这几年我和哥哥讲学有了地方，也解决了生活的不足。朝廷这次又赐坟地，真是皇恩浩荡啊！"文彦博意味深长地说："那你如何感谢呢？"程颐说："我近日想先把哥哥的安葬之事办好，把他的行状写好，以使他的生平学问得以传承后世。然后就一心到伊皋书院讲学，归隐山林。"文彦博说："我看你归隐不了，也讲不了学。我听吕公著说，他和司马光、韩持国准备向朝廷推荐你到朝中任职，你还能到伊皋书院讲学吗？"程颐摇了摇头，叹口气说："哥哥突然病逝，我是万念俱灰。先把他的后事处理完再说吧！"文彦博见程颐沉浸在哀伤之中，便规劝了几句不要哀伤过度的话，返回了。

九月二十四日这一天上午，伊川白虎山下程家墓园里，新起了一座坟墓。安葬仪式上，程颢儿子端懿、端本和女儿先向父墓行跪拜礼。程颢的门生能来的都来了，谢良佐、游酢、吕大临立在前排，向先生鞠躬行礼。杨时因回了南方，没有赶来，但他也知道了先生去世的消息，一个月前向程颐写了安慰信，程颐还向他回了信。吕大临代表门生致哀辞后，谢良佐在凛冽的西风中宣读程颐写的《明道先生行状》的末一部分：

"先生资禀既异，而充养有道；纯粹如精金，温润如良玉；宽而有制，和而不流；忠诚贯于金石，孝弟通于神明。视其色，其接物也，如春阳之温；听其言，其入人也，如时雨之润。胸怀洞然，彻视无间；测其蕴，则浩乎若沧溟之无际；极其德，美言盖不足以形容。"

程颐静静地立在墓碑前，一边听着谢良佐含泪的哀读，一边望着肃穆的墓园。墓园显然比原先扩大了不少，靠北上方是祖坟。听父亲说曾祖父希振曾任尚书虞部员外郎，过世后朝廷特赐地在伊川安葬。曾祖母是高密县君崔氏。祖父程遹，被皇上赠开府仪同三司吏部尚书，祖母是孝感县太君张氏。母亲是寿安县君侯氏，早早就过世了。他举目望去，见这三座坟头上早已长出了离离荒草，在寒风中瑟瑟摇晃。哥哥的新坟前立一高大的墓碑，墓志铭是韩持国先生所写；墓表上是宋太师致仕潞国公文彦博题写的"大宋明道先生程君伯淳之墓"十二个大字。他回想着这三个月来的经过，先是朝廷赐坟地，后来他的几个学生赶着整理程颢的生前语录，他受学生们所请，写了《明道先生门人朋友叙述序》。他在八月份用了一个月的时间几乎是含着泪写完了记录哥哥一生生平的《明道先生行状》。他想，哥哥生前虽然没留下多少文字，有了这些内容，哥哥的思想不至于泯灭，可以传世了。

谢良佐致哀之后，安葬仪式也就结束了。程颐领着侄儿和吕大临等绕着坟走了一圈，做最后的告别。游酢在墓表前停了下来，仔细观看起程颐写的序来：

　　"先生名颢，字伯淳，葬于伊川。潞国太师题其墓，曰'明道先生'。弟颐序其所以而刻之石曰：周公没，圣人之道不行；孟轲死，圣人之学不传。道不行，百世无善治；学不传，千载无真儒。无善治，士犹得以明夫善治之道，以淑诸人，以传诸后；无真儒，天下贸贸焉莫知所之，人欲肆而天理灭矣。先生生千四百年之后，得不传之学于遗经，志将以斯道觉斯民。天不慭遗，哲人早世。乡人士大夫相与议曰：道之不明也久矣。先生出，倡圣学以示人，辨异端，辟邪说，开历古之沉迷，圣人之道得先生而后明，为功大矣。于是帝师采众议而为之称以表其墓。学者之于道：知所响，然后见斯人之为功；知所至，然后见斯名之称情。山可夷，谷可湮，明道之名亘万世而长存；勒石墓傍，以诏后人。元丰乙丑十月戊子书。"

　　这时程颐也走了过来，他想听听学生们对他对先兄的评价是否合适，便问游酢的看法。游酢说："读了先生的这篇序，使我对明道先生的理学意义有了更深的理解。孔孟之后的一千四百年间，世道混乱，道德沦丧，加上佛道盛行，人人不知以何安身立命。先生出，倡圣学，辨异端，确实为功大矣。如今先生去了，我们几个想投奔先生门下，不知先生肯收下否？"程颐见吕大临、谢良佐、游酢立在一起，似无所归依的样子，便说："为兄生前特地对我说过，你们几个包括杨时都是在理学上有所研究的人，要我收下你们，把理学传承下去。"三个人一起，忙向程颐行了拜师礼。

第十六章　崇政殿说书

　　十一月的一天上午，程颐正在家中同父亲说话，朱光庭走了进来。他先向程老先生请了安，后对程颐说："明道先生不幸病逝，我本应来吊唁，无奈当时在河阳判官任上，不能离开，今奉诏进京，特来看望。"程颐连连称谢。朱光庭感叹地说："去年的十一月间，我跟随明道先生在汝州商酒务镇两个月，聆听先生教诲，受益匪浅，回去后我常对人说，我在春风中坐了一个多月，不料今日再也难觅先生踪影了！人生无常，人生如梦啊！"程颐也有同感，他说："本来为兄是要到朝中去任宗正寺丞的，不意猝然病逝。"他问朱光庭到朝中任何职。朱光庭说，是任谏议大夫。程颐关心朝廷的政局，便询问起朝廷的变化。朱光庭说："神宗去世后，哲宗尚年幼，朝政目前由高太后主政，司马光复任宰相后，不顾年老体衰，一心要改变新法，已到了废寝忘食的地步，我担心他的身体吃不消啊，毕竟他也是七十多岁的老人了。"程颐也有些担心，他知道前几年司马光得过中风，如今以衰老之身独撑大局，挽狂澜，表现的是一种鞠躬尽瘁、死而后已的气概。不过他也担心高太后的态度，便问："温公要改变新法，高太后支持吗？"朱光庭说："高太后听从温公的谏言，也认为新法是败政之法，非改变不可。"程颐这才放了心。他望着院中忽然刮起的狂风，对朱光庭说："我也主张改变新法，不过新法毕竟实行了十几年，有一些方面还是有益的。我不主张对新法一风吹。这个想法你到京城给温公说说。"朱光庭说："我可以转告，不过估计很难听进去。我听说温公今年三月一复出就向朝廷举荐你，可你不出。六月，他与吕公著、韩持国又向朝廷举荐你，说你'力学好古，安贫守道，言必忠信，动遵礼义，年逾五十，不求仕进，真儒者之高蹈，圣世之遗民。伏望圣慈，特加召命，擢以不次；足以矜式士类，裨益风化'。那次是由于先生在家安葬先兄，不便出仕。我听说近来司马先生又向朝廷举荐了你，不日圣命就要下达了。"程颐也听说司马光几次向朝廷举荐自己，但都没有朱光庭叙述得详细，他不由得对眼前这位四十多岁、家居偃师的前河阳签书判官的记忆力表示惊讶，他几乎是一字不差地复述了司马光的原话。因为吕公著给他来过信，曾告诉过他们向朝廷举荐的内容。他边听边说："我还不敢言是'儒者之高蹈'，也不算'圣世之遗民'。你去告诉司马先生，为今之世，算不上圣世吧！"朱光庭显得有些不高兴，说："看来先生还是不会同意出仕的。"

这时河南府一书吏来报，说朝廷有旨，任程颐处士为汝州团练推官，充西京国子监教授。朱光庭连忙向程颐表示祝贺。程颐却并不显得热心，淡淡地对府里来人说："感谢皇上恩德，过几天我会上谢表的。"来人去后，他对朱光庭说："我本乡野之民，任团练推官，岂非怪事？虽然我年轻时也曾骑马射箭，练过武功，可如今毕竟年过半百，哪还能成为领兵之人？"朱光庭笑了笑说："先生并不知情，这团练推官，只是一种官职，属于汝州府负责军事的属官，并不要你领兵的。我看朝廷让你出任这个官职，只是一种过渡，还是要你到朝廷去的。"程颐淡淡地说："我早已绝意仕途，这个推官还是早辞去的好。"朱光庭笑着说："我怕你推不掉的。"说罢，便向程颐告辞了。

程颐送走了朱光庭，便向父亲说了朝廷的任命，并说自己决心辞去汝州团练推官。父亲倒没说什么，要他自己拿主意。程颐思索了一下午，晚上便写了《辞免西京国子监教授表》：

"臣颐言：今月日，准汝州牒，送到官诰一道，伏蒙圣恩，授臣汝州团练推官，充西京国子监教授者。臣愚陋小儒，晦处草野，忽承明命，不任震惊。

"伏念臣才识迂疏，学术肤浅，自治不足，焉能教人？岂敢贪冒宠荣，致朝廷于过举？所降诰命，不敢当受，谨奉表辞免以闻。"

半个月后的一天下午，程颐接到汝州府传来的文牒说朝廷不允辞呈，要他不日到汝州府团练推官任上就职。他思虑良久，感到不幸被朱光庭言中，可又不情愿赴任，便又一次写了《再辞免表》：

"臣颐言：今月日，准汝州牒，备到尚书礼部符，奉圣旨，不许辞免恩命者。

"伏以皇帝陛下嗣位之初，方图大治，首拔一人于畎亩之中，宜得英异之才，置之于位，则天下耸动，知朝廷急贤，不特济一时之用，足以为后世之光。今乃取庸常之人，命之于官，则天下何望？后世何观？朝廷之举也何为？臣之受也何义？臣虽至愚，敢贪宠禄，以速戾厥躬？是以罔虞刑威，而必尽其辞也。臣愿陛下扩知臣之明以照四方，充取臣之心以求真贤，求之以其方，待之以其道，虽圣贤亦将为陛下出。况如臣者，何足道哉？冒犯天严，臣无任战恐激切屏营之至。"

写完之后，他便来到父亲的屋内，将辞免表读于父亲听，父亲听后，沉思良久，对程颐说："我看有司马光、吕公著在朝廷执政，你再写辞免表也不会准奏。"程颐听了，还是决定递上去。

第二年三月的一天，程颐离开了汝州，来到了京城汴梁。这天下午黄昏时分，当他乘一小轿向皇宫走去的时候，望着小窗外越来越显得暗下来的宫墙，他感到仿佛在向黑洞走去。不知走了多长时候，宫灯亮了，把宫内照得有了一丝光亮。他望着迎面闪过的宫灯，不禁回忆起几个月来的变故。去年十一月的《再辞免表》诚如父亲所言，朝廷并未批准，他只好到汝州就任团练推官。今年闰二月十八日，由朝中大臣时任监察御史的王岩叟推荐，朝廷任他为承奉郎，并授宣德秘书省校书郎。他于二月二十四日又一次写了《辞免馆职状》，他当时请求召见，以求当面陈述辞免理由，仍不被批准。不得已他只好赴京就职。眼下他透过轿边的小窗，望着深不可测的皇宫，不禁感到一丝寒意，尽管已是初春，可皇宫内感不到春的气息。他又想起了十几年前哥哥出入皇宫的情景，心想：难道自己也会与哥哥有同样的命运？可又一想，目前是高太后执政，司马光与吕公著辅佐，正在纠正熙宁新法，哥哥所经历的变法与反变法的局面，自己不会遇到，想到这里，他稍稍放宽了心。

在程颐来到皇宫的第二天晚上，朱光庭与王岩叟相约来见。朱光庭一见程颐，便说："我老怕先生再上辞免表，真的不来，今见到先生我算是放心了。"程颐一边让座一边说："我真的不想到这皇宫里来，可又怕拂了诸位的美意，这算是来了。"朱光庭介绍说："这位王先生是监察御史，是山东临清人，有名的连中三元，连着两次向朝廷举荐你。"程颐见王岩叟长得高挑，眉清目秀中透着精明，年龄比自己要小几岁，便生了好感。他自谦地说："我是有些迟钝的，不像先生乡试、省试、廷对都是第一。我考进士时已老大不小了，且多生变故，终未中举，十几年来一直以处士在乡间讲学，对宫中的规矩还很陌生，还望王御史多多指教。"王岩叟笑了笑说："河洛两程早已名重天下，是我辈敬仰的先生。我常听司马先生与吕公著先生谈起你，说你是天下真儒，圣世遗民，多次向高太后举荐你。可程公是屡屡辞免，使他十分伤心。这次他听说你已到了京城，本来要来看望，无奈身体欠安，只好要我代为慰问。"程颐关切地问："司马先生目前是大宋的希望所在，他可不能在关键时刻身体出问题啊！我听说他出任宰相之后，以羸弱之躯顶将倾大厦，力挽狂澜，使大宋出现了一线生机。他也是七十多岁的老人了，前几年还得过中风，真怕他吃不消啊！"朱光庭说："他为了处理政务，几乎是食不甘味，寝不暖席，我都怕他累倒啊！"程颐能想象得出司马光废寝忘食的情景，他问朝中近来有何举动。朱光庭说司马光决意要罢黜实行了多年的免役法，其他路尚未有动静，开封府尹蔡京率先执行，在开封府取消了免役法，恢复了差役法，闹得京城一片哗然。"程颐沉思着说："我早就要人给司马先生捎过话，对王安石推行的变法不能一风吹，不能因人废事。据我所知，免役法在实行中已逐渐被乡民所接受，再变回去，三五年不会稳定。再说，蔡京投其所好强行推行，是何居心，先生难道看不出来？"朱光庭说温公是矫枉过正啊！"王岩叟鄙夷地说："蔡京谁不知是个见风使舵的小人！他是在讨好司马光。"朱光庭不解地说："司马光是何等精明的人，难道会被他所蒙蔽？"程颐说我看他是为了推行他的新政，不得已而用之！可这就要付出代价呀。我怕因此毁了司马先生的名声。"

　　夜渐渐深了，宫中静得有些怕人，连更夫巡夜的脚步声也听得清清楚楚。朱光庭环视了一下程颐的住屋，见房内空荡荡的，便说："先生一人住这里晚上是会感到寂寞的，我看应赶快把师母接过来。"程颐不以为然地说："宫中这一带虽只有我一人，我是不怕的，我既不信神也不信鬼。再说，我尚未见到高太后，我并未最后接受朝廷的任命，把你师母接来干啥！免得还要送回去。"王岩叟试探地问："先生一再上辞免表，是为何事？难道是对职务不满？"程颐笑了笑，又摇了摇头，说："我本草野之人，从去年十一月来，由团练推官到如今的秘书省校书郎，三四个月时间连升三级，由从九品晋到正八品，我何敢再有欲望！我本来早就要到朝廷谢恩的。第一次臣受西京国子监教授，我上了辞表，不许，朝廷命我乘马赴阙，却未获进见，这次遽然又任，按礼应先见君，却先受恩命，臣深感于理未安。因此，此次任命，不敢接受。"王岩叟算是明白了他辞免的理由，原来是没有当面谢君，看来他对礼数是很讲究的。想到这里，他说："先生可以放心，先在这里住下，我近日就向高太后奏明，让先生晋见谢恩。"说罢，便与朱光庭离开了。

　　三月十四日这天早朝的时候，程颐来到了崇政殿门外，晋见高太后。他是一天前接到王岩叟的书信说："高太后要他在今日早朝时面圣。程颐站在大殿外，见老态龙钟的司马光下了轿，在仆人的搀扶下进了殿，吕公著、王岩叟、朱光庭先后进了殿。这天天气晴和，春日的阳光照在大殿前的场地上，给阴森的宫殿带来了明媚的春意。他看见大殿前的一株柳树已吐出了嫩芽，心想，看来春天也来到了宫里。当他被传唤进去的时候，一眼见高太后正在盯着自己，司马光坐在一旁，正朝自己微笑着点头。他行了礼，静听高太后问话。高太后说你就是几次三番上辞免表的程颐？是先前曾任监察御史程颢的同胞弟弟？"程颐连忙回答："是！"高太后说：

"为何要辞免？"程颐说："臣本一介草民，骤然晋升西京国子监教授，本应面圣谢恩，尚未见君，又接圣命，任秘书省校书郎，与理与义不符，臣不敢接受。故辞。"高太后笑了笑说："几个月内对你连下诏书，你若都到京面圣，怕你来不及呢。我再给你下个诏书，你就在这里一并谢吧！"程颐听了，连忙跪下。只听高太后说："你就任崇政殿说书吧，给年幼的皇上讲讲治国理政之道。"程颐忙说："谢太后信任，臣才疏学浅，不足以当此辅导圣上的大任，还是另选吧！"朱光庭见高太后面露不悦，便上前说："程先生学问渊博，有经天纬地之才，有制礼作乐之具，实天民之先觉，圣世之真儒。臣再次举荐为崇政殿说书，当今之世，没有更合适的人选。"司马光也为程颐的一再推辞着急，感到太过迂腐了，他说："程先生是怕有负太后圣命，不敢贸然应允，不如先来讲试讲试，再作决定。"程颐也看出了朱光庭和司马光的用意，便说："谢太后恩典，臣本草野之人，盛名之下，其实难副。只乞令臣进札子三道，言经筵事。所言而是，则陛下用臣不误，臣受命无愧；所言而非，是其才不足用也，固可听任辞避。"高太后见程颐如此说，便应允了。

　　一个月后，程颐最终还是接受了高太后的任命当了崇政殿说书。进殿那天上午，高太后与司马光、吕公著领着年方十岁、刚于三月登基的宋哲宗赵煦来见程颐，高太后微笑着对程颐说："我看了你呈上的三道札书，前两道是说皇上年幼，应挑选名德端方之儒者置于左右，使之熏染成性，习与智长，化与心成。我十分赞成，这不是古代孟母教子三迁其居吗？我也准备安排了几位名德端方之儒者与哲宗陪读，以求耳濡目染之效。先生第三道札书所提的改过去老师立讲为坐讲，我尚拿不准，二位如何看？"高太后用眼看司马光和吕公著，要他们发表意见。司马光说："要说从来都是立讲，因为是皇上在听讲，再说讲者要指书，坐着怕不方便。"程颐不以为然，说："皇上年幼，从小就要培养尊师重道之心，讲者立着，学生坐着，与礼不合呀！至于坐着不便指书，可以找一人专门来指书，不就可以坐着讲了？"吕公著说："程先生说得有理，可以坐讲。不过免不了朝中有人议论。"高太后说："随后由大臣们议一议，可以改一改。程先生还有何要求，尽管提出来。"程颐望了望立在一边的史官说："皇上在学习时应心泰体舒，无所顾忌，若史官在一旁，记录皇上的一言一行，势必造成皇上的心理紧张，怎么能学习进去呢？我以为皇上在学习时史官可不必在场。"高太后想了想，见程颐说得有理，便应允了。吕公著对高太后说："太后能让程先生来讲书，是选对人了，程先生研究性命理学，是当代大儒，名重天下。太后可能还不知道，程先生早在年幼的时候就曾向神宗上过书，自比诸葛亮，有辅佐之才，后来游学京师，因写了一篇文章，被主掌太学的胡先生看中，而聘为教职，我的儿子当时也在太学学习，与程先生虽为同学，我却让他拜程先生为师。"高太后听了介绍，不由得对眼前这位貌不惊人的程先生看重起来，她拉过哲宗说："你虽为皇帝，可如今年幼，在程先生面前却是学生，要尊师重道，好好向程先生学习治国理政的道理，将来好治理朝政。"哲宗虽然年幼，却显得气宇不凡，他似乎还沉浸在登基的兴奋中，对高太后说："孩儿谨遵母后教诲。"然后向程颐行拜师礼，说："学生拜见程先生！"程颐一脸庄重，接受了哲宗的拜师礼。高太后见程颐接受了拜师礼，心想，这个程颐就是看重礼数，要是换了别人，岂敢接受小皇帝的拜师礼？逢迎怕还来不及呢！接着她问司马光："程先生说要挑选道德高尚之人来陪伴皇上，你看如何安排？"司马光把脸转向程颐说："依先生之见呢？"程颐说："伏以皇上春秋之富，虽睿智之资得于天禀，而辅养之道不可不至。所谓辅养之道，非谓告诏以言，过而后谏，在涵养熏陶而已。大率一日之中，亲贤士大夫之时多，亲寺人宫女之人少，则自然器质变化，德器成就。以我之见，选二三位德高望重的儒者，再选二三个十一二岁的品质优良的少年陪伴在皇上左右，老者树道德榜样，少者一同研习，又不失少年性情。这样就能养成圣德，为宗社生灵之福。"高太后听了，暗自佩服，不过她又担心皇儿久居宫中有人服侍惯了，是否适应，她顾虑着说能否常来看看。程颐摇了摇头说："太皇太后慈爱的心情可以理解，但也不能经常来看望，以免分了皇上的心。"高太后无可奈何地对司马光说："看来我也得听程先生的，能不来就不来看望，以免影响皇上的学习。"

这天晚上回到宫中的家里，程颐一吃过晚饭就准备明天的讲书。他正要沐浴更衣，门人报告说宫中有人来访。程颐到门口一看，见是当朝枢密使文彦博来访，便赶紧迎进屋来。文彦博见程颐衣冠不整，似要更衣的样子，便不解地问："何以早早更衣？难道吃过晚饭就要早早歇息不成？"程颐解释说："明天我就要给皇上讲书，我是准备先沐浴更衣，然后坐在桌前潜思存诚，思虑所讲内容，以求明天在讲书时能感动皇上。"文彦博感叹地说："我在朝中几十年，见过不少皇上的侍讲官，还没有像先生这样前天晚上沐浴更衣的，这种诚敬态度，只有先生能做到。"程颐说："臣一布衣，蒙太后垂爱，给皇上讲书，敢不诚敬？"文彦博问明天准备给皇上讲何内容。程颐说讲为君之道。文彦博说："明天我也去听讲。"程颐显得有些不安，说："有前辈在，臣若有不妥之处，望纠之。"文彦博说："尔当代大儒，辅养圣德，是当朝之幸也。一些老臣听说你来给皇上讲书，都想来听听。我就知道吕公著明天也要去听的。你准备吧，我不再打搅了。"说罢，就返回了。

第二天上午程颐早早就来到了经筵殿。经筵殿是给皇上讲经的地方。他走进去的时候见文彦博、吕公著等一班老臣也早早坐在那里，其他四位讲官也来了。他向文彦博等老臣施了一礼，朝其他讲官点了点头，便来到准备好的讲堂上，将《论语》放在桌子上，静等皇上的到来。当一缕初春的阳光投进门口的时候，高太后领着哲宗与两个十一二岁的陪读走了进来。文彦博、吕公著等老臣见了，忙跪了下来，高太后忙将老臣们拉起，要他们坐下，几个老臣不敢坐，只是立在那里。程颐看了这一幕，心里不是滋味，也想向皇上行礼，可想到今天自己是皇上的老师，便安下心来。他见高太后坐在屏风后面听讲，便呷了一口桌上的茶，清了清喉咙，说："皇上初登大位，今日开讲，我先讲为君之道。天下之治，由得贤也，天下不治，由失贤也。世不乏贤，顾求之之道如何尔？王道之本，仁也，帝王之道，教化为本。民为邦本，本固邦宁。固本之道，在于安民，安民之道，在于足衣食。"程颐侃侃而谈，众大臣静静地听，高太后也被折服了。吕公著见皇上眨着眼，似有不懂的地方，便对程颐说："先生可否解释解释，便于皇上接受？"程颐便解释说："王道之本，是仁，就是说要行仁政。帝王之道，教化为本，就是说治理国家要以教化为先，不以惩罚为主。民是邦本，本固则邦宁。"哲宗凝神听着，这时问了一句："何为为君之道？"程颐答道："先兄曾言，君贵明，不贵察；臣贵正，不贵权。"哲宗不解其意，程颐说："君贵明，就是说为君要开明，不贵察，就是说不疑人。"哲宗又问道："何为为政之道？"程颐说："为政之道，以顺民心为本，以厚民生为本，以安民而不扰民为本。如何做一个圣明之主？圣明之主，无不好闻直谏，博采刍荛，故视益明而听益聪，纪纲正而天下治；昏乱之主，无不恶闻过失，忽弃正言，故视益蔽而听益塞，纪纲废而天下乱。"讲说告一段落，皇上同几个陪读到殿外玩去了，文彦博对从屏风后走出来的高太后说："程侍讲乃当代大儒，所学为大本之道，亦深明为君为政之道，由他来辅养圣德，乃当朝之幸也。太后也是慧眼识珠啊！"高太后笑着说："他还不是你们举荐的吗？"说罢，她向程颐道了别，便同吕公著等几个老臣离开了经筵殿。

程颐送走了高太后，便来到殿堂外面的空地上，见春风拂面，艳阳高照，殿外的几株柳树柳丝袅娜，十分可人。哲宗同几个陪读的少年正在院中追逐嬉戏。看着哲宗奔跑的身影，程颐不禁笑了，心想：这才是儿童的天性，无拘无束，多可爱啊！忽然，他看见皇上蹦起来，用手去折了柳枝，拿在手上，挥舞着玩。几个少年见了，也准备去折柳枝。程颐赶紧走了过去，对哲宗说："如今正是草木萌发的时候，皇上折了柳枝就毁了柳树的性情，多可惜啊！皇上将来要君临天下，治理国家，不可大兴土木，浪费财力。同时要不违农时，爱惜农力。"哲宗见程颐想得深远，便把柳枝丢了。

柳树下是一条水沟，程颐见水中有游鱼数尾，十分自在地游来游去，他叫来了皇上和几位陪读的少年，指着游鱼说："圣人之仁，养物而不伤。树之性，冬枯春荣，鱼之性，遇水而乐。倘若此水中断，则鱼必死也。"皇上见老师仍在以鱼之乐说自己折柳枝的事，心想，先生心中时刻存有仁爱之心啊！程颐讲起了往事，他望着沟里游鱼说："我年轻时有一天，在家中看书。书斋前有一个用石头凿成的石盆。家里的人为了喂猫，从集市上买来了不少小鱼。我看见有的鱼已死了，有的鱼还活着，大张着嘴，瞪着眼。我不忍心看着鱼死去，便捡了百十条可生的鱼，放在石盆中，不一会儿，鱼活过来了，洋洋然，游来游去。我支颐观了半天，感受颇多，后来还写了一篇《养鱼记》。"皇上对程颐讲的往事尚不在意，只是在看沟中的鱼儿，陪读中的一少年要程颐读来听听，程颐见天已近午，便说："该用午饭了，改日再读吧。"

几天后的一天，又轮到程颐讲书。这天上午，当他走进经筵殿的时候，见高太后也早就来到了殿中，程颐忙向太后道了安，接着便问起他来讲书宫中的反应。高太后叹了口气说："先生的道德学问别人是无可挑剔的，可就是你提出的改立讲为坐讲，有些议论。谏官顾临和四五个执政大臣上了折子，反对这样做。认为坐讲有违礼仪，是不尊君的表现。"程颐说："这些我都料到了，由立讲改坐讲，是会引起反对的。可太祖皇帝曾召王昭素讲《周易》，真宗皇帝召崔颐正讲《尚书》，都是在大殿上坐讲呀！可见讲官坐讲是祖宗流传下来的尊师重道的传统。我朝之所以有立讲之仪，是萧太后之意。既然不合祖制，就应该改过来。尊师重道，不仅子孙当以为法，而且万世帝王所当为法。臣每当进讲，未尝不规劝主上以祖宗美事为法，规劝主上尊师重道，如前代明君，光耀史册。人君唯道德益高则益尊，过礼则非礼，强尊则不尊。自古国家所患，无大于在位者不知学。在位者不知学，则人主不得闻大道，朝廷不能致善知。不闻道，则浅俗之论易人，道义之言难进。近年以来，士风益衰，志趣污下，议论鄙浅，高识远见之士益少，习以成风矣。此风不革，臣以为非兴隆之象，乃陵替之势也。大率浅俗之人，以顺从为爱君，以卑折为尊主，以随俗为知变，以习非为守常，此今日之大患也。望太后深思。"高太后听了程颐这番由坐讲引发的议论，心中感到有些不是滋味。她想："这个程颐对朝政未免管得太宽了，什么'此风不革，非兴隆之象，乃陵替之势也'，还有他说的'过礼则非礼，强尊则不尊'，叫人听着心里不舒服。"想到这里，她以有些冷淡的口吻对程颐说："你就开讲吧。"程颐见高太后对坐讲不置可否，从她的话语中听出好像对自己的议论不感兴趣，也不便再说什么，便走向讲堂准备开讲，他见今天来听讲的除了哲宗和陪读的几个少年外，谏官顾临也来了，文彦博也来了。他对哲宗说："上次讲了为君之道，今日我讲格君心之非。"程颐说了之后，有意望一望下面的反应，见哲宗皱了皱眉头，几个陪读的少年显得无所谓的样子，文彦博睁大了惊异的眼睛，谏官顾临朝屏风内看了看。他继续说："何谓格君心之非？天下之治乱，系乎人君仁不仁耳！治道亦有从本而言，亦有从事而言。从本而言，惟从格君心之非，正心以正朝廷，正朝廷以正百官。"他见哲宗在认真思考，便继续说："《尚书》中记录了周穆王与大臣的对话，周穆王说：'维予一人无良，实赖左右前后有信之士，匡其不及，绳愆纠缪，格其非心，俾克绍先烈。'这是周穆王第一次提出纠正君王不正确的地方。他说的意思是我一人没有好的办法，实赖左右有识之士帮助，纠正不正确的方面，才能继承先祖的功业。孟子也说过这样的话：'人不足以适也，政不足以间也，唯大人为能格君心之非。君仁莫不仁，君义莫不义，君正莫不正。一正君而国定矣。'这里说的适即过。以臣看来，夫政之失，用人之非，知者能更之，直者能谏之。然非心存焉，则事事而更之，后复有其事，将不胜其更矣；人人而去之，后复用其人，将不胜其去矣。是以辅相之职，必在乎格君心之非，然后无不正；而欲格君心之非者，非有大人之德，则亦莫之能也。"程颐说了这一番话之后，见哲宗似有所悟，不再像刚听到格君心之非皱眉头了，便继续按照自己的思考说下去："根据为臣的理解，要治理好一个国家，单靠君王一人不行，正如周穆王说的实赖左右前后有识之士的帮助，我想可以实行君臣共治天下。何以有此说？夫以海宇之广，亿兆之众，一人不可以独治，必赖辅弼之贤，然后能成天下之务。何为君？君者均也，君者群也。天下治乱系宰相，君德成就责经筵。也就是说天下的治乱决定于宰相，不决定君王一人；可君王的道德辅养却决定于经筵的贤良之士。自古圣主，未有不以求贤任相为先也。朝堂之上可挑选一些德高望重、有治世之才的贤能之士，每当朝廷有大的祭祀活动，由他们进行谋划。朝廷有关国家治理的大事，由他们先行讨论，避免一人独断引起偏差。"

高太后在屏风后面对程颐的一番议论，开始是十分反感的，当听到说格君心之非时，她就想这个程颐真不知天高地厚，可到后来见他引经据典，从周穆王说到孟子，讲得有理有据，便消了火气。

讲罢之后，高太后在与谏官顾临、文彦博返宫中的路上，问顾临对程颐所讲的格君心之非与君臣共治天下的看法，顾临见高太后并不十分赞同，便气愤地说："我是愈听愈听不下去，照他这样说君王与臣子共治，君王的权威何在？我对他提出的坐讲就看不惯，若这样他与皇上不是平起平坐了吗！真不知天高地厚！今又提出君臣共治，太虚妄了！"高太后倒是和颜悦色的神情，她问文彦博："文公，你是三朝元老，如何看？"文彦博微笑着说："顾御史不必大动肝火，老夫对先帝神宗也讲过与士大夫共治天下的话，神宗是欣悦采纳了的。我朝一开国，太祖就立誓碑于太庙：'不得杀士大夫及上书言事之人，子孙有逾此誓者，天必殛之。'于今思之，太祖开了尊崇士人的先河，我朝形成的士大夫上书言事、敢于议论天下治理成败阙失的局面，是汉唐以来所没有的。再从我朝设立的参知政事制度，宰相非设一人，不也体现了共治的思想吗？至于君臣共治会不会影响君王的权威，我看不会，只要国家治理好了，天下人不是还是对皇上感恩戴德吗？我记得当年王安石曾对神宗说过："士之道隆德俊者，虽天子北面而向焉，而为之迭为宾主。"也就是说，对于德高望重的儒者，天子也要像臣对君那样反主为宾，尊为座上宾。程先生为当代大儒，坐讲不正好体现了当今皇上尊崇儒者之心吗？"听了文彦博的一番话，高太后算是消了气，顾临也不好再说什么。

转眼到了初秋，离城开封已有了凉意。程颐虽然在四月末就停了讲书，可这三个月来他却没有心闲，随着时间一天天过去，他反而显得愈加焦躁不安起来，他想到自己担当辅养圣德的重任，可皇上一连三个月因天热罢讲，实在是不应该，可以找一个宽敞的地方继续讲书啊，皇上也太娇贵了！他用了几个晚上给高太后写了奏章。六月的一天上午，他来到文彦博的府上，想就上书一事听听他的意见。他见了文彦博之后，便递上了写好的《上太皇太后书》，说："太傅大人，你是三朝元老，我这上书你过过目，看我提出的有关想法太后会不会同意，会不会采纳。"文彦博接过奏章，见满满几大张，便让人给程颐端上茶，戴上老花镜，看了起来。他见程颐开始是写无意到皇宫里来：

"臣愚鄙之人，自少不喜进取，以读书求道为事，于此几三十年矣。"他匆匆阅了一遍，感到程颐在辅导圣主方面确有见地，他呷了一口茶，不紧不慢地说："先生的主张是好的，可要使皇太后接受却不容易。你说说你的想法，我好心中有个数。"程颐拿过奏章说："臣以为今日至大至急，为宗社生灵久长之计，惟是辅养德而已。历观前古，辅养幼主之道，莫备于周公。周公之为，万世之法也。周公曰：仆臣正，厥后克正。又曰：后德惟臣，不德惟臣。是古人之意，人主跬步不可离正人也。盖所以涵养气质，熏陶德性，故能习与智长，化与心成。后世不复知如此，以为人主就学，所以涉书史，览古今也。不知涉书史，览古今，乃一端也。若止于如是，则能使宫人可以备劝讲，知书内侍可以充辅导，何用置官设职，精求贤德哉？大抵人主受天之命，禀赋自殊。然历考前史，帝王才质，鲜不过人。然而完德有道之君至少，何哉？皆辅养不得其道，而位势使之然也。"程颐正要再讲下去，文彦博打断说："先生对人主辅养之道确有研究，所说的周公辅养幼主的办法我也是第一次听说。先生对历代帝王才质的分析可谓独到，过去都说帝王异于常人，先生却说鲜不过人，完德有道之君少，先生这些话在这里说说可以，若写在上书里，高太后看到了，是会不高兴的。"程颐说："帝王才质鲜不过人，是我比较了很多帝王后得出的结论。但由于辅养得法，还是有不少帝王成为有为之主。我这里着重说明要辅养得法。我在第一次上殿札子中就提出要挑选德高望重的儒者和同皇上年龄相仿的少年陪伴皇上。臣供职以来，六侍讲筵，但见诸臣拱手默坐，当讲者立案旁，解释数行而退。如此，虽弥年积岁所益几何？"文彦博问道："先生提出侍讲由立讲改为坐讲，还未实行？"程颐叹口气说："太后一切以祖宗成法为依据，虽然也认为臣所说的有理，但改起来是很难的，加上有人反对，更是难下决心了。虽然我是坐讲，其他讲者还是立着的。"文彦博听了，也就不再深问，便接着原来的话题问应如何辅养圣主。程颐说："古人生子，能食能言而教之小学之法，以豫为先。人之幼也，知思未有所主，便当以格言至论日陈于前。虽未晓知，且当薰聒，使盈耳充腹，久自安习，若固有之。虽以他言惑之，不能入也。若为之不豫，及乎稍长，私意偏好生于内，众口辩言铄于外，欲其纯完，不可得也。故所急在先人。有人或许认为今主上天资至美，自无违道，不须过虑。此尤非至论。夫圣莫圣于舜，而禹、皋陶未尝忘规戒。且人心岂有常哉？以唐太宗之英睿，躬历艰难，力平祸乱，年亦长矣，始恶隋炀帝侈丽，毁其层观广殿，不六七年，复欲治乾阳殿，是人心果可常乎？所以圣贤，虽明盛之际，不废规戒，为虑岂不深远也哉？况冲幼之君，闲邪拂违之道，可少懈乎？"文彦博静静地听着，他不禁对程颐提出的辅养之道佩服起来：以豫为先，急在先人。对他以唐太宗先毁后建宫殿，说明人心是会变化的，感到很有说服力。这时他听程颐接下去说道这几日我内心十分着急，从四月末因天热罢讲以来，皇上已有三个月不曾接触儒者了。古人欲旦夕承弼，出入起居。而今乃三月不见一儒臣，何其与古人之意异也？今士大夫家子弟，亦不肯使经时累月不亲儒士。初秋渐凉，臣欲乞于内殿，或后苑清凉处，召见当日讲官，俾陈说道义。再也不能荒废下去了。我的这些想法，不吐不快，太傅已看了我的奏章，感到太后会采纳吗？"文彦博沉思良久，又把奏章拿过来看了一遍，斟酌着说："先生辅养圣主的诚心天日可鉴：可如今太皇太后一心恢复祖宗之法，对稍有变革之举，则视为异论。连你提的改立讲为坐讲都不应允，何谈其他方面？不过停讲时间确为不短，我也向太后说说，该开讲了。"程颐听出了文彦博话中之意，感到这篇上书不会有啥结果，但他还是决意把上书递上去。

几天后的一天上午，程颐进得宫来，向高太后呈上奏章，说皇上已停讲三个多月了，辅养圣德之事不可耽误太久，古代一些士家子弟是一天也不能中断学习的。希望将讲堂放在宽敞的大殿内，继续讲书。高太后对程颐在上书中的一些提法有不满的地方，可念在他的一片诚心也是为了皇上，便同意了。程颐问高太后这几个月来哲宗有何变化。高太后说："先生的仁爱之心是影响到了皇儿，他在宫中走路的时候，碰到蚂蚁，总是要绕着走过去。早上梳洗的时候，我听宫女说，他见地上有蚂蚁，便不肯把水泼在地上。这时刚好哲宗走了过来，程颐对哲宗说："皇上能以仁慈之心对待小生物，臣感到欣慰，可臣更愿皇上以仁慈之心对待天下苍生！"程颐说得很严肃，哲宗还沉浸在玩耍的气氛里，一时哲宗转不过弯来。高太后笑着说："皇儿啊，先生开始给你上课了。"哲宗这才缓过神来说："谨遵教诲，以天下苍生为念，广施仁政。"这时一宫女过来给哲宗端来洗脸水，让哲宗洗，程颐见放在宫内墙角的水桶是金做成的，感到太奢华了，不觉皱起了眉头，他欲对高太后谏言撤去。高太后见程颐对着金制的水桶皱眉头，知道他要进言，便说："这个金制的水桶是过去留下来的，宫中一向就是用金制作的水桶，可不是今日才用的。"程颐诚恳地说："我先前就向太后谏言，为了辅养圣德，服侍皇上用的器物皆须质朴，一应华巧奢丽之物不得置于上前。虽说金制的水桶是旧物，可这事关皇上圣德，只要皇上使用金制水桶，我就不敢不谏。望太后将宫中金制水桶及一切奢丽之物撤去。"高太后见程颐进言有理，便下诏在宫中停用金制的水桶。

　　从宫中出来的路上，程颐心中感到一丝宽慰，太后总算同意开讲了，过几天就可以给皇上讲书了。同时他又有深深的忧虑，虽然金桶被停用了，可皇宫中的奢丽物品岂止一件金桶！他这样边走边想，不觉回到了家中，夫人见他回来了，忙端上了饭。在吃饭时夫人抱怨说："缸里的面快没有了，你要我再给你做饭，我可做不出来。"程颐说下午我再去一次当铺，当些钱来买面。"夫人说："你看家里还有啥能当的？能当的东西不都叫你当去了？你都来这里几个月了，一文钱的俸禄也不给发，你再不说，我就给文彦博公说去。"程颐摇了摇头说："俸禄的事，我不好开口呀，听说快发下来了。咱就再将就几天吧！"夫人见他如此说，便不再说什么，只是叹了口气。

　　下午，程颐找了几件旧衣服包了又来到当铺，当他走到当铺门口的时候，吏部一姓赵的官员刚好路过，见程颐要进当铺，便觉得奇怪，他已几次见他进去当东西了，便问："先生是不是俸禄不足家用才来当东西的？"程颐苦笑着说："我已到京城几个月了，朝廷何曾给我发过俸禄，我也不好要，不得已只好典当些东西以备急需。不瞒你说，再不发俸禄，我连典当也没有东西了。"姓赵的官员显得有些吃惊，心中暗想："先生可是当今皇上的老师，要是在给皇上讲书时奏一本，自己怕就吃不消。"想到此，他赶紧向程颐赔不是，说是自己疏于对属下的督促，致使先生来皇宫几个月还领不到俸禄。他问程颐有无作为官职凭证的历子。程颐说："我本一介布衣，出身草芥，何来历子？"赵侍郎说："我这就去通知户部，要他在几天之内解决先生的俸禄问题！"

　　这时有人来请赵侍郎去宫中看歌妓表演，赵侍郎笑着问程颐："程先生，跟我一起去看看吧？"程颐正色说："我乃皇上侍讲，负有辅导圣上职责，岂可到那种地方去！"赵侍郎说："我向先生求证一件事，先生不要生气。既然先生不愿看歌妓表演，我听说先生过去还同你的长兄与歌妓在一起吃酒行乐，有没有这件事？我听了不信，特向先生求证。"程颐叹了口气说："是有这件事，那还是先兄在世时的事。有一天我们兄弟被请去看表演，一进去见是歌妓表演，我就离开了。你知道，我一生是连喝茶都不让泡茶叶的，更不用说看歌妓表演了。后来听说，先兄还同歌妓在一起喝酒，第二天我气冲冲去找他，指责他不该如此，有辱斯文。你猜先兄怎样回答？他说：'我是心中无妓呀！'你看，这就是我同先兄的差距，我的修养还没到家。"赵侍郎说："先兄讲得好，只要心中无妓，就可以坐怀不乱。怎么样，晚上跟我一起去看吧，只要心中无妓。"程颐苦笑着说："你看，我还得去当铺把这东西当了，好去买粮食，哪有心事去看表演？"说罢，便匆匆进了当铺。

这天上午程颐从崇政殿讲书回到家里，夫人迎出来说："户部来人把俸禄历子给送来了。每月是十二贯。"程颐见是历子，并不是现钱，便叹了口气说："我刚到朝中，尚未叙官，户部就按月俸十二贯发，也算不少了。一个小县的县令也不过这个数，大县不过二十贯。听说宰相才三百贯。这历子不是现钱，是拿它到户部去换钱，不过这也比没有俸禄强，下午我就去换钱。"这时有人敲门，程颐开门后见是帮他解决俸禄的姓赵的官员，便忙让了进来。赵先生一进门就说："我下朝路过这里，是想对你说，我对户部说了，要他们来收回俸禄历子！"程颐不解地说："为何要收回，我下午就要去换钱买粮食呀！"姓赵的官员说："先生有所不知，馆阁中的一些学士发的俸禄都是现钱，先生是侍讲，给你发历子，不是太不公平吗！我已责令他们下午就把先生的俸禄给送过来。"程颐显得有些不安，说那就太麻烦户部了。

程夫人过来给赵官员端上了茶。赵喝了口茶，像想起了什么，对程颐说："高太后过几天要过生日，府中贴出了晓示，要命妇进表，贺高太后生日。不知先生知晓否？"程颐望着进屋的夫人的背影说："晓示我也看到了，可我家里没有命妇啊！"赵官员显得有些惊讶，说："按照宋朝的规定，朝中大臣的夫人可由皇上封为命妇，你为何不早早为夫人叙封呢？要知道叙封之后可以封田的。"程颐微微一笑说："我本布衣，乃一介平民，被擢为崇政殿说书，当时我向太后辞了三次，不得已才来赴任，如今岂有为夫人乞封之理！"赵官员不以为然地说："先生不见今日朝中大臣不都是向皇上为自己的夫人乞封吗！"程颐以嘲讽的口吻说："如今的士大夫都学会乞讨了，动不动就是乞呀，不以为耻，反以为荣，可见世风日下！"赵官员从程颐的这番话中看出他对朝中不良风气的不满，也看到了他的纯洁之心，心中充满了敬佩之情。

第十七章　主持司马光葬礼

　　九月一日这天黄昏时分，从黄河北面吹来的寒风夹着沙粒吹得人睁不开眼，程颐迎着寒风向司马光居住的西府走去。他刚刚接到司马光去世的噩耗，顾不得吃晚饭便匆匆前往。一路上司马光的音容不时在眼前闪现："怎么说走就走呢？"到了西府，一身孝衣的司马康在门口跪迎，他赶紧扶起，司马康便将他引向父亲的灵堂。程颐上前跪在堂前，哭着说："司马公，你怎么说走就走了呢？想当年在洛阳我们几日不见，你就想我，这一别，天人阻隔，情何以堪？我又到哪里去找你说话！"司马康忙拉了起来，向他介绍说："昨日父亲还让人抬着去见吕公著先生，在一起商量朝中大事，今日还上朝议事，下午说不行就不行了。"程颐看着躺在灵铺上的司马光，瘦成了一把骨头，像熬干了的灯芯，他喃喃地说："司马公是为朝廷累死的呀！"这时吕公著来了，他先向司马光行了礼，然后对程颐说："昨日我与君实兄还在一起议事，他老嫌我罢黜新法步伐慢，要我加快速度，说朝廷等不及，他也等不及，想不到他真等不及，先走了。不过应该说王安石推行的新法，经过他这八个月的雷厉风行罢黜，已基本上清理殆尽，朝政已恢复正常秩序，天下已太平了，他应该放心地走了。"程颐对吕公著所说的尽除新法并不赞同，他先前就对司马光说："过王安石的新法有的经过推行，已得到社会的认可，不宜搞一风吹。他心想尽除新法就能达到天下太平了吗？"但目前不是争论的时候，他只是默默地看着司马光，心想："你这个拗相公走了，看来吕公著要继任，可吕公著能担当起这个局面吗？"吕公著见程颐只是望着司马光的遗容出神，便说："高太后已决定由你来主持司马光的葬礼，你该考虑如何办好后事了。"程颐听说由他来主持葬礼，便说："我一布衣入朝，充任皇上侍讲，人微言轻，主持葬礼，怕不合时宜吧，一些人不服气，弄不好还会看笑话。"吕公著说："先生乃当朝大儒，名重天下，同君实兄又是忘年交，由你主持他的葬礼，是最合适不过了，你也就不必再推辞了。"程颐见吕公著如此说，便不再说什么。吕公著还告诉他，司马光的碑文和生平行状由翰林学士苏轼来写，今天朝廷刚好在南郊举行安放神宗皇帝灵位的吉礼，葬礼就放在神宗的吉礼之后进行。说罢，他就回宫去了。

送走了吕公著，程颐在司马光的灵前徘徊良久，感到主持葬礼非同小可。首先他想到要设立一个祭祀司马光的祭堂，供各位官员祭拜，再一点朝廷要为司马光举行国祭。他正这样想着，司马康走了过来，只见他拿着一节原木、一床破旧的被子，来向他请教该如何处置。司马康说我在整理父亲的遗物时，对这两样东西不知如何处理，请先生定夺。这原木是父亲用的警枕，多少年来，他一直枕着，如今先父去了，就不要再放在他的头下了吧，也让他好好歇息歇息吧！这床被子还是当年范镇先生送的，父亲在上面写有《布衾铭》，是仍盖在身上，还是留下来？"程颐接过被子，沉思片刻，说："《布衾铭》在洛阳时我就见过，这上面写的'君子以俭为德，小人以奢丧躯'的话至今仍可成为为官者的官鉴，而原木的来历我尚不知，难道先生就一直是枕着它入睡的？"司马康说："我听我奶奶对我说，小时候，有一次奶奶见父亲老是很早就起床读书，问他为何不睡觉，他说是睡不着，后来奶奶给他叠被子，发现里面有一节木头，就把它扔了。父亲才说那是他用来当警枕的，害怕睡过头，只要一翻身，头从木头上掉下来，自己就醒了，好赶快起来读书。"程颐接过原木'见上面已被司马光枕得油腻腻的，不禁感叹道我听说先生在洛阳主持编写《资治通鉴》时，就枕着它，一天睡不了几个时辰，先生的一生真是惜时如金呀！一个《布衾铭》，一个警枕，是先生留下的无价之宝，应该进皇宫保存下来，传留后世！"司马康见程颐说的有道理，便同意不随父亲的遗体入棺，随后上缴皇宫保存。

九月初六这天下午，程颐在祭堂安排明天就要举行的祭祀活动。他一一检查了祭祀的各个环节后，就同朱光庭浏览起挂在明堂的挽幛。哲宗送的挽幛挂在明堂的正额，上书"忠清粹德"，他对朱光庭说："皇上对君实的评价恰如其分，他的道德人品早为天下师范，世间楷模！"朱光庭也说："皇上赐为'文正'，其文章连王安石也说是两汉之文也，可谓名至实归。"吕海之子吕由庚的挽幛引起了不少人的注意，他二人也走了过去，见是这样写的：

> 地下若逢中执法，为言今日再升平。

朱光庭问这中执法是谁？程颐说："中执法是指吕由庚的父亲吕海，他是最早反对王安石变法的，这吕由庚的挽诗也似乎说得有些过头些吧，难道把新法都罢黜了，这天下就太平了？我看不是那么简单的吧！"朱光庭知道老师对尽除新法有看法，也不便多言。他见墙上挂有程颐先生写的《为家君祭司马温公文》，便走过去默念起来：

"呜呼！公乎！诚贯天地，行通神明。徇己者私，众口或容于异论；合听则圣，百姓曾无于闲言。老始逢时，心期行道，致君泽物，虽有志而未终；救弊除烦，则为功而已大。何天乎之不吊，斯人也而遽亡！溥天兴殄瘁之悲，明主失倚毗之望。如其可赎，人百其身！死生既极于哀荣，明德永高于今古。藐兹羸老，夙被深知；抚柩兴哀，聊陈薄奠。"

他过去只知道先生同司马光是忘年交，看了先生的这篇祭文，方知先生同司马光感情的深厚："如其可赎，人百其身！"先生是甘愿替司马光去死呀！

这时有人进来说在南郊参加吉礼的官员要来吊唁司马光。程颐便对朱光庭说："不行，快去拦住他们，就说按礼庆吊不同日，明天才能来吊唁。"他的话刚说完，只见身着孝衣的官员已到了门口，当朝翰林学士苏轼也在里面，谏官顾临正向自己走来，他知道是拦不住了，便正色说："各位大臣，鄙人受高太后之命主持司马温公的葬礼，一切按礼进行。孔子曰：是日哭则不歌，诸位还是明日再来吊唁吧！"顾临反问道："程侍讲，孔子是说哭则不歌，可他并未说歌则不哭呀！我们各位大臣一连六天在南郊参加吉礼，可心里早就盼望来吊唁司马温公，今日吉礼一结束，就迫不及待地赶了过来，你就让我们进去哭祭司马温公吧！"程颐仍是一副不容置疑的神态，他一字一板地说："孔子曰哭则不歌，就暗含了歌则不哭，诸位还是回去吧！"这时苏轼在一边实在看不过去，冷冷地说："这是从南郊烂泥坑里爬出来的假冒孙叔通制定的古怪之礼！司马温公去了，谁不想在第一时间来吊唁？正叔先生不让入祭堂，我们带了祭文晚上到司马温公家里去吊唁！"说罢便气呼呼地领着一班官员走了。程颐也不示弱，气冲冲地往西府赶去，到了西府对司马康讲了晚上苏轼要来祭拜的事，说这是与礼不合的，要拦住不让他们进来。司马康显得很为难，可又不便拂他的意。晚上苏轼一班官员来时，程颐硬是拦住不让进西府。苏轼只好悻悻地走了，一边走一边对顾临说："这个假冒孙叔通，太古板，前天，祭堂落成，我和弟辙想去吊唁司马温公，半路上遇上朱光庭，他就说别去了，程先生说庆吊不同日，我们就只好回去了。今晚又吃了个闭门羹！这个假冒孙叔通！"顾临说："看他那个古板的样子，给皇上讲书能让皇上喜欢才怪哩！"苏轼说："我就看不惯他的处处以儒学大师自居的派头，仗着洛阳的弟子众多，对我们蜀学瞧不上眼。司马温公在世时，他是我们二人的恩师，由于他的协调，洛蜀之间尚能相处，要是吕公著当宰相，一味对程夫子言听计从，可没有我们蜀学的天下了。我也想好了，到时候我不如离开这是非之地，到地方外任去。"顾临见苏轼尚未同程颐交锋就生退意，心想：看来这些翰林都是柔弱之人，虽然言辞上激烈些，但内心却无害人之意。他也不希望洛学与蜀学之间的裂痕扩大，便说："据我观察，程夫子也不是在朝廷能左右逢源的人，以他的固执和死板，哲宗一旦亲政也不会重用。先生你是太旷达，他程夫子是太古板，都不能容于朝廷啊！"苏轼听了顾临这番话，陷人了深思之中，他想：自己过去对程夫子的一些做法是有些过分了。

第二天是司马光的葬礼，程颐早早就到了祭堂。天阴沉着，似要下雪的样子。程颐的心情也很不好。一则是为司马温公的去世，一则是因了苏轼对他的态度。他望着挂在祭堂上的司马光的遗像，心想："难道温公去了，洛学与蜀学又要陷入纷争不成？"他见诸位官员都到齐了，便不去想这恼人的问题，开始主持葬礼。根据安排，首先是由吕公著宣读皇上对司马光的封赐。吕公著念了皇上的封赐："封司马光为太师温国公，赐一品礼服，谥文正。"接着由司马康致祭父文。司马康在叙述了父亲的生平后，着重记述了父亲俭以养德对自己的教诲："先父常说'有德者，皆由俭来也。夫俭则寡欲，君子寡欲，则不役于物，可以直道而行。小人寡欲，则能谨身节用，远罪丰家，故曰：俭，德之共也。侈则多欲，君子多欲，则贪慕富贵，枉道速祸；小人多欲，则多求妄用，败家丧身，是以居官必贿，居乡必盗。故曰：侈，恶之大也'。"程颐见众多官员都在静静地听着，他想：先生俭以养德的告诫也真可谓切中官场的时弊，"君子寡欲，直道而行""小人寡欲，远罪丰家""君子多欲，枉道速祸""小人多欲，败家丧身"，先生这几句话，可谓至理名言。同他的《布衾铭》，他的警枕，和他的《资治通鉴》一样，都是可以传世的。先生之德，高山仰止，先生之品，天下师范！

葬礼结束后，吕公著特地对程颐说："再过几天就是司马温公的国祭日，高太后很重视，作为葬礼的一项内容，传旨还由你主持。"程颐望着刚离开的苏轼的背影说："我听说苏轼有意主持葬礼，因而在葬礼期间对我的安排有意找碴，不如这国祭让他主持好了！"吕公著说："先生不要听传言，苏先生是一旷达之人，诗词文章汪洋恣肆，不是小肚鸡肠之人，他是不会与你争的，你不要听这些无稽之谈。"程颐听了吕公著的劝说，便不再说什么。但他仍有些生气地说："吕公，我同苏轼本来同为哲宗的老师，当然，我以布衣入朝，人家以翰林学士入仕，是正三品，我的地位低，不过是正八品。尽管在对道的理解上我二人有分歧，他认为仁义礼智不是道，只是道之继，我则认为仁义礼智信，哪一个不是道？但这只是理解上的不同，不应成为他对我不满的理由。我都不明白我何以得罪了他？"吕公著笑了笑说："先生记不记得说过人有三不幸的话，据我所知，是你这些话传到了苏轼的耳内，引起了他的不满。"

程颐说："我在一次对弟子的讲学中，总结了历史上一些士子的浮沉，说年少登高科，为一不幸也，因为容易使人少年得志，失去进取；袭父兄之势为高官，二不幸也，因为因袭的官位，并不能代表你有才能；有高才能文章，三不幸也，因为易使人恃才傲物，盛气凌人。可我并不是针对他苏轼的呀！"吕公著笑着说："你说的三条，哪一条不是都能和苏轼对上号，他听了不怪你怪谁？他二十四岁中举，可谓少年得志，他做官有因袭的成分，他的诗词歌赋名冠京城，你说说你这无意中说出的话，能使苏轼不恼吗？"程颐并不隐瞒他对苏轼的不满，说："我以为作文害道'诗词歌赋中没有治国平天下的道理！'"吕公著摇了摇头，并不同意他的看法，开导地说："程先生这就有所偏颇了，诗言志，歌以兴，都是来表情达意的，谁也不能天天讲述治国平天下的道理吧，诗词歌赋是用来抒怀遣兴的，《诗经》中不是还有男女之情吗？"程颐见吕公著似乎对自己的古板也有所看法，便不再说什么，便同他商量起司马光的国祭活动来了。

为司马光举行国祭的那天上午，一用过早饭，程颐就早早地来到了大相国寺，他见范淳夫也来了，便同他商议起祭祀的供品应上素食还是肉食。范淳夫说："先生很懂礼数，依先生之见呢？"程颐说："我的看法可能与世俗不同，按说在葬礼期间是不能吃酒食肉的，祭日离葬礼相隔不远，我想还是上素食吧！可就是不知苏大学士来了，会不会还认为我是假冒的孙叔通的礼仪？"范淳夫私下也听说苏轼取笑过程先生，说他是从烂泥坑中爬出的山村野夫，他的一帮从洛阳来的弟子也都为先生遭苏轼的嬉笑愤愤不平，先生是何等人物？是名重天下的大儒，是德高望重的皇帝侍讲，岂能受人奚落？弟子们有心与苏轼理论一番。他望着陆续走进来参加国祭的官员，见苏轼与黄庭坚也一前一后走了进来，顾临在苏轼耳边小声说些什么，心想，看来今日的国祭不会太平静，闹不好还会出点乱子，苏轼与程先生的弟子都来了呀！这时吕公著也走了过来，范淳夫向他说了自己的担心，吕公著说："他二人都是我所敬重的人，苏轼的蜀学与程先生的洛学我想不应成为对立的学派，而应该相互取长补短。正常的争论是必要的，但不要形成对个人的侮辱，苏轼说程先生的有些话就欠妥，合适的时候我去劝劝他。过去王安石形成的新党与旧党的争论刚结束，不要再出现洛学与蜀学的对立，他二人可都是谦谦君子啊！"范淳夫听了吕公著的一席话，也感到洛学与蜀学不能再形成对立的局面，便说："我也是这样想的，朝政刚走上正轨，不能再折腾了，我也会做做洛学弟子的工作，不必与苏先生计较了。"

这时范淳夫见程颐已让侍者摆供品，便走了过去，见摆的都是用面食做成的素食，荤菜一样也没上，便以玩笑的口气对程颐说："这下司马温公也变成斋公了，净吃素的！"程颐正在指挥如何放置供品，加上人声嘈杂，尚未听清他说的话，在供桌旁的苏轼却冷冷地说："正叔先生本不信佛，为何要上素食？要知道温公也不信佛呀！"苏轼的话程颐听到了，他特地走了过来，对苏轼说："按礼仪，丧葬期间不能吃酒食肉，我想这些礼仪苏大学士是能理解的。"苏轼见程颐话中带气，好像对自己有所不满，心中腾地升起了火，犀利的言辞脱口而出："司马温公也不是净吃素的，不必再拿你那套不知从哪里搬来的土礼仪来压我们。我看应上肉食，中午吃饭也应吃肉食。"他有意对黄庭坚说："吃肉的随我走，咱到东厅去！"并扬起左手说："为刘氏者左祖！"黄庭坚与顾临一行便跟着苏轼往东厅去了。吕公著见他所担心的事还是发生了，便气呼呼地走了。程颐也很生气，他对范淳夫说："先生也看到了，苏大学士是存心和我过不去的，连司马温公的国祭也搞不成，何以面对温公的在天之灵呀！"范淳夫见程颐的一帮洛学弟子个个怒目而视，害怕出现不可收拾的局面，便有意打圆场说："算了，温公是不会计较这些小事的，他生前对先生和苏轼都很器重，是他一手把你们二人举荐给朝廷的，苏轼爱吃肉就让他吃肉喝酒好了，咱们跟着先生去吃素，温公在天之灵，想吃肉就去苏轼那里，想吃素就来我们这里，岂不两全其美？"他的这番话把程颐和他的弟子们都说笑了。于是程颐就领着他的一帮弟子们在西厅坐了下来，吃起了素食。

程颐与苏轼在司马光葬礼期间闹得不和传到了高太后的耳中，吕公著显得忧心忡忡，高太后倒感到无所谓。这一日下朝后她对愁眉不展的吕公著说："你不必把洛学与蜀学的不和放在心上，我相信他们不会掀起大浪的。"有一句话她没有说出来：他们不和才好控制！吕公著当然猜不到高太后的内心所想，他只怕再出现新旧党之争的局面。见高太后并不在意，便不再说什么。他忽然想起这一段时间因忙着主持司马光的葬礼，已好久没给哲宗讲书了，便向高太后提了出来。高太后说："你和程侍讲说一下，让他明天来讲书吧。"

第二天上午当程颐来到崇政殿的时候，见里面坐的不是哲宗而是高太后，他向高太后请了安，正欲退出，高太后笑微微地叫住了他说："程侍讲不要退下，今日皇上得了坐疮，不能来听讲书，我来了，难道不能给讲讲吗？过去你给皇上讲书时，我总是在一边听，今日让你单独给我讲书，是否与礼不符？"程颐显出为难的样子，他想："你既然知道我是专为皇上讲书的，不能给你单独讲书，为何还要我给你讲书？这不是为难我吗？"可他又不好拂高太后的面子，使她下不了台，想到这里，他便说："虽然给太后讲书有些于礼不符，可太后今日代皇上主政，于礼也能说得通。"高太后心想：这个一向固执的老夫子，今日还算给了面子，便显出高兴的神情，听起讲来。她一边听一边想："这个程夫子看来也有变通的时候，不像有人说得死搬礼数，他今天不是给我讲书了吗？"

程颐是耐着性子给高太后讲书的，一讲完书，他就匆匆赶到执政大臣处，迎面碰见吕公著，气呼呼地说："吕公，皇上有病不能听书，应通知一声，我就不到殿了，可今日高太后单独到殿，让我给她讲书，与礼是不符的！"吕公著劝他说："皇上有病，我事先也不知，高太后只说让你来讲书，没说皇上有病。既然书也讲了，先生就不必再计较礼数了，反正高太后如今是代行皇权，你给她讲书，不是有利于朝政吗？我看咱们还是赶紧去看看皇上吧！"程颐想想也是，便跟着吕公著前往内宫去了。

到了皇上居住的内宫，程颐见八十多岁的三朝老臣文彦博垂手立在皇上寝宫的门口，一动不动地伫立着，一脸肃穆的表情。他和吕公著默默地走过他的身边，来到皇上的床前。哲宗见是当朝宰相吕公著和他的侍讲来了，要折起身来，吕公著赶紧扶皇上躺下，程颐问："皇上病情如何。哲宗说："是得了坐疮，无啥大碍，有劳先生来探望。"程颐说了些宽慰的话，便同吕公著出来了。在寝宫门口，吕公著见文彦博还在垂手而立，便问道："文公在此多长时间了？"文彦博说："已四个时辰了！"吕公著说："文公这么大年纪了，再这样下去怕身体吃不消的，下去歇息吧！"文彦博摇着头，执意不肯。吕公著见状，便只好走了。路上他问程颐该如何看待文公对哲宗的虔诚态度。程颐说："文公是三朝老臣，如今侍幼主不得不恭。要我说，吕公你也应该在内宫侍候皇上。"吕公著说："这个我知道，无奈朝廷事太多，我是给高太后禀告过的。先生只问候一下就走，与礼相符吗？"程颐摇了摇头说："我本布衣，不得不自重呀！"吕公著听了，陷入了沉思。他望着眼前这个程先生，一副不卑不亢的儒者神态，又想起来文彦博垂手伫立的神情，心想在人格上应学程先生，可在侍幼主上，应学文公的虔诚呀。他想不管政事再忙也应抽出时间像文公那样去侍奉哲宗几天。他见程颐在默默地走着，便说了自己准备明天也去内宫侍奉皇上的想法，程颐赞许地点了点头："你是应该去呀，我明天应吕大临他们几个弟子所请，在一起讨论些问题。"吕公著说要不是皇上有病，我也过去听听。"程颐笑了笑说："做官夺人志，你是身不由己呀！"

第二天一大早，吕大临、朱光庭等几个弟子就来到了程颐的住处。一见面，朱光庭就对几天前在相国寺苏轼一帮蜀学弟子的表现表示了不满，他对程颐说："你看那天苏轼一帮弟子的表现，搅得司马温公的国祭也搞得乱糟糟的，想起来心里就难受，现在京城出现了三个学派，一是跟随程先生的洛学，二是苏轼弟子们的蜀学，三是司马温公弟子们的朔学，闹得不可开交。"程颐并不看重这些学派的争吵，淡淡地说："争吵并不可怕，一些道理是越争越明。"他问正在给各位倒水的吕大临："你是哪个学派呀？"吕大临边倒水边说："我从陕西来，本来是师从张载先生的，过去叫关学，如今先生不在了，我是称不起学派的，洛学也还没入门，目前就中立吧！"程颐说："那今天咱就从这'中'字说起吧。"他望了望在座的几个弟子，见大家一副静听的样子，吕大临还操起了毛笔，准备记录，便看着他说："你先说说何为'中'？"吕大临看上去有四十多岁的年纪，他放下毛笔，沉思着说："先生，可否这样理解：中者道之所由出？"程颐皱起眉，说："中者道之所由出，此语有病。中即道也，若谓道出于中，则道在中外，别为一物矣。"朱光庭见程先生对吕大临所说的中由道所出有不同看法，心想，先生是何等磊落之人，直说此语有病！他又听吕大临说："不倚之谓中，不杂之谓和。"这时程颐以赞赏的口吻说："不倚之谓中，甚善。"然后他又思考了一会儿，说："不杂之谓和，未当。"朱光庭问："先生，为何说不倚之谓中甚善？"程颐用眼示吕大临，要他阐述。吕大临思考着说："拿婴儿来说吧，其初临世，此心至虚，无所偏倚，为赤子之心，故谓之中。以此心应万物之变，无往无非中矣。孟子曰：'权然后知轻重，度然后知长短，物皆然，心为甚。'以此心度物，所以甚于权衡之审者，正以至虚无所偏倚故也。有一物存于其间，则轻重长短皆失其中矣。"程颐问："一物为何物？"吕大临正斟酌着，程颐说："是私心也。诸位想想是不是？赤子之心，心无所私，以此心应万物则无往而不中，若心存私意，则不能无所偏倚，就不能为中。"朱光庭心想，还是先生说得明白，吕大临也感到先生解释得清楚。程颐接着说道："我们每天都在吃饭，但很少有人能把握调和味道的个中奥秘，我们每天都在行路，但很少有人能懂得如何行路，少走弯路。这就是中庸之道。《中庸》曰：喜怒哀乐之未发谓之中，发而皆中节谓之和。能做到中庸，需要有大境界，孔子曰：'国家可均也，爵禄可辞也，白刃可蹈也，中庸不可能也！'也就是说连孔子也说要做到中庸是很难的！"有一个刚来的学生对孔子的话并不十分理解，问"国家可均"是何意。程颐解释说："孔子说的是大智、大仁、大勇的三大境界：人做到大智，可均国家天下，共同来治理；人可做到大仁，可辞一切爵禄，视富贵如浮云；人可做到大勇，可蹈白刃如平地，视死如归，可要做到完全的中庸，几乎是不可能。就拿目前洛学与蜀学的论争来说，我们也没做到中庸，我想了一下，我坚持的歌哭不同日，虽说符合古礼，可没有考虑苏轼等官员急于祭拜司马温公的心情，结果闹得很不愉快。如果我们和苏轼都做到中庸的大境界，就不会发生这些纷争了。这也是我们需要反思的地方。"吕大临见程颐由中庸说到了当前的洛学与蜀学的纷争，并反省自己，感到先生的过人之处在于将做学问与伦理修身结合起来，有大儒境界。想到这里，他问道："先生对汉代的董仲舒、扬雄和唐代的柳宗元有关中和的思想有何看法？"程颐想了想说："董仲舒在《循天之道》中提出'中者，天下之所终始也；而和者，天地之所生成也。夫德莫大于和，而道莫正于中'。和者，天地之大美，中者万物之达理。他还说要'以中和理天下，以中和养其身'，这'以中和理天下，以中和养其身'很有新意。扬雄把'争'引入'中和'之中，提出了物皆争进的思想，是对中和的发展。唐代的柳宗元提出了'当也者，大中之道'的命题，提出行为处事要恰到好处，不偏不倚、无过不及。"他说到这里，问吕大临道："你长期师从张载先生，他对中和有何见解呀？"吕大临回忆着说："有关'中'，先生讲得不多，听先生讲过'和'，说'有反斯有仇，仇必和而解'与'顺变化，达时中'。"程颐听到这里，眼睛一亮，高兴地说："张载先生比先哲们又前进了一步，他虽然承认'有象斯有对'，但最终必然走向和而解，我对这一点很感兴趣。"朱光庭也听得着了迷，他默默地想"中"确是天下至善至正之理，天地万物都在循中用中。他忽然想起《周易》中有"正者有时而失其中"的话，便想正难道还不是中吗？他把自己的疑问给程颐说了，程颐说："我也注意到了《周易》里的话，中则正矣，而正不一定必中。个中道理，你们下去体会吧！"他见时间已到中午，便结束了讲学。

吕大临与朱光庭在返回去的路上，苦苦地思索着先生的话，吕大临说："中由于是不偏不倚，无过无不及，因而不管在何等情况下都是正确的，而有时是自认为是正确的东西，不一定都符合中的道呀！就拿前几天祭祀来说，苏轼他们认为急于去祭拜司马温公是正确的，可确不合礼的道。"朱光庭想了想，也认为吕大临说得有道理。

第二年四月的一天下午，程颐来到相府面见吕公著。吕公著正在批阅奏章，他见程颐来见，便热情地招呼上茶，待程颐坐下后，他问先生所为何事而来。程颐知道目前吕公著是独任执政，政事繁忙，不像过去有几个参知政事，只是辅助，便直截了当地说："吕公政事繁忙，我就直言了。两个月前，我向太皇太后上书提出在她垂帘日听政过后身体尚有精力时，召当日讲官至帘前，问主上进业情况，同时了解讲官是如何讲读的，使天下人知道太皇太后重视辅养人主之道。两个月过了，上书杳无消息，不知太皇太后见到上书后有何看法？"吕公著从奏章中取出他的上书，叹了口气说："我对先生的奏章还是很看重的，曾专门呈给高太后，谁知高太后阅后不置可否，我也不好深问。但先生的拳拳辅养幼主之心高太后是明了的。"程颐对这个结局是早有所料，他轻轻叹了口气，顺着上书的内容说："臣本草芥贱士，蒙朝廷拔擢，置之劝讲之列，夙夜殚精竭虑，思所以补报万一，从去年六月中开始，上了几次有关辅养人主的条陈，至今已有半年，却不蒙施行一事。我私下曾怀疑是否自己太过虚狂，可又想自己所言之事皆先王之法、祖宗之旧，不应无一事合圣心者。可能是自己人微言轻，不被重视罢了。"吕公著见程颐越说越气，他知道他是个刚烈脾气，不像其兄脾性温和，便开导说："你的想法是好的，可你知道一涉及更改古制便会有人反对，就拿你建言改立讲为坐讲，以培养幼主崇儒之心来说，给事中顾临就带头反对，说这有轻慢幼主之嫌。"程颐忍不住说："我听说他不仅反对讲官坐讲，还反对我在最近上书中提出的在崇政殿或延和殿讲书。臣料临之意不过谓讲官不可坐于殿上，以尊君为说耳。我认为在殿上坐讲，于义理至当，古者所常行也。臣不暇远引，只以本朝故事言之。太祖皇帝召王昭素讲《易》，真宗令崔颐正讲《尚书》、邢昺讲《春秋》，皆在殿上，当时皆是坐讲。立讲之仪，始于萧太后。此乃尊儒重道之盛美之事，岂独子孙常以为法，万世帝王所常法也。而顾临以为不可，说讲官不可坐于殿上，则王昭素讲书时是一布衣，更不可坐于殿上。目前沿袭下来在迩英殿讲书，是在仁宗时，是为了方便讲读的缘故，后来就作为讲读的地方了，并不是为了避开崇政殿。为啥将讲官叫崇政殿说书？就是以崇政殿名来设职。以我看顾临之意，就是禁止主上复为优礼王昭素之事。"吕公著见程颐对讲官由立讲改坐讲记载及崇政殿讲书的来龙去脉说得清清楚楚，他知道本来皇上在迩英殿讲书，由于这个地方稍显狭窄，一进四月显得闷热异常，所以前段程颐上书要将讲书改在崇政殿或延和殿，这个上书引起了给事中顾临的强烈反对，他一反对，原本对上书没啥意见的大臣也跟着反对起来，这样一来高太后也不好明言支持了。在他同高太后的交谈中，他已明显感到对程颐的不满。他看着比自己小十四岁、已五十五岁的程颐，心想：这些情况还不便对他明说。他只好说："遇到机会我再向高太后禀告先生辅养主上的拳拳之心，先生就耐心等待吧！"程颐说："天已渐热，去年由于迩英殿闷热，只好早早就罢讲，我就感到十分不安，主上是一天不能离开辅养之道的呀！我又写了一份《上太皇太后书》，请务必代为上达，早作定夺。"吕公著接过之后便匆匆阅了起来。

开封的夏天酷热难耐，这天下午，程颐正在家中一边摇着纸扇一边翻着《周易》阅读。入夏以来，由于他的建言没被朝廷采用，哲宗早在四月末就因天气炎热而停了讲书，他一直闲在家里，便着手对《周易》的研读，他早就有对《周易》进行阐释的想法，可苦于静不下心来，一直没有进行。六月十二日，太常博士、他的弟子刘绚病逝，不过四十二岁。他立在这个出生洛阳东的弟子的遗体前，不禁悲从中来，愈发感叹人生无常，时间的紧迫。他写了祭文："呜呼！圣学不传久矣，吾生百世之后，志将明斯道，兴斯文于既绝，力小任重，而不惧其难者，盖亦有冀矣……游吾门者众矣，而信之笃、得之多、行之果、守之固，若子者几希。方赖子致力以相辅，而不幸遽亡，使吾悲传学之难，则所以惜子者，岂止游从之情哉？"安葬刘绚后，他有一种时不我待的紧迫感，便埋头于《周易》的研读之中。

　　这时天起风了，继而又传来了隐隐的雷声，接着哗哗的暴雨就下来了。他的夫人过来关了窗户，程颐便立了起来，站在门口，望着院中密密的雨帘出神。

　　一个时辰以后，雨停了，雨后的空气清新了许多。程颐正欲坐下重读《周易》，夫人说宫中来人了。他到院门口一看，见轿内出来的是一脸忧郁的当朝执政吕公著，便赶紧迎了进来。坐下之后，吕公著叹口气说："正叔先生，孔文仲奏了你，今日早朝高太后颁旨把你辞了，让你管勾西京国子监。"程颐虽说早有预感，感到朝廷不会让自己在崇政殿说书的位置上待很长时间，但一旦听到罢免的消息，他还是怔了一下，问："孔文仲是如何进谏的？"吕公著迟疑了一下，考虑该不该向他复述，程颐说："先生若有不便，就不要说了，对朝廷的罢免我是接受的，我早就有去意。"吕公著笑了笑说："我怕先生听了会生气，既然这样，我就说给你听。他说你'污下憸巧，素无乡行，经一致陈说，僭横忘分，遍谒贵臣，历造台谏，腾口闲乱，以偿恩仇，致市井目为五鬼之魁，请放还田里，以示典刑'。当然，他这些话纯粹是无中生有，先生不必在意。"程颐听了，淡淡一笑，对孔文仲的上书，诬蔑之辞，他不想说什么，说他"经筵陈说，僭横忘分"，他知道是指什么，恐怕这些才是高太后罢免他的真实理由。他回忆起入宫以来的种种情形，先是提出讲官应由立讲改为坐讲，引起顾临一帮人的不满，有两件事是直接涉及到高太后的，一件是她让自己单独给她讲书，一件是去年冬至节百官向她朝贺，他认为在神宗丧礼期间，不应接受朝贺，应改朝贺为慰问。这些都可能引起高太后的不快，嫌他太拘于古礼。想到这里，他对吕公著说："我是竭诚尽辅养圣主之责，每次讲书，必沐浴更衣，潜思存诚，以求感动主上，使主上养重道之心，如前代明王，光耀史册。不意落此下场，我无话可说。既然如孔文仲所说为五鬼之首，干脆放归田里算了！"吕公著见程颐越说越气，便拦住他的话头说："先生不要和孔文仲计较，高太后也并未全听他胡言，对先生她还是心中有数的，要不为何在你讲书时她也去听，还想让你单独为她讲书？这次虽说罢了说书，又让你去管勾西京国子监，也算重用。"程颐听了，淡淡地说："朝廷任命，我不敢不从，到任之后，我还是要辞去这管勾国子监。既然所用非人，我又犯下罪状，理应罢去一切职事，否则，好像我是贪恋官位之人！后人该如何看我？"吕公著见他总算接受了任命，也就放了心，至于到任之后再辞，朝廷不允他也就辞不了。想到这里，他问还有何事需要办理。程颐说我是去年三月到京任崇政殿说书，于今不过十五个月，所提谏言无一得以实行，对宫中生活我无所留恋，只可惜我在迩英殿前小渠中所养的几尾鱼今后无人照料了！"说罢，轻轻叹了一声。吕公著见他为渠中小鱼伤感，心想：先生真是性情中人。

第十八章　　在西京国子监

　　西京国子监在洛阳洛河以南的履道坊，说起来离程颐的家不远，一眼就可望见。十月初五黄昏时分，程颐回到家后对父亲说了朝廷罢崇政殿说书又让他来西京管勾国子监的情况，父亲对朝廷的任命还是满意的，说："回来也好，西京远离朝廷，国子监又是教育机构，你正好可以聚众讲书，又离家不远，也免得惦记我。"程颐望着父亲日见衰老的面容，想来父亲已是八十二岁的老人，不忍心说出自己辞职的想法，第二天上午便到国子监去了。

　　当程颐来到位于履道坊东面的国子监门口的时候，受到了国子监祭酒带领的一帮博士和教职的欢迎。祭酒是一个彬彬老者，他对程颐毕恭毕敬地说："自从接到朝廷圣谕，先生差管勾国子监，我们这几天一直等待先生的到来。先生是崇政殿说书，皇上侍讲，又是名重天下的当代大儒，将使西京国子监蓬荜生辉，兴旺昌盛！"程颐一边跟着祭酒往里走，一边说："大人过奖了，我本布衣，受当朝执政举荐，被任为经筵讲书，由于谏官弹劾，目前本为戴罪之人，朝廷让我来管勾国子监，我又不能不服从。还望祭酒大人多多关照。"他一边走一边望着规模宏大的国子监院落，见北面是高大的祭祀堂，东西两面是排排公舍，祭酒介绍说祭祀堂是用来祭祀的，东面的公舍是学生们的讲堂，西面的公舍是教职和学生们居住的地方。程颐随祭酒来到祭祀堂前，打量着显得苍老的祭祀堂墙壁，见上面有被风雨剥蚀的痕迹，心想这西京国子监有些年头了！祭酒见他在沉思，便介绍起了国子监的来历。他说："东汉建武五年（29年）汉光武帝刘秀在洛阳城东南的开阳门外兴建太学，是为国子监的滥觞，西晋武帝咸宁四年（278年）始立国子学，北齐改为国子寺，隋文帝时改寺为学，炀帝在洛阳即位，改为国子监，唐沿旧制。唐高宗龙朔元年（661年）又在东都洛阳设立了一个国子监，与西安国子监合称'两监'。宋初建隆元年（960

年）朝廷迁太庙于洛阳，景德四年（1007年）置国子监于此，到了庆历三年（1043年），晏殊又将商丘应天书院奏请皇上改为南京国子监，至此，宋朝共有东京、西京、南京三个国子监，为朝廷的三大最高学府。国子监下设国子、太学、四门、律、算、书等六学。老夫为祭酒，下设司业二人，从四品下，博士正八品上，教授亦正八品上；设管判国子监事一人，通判国子监事一人，管勾一人，从七品。"

程颐边听边望着国子监空落落的场院，时令已到十月，初冬的寒风吹着院中落光了树叶的梧桐，一只老鸦立在梧桐树上，呆望着清冷的院子。他想，从东汉初年创建太学算起，一千多年过去了，最兴盛时是在东汉，有三万太学生在这里学习，如今的国子监已由学府演变成管理各地学校的机构。他从祭酒的衣饰上可以看出是从四品，自己是管勾，也就是从七品了。送走了祭酒，他来到位于祭祀堂西边的公舍，进了自己的家，见是一座独家小院，倒也宽敞。午饭之后，他躺在床上，想歇息一个时辰，可萦绕在脑中的仍然是辞官归田的想法，他想，如今也算到职了，领了朝命，再辞官于理也能说通了，便起来写了《乞归田里第一状》：

臣昨任崇政殿说书，忽奉敕差权同管勾西京国子监，传闻有言事官言臣罪状。臣既知是责命，礼当奔走就职。今已到任讫，方敢倾沥恳诚，仰干天听。

"窃念臣本草莱之人，因二三大臣论荐，遂蒙朝廷擢任，以置之经筵，故授以朝阶。今既有罪，不使劝讲，则所受之官，理当还夺。虽朝廷务存宽厚，在臣义所难处。伏望圣慈许臣纳官归田里，以安愚分。

"若臣元是朝官，朝廷用为说书，虽罢说书，却以朝官去，乃其分也。臣本无官，只因说书授以朝官。既罢说书，独取朝官而去，极无义理。"

写好了上书，他吐了一口气，似乎将胸中的不平之气倾泻于纸上，感到舒畅多了，正要将上书折叠起来，见父亲在夫人的搀扶下走了进来，他招呼父亲坐下后，便让看了上书。父亲匆匆阅后，说："你上午刚走，我就不放心，你夫人扶我过来看看你安置情况，想不到你一来就写了辞书，要归田里。"程颐见父亲似乎不同意，便说辞归的事也不是上书一递上去就能辞的，我当年为了辞西京国子监教授就一连写了两道表，这次没有二三封上书，怕不行，这只是第一状。因此说恐怕暂时还要在这里任职。不过我这里倒不用收拾，居家用品国子监都安排好了，比家里还齐全。我倒想，要是近期朝廷不允许辞归，你也过来住在公舍里，也好就近照顾。"程珦凝视着上书，叹了口气说："要说按你写的辞归理由，是应辞的，可我想，你还是就任的好，要不你辞归之后，没有了俸禄，咱家的生计可就难了呀！我过去在任的时候，也想着要辞归田里，过几年清闲的日子，可一想到要养活一大家人，便只好把辞归的想法埋在心里。真要做到像陶渊明说的不为五斗米折腰，难呀！"程颐听了父亲的话，也感到不得不考虑家的生计问题，可一想到孔文仲对他的诬蔑，便气从心来，他对父亲说："家里的生计我会想办法的，父亲你就放心好了，我这上书还是要递上去的。"父亲见他坚持要辞归，便不再说什么，他忽然想起几十年前的一桩心事，喃喃地说："几十年了，我一直记着当年生计困难时借赵炎的五千钱，可几十年来四处也找不到他，可如今就是找到了，咱也还不起呀！"程颐安慰说："我也到处打听过，就是杳无音信，若真找到他的后代，我会还给他的。"程颐想让父亲看看公舍的房子，父亲知道他还要辞归，便说不看了，由程颐的夫人搀扶着回去了。

　　送走了父亲，程颐在院中徘徊，回想父亲的话也不无道理，要是执意辞归，自家的生计就要出现困难。他默算着父亲以太中公致仕，食邑九百户，每月俸禄不过二十几贯钱，自己要是任个管勾，从七品，每月也有十五贯的月俸。哥哥去世之后，家中只有父亲的俸禄来支撑，自己要是再辞归，连这微薄的收入也没有了，生计更难以为继。家里虽说大哥的儿子端懿已考中进士，在上蔡任主簿，不用再管了，可大哥留下的女儿至今尚未出嫁，还待字闺中，整日郁郁寡欢，成为父亲的一桩心病。自己的三个儿子端中、端彦、端辅都尚在家中，为求功名苦读。自己到开封之后，弟子们都到了京城，家中少了些开支，自己回到了洛阳，这几日弟子们也都来到了洛阳，吃住都在家里，着实开支不小。他想不递上书，可"士不可以不弘毅""不义而富且贵于我如浮云"的话，使他还是下决心把上书递上去。

　　暮色笼罩下的国子监公舍里透出一片温暖的灯光。从灯光闪亮处往里看，只见程珦躺在床上，程颐正在端着药碗往父亲嘴里喂。程珦脸色憔悴，喝一口喘一口气。喝完了药，他对在床前的儿子与儿媳说："我看是怕不行了，熬不过正月十五，能过了今年春节，也算不错，我已八十有五了，该去见你们的母亲了。"程颐安慰着说："父亲不要这么说，你无啥大病，喝了药，一开春就会好的。"程珦说："这是老病，老病是不好治的，我心里有数，今日是正月十一，我看难吃到今年的元宵。趁我今晚上尚有精力，你去把我写的墓志铭拿来，也把孩子们叫来，我有话说。"程颐见父亲说得很严肃，便让夫人去叫孩子们，他自去取父亲七十岁时就写成的墓志铭。孩子们一个一个随着夫人来了，程颢的大儿子端懿，已是蔡州汝阳县主簿，显得文质彬彬的，二儿子端本也考中了进士；程颐的三个儿子，一个叫端中，也是进士，一个叫端辅，一个叫端彦，被朝廷任为郊社斋郎。六个曾孙和一个曾孙女也随着父母来了，他们见大人给老爷行礼，便也跟着跪下磕头。程珦见孙子、曾孙都来给他磕头，显得十分高兴，他乐呵呵地看着他们行礼，然后说："我的四个孙子有两个是进士，一个是主簿，一个是郊社斋郎，你们这六个曾孙长大后也要考进士，到时候老爷给你们戴花。"说到这里,他忽然沉痛地说:"端本,你的哥哥端宪,不幸早亡,要不你们兄弟六个都学有所成了!"端本听了叹了口气。

这时程颐走了进来,他将一张写在发黄的纸上的墓志铭交给父亲,程珦接过来看了看说:"这是我七十岁时写的墓志铭,于今已十五年了。回想我这一生,历官十二任,享禄六十年。但知廉慎宽和,孜孜夙夜,无勋劳可以报国,无异政可以及民,始终得免瑕谪,为幸多矣。我去世之后,不用找人来给我写墓志铭,因为我这一生,过得很平庸,无啥可记,如果写一写溢美之词,徒累不德耳!你们若不用我写的墓志铭,而另请人写一些歌功颂德的墓志铭,就是不了解我的用心,不配做我的后代!"说罢,他郑重地把墓志铭交给了程颐。程颐接过之后,说:"谨遵父命。"端本见气氛有些严肃,便笑着说:"爷爷,我听说皇上还赐过你绯鱼袋,那可是有大功于朝廷的人才能得到的荣誉,爷爷咋说无异政可以及民呢?"程珦摇了摇头说:"绯鱼袋是唐时五品以上官员的服装,宋因之,那是我任国子博士时,皇上给赐的,一个博士有何功于朝廷?不过是一种荣誉罢了!"程颐笑着说:"何为异政,并不是干了惊天动地的大事才是异政!一个人只要心存仁爱,干了于他治下的百姓有益的事情,就是异政。我记得父亲在任龚州知府时,遇到连阴雨,地里积水成潭,不能种谷,若等到天晴地干再种,早就误了农时,还是父亲从富户家中募得几千石谷种,贷给乡民,撒在田中,等天晴水退时,苗也出齐了。这一年龚州乡民没有因阴雨受灾,生活有了保证。也就是第二年父亲被朝廷擢为国子博士,赐绯鱼袋。"说到这里,他一脸严肃地说你们都中了进士,早晚是要为朝廷做事的,要记住你们父亲、伯父在世时说的话:一命之士,只要心存爱物,于人终有所济;要做到爷爷所说的廉慎宽和。"端本与端彦默默地点了点头,端懿与端本见叔叔提到了父亲,便想起了父亲的种种往事,禁不住流下泪来。程珦拉过端懿与端本说:"你们父亲已离去了五年,我怕也要不久于人世,你二人以后有何难处要同你叔父商量。"说罢,一脸凄然。程颐见状,怕父亲过于伤情,便领着孩子们出去了。

第二天是个阴天,黄昏时天上飘起了雪花。程颐见下雪了,便将父亲搬到了有炭火的暖厅,他招呼父亲吃过晚饭后,见父亲安然入睡,便来到了外间,同夫人安排元宵节的生活。他想父亲今年已八十五,今年的元宵节要好好过一过。第二天早上,雪越下越大,一大早程颐便起来去看父亲,一到厅里,端懿说爷爷气喘得厉害。程颐见父亲脸憋得发青,呼吸紧促,便感到不妙,他想要赶快到洛阳城里去请医生。程珦拦住说:"颐儿,不要费心了,我已八十有五,该去了!"说罢,突然,气若游丝,闭上了眼睛。

程颐俯在父亲身上哭了一会儿，便来到仍在飘雪的院中，听着屋内传出来的孩子们的哭声，陷人了对父亲一生的深深回忆。他幼时就听母亲讲过，父亲是一苦命人，一岁丧母，是祖母将他抚养成人，祖母对他特别抚爱，常以漆钵盛钱给他，他终身将钱罐带在身边，作为宝物让子孙们珍藏。爷爷再娶崇国夫人时，父亲才八岁，很得崇国夫人的欢心，视如己出。而父亲奉养崇国夫人五十年，夫人未尝露一点愠色。爷爷爱喝酒，父亲在任上遇到好酒，未尝忘记思亲，常常想法寄给家里，从他记事起，没有见父亲忘记过一次。爷爷去世后，留下父亲弟兄三人，他的两个弟弟也曾在朝中为官，可不幸二十年间皆先后死去，留下长弟璠之子、从弟瑜之子都年幼，父亲对他们关怀备至，抚养成人，给他二人成婚立家，才了却心事。伯父去世后，伯母刘氏寡居，父亲对伯母也是关怀备至，后来伯母家女儿的丈夫死去，父亲就把已出嫁的姐姐接回来，同伯母生活在一起，姐姐的孩子也同其他侄儿一样对待。后来姐姐家的女儿不幸也死了丈夫，父亲怕姐姐悲伤，又把她接回来，后来又帮她嫁了人。那时候父亲不过是一个县尉，官小禄薄，每月月俸不过几两银子，省吃俭用，勉强过活。后来即使官做到四品，食邑九百户，仍然奉养如寒士，身上穿的缣素之衣，有二三十年不更换。平日不遇到宾客，不吃肉。凡来访宾客，无论贵贱，待之如一，可即使王公贵族，也不去攀附奉迎。对于亲旧贵显者，既不表示特别亲热，亦不显得疏远。故贤者莫不敬爱，不贤者亦不敢轻慢。他想起了一段往事。那是父亲在寓居黄陂时，有一人叫欧阳乾曜，以才华自负，常常对父亲有所轻慢，以语伤害父亲。父亲不予理会。后来父亲到岭南做官，这人有事到岭南，因水涨不能过河。父亲知道后，给他联系渡船，帮助过河。那人回想起过去对父亲的傲慢和无理，感慨地说："程公胸怀真如汪汪千顷之波也！"程颐回想到这里，见雪花已落满了双肩，便回到了住室，拿起了父亲交给自己的墓志铭，他本有心在父亲所撰写的墓志铭上将父亲的醇德懿行加上去，可一想到父亲的嘱咐，便决定不再写什么，只将去世时间及享年填上上去。末了，他只写了这样一段话："先公太中，年七十，则自为墓志及书戒命于后，后十五年终寿。子孙奉命不敢违，惟就其阙处加所迁官爵，晚生诸孙及享年之数，终葬时日而已。醇德懿行，宜传后世者，皆莫敢志，著之家牒。"

第三天下午，程颐正在同洛阳西京留守韩缜商议父亲葬礼事宜，端懿进来说宣德郎刘立之来吊唁。当程颐迎出去的时候，见刘立之早已哭倒在父亲的灵堂前，泣不成声地说："太中公啊，四十多年前我在襄阳遇到你，当时我才七岁，父亲新亡，是你和大先生收留了我，那时你们家并不富裕，可你们视我如亲人，教养我长大成人。今我已中进士，被任为宣德郎，正想报恩于万一，不想你却去世了！"程颐见他哭得伤心过度，便上前拉起了他，来到庭中坐下，刘立之看上去有四十七八岁的样子，他见西京留守韩缜也在，便说："我从朝中临走的时候，听说太师文彦博、左丞苏颂等九人相继向皇上上书，言程太中公清节廉正，为当世楷模，皇上已下诏赐帛二百匹，命有司供其丧事。"程颐听了，不禁对文彦博等九位大臣的上书深表感激，心想："还是文公对我家知根知底，刚才还为父亲的安葬发愁，这二百匹帛折成银子，父亲的葬礼费用就不用发愁了！"韩缜想："得给朝廷写封上书，看来诏命即要下达，程太中公的丧事要由我来主持。"想到这里，他对程颐说："正叔先生，我先回去安排太中公的葬礼费用，诏命一下达，太中公的葬礼就不是程家的事了，是朝廷的事，我先回去筹备筹备。"说罢，便匆匆离开了。

四月十五日这天，天阴沉着脸，似要下雨的样子。春天虽然已来到了伊河边，但由于春寒料峭，伊河两岸仍见不到杨柳垂烟、草长莺飞的景象。在唢呐如泣如诉的演奏声中，程颐给父亲新起的坟头添了最后一锨土。他送走了前来主持葬礼的洛阳留守韩缜和亲朋好友，领着孙子孙女们从北边的老坟一一跪下磕头。然后他指着一列坟头说："咱们老家本在河北中山博野，高祖程羽厌五代、河北战乱，将少监之坟迁西安京兆府之兴平，准备在醴泉这个地方居住。后来高祖在朝中任兵部侍郎，赠太子少师，被宋太祖赐第开封泰宁坊，咱们算居住在东京汴梁，是你们爷爷在嘉祐初年，看中了这里的风水，将祖坟迁到了这里。原来这里地方狭小，在安葬你们伯父时皇上特地赐地，才有如今的规模。"他指认了任尚书虞部员外郎的曾祖程希振和赠开府仪同三司吏部尚书祖父程遹的坟。程端懿立在叔父的身边，听得十分仔细，他望了望父亲的坟头，五年了，坟前的柏树已长高了些。这时程颐将他们领到了文简公的坟前，他让子孙们磕了头，然后说："埋在这里的文简公是你们的程琳爷爷，他可是咱这一族中在朝中任职最高的，先是在开封府任知府，后升任宰相，也是对咱家关照最多的，我常常听你们爷爷讲起他，当年你们爷爷被朝廷录用为官，按规定应到外地任职，可当时咱家在黄陂县，家中孩子们都小，需要照顾，就是你们程琳爷爷在朝中说了情，让你们爷爷在黄陂任的县尉。他比你们爷爷大十七岁，早三十四年去世，只活了六十八岁。"端懿想多了解一些程琳的情况，便催促叔父多说说文简公。程颐见孩子们都愿意听，他便回忆说："我小时候听母亲说起过文简公，说他考进士时来到开封汴梁，住在租借的书室中，钱花完了，只剩下所骑的一头小驴。无奈只好把驴卖了，得钱若干。当时伯祖程殿直轻财好义，待族人甚厚，凡来京师找他的人必好酒招待。伯祖为了观察文简公的气度，明知他钱不宽裕，仍让他每天置办酒肴，招待来客。几天后文简公向伯祖诉苦说：'驴已吃至尾巴了！'后来文简公任开封府知府，不避权贵，断案公正，颇有直名。守魏地十年，种树十万棵，颇有民声。在镇守甘肃时，有一年遇灾荒，他大胆发军粮救灾民，活灾民无数。"这时程颐见有细雨落下，便停了叙说，坐上马车向洛阳返回。一路上，他望着烟雨朦胧的伊河，望着浸没在云雾中的寿安山，父亲在这一带游历的身影老是呈现在眼前，挥之不去。他又一次想起了十几年前同哥哥与父亲同游寿安山时的情景，本来父亲晚年惯于静坐，那天是他和哥哥商量请父亲到龙门南的寿安山走走，父亲那天兴致很高，游玩之中，还写了《游寿安山诗》。他还清楚地记得，父亲说："游山之乐，犹不如静坐。"有人问他静坐不感到烦闷吗，他说："我不闷也。"每遇到性静的学者，他就说："性静者可以为学。"坐在马车上，程颐想，父亲的醇德懿行难道就这样飘然而逝了吗？虽说父亲不让在墓志铭上加写生平事迹，自己也确实做到了，可他感到有必要把父亲的家传写下来，以教育子孙后代。按照宋代的规定，家父去世，在职的官员要在家守丧三年，正好把父亲的家传写出来。回到国子监后，第二天他就向太常礼院写了守丧的信函，离开了国子监公舍，回到了履道坊家中。

这天上午，程颐正在家中院内散步，大门开了，陕西学者苏季明领了一个年纪二十出头的学者走了进来。苏季明先向程颐施了礼，然后说："先生，我从陕西回来，路过宜阳，见到了这位尹焞先生，他仰慕先生，要我代为引见。"对于苏季明，程颐是熟知的，早先拜张载为师，张载去世后，他就来洛阳就学，他见尹焞有些拘谨地向自己行礼，便说："不必多礼，你是我回到洛阳后收的第一个学生，快坐下吧。"苏季明与尹焞坐下后，程颐让夫人端来茶水，尹焞把茶水给程颐端过去，夫人笑着说："他是从来不喝茶叶水的，可能你们不知道，他连画也不看。"程颐示意他们二人喝茶，说："我确实不喝茶，这茶是招呼客人的，主要是没有喝茶的习惯，再者喝茶是消闲的，我还没有这闲心。至于不看画，是没有欣赏能力，就如做诗一样，我也没有这方面的能力。"苏季明知道先生对作诗是不感兴趣，因为在开封时他就对苏轼说过词赋里没有治国安天下的道理。苏季明见程颐脚上还缝着白布，知道他是在守丧，便问先生在守丧期间都做些什么。程颐说："我近来将父亲的家传写了出来，还想把母亲的传也写一写。"说罢，便从屋里拿出来几页纸，递给苏季明，苏季明接过来，见是《先公太中公家传》，便匆匆阅了，递与尹焞，尹焞见开头是这样写的：

"先公太中讳珦，字伯温，旧名温，字君玉，既登朝，改后名，景德三年（1006年）丙午正月二十三日，生于京师泰宁坊赐第。

"性仁孝温厚，格勤畏慎。开府事父兄谨敬过人，责子弟甚严，公才十余岁，则使治家事。事有小不称意者，公恐惧若无所容。自少为文简公所重。

"开府终于黄陂，公年始冠，诸父继亡，聚属甚众，无田园可依，遂寓居黄陂。劳身苦志，奉养诸母，教抚弟妹。时长弟璠七岁，从弟瑜六岁，余皆孩幼。后数岁，朝廷录旧臣之后，授公郊社齐郎。以口众不能偕行，遂不奉调。文简公议之，为请于朝，就注黄陂县尉，任满，又不能调，闲居安贫，以待诸弟之长。至于长弟与从弟皆得官娶妇，二妹既嫁，乃复奉调……"

尹焞在同苏季明来洛的路上已从苏的口中知道了一些程家的情况，可仍没有这篇传记中写得详细。看了这篇传记，他知道了程家的显赫家世，先生的父亲与文简公原来是叔伯弟兄。

程颐似乎仍沉浸在父亲去世的悲伤之中，他望着屋内正厅墙上父亲的画像，低沉地说："父亲年幼独撑其家，于今思之，仍可见其沉毅。由此我想起孔子士不可不弘毅的话，当为士大夫的座右铭！这一年多来，噩耗不断，先是吕公著先生去世，当时父亲尚健在，嘱我为吕公写了悼文，后来是李端伯卒，其与兄昌明道学，世方惊异，能使学者效而信从，端伯与刘质夫为有力矣。他二人为外兄弟，同邑而居，同门而学，才器相类，志尚如一。我常说二子可以大用，期之远道，不期半年之间，相继以亡，使我忧学道者鲜，悲传学之难！"尹焞小声问苏季明："李端伯和刘质夫是何人，先生如此看重？"苏季明说："他二人是先生十分赏识的学生，本来先生是希望他二人把先生之学传下去的。"程颐用怜爱的目光看着他二人说："今日见到你们二人来，我很高兴，本来我在家守丧是很寂寞的，你们来了，可在一起研究道学，看来把道学传下去又有希望了。"尹焞新来乍到，见先生说出这样的话来，感到十分惶恐，他对先生说："我刚人圣贤之门，尚不得其道，望先生教我为学之方。"程颐见尹焞求学心切，心中自然十分喜欢，他缓缓地说："要知为学，须是读书，书不必多看，要知其约；多看而不知其约，书肆耳。颐缘少时读书贪多，如今多忘记了。须是将圣人言语玩味，人心记着，然后力去行之，自有所得。"苏季明先前是听过先生谈为学之方的，他对先生说的读书要玩味是记忆犹新的，见先生今日说的仍是这个意思。尹焞过去听说先生讲道言简意赅，今日见对为学之方讲得很透彻，不由心中折服。他本想再问下去，这时见有人进来，便与苏季明告辞了。

进来的是程端懿，他是来向叔父辞行的。他已接到朝廷任命，让他监西京酒税。程颐看了朝廷的任命，心中自然欢喜，同时感到端懿初入仕途，有必要提醒提醒。他望着挂在正厅墙上兄长的画像，对端懿说："你父亲已去世五年了，要是他得知你将要赴任，该有多高兴啊！你是咱程家后生中第一个出仕的，我送你两句话，一是为官要仁。我最近写你爷爷和你奶奶的家传。你爷爷平生居官，不以私事鞭挞仆人。就拿你奶奶来说吧，她虽是个妇道人家，可慈爱仁心，见识过人。我小时候常见她对家中所用的奴婢视如儿女，从不允许欺侮打骂。她常说：贵贱虽殊，人则一也。她遇到路上遗弃的小儿，必抱回家，可见恻隐之心！你父为官的座右铭是

'视民如伤'，视百姓为易受伤害的小草，倍加呵护，你要牢记在心！"端懿望着墙上画像中的父亲正慈祥地看自己，心头不禁一热，对叔父点了点头。程颐继续说："再一点是做官不忘读书。孔子曰学而优则仕，我意仕而优则学。我曾说过做官夺人志，是说政事纷繁，是会夺去士人的志向的，虽然你有心报效朝廷，可往往又不遂人志。如何在纷繁的政事中不失其志，我意要读书，读书可使人高其节，明其理，像周敦颐先生所说的出淤泥而不染。"端懿用心地听着，他想叔父不愧为道学家，能说出做官夺人志的话。他默默地记下了叔父的话。程颐却由刚才的话勾起了对少年往事的回忆，他说："我小时候在学习上是不如你父亲用功，开始光知道贪玩，是你父亲经常用书中的道理来开导我，我才懂得学习读书的重要。你奶奶为了勉励我们弟兄读书，在我们读的书页上写上'我惜勤读书儿'并还写二行字：一是'殿前及第程延寿'，这程延寿就是你父亲小时的名字；一是'处士'。后来先兄中进士科，我却一直是处士。说明你奶奶从孩童时就看出我与先兄的差异。"端懿说："我听先父说过，说你当时并不是考不中，而是你早就对科举考试不感兴趣，一心研究道学义理。在道学义理方面，他尚不及你呀。"程颐忙拦住端懿的话，说："为兄志在从政，也颇多政声，他继绝学，倡孔孟之道，为功大矣！"端懿见叔父不愿谈论自己，便请教政事应注意的事项，谁知程颐却讲了幼时母亲是如何教育他们兄弟的往事："那时我和你父亲都年幼，你父亲不爱动，我却爱动，常常摔跟头。母亲见我跌倒也不去扶，有人对母亲的做法不理解，可母亲说：他跌几次就知道安生了。"离开了叔父，端懿一边走一边想着叔父讲幼时跌倒的事及奶奶的话，心想：看来，从政的经验是要靠自己去体验总结的呀！

第十九章　程门立雪

　　这天中午吃过饭后，程颐立在伊皋书院家门口，见天阴了下来，南边的山岭都被浓浓的云笼罩着，似要下雪的样子。他是过罢春节后从洛阳来到伊皋书院的。他惦记着从河清县来看望他的杨时和游酢，对门人说："要是杨时和游酢来了，你赶快叫醒我。"说罢，便到屋里歇息了。

　　纷纷扬扬的雪花落了下来，不大一会儿，九皋山一带已是一派银白。这时杨时和游酢披着雪花来到了书院门口，他们上前敲了敲门，门人开了门，问清是从河清县来拜访的杨时和游酢，便让他二人进了院子，门人说："先生正在午睡，我去叫醒他。"杨时赶紧拦住说："先生正在歇息，不能打搅，我们就在外面等先生醒来吧！"门人是个年轻后生，见二人对先生十分诚恳，便回屋去了。黄昏时分，程颐醒了过来，门人说："看你的先生来了，还立在门外。"程颐赶紧出门，见杨时与游酢垂手立在雪地里，雪花落在他二人的头上、脸上，尽管他们脸冻得通红，可仍然一脸虔诚，便说："天下这么大的雪，贤辈怎么还立在雪地里！"赶紧将他二人拉进屋。在屋里坐下后，程颐让门人端上了热汤，让他们喝了。杨时见程颐看上去有六十岁出头的样子，脸上透着凝思的神情，给人以威严的感觉，不像程颢是一脸慈祥，给人以和蔼的印象。程颐也在观察他们，他见杨时有四十多岁，一问他二人都是四十一岁，游酢已官至博士，几天前他同杨时在河清见面，二人便商议来洛阳拜见程先生。程颐对他二人的来访很是高兴，感叹地说："父亲去世后，我在家守丧三年，去年三月服除，朝廷任我为直秘阁，判西京国子监。听说原来有人向皇上奏我以馆职判检院，如今苏轼之弟苏辙任执政，他说怕我到检院不安宁，不同意，高太后听了他的话也不同意，才让我判西京国子监。四月，我还向朝廷写了《辞免服除直秘阁判西京国子监状》，无奈朝廷不准。我从三年前到西京国子监后先后七次向朝廷请辞，可朝廷不予准奏。今年五月，监察御史董敦逸向朝廷上奏说我在洛阳有怨望轻躁语，说了对皇上不满的话，朝廷就让我改任管勾嵩山崇福宫。这实际上是个闲差，我也不经常到那里去，就在书院讲讲学打发时光。"杨时听了先生的一番话，对先生一再辞免西京国子监职事不甚理解，他说："我听说今年春上哲宗亲政之后，对先生还是很敬重的，不到两个月，就仍让你回西京国子监专主辅导，你又何必再辞免不就呢？"程颐望着门外愈下愈大的雪，说："我力学有年，以身任道，唯知耕读以求志，不希闻达以干时。皇帝陛下召起于草野之中，面授以劝说之职。儒者逢时，孰过于此？当时我慨然有许国之心，在职岁余，夙夜毕精竭虑。盖非徒为辩辞解释文义，唯欲积其诚意，感通圣心，希交发志之孚，方进沃心之论，实睹不传之学复明于今日，作圣之效远继于先王。自古道大则难容，迹孤者易颣。人朝见嫉，世俗之常态；名高毁甚，史册之明言。我是一个愚执的人，自然免不了人非议，后来就离开了经筵之地。我之所以坚辞朝廷任命，非苟自重，实惧上累圣明，使天下后世谓朝廷特起之士乃贪利苟得之人，甚可羞矣。所以我前后七次向朝廷递上辞呈，就是缘于此。今皇上亲政未及两月，念及劝学旧臣，诏臣仍任前职，权判西京国子监，专职教导，可见陛下崇儒重道之心，虽然我心存感激，然实不敢从命呀！"杨时听了先生的一番肺腑之言，方明白了先生一再上表辞免的用心，先生真乃当代遵从古义的儒者，他望着门外皑皑的落雪，心想："先生的操守不就如落雪之洁吗？"游酢也被先生的话所感动，动情地说："要说先生并不富裕，这通直郎也算是从六品，比先前的说书也算升了一级，可先生还是一再辞免，要是放在别人争还来不及呀！"

程颐对游酢的话不甚爱听，他扭头看着杨时说："我记得你是南方人，先兄在扶沟时我见过你们，你离开他时，他还对你抱有希望，说吾道南矣，期望你在南方传播他的道学，杨君这几年在哪里公干呀？"杨时说："我当年在扶沟时是二十九岁，离开程先生已十二年了，我如今在湖南浏阳任知县，说来惭愧，这十几年来我有心昌道东南，可愈学愈感到所学浅薄，不敢轻言讲学，怕谬种流传，害人不浅。近来对张载先生的《西铭》就有不解的地方，特来向先生求教。"程颐将目光投向游酢，见游酢与杨时年纪相仿，便说："你二人谁长？"游酢说："我与杨君同年生，又是同年考中的进士，前几年在萧山县任县尉，后来为了便于供养双亲，调任黄河北的河清县任职。也好就近向先生求教。"程颐听了他二人的叙述，高兴地说："近来我常常为传道担忧，这几年来，我所中意的能将所学之道传下去的学生，不少离开了我，有的天不假年，早早就去世了，我也六十一岁了，常忧道之不传，今二君前来，我又看到了希望。二位都是饱学之士，又深得先兄器重，看来道学南传有望！"他见天已暗下来，便对门人说："你去给二位先生安排住处，就住在厢房。"然后对杨时和游酢说：

"天晚了，你们先去安排住处吧，饭就在我家里吃。"杨时与游酢向先生道了谢，便跟着门人出去了，当他们走到院中时，见雪已下了一尺多深。杨时是南方人，很少见到这么大的雪，他对游酢说："如今已是三月了，北方还下这么大的雪！"游酢说："今年本来春寒，俗话说三月还下桃花雪，可三月下这么大的雪，也真少见，看来老天也是有意要考验我们对先生心诚不诚呀！"

晚上吃过饭后，杨时与游酢正在叙说离别后的各自情况，忽听有人进了院子，问杨君住在哪间房。杨时听出像是谢良佐的声音，正要开门，谢良佐便闯了进来，带进来一股寒气。他见游酢也在，便高兴地说："我听说你们二位来向先生拜师，便赶过来了，咱们扶沟一别一晃十几年过去了！"杨时与游酢见谢良佐来看他们，也很兴奋，忙拉他坐在床上，杨时知道谢良佐比他们大三岁，便称他为兄长，说："谢兄，当年在扶沟，你已进士及第，仍要拜先生为师，先生却待你为先生，你说，我是来学习的，应以学生待之呀。"谢良佐以肃然的口气说："我虽有了官职，可在先生面前，我仍然是一个学生。每天早上醒来，想到有先生的书可以读，我就感到有莫大的幸福！我在渑池县任知县，可以随时来向先生求教，这也是一种幸福！"杨时与游酢也为谢良佐能随时向先生求教而羡慕不已，杨时说："我目前在湖南浏阳任职，千里迢迢，想见先生一面很不方便，这次我是告假专程来向先生拜师的。"游酢说："我在黄河北的河清县任职，来一趟也不易呀！没有谢兄方便。"谢良佐说："我们都在任上，有些身不由己，我说不了哪一天也会到南方去任职。"杨时说："有一天你到南方去，传道的责任就由你来担一部分，我一人可有些力不从心呀！"谢良佐忙摆摆手说："伯淳（程颢字）先生对你寄予厚望，说吾道南矣！我可胜不了这个重托！我真过去，不过是助你一臂之力罢了。"

这时一阵寒风吹来，把油灯给吹灭了。杨时也不便麻烦程家的人，便说："今晚我们就在一起凑合一晚吧，也好好好说说话！"说罢，他们便将两张床合在一起，将两床被子一部分叠在一起，三个人睡在一处。听着外面呼呼的风声，谢良佐回忆起二十年前刚拜程颐为师的情景，说："我第一次见先生时是一年冬天，我从家乡上蔡来洛阳拜正叔（程颐字）先生为师，我记得也是一个下雪天，先生接受了我的拜师礼之后，将我安置在程家旁边的一间破房子里，我进去一看，见房顶上有窟窿，墙上有破洞，风吹着雪花从破洞里飘进屋来，令人不禁打寒战。屋里也没有炭火，从街上打回的饭，一到那屋里都成了凉饭。我在那屋里坚持了一个多月，先生见我不顾寒冷，没有走掉，认为可以承受常人难以承受的磨难，才将我安排到弟子们住的屋子里，并向我传授道学。"游酢感叹说："先生这是有深意的，是先对你做'苦其心志'的考验啊！"杨时听着外面的风声，心想，大先生与二先生是不一样，大先生看上去一脸和气，二先生看上去是一脸严肃。记得原来在扶沟讨论问题时，遇到与学生不同的看法时，大先生总是说再商量商量，而二先生总是直接说出他的看法，不容置疑。想到这里，他想起来对张载《西铭》的理解就和二先生不一致，这次要和先生好好探讨一下。想着想着他就睡着了。

第二天早上，杨时他们一起床，见雪住了，院子里一片雪白。由于已是三月，尽管下了雪，天已不太冷，太阳一出来，雪很快就化了。他们吃过早饭后，程颐就过来与他们探讨问题。程颐穿一身黑棉袍，头戴一深八寸的桶形黑帽，帽檐伸出来有七分四。他坐在椅子上，望着院子里温暖的阳光，听学生们提问题。杨时是有备而来，他先提出了对张载《西铭》的见解，他说：“张载先生说天是人的父亲，地是人的母亲，人在中间，人十分渺小，与万物一样，生存在天地之间，我认为，如此立言，会产生两个极端，一是言体而不及用，二是迷兼爱而无父。先生应另立新说，与《西铭》并行。”说罢，他偷觑先生的脸色，见先生皱了一下眉头，继而摇了摇头说杨君错矣！《西铭》是张载先生的重要著作，我是十分看重的。《西铭》之为书，推理以存义，扩前圣之未发，与孟子性善养气之论同功，岂是墨氏之能比哉？张载先生提出的‘民吾同胞，物吾与之’，就是兼爱天下众生的意思，天下民众皆我同胞兄弟，境界何其开阔！哪个圣人这样说过！我最感佩的是先生说的‘为天地立心，为生民立命，为往圣继绝学，为万世开太平’！”杨时听到这里，见先生立了起来，胸中似激荡着一股浩然之气，他陡然觉得原来自己的理解狭隘了，感到过去百思不得其解的问题，被先生一席话化解了。程颐继续开导说：“《西铭》更重要的是提出了‘理一分殊’的观点，何为‘理一分殊’？就是说天下之理是一致的，天下只有一个理，途虽殊而其归则同，虑虽百而致一，虽物有万殊，事有万变，而理则一也。我记得周敦颐先生生前曾有一个比喻，他说月亮把银辉洒向千里江山，千里江山都能看到月亮。而实际上只有一个月亮。这就是物虽殊而理却一的道理。”谢良佐对杨时贬低张载《西铭》的话有不同看法，他知道无论大程先生还是二程先生都是十分看重张载先生的，如今他见杨时已被先生说服，便顺着先生对《西铭》的评价，问起了孟子性善论的问题，程颐显然十分乐意回答，他想趁此机会将近来思考的人性与天理的关系告诉弟子们，他立了起来，边走动边说：“孟子言人性善，但人性毕竟不等于天道。我在孟子的言论中找不到他讲人性等于天道的话。近来我常想：人之初，性本善，是说人性善是自然而然的，而天道也是自然而然的，理也是自然而然的，因而可以说理者，天也，谓之天道。也就是说天理是无始无终的万物的主宰；天人本无二，人心与万物不可分，只要诚敬存之，使心廓然大公，内外两忘，便可以达到仁的境界。刚才我说过，一物须有一理，但一物之理即为万物之理，而万物之理就是一个天理。理则天下只是一个理，故推至四海而准，须是质诸天地，考诸三王不易之理。"谢良佐听了先生这一番由孟子人性善引出的天理天道的宏论，内心十分激动，他见杨时与游酢也是如大旱逢甘霖，不停地记着，眼里透着光，心想：这是迄今为止先生对人性与天理的最完整的表达，大先生去世得早，今日二先生的话既与大先生的话有联系，又有新的思考。他望着先生并不高大的身躯，回味着先生睿智的话语，心想：能及时聆听智者的话，是多么幸福呀！杨时与游酢也有同感，在听了先生的讲说之后，他二人商定今春就在先生门下住下来，向先生求教。谢良佐吃过午饭就返回渑池去了。

第二十章　编管涪州

　　五年后（即1097年）二月的一天下午，在洛阳程颐家里，午睡过后的程颐正要去给弟子们讲学，尹焞进来说："先生，有一乘官轿朝咱家来了。"程颐正想会是谁，所为何事而来，院门开了，程颐从堂屋门望去，见是五十六七岁的范祖禹进来，便赶紧迎了出去。他将范祖禹迎进屋坐下，问："先生因何事来西京？你不是在京城开封吗？"范祖禹说："先生有所不知，我三年前就向哲宗辞了侍讲，祈求外任，这几年无所事事，便利用先前编《资治通鉴》积累的资料，编写了一本《唐鉴》，现已印出，今特为奉送，敬请先生斧正。"说罢，便将随身带的《唐鉴》递给程颐，程颐掀开看了看，以赞赏的口气说："我早先就听司马温公说，一部《资治通鉴》祖禹为功大矣！这本《唐鉴》，补了唐史的空缺，对当代也有资治的作用，先生办了一件功在千秋的事。"范祖禹连说不敢当。程颐知道范祖禹是吕公著的女婿，过去他同吕公著过从甚密，时常听吕公著说到他的女婿范祖禹的情况，司马光在洛阳修《资治通鉴》时，范祖禹在洛阳十五年，他对范祖禹也有所接触，对这个年轻的学者很有好感。他抚摸着《唐鉴》，感叹地说："我今年已六十有五，一生致力于道学的研究，可尚未将所得系统整理，再不整理，怕时间不多了！"范祖禹见先生似有伤感，便想转移话题，可程颐继续说："一个一个比我年轻的弟子都先我而去了，三年前朱光庭也走了！今日想来，自余兄弟倡学之初，众方惊异，朱光庭时甚年少，拜于吾门下，对所倡之学独信不疑，非夫豪杰特立之士，岂能如是？他一生笃学力行，至于没齿，志不渝于金石，行可质于神明，在邦在家，临民临事，造次动静，一由至诚。蹇蹇王臣之节，凛凛循吏之风，使我每一思之，不禁黯然涕下！"尹焞见先生用袖子去擦眼泪，心想先生真是动了感情，可他也惊异先生的记忆力，先生写的祭文他是看过的，刚才他说的话，几乎就是祭文中原话，有人说先生四十岁以后，特别是愈到晚年记忆力越好，他是亲眼所见了。范祖禹则赶紧转移话题，他想说些使先生高兴的事，便说："我在朝中给哲宗当侍讲时，常听哲宗称赞先生，他一亲政就问你在哪里，当听说你守丧后仍要辞通直郎、判西京国子监时，他显得很伤心，说当时母祖后听信孔文仲的谏言罢免了先生，可能伤透了先生的心，可先生也不能太固执呀，一再上表辞免，朝廷就是不允许你辞免。前年春上高太后去世后，朝廷准备授先生以馆职，还让你到朝中来，无奈先生又是固辞，哲宗很生气，可又拿先生没办法。皇上亲政后，我上表说：'臣伏见元祐之初，陛下召程颐对便殿，自布衣除崇政殿说书，天下之士，皆谓得人，实为希阔之美事。而才及岁余，即以人言罢之。颐之经术行谊，天下共知。司马光、吕公著与颐相知二十余年，然后举之。此二人者非为欺罔以误圣聪也。颐在经筵，切于皇帝陛下进学，故其讲说语常繁多。草茅之人，一旦入朝，与人相接，不为关防，未习朝廷事体。而言者谓颐大奸大佞……其言皆诬罔非实也……陛下慎择'经筵之官，如颐之贤乃足以辅导圣学。至如臣辈，叨备讲职，实非敢望颐也。臣久欲为颐一言，怀之累年，犹豫不果。使颐受诬罔之谤于公正之朝，臣每思之，不无愧也。今臣已乞去职，若复召颐劝讲，必有补于圣明，臣虽终老在外，无所憾也。'"程颐听到这里，心里有了一丝安慰，感到总算有人在朝中为自己说了公道话，使哲宗明了一些事实真相。想到这里，他有些不解地问："你在朝中好好的，何以要外任？"范祖禹叹了口气说："先生有所不知，哲宗亲政后我多次向他进言要保持元祐时期的政策不变，巩固司马光开创的稳定局面，可他却听信杨畏的谏言，任用章淳为执政，一意要恢复王安石执政时的新法，最近就要改年号为元符，意在继承宋神宗推行的变法。我看皇上主意已定，只好辞职外任了。"程颐听了范祖禹的这番话，陷入了沉思，良久，他对范祖禹说："看来朝政又要陷于动荡之中，会不会牵涉到我们这些跟着司马温公浮沉的人很难说，不过我已看得开了，我已到了耳顺的年龄，余下的时间就是致力于对所学的系统整理。"说罢，他对尹焞说："过几天咱们到伊皋书院去，我看那里比较僻静，也便于静下心来，西京洛阳离朝政纷争的旋涡中心太近了。"范祖禹这才注意到一直在先生身边默坐的不过二十出头的尹焞，他惊讶地说："你就是尹焞？就是前年罢考的尹焞？"尹焞点了点头。程颐说："他是我晚年收的第一个弟子，可能是受我的道学影响太深了，前年他进考场参加进士考试，一发考卷，见题目是批评元祐之政，便感叹说：'岂能作批评元祐之政而换取功名利禄的事！'便拂袖退出了考场。他回来后对我说了罢考的事，我说：'你要为老母想想，她老人家不是盼你一举成名吗？'后来，他回到了家，老母听了罢举的经过后，说：'我只知用善来培养你，不知用利禄来培养你。'我听了，感叹说：'真贤母也！'"尹焞在听程颐讲述的时候一直显得有些激动，他见先生说完了，便说："母亲虽说是一妇道人家，可从小就教育我要知善恶，我来拜先生为师，又学了先生的义利观，不义如浮云，何可惜也！"范祖禹说："我在朝中就听说了有举子罢考的事，当时是李清臣主持的考试，据说试卷就是他授意出的，目的在于为否定司马光的元祐之政造舆论，尹君可谓耿介之士！不过先生也要当心，他们都知道你在洛阳收留了不少弟子，这个李清臣最近到洛阳任河南知府来了，先生要当心呀，免得被他抓住把柄，惹出麻烦。他可是竭力支持皇上恢复变法的。"程颐一副安然的神态，望着落日洒下的余晖，向南看了看说："我过几天就离开这里，到伊皋书院去，那里清静得很，正好一边讲学，一边研究《周易》。"范祖禹也希望他早些离开履道坊的家，到书院去避一避，他说："我在朝中已听到了一些风声，目前朝中要追究司马光、吕公著等一班已故老臣的气焰很盛，他们向皇上上书，说司马光、吕公著将先帝推行的新法一风吹，诋毁先帝，变更法度，罪恶至深，虽然他们已死去，也应明正典刑，至于那些已经告老还乡的，也要少示惩罚。听说皇上已将吕公著追贬为建武军节度副使，司马光为青海军节度副使。他们这些人，是连死人也不肯放过呀！"天色已暗了下来，一阵晚风吹来，使程颐感到了一丝寒意，他望了望门外黑黢黢的夜空，自言自语说："今年是倒春寒，已二月了，天一到晚上还是这么冷。"说罢，他对范祖禹说："我看朝廷对我的贬黜也快到了，他们既然对死者都不肯饶过，对我更不会开恩。我是无所谓的，已先后写了七次上书，要朝廷罢免通直郎、判西京国子监。这一次总算如愿了。"正说话间，忽听一阵马蹄声传来，不一会儿大门被叫开，河南府来了两个衙役，说是来送朝廷诏书的。程颐接过诏书一看，见是一份有刘奉世、韩维、吕希哲、朱光庭和他自己等三十一人的编管名单，他把名单递给范祖禹说："我这次算是罢归乡里了，成了一介布衣了。"范祖禹看了看，见吕大防责授舒州团练副使，新州安置；苏辙责授化州别驾，雷州安置。他说："看来蜀党的人也遭了厄运，苏轼早就被贬，这苏辙当初当执政时不让先生回朝中任职，如今也落难了，并且贬得更远，是海南的雷州。先生还是不幸中的有幸，就近安置。"程颐笑着说："我本是一介布衣，还能到哪里去呀！如今想来去年春上去看望韩维先生是时候，要是今年就去不成了！"程颐送走了河南府的来人，说："我早就想去看韩维先生，去年是他的八十大寿，我去给他做寿，也算了却我的一桩心愿。本来我去给韩先生做寿，应给他带些礼物，可又没啥带，韩先生却要给我二十两黄金，你说我能收吗？"范祖禹说："韩先生可能是想接济你，他以太子少傅致仕，待遇很优厚。"程颐回忆起去年春上在韩维家住的情形："我到颍昌后，韩先生八十岁的人了，对我是早晚伴食，体貌加敬，我都有些受不了。有一天他说他要到外边去，让他的儿子彬叔陪我吃饭。吃饭时，彬叔说：'我父亲说，先生远来，无以为意，家有黄金药楪，重二十两，似可为先生寿，怕先生不收，不敢当面对先生说，特意他去，让我给你说。'我对彬叔说：'我与你父亲乃道义交，故不远而来，奚以是为？要再这样，我就离开这里回家了！'他的孩子赶紧把黄金药揲拿回去了。"范祖禹说："韩先生是一片诚意要接济你呀！"程颐说："我与韩先生相交多年，他还是不了解我。这次他也被编管，他已八十一高龄，我怕他受不了啊！"范祖禹也很担心，不过他更关心程颐的处境，问："你的弟子们咋办？"程颐对尹焞说："明天给在家里住的弟子们说说，让他们都回家去吧，我怕朝廷会来找麻烦，今后不要再来找我了，尊吾道，行吾学，就行了！你也回家去吧！"尹焞坚持不走，他说："我既然连进士都罢考，就是为了跟先生求学，先生不是要去伊皋书院吗？我也到书院去。"程颐见尹焞坚决不走，便不再坚持。这时家人端来了晚饭，程颐便招呼范祖禹吃了起来。

转眼到了冬天，程颐在嵩县九皋山下的伊皋书院已住了一个月时间。这大半年来，六月，七十五岁的叔父程琉去世，他为叔父亲自写了墓志铭，十月他将叔父埋葬祖坟后，就一直在书院居住。他对这里清静的环境十分满意，平时除了与弟子们在一起研究道学外，他把主要精力放在对《周易》的阐释上。他时常走出书院，来到书院南边的伊河岸上，望着高高的九皋山，听着脚下伊河的流水声，陷入沉思。他对《周易》的阐释，是着眼于国家社会的治理，不像他的好友邵雍是从数的角度研究《周易》，以数来推测阴阳变化、人的吉凶祸福；他对数不感兴趣，虽然与邵先生同居一个街坊几十年，未尝探讨过数的问题。他私下想：以数来预测靠得住吗？他要另辟蹊径，从社会治理的角度来研究《周易》，写一部《程氏周易传》，把有关对理学的思考融入在这本书里，留给后人。

十一月的一天下午，天阴沉着，书院对面的九皋山被浓雾包裹着，似要下雪的样子。由于是阴天，天尚不太冷，程颐在尹焞等几个弟子的陪伴下出了书院，来到伊河边散步。自从程颐来到书院后，原来在洛阳家里求学的弟子也都陆续来到了这里，目前学院已聚集了二十多位弟子，这几天还有人从四处赶来。程颐边走边对尹焞说："得想个办法，不要让学者们再往书院来了，这里虽说离洛阳远些，可也并不是世外桃源，我怕连累了弟子。"尹焞想了想说："来这里的学者，大多都先到洛阳先生家里打听先生，可让家里人进行劝阻，如果劝阻不了，执意而来，也不好拒绝。"程颐说："只好这样了！"这时只见通往洛阳的大路上跑过来一队马队，直奔书院而来。程颐心里一惊，感到要出事，便同弟子们赶紧返回书院。待他们走到书院门口，只见站了两个府役，手执大刀，显得威风凛凛。这阵势程颐倒不害怕，想当年出入皇宫，比这威严多了。他满怀疑问走进上房讲堂，见有一着知府衣冠的人端坐着，便想他可能就是河南知府李清臣了。李清臣是不认识程颐的，可他一见一六十多岁的老者在一群弟子们的簇拥下走了进来，便想他就是程颐了。但见程颐头戴一桶形帽，身着黑棉袍，正冷眼看着他，他不禁有些心虚，心想："这就是学者过其家门而肃然起敬的大儒者啊！"便不由得立了起来，放低声音说："程先生，在下李清臣，来传达朝廷旨意。多有得罪。"程颐说："原来是李知府驾到，老夫接旨了。"说罢，便跪了下来。李清臣取出皇帝诏书，念道："程颐与司马光同恶相济，妄自尊大，至于延和讲说，令太母同听。在经筵多有不逊。虽已放归田里，可与编管涪州。"程颐谢了恩，便起身接了诏书，问何日动身。李清臣说："朝廷催逼得紧，三天后就要动身，先生不要怪本府无情。"他望着聚集来的弟子说："朝廷有旨，伊皋书院即日查封，诸位都四散去吧！"程颐见弟子们一脸怒容，生怕惹出事来，便对李清臣说今日天色已晚，即使遣散也要等到明日吧，望知府宽限一日吧！"李清臣见程颐求情，便同意了。弟子们簇拥着程颐向他的住室走去，李清臣则让人将讲堂贴上了封条，并将大门上的"伊皋书院"的牌子也让人摘了下来。尹焞见了，便把牌子收了，送到先生的屋里。程颐正与弟子们说话，见了牌子，说道："你就把它留下作个纪念吧，这伊皋书院算来也有十四年了，这些年来，除了我给哲宗当侍讲一年多没来书院外，几乎每年都来这里讲学，这一次编管涪州，怕是不能再来讲学了。"尹焞不以为然，说："哲宗是被人骗了，先生的道德高行他是了解的，说不定要不了多长时间就赦免了你，到时我就把牌子重新给挂上。"弟子们都说，到时他们重来拜先生为师。程颐笑笑说："事情不会这么简单，哲宗连年号都改了，叫元符，意思是要恢复先帝宋神宗所制定的国策，我们这些跟司马光有来往的人被视为政敌，岂有赦免之理？我也作好了心理准备，长期在涪州待下去。"尹焞见谢良佐似有心事，便问他这次编管谁能救先生。谢良佐摇了摇头说："据我所知，这次编管主谋是林希，林与邢恕是政敌，他想先生一编管，邢恕必救先生，这样就可以他救先生而给邢恕安上罪名。"尹焞插话说："我听说邢恕早先是先生的学生，他不能不救呀。"谢良佐问程颐对邢恕的印象，程颐想了想说："此人倒很聪明，可心性不行，早先他曾拜邵先生为师，邵先生说，依你的聪明，不要几天就把我的东西学完了，可你要真正拜我为师，先要跟我在柳下优游几年再说。这就是说先生看他太浮躁了。后来他跟我从学，我也看出他心不静，品不端。那时在洛阳，我与司马光、吕公著过往紧密，他跟着出入门下，以图仕进。后来也到朝中做官去了，听说也干了不少不义之事，后来，连一向看中他的王安石也认为他不可靠。像他这样的人，很难指望他来救我。"谢良佐心想："先生也算把他看透了，我听说，他不但不救你，还对林希说即使斩颐万段，吾也不救。别人听了，都耻笑他忘恩负义。"谢良佐看了看已六十五岁的先生，一丝悲哀升上心头，以他年迈之躯，还要远谪千里之外，并且是在这隆冬季节！

第二天早上程颐早早就起了床，当他推开门，走到院里的时候，自觉凉凉的雪片贴在脸上，抬头望见对面的九皋山，只见雪花纷纷落下，一会儿院中地上铺了一层银。他踏着薄薄的雪，先走到五间上房看了看，那是被称做讲堂的地方，如今被贴上了封条，他站在那里，自东向西往弟子们住的三间厢房望去，显得空落落的，他知道，多数弟子已在昨晚离开了，只有尹焞和谢良佐等几个人要在今日陪他到洛阳，这时他听见有人在东面的房子里读书，仔细一听，是谢良佐的声音，再一听，是在背他兄长几年前写的改正《大学》：

"大学之道，在明明德，在亲民，在止于至善。知止而后有定，定而后能静，静而后能安，安而后能虑，虑而后能得。物有本末，事有终始，知所先后，则近道矣……古之欲明明德与天下者，先治其国；欲治其国者，先齐其家；欲齐其家者，先修其身；欲修其身者，先正其心；欲正其心者，先诚其意；欲诚其意者，先致其知，致知在格物。物格而后知至；知至而后意诚；意诚而后心正；心正而后身修，身修而后家齐，家齐而后国治，国治而后天下平。自天子以至于庶人，壹是皆以修身为本。"

程颐惊叹谢良佐的记忆力，他几乎是一字不差地将为兄所改正的《大学》背出。这时他听尹焞说："谢兄，你在家是不是天天早起背先生的书？"谢良佐说："是呀，我每天只要有先生的书可读，就感到无比幸福！像大先生的这篇改正《大学》，我是百读不厌。"说罢，就又往下背了起来："是故君子有大道，必忠信以得之，骄泰以失之。生财有大道：生之者众，食之者寡，为之者疾，用之者舒，则财恒足矣。仁者以财发身，不仁者以身发财。"

雪还在下着，程颐边听读书声，边注视着身边落了一层雪的柏树，他记起这株柏树是十四年前建书院时他亲手栽下的，当时不过一人高，如今已长有丈把高了。俗话说十年树木，百年树人，柏树长得慢，柏树要成材，怕也要百十年的时间。他由这柏树而想到了书院，是呀，十几年来，这书院也培养了一批批学生，如今被查封了，可学生却走向了四面八方，他们会把书院里学到的道学传扬开去的。他又想到了邢恕，心想：他算是个异类，看来，一个人的品行比学识更重要。德过才是君子，才过德就是小人了。

吃过早饭，程颐便同尹焞、谢良佐离开伊皋书院，披着纷纷扬扬的雪花坐了马车向洛阳走去。

第二天雪仍下个不停，一大早程颐就起了床，夫人对他说："雪下得这么大，今天就不要走了吧。"程颐说："李清臣说是宽限三天，今天就到了，咱不能食言，再说李清臣也不会不来催。还是早点走吧。"程夫人知道按宋朝的规定，流放之人是不能带家眷的，她想着先生已是六十五岁的老人，还要独自一人远去千里之外的涪州，虽然有孙儿程昂陪同，可毕竟他年纪不小了，心里不免牵挂，不禁湿了眼睛。程颐见状，故作高兴的样子说：“我去涪州，远离洛阳，朝廷再也管不着了，你也少为我操心。家里儿孙还有几十口人，全靠你操劳，你也要多保重啊！”程夫人点了点头，指着包好的包袱说：“你的衣服都包好了，到那里后，该换洗的衣服要勤换洗。生活起居都要自己料理。”程颐说我记下了。这时他想起要去后院看看叔母，叔父今年刚去世，自己就要远行，应去见一下。夫人说吃过早饭再去也行。程颐便匆匆吃了早饭，正要去看叔母，忽见大门开了，进来两个河南府的府兵和一个官员，府兵见了程颐便说：“这是李知府派来的都监，催你赶快上路的，一刻也不许耽误！”程颐说：“可否让我去看看叔母，去告别一下？”都监说：“我做不了主，先生还是跟我们到河南府去吧！明日我们要把你送出府界。”无奈之下，程颐只好同孙儿程昂跟着两个府兵的马走了。程夫人和几个儿孙立在门口，一直目送着他消失在茫茫雪野中。年已七十多岁的叔母在孙子的搀扶下走到门口，连声说：“侄儿，我到哪里能与你见一面呀！”

当天晚上，他们住在都监安排的厅堂里，第二天一早由都监带了府役押着程颐朝龙门走去，中午到龙门时，都监对程颐说：“程先生莫怪我催得紧，这是李知府的旨意，先生为当世大儒，我私下是很敬重的，过了龙门，我们就要回去了，先生一路要多加保重。”说罢，他拿出一个小布袋说：“这是一百两银子，作为先生的盘缠，望先生收下，也算我的一点心意。”程颐谢了他的好意，然后说：“都监的银两我是不能收的，家人都在洛阳，望都监不要为难他们，我就感恩不尽了。”说罢，便同孙儿一起乘了毛驴向南走去。

半个月后的一天上午，程颐已来到了汉江边，此时的景色巳与中原大不相同，虽然仍是冬季，可由于地处汉江上游，距四川盆地不远，气温自然高得多，两岸随处可见青翠的松柏。由于没有了押解的府兵，他感到心情畅快多了。望着冬日阳光照耀下的奔腾向东流去的汉水，他想起了孔子“逝者如斯夫”的话，感叹时光的流逝。这时有人招呼上船，他便将行李搬上了船，在一个鹤发童颜的老者身边坐下，与老者交谈后得知他是四川涪陵人。船开了，顺水向对岸漂去。他虽说是第一次坐船，可并不感到惊恐。当船行到江中心时，一个巨浪打来，几乎将船掀翻。船上的人大呼不好，程颐却安然不动。等船靠岸，人们都松了一口气，程颐和老者都下了船。老者问程颐说：“刚才船将要翻时，君正坐，色甚庄，何也？”程颐见老者说话文绉绉的，便回答说：“在于吾心存诚敬耳！”谁知老者却说：“心存诚敬，固善，然不若无心。"程颐思索着老者的话，感到不若无心比自己的心存诚敬更高一筹，正想与老者交谈，一转身，见老者径直走了。他想，这四川是大有高人呀！

当程颐经过一个多月的长途跋涉，来到涪州城的时候，已是农历腊月上旬了。这一天他向涪州府报了到，知府对朝廷要他严管的这个昔日皇上的老师，并无恶意，给他安排了临时住处后，便询问起他还有何要求。程颐说："我本是一山野之人，现今已六十有五，想利用在涪州被编管的时间，将平生所学整理整理，以流传后世，希望能寻一处安静的地方。除此以外，别无所求。"知府答应了他的要求，可在城里城外，任选地方居住。程颐离开知府之后，便来到城外江边，见涪州城临江而建，乌江和长江在这里汇合后沿城脚向东流去。北岸是高耸的山峰，南岸是人烟嘈杂的城市。他有心到对岸去过清静的日子。这样想着，他见太阳快落山了，便回到了位于城中的临时住处。

当他走到街口的时候，有一二十多岁的年轻儒生迎上前来，施了一礼说："程先生，学生谯定拜见先生！"程颐有些吃惊，心想："这里怎么会有学生？"当他仔细一看，见有些面熟。谯定说："先生不记得了，我几年前曾在洛阳拜你为师呀！我当时是在京城开封游学，听说先生在洛阳讲学，便专程到洛阳拜见。"听他这么一说，程颐想起来了，当时他见谯定衣着整洁来拜见他，过后问他，他说："我听说儒生过先生家门，都感到肃然起敬，为拜见先生我特地梳洗打扮了一番。"想不到在这里能碰到谯定。程颐显得很高兴，急忙将他引进屋里，问他何以知道他被编管这里。谯定说："前几天有一老者从川东回来，我与他在交谈中就知道是先生来了。他说他在过江时遇到了一个儒者，问他何以临危不动，他说是心存诚敬，我就想是先生了。"程颐感叹说："老者说的话更妙，我说之所以临危不惧是心存诚敬，他说无心更善。此人在何处，我想会会他。"谯定说："此人到处云游，在家没待几天，就又顺江东下，说是这次要到中原一带去。"程颐显得有些惋惜。

谯定问先生在这里有何打算。程颐说："我先休息几天，然后想到对面山上找一个地方潜心研究《易经》。我早就想写一本《易传》，以理学的观点来阐释《周易》，我常有一种紧迫感，常常感到生命的无常，眼见得一个个弟子在我面前逝去，也使我感到传道的艰难。"谯定为先生宽心说："先生不要兴悲，我这次见到先生，见先生的身体比前几年还要康健，六十多岁的人长途跋涉两千多里，一般的身体是顶不下来的。马上就要过春节了，先生先在这里休息一下，过节我来陪先生，明年春上我再陪先生到江对岸去找地方。"程颐想了想，也同意了。

第二年春天的一天上午，程颐同谯定一起过了江，来到了江对岸的黄旗山。在北坪南麓，他们在一处叫北岩的地方停了下来。这里南临长江，背靠黄旗山，初春的阳光照在山岩上，**透着暖暖的春意**。有一溪流从岩上的缝隙里流下来，发出哗哗的水声。只见附近有一处黄瓦盖顶的禅院，他们走近一看，见大门匾额上书"普静禅院"。进去后见是一四合院，有上房，有厢房，有几个僧人在上房诵经，问守门的老者，他说："这禅院建于唐代，很有名气。我来守门已十几年了，见了不少来这里出家的人。先生也是来出家的吧？"谯定知道先生不信佛，怕他生气，便接过话说："先生是来借住的，他可不是来出家，他要来这里讲经。"程颐对守门人的话并不生气，反倒乐呵呵地说："我讲我的经，他们诵他们的经，互不影响。"这时有一住持走了过来，听说程颐是从中原洛阳来的，被朝廷编管到了这里，便热情地说："先生能来这里居住，是普静院的荣幸，以先生的学问，我们是请都请不来呀！"说罢，便招呼几个僧人来帮助程颐安排住处。安置好后，他们出了禅院，见山上地势平坦，不远处是几家农舍，袅袅炊烟升上来，在山腰轻浮。程颐很是喜欢这个地方。他对谯定说这里很幽静，有住的地方，又有吃饭的地方，我算放心了，我就在寺院里住下。"谯定说："行。可就是先生的生活起居得有人照顾啊！我看这样，先生可以在禅院里一面讲学，一面读《易》。我也住在这里，一方面跟先生学《易》，一方面照顾先生的生活。"程颐见他想得很周到，感到很是过意不去，可又没别的办法，只好点了点头，沉思片刻后，说："我本编管之人，目前不敢收徒讲学，只想利用清静之地，在这里读《易》。说起对《周易》的研究，我十五六岁就开始学《易》，几十年来也没间断过，但尚不系统，这次要系统研读研读。"这时有两个儒生进来，说是拜程先生为师的，谯定见程先生向自己摆手，看出了先生的顾虑，便对两个儒生说："这样吧，先生目前不便收徒，但先生不会拒绝求教，你们要是有何问题，可随时来。"程颐也说："两位贤弟若是有何问题可随时前来，咱们共同探讨。"两个儒生高兴地说行。

这天天气晴好，初春的阳光暖暖地照在普静院中，院里的一棵玉兰树吐出了花蕊。程颐他们出了屋，立在树下观赏了一会儿。两个儒生不愿放过向先生求教的机会，可初次见面，又不便开口，便向谯定使眼色，谯定自然明了他们的心思，便说："两位有何问题，不妨向先生提出来。"程颐也把目光投向了他们。其中一个子稍高的儒生说："先生刚才说到《周易》，我们也读过了，总感到《周易》有些深奥，有人说它是一部占卜书，先生如何看？"程颐神色庄重地说："以我的看法，《周易》是群经之首，大道之源。诸位知道，五经之中，《周易》居一，其余依次为《书》《诗》《礼》《春秋》，《周易》讲的是象、数，宇宙万物皆有象，即形状，有象必有数，即有对应的数目，有数必有理。理即定理和规律，有规律就必定可以占卜、预测。之所以说它是大道之源，《易》曰一阴一阳谓之道，将一阴一阳视为道之本，何其精辟！"说到这里，先生显得激动起来，他走出禅院，来到下临长江的北岩边，仰观长空，但见晴空万里，太阳当头，此时正是春萌时节，山坡上万物葱茏，一派生气勃勃的景象，全没了冬日的萧条。程颐边踱步边说："一阴一阳谓之道，阳动阴静，阴阳之交相摩轧，八方之气相推荡，雷电以动之，风雨以润之，日月运行，寒暑相推，而成造化之功。以刚柔相推而知变化之道，动则变也，顺变而动，乃合道也。天下之理，易简而已。顺理安分故无忧，人惟顺理以成功。"谯定在过春节陪伴先生时已听过先生有关《易》的宏论，但今日听来，仍有振聋发聩之感，而两个年轻儒生听了简直如茅塞顿开，一扫胸中疑云。高个子儒生对先生说："听了先生的宏论，如把我们带上了高山之巅，胸中豁然开朗，过去的一些对《周易》的疑团，为之解开，先生见识高远，我们原来的见识不过仅为皮毛而已。"程颐摆摆手，不同意他的说法，说："道之理在于思，我今日之言，是我几十年所思所想之结果，《易》博大精深，不是三言两语而能揭示其精义的，我们今后可进一步探讨。今日就到这里吧，今后有何疑问可来商讨。"谯定见先生累了，便示意两个儒生离开了。

这天下午午休起来后，程颐正要读《易》，谯定领了一人来访，一进屋，他对先生说："这位黄先生要我引见，不知先生可认识否？"程颐打量着眼前的这位黄先生，一眼就认出来他是苏轼门下的黄庭坚，忙让他坐了，说："先生何故也来到这里？"黄庭坚看上去要比程颐年轻十多岁，不过五十出头的样子，他以自嘲的口吻说："程先生有所不知，当年苏轼与先生分为蜀洛两党，闹得不可开交，后来哲宗亲政，一心要恢复元祐新法，我们两党都被打为旧党，苏先生被贬，我也在四年前被贬到这里，也住在这普静禅院，想不到同先生又见面了。这次我们再也不用争论了，同是天涯沦落人！唉！"程颐见黄庭坚似乎情绪不高，他淡然一笑说："我通过这次变故，也看开了许多，当年洛蜀之争有一些是意气之争，今日想来，无多大价值。朝廷对我们管制倒是一视同仁的。你先来，我后到。"黄庭坚以无限感慨的口吻说："眼前的情景倒使我想起了我在十三岁时写的一首牧童诗，不知先生喜欢听不喜欢听。"程颐听出他是话里有话，怕他说他卖弄文才，便笑了笑说："我不写诗，可我还给弟子们讲《诗经》啊！你念来听听，我们都是天涯沦落人嘛！"黄庭坚见他并无反感，便念道：

> 骑牛远远过前村，吹笛风斜隔陇闻。
>
> 多少长安名利客，机关用尽不如君。

程颐听出了他今日读这首诗的用意，名利客哪有牧童自在啊！

黄庭坚想起程颐说他给弟子们讲过《诗经》，想听听这个道学家是如何理解《诗经》的，便说："先生对《诗经·关雎》如何理解？"程颐说："'关关雎鸠，在河之洲，窈窕淑女，君子好逑'，以我观之，其义在于：乐得淑女，以为后妃，配君子也；其所忧思，在于进贤淑，非悦于色也；哀窈窕，思之切也；切于思贤才，而不在于淫色，无伤善之心也。"黄庭坚是第一次听说有如此解释《关雎》的，他含笑看了一眼谯定，见他也是一脸惊异，便说："先生见解特异，过去都把《关雎》视为男女情诗，只有先生从道学的角度理解为为国进贤淑，非悦于色。"谯定虽感到惊异，可仔细思考先生的释义，却感到先生的见解确有新意，不禁向先生投去敬仰的目光。程颐问黄庭坚所住何处，黄庭坚说他四年间一直住在禅院北边的院中，并把读书的地方起名为"钩深堂"。程颐说："咱们同住一个禅院，今后也好切磋学问。"谁知黄庭坚却说："先生有所不知，我今天就是来向先生告别的，皇上来了诏书，赦免了我的罪名，要我返京任职。说来咱还算有缘，前几日我到外地去了，回来才听说先生来了，可又不能久留，不过总算见了面。"程颐对黄庭坚来看他很是感激，可由他的赦免又想到自己的编管，心想，何时才能轮到自己呢？按宋朝的法律，编管相当于一年刑罚，可赦免却不知要等到何时，想到这里，对黄庭坚说："恭喜先生得赦返回京城，我的编管生活才刚开始，愿先生一路顺风！"黄庭坚向程颐拱了拱手，离开了。

谯定随程颐回到他的住屋，见先生的书案上摊开着《易经》，旁边是先生的手稿，笔架上是先生常用的毛笔，砚台是干的，他坐了下来，帮先生研墨。先生也坐了下来，凝神片刻，拿起《易经》对谯定说："我从小就学《易》，前后达五六十年，愈到后来，感到《易》理愈深，昨日我对同你来的两个后生谈了《易》所体现的道，一阴一阳，一与二对，实际上据我理解，《易》是一部揭示天理、人道、治世的书，只不过其义不易被看出罢了。我就想将我的理解写出来，便于后人理解。"谯定说："不要说后人，今人又有几人能读懂《易》？先生说的天理、人道、治世我是第一次听说。"程颐似乎听出他有不解之意，便说："《易》否第十二，上九中说'倾否，先否后喜。上九，否之终也，物理极而必反，故泰极则否，否极则泰。上九否既极矣，故否道倾覆而变也。先极，否也；后倾，喜也。否倾则泰矣，后喜也'。"谯定对"物理极而必反，故泰极则否，否极则泰"很感兴趣，可又有所不解，想请先生加以说明，程颐说："冬至而阳生，隆冬之后是春天；朝代盛衰亦是，盛极必衰，衰而后盛；人亦如此，不可都顺，也不可都是曲折。就如黄庭坚来说，遭贬是曲，是否，可赦免就是泰来。个中道理，还望仔细体会。"谯定明白先生讲学是引导式的，今日已说得够明白了。这时他见程昂走了进来，手里拿了一封信，递与先生。先生把信拆了，匆匆一阅，脸色马上由刚接到信的喜悦转为悲伤，继而又转为愤怒，他拿着信对谯定说："庸医害人啊，庸医害人啊！侄儿得了伤寒，不意被庸医用药过了剂量，送了性命，可悲啊，可恨啊！"谯定问谁死了。程颐哽咽着说："是先兄的儿子程端本，在陕西醴泉县任县尉，前些天得了伤寒，吃了当地庸医开的药，由于药量过大，竟致死去。先兄死得早，这端本不意又死在庸医之手，真是可悲、可恨啊！"谯定听出了先生的话，可悲是悲侄儿，可恨是恨庸医。这时程颐对程昂说："你准备一下，我是不能回去奔丧，你回去吧，代我向你叔祭奠。我今天就把祭文写好，你明天就回去。"谯定见先生要写祭文，便安慰了几句，离开了。谯定走后，程颐立于书案前，展纸握笔写成了《祭四十一郎文》：

"叔父颐令昂具酒肴致祭于侄四十一郎之灵。呜呼！乃祖乃父，世积庆善，而汝兄弟姊妹皆不克寿，天造差忒，至如是乎！惟汝资禀善和修谨，无子弟之过，期汝有成，而遽死耶？吾方以罪戾，鼠鼷远方，生不获视汝疾，死不获扶汝柩，冤痛之深，衷肠如割。吾知汝有未伸之志，抱无穷之恨，吾当致力，慰尔心于泉下。又汝妇盛年，自今当待之加厚，冀其安室。嗣子循良，今已可见，当教诲之，期于成立，则汝为有后矣！此外吾无以致其力矣！吾将七十，望汝收我，而我反哭汝，天乎，冤哉！"

第二天早上，程颐早早起来送孙儿乘船东下返回洛阳，谯定也来了。程颐在将祭文交给程昂之前，先让谯定看。谯定接过阅罢，对程颐说："令侄被庸医致死，实在是冤，难道先生就此罢休？我看应按律治罪方能以慰死者，也警戒其他庸医不敢草菅人命。"程颐望着西北方向说："我听说谢师直在西安任知府，醴泉县当属他管辖，我已给他写了一封书信，要他惩罚庸医。你也过过目，看是否合适。"说罢便从屋里取出书信，交与谯定。谯定展开书信，细细阅罢，问道："先生与谢师直有故交？"程颐说："谢师直早先曾任长安曹，先兄在陕西鄠县任主簿时他曾拜访过先兄，后来先兄在上元县时他在江宁府任职，也有交往，再后来他在西京洛阳任知府，我们曾在一起讨论过《周易》，今日先兄之子被庸医所害，我想他不会不管，何况我非独为侄子诉冤，实为诸多遭庸医所害者诉，若能惩一而使庸医有所警戒，则生民幸甚。"谯定问："朝廷对庸医致死人命有何律条？"程颐说："诸医为人开药，误不如本方而杀人者，徒二年半；故意不按药理而杀人者，以故杀伤论；虽不伤人，杖六十。古人造律之意，非特矜死者之无辜，亦以警戒庸医，使不敢轻妄，致害人命。近世以来，律虽存而实不用，遂使庸医辈恣其盲妄，无所忌惮，杀人如麻。想来天下之大，民庶之众，可胜言哉？我听说嘉祐年间（1056~1063），文简公知扶沟县时曾遇到过庸医给人用药过剂量杀人的事，族兄将其送知府而按律鞭其背。当时众论称之，盖他人未尝用律的缘故。"谯定问："既然人知庸医之害，又为何不上诉？"程颐说："据我分析，一是当官者无爱人之心，苟欲省事，不肯为之穷辩。二是病人家与医者熟，不忍诉之。三是虑今而后怕难用医，因而不欲诉之。致使庸医无所顾忌，继续害人。此甚可悲呀。因而我才向谢师直上书，求其惩戒庸医。"谯定明白了先生的用意，心想：先生从侄儿被庸医致死而想到庸医之害，怀的是一颗爱人之心，仁者之心。这时程昂从屋里出来，向爷爷告别，并说他回去祭拜叔父之后就赶回来。程颐帮他挎上行李，并将上书与祭文让他装好，嘱他一路小心，到涪州后要记住将上书寄出。程昂点点头向爷爷作别走了。

送走了程昂，程颐与谯定回到屋里坐下，程颐讲起了他传《易》的打算，他拿起《周易》说："古人释《易》，往往就《易》释之，鲜有引申开来的，我想结合六十年读《易》心得，来传《易》，先生以为如何？"谯定自是同意，说："先生若传《易》成，我能先睹为快，当何等幸事！"程颐说："我本戴罪之人，传《易》之事，莫为外人道也，以免不测。"谯定深以为然。

春去冬来，转眼间程颐来涪州已二年。这年春节过后的一天上午，已六十七岁的程颐正在北岩洞里写《周易程氏传》。洞是去年暑天因天太热，由他提议，由谯定找人开挖的，深八米，宽四米，冬暖夏凉，又十分僻静，他看了十分高兴，便在这洞里一边读《易》，一边写《易传》。孙儿程昂从洛阳返回之后，便同爷爷搬到洞里来居住。这时谯定走了进来，他见程昂在一边研墨，便在凳子上坐了下来。程颐将笔停下说："《易传》我已写毕，这最后一章，先生可过目。"说罢，将刚写好的稿子递过去。谯定急忙接了，只见上面写道：

"象曰，君子之光，其晖吉也。

"光盛则有晖。晖，光之散也。君子积充而光盛，至于有晖，善之至也，故重云吉。"

他知道第一句是《周易》的话，其下是先生的释义。他不禁又念道："光盛则有晖。晖，光之散也。君子积充而光盛，至于有晖。"他说："先生对《周易》的阐释是与汉儒的阐释不同的，我读汉儒释《易》是将《易》作为象占之书来解释的，先生是以《易》来释道的。"程颐对谯定的理解十分赞赏，他含笑问："即以此句而言，君子何以有晖？"程昂在一旁说："君子积充而光盛，所以有晖嘛！"程颐呵斥道："小子何知之！"谯定思虑着说："是善之至也，是善使君子有晖。"程颐笑着说："还是谯君懂得真意，以理释义是我释《易》的宗旨，我同汉儒释《易》的最大不同就是因象以明理，而不是就象论象，我是以象来阐释象中的义理。"谯定以渴求的口吻说："先生能否给弟子讲一讲你的著作？"程颐摆摆手说："实不相瞒，我打算十年之后才把它公布于世，我还要反复进行修改。目前是不能开讲的。不过你学《易》有何问题是可以讨论的。"谯定将稿子递与先生，见他将稿子放在书橱中，便说："先生不可能久居涪州，一旦先生归洛，我将追先生而去。"程颐说："大可不必，你自可在此传道呀！"谯定说："我有何道可传呀？先生的《易传》要到十年之后才公布，我传什么呀？"程颐见他还是想知道《易传》的内容，便说："我可以把《易传》的一些主要内容向你讲一讲，也听听你的看法。"谯定十分高兴，说："这样我就可以在这里传道了。因为我得的是先生的真传。"程颐随手从书橱中取出一页，说："《周易·贲卦·彖传》想必先生读过，我的理解是理必有对，万物皆有对，乃生生不息。天下之理，未有不动而能恒者也。天地常久之道，天下常久之理，非知道者孰能识之？先儒以静为天地生物之心，盖不知动之端乃天地之心也。非知道者孰能识之？"谯定对理必有对，似有不解，他问先生为何说"对立"是生生之本？程颐含笑说："理之妙，全在体会尔！就拿黑夜与白昼来说，不是对吗？正是黑白相推，万物生成。"谯定又问："何为动能恒？"程颐说："动即变，世事万物未有不变而能长久的，这要你细细体会。"谯定不便再问下去，正要离开，这时程昂引一老者进来，说："爷爷，这位先生说要见你，说你给他写过信的。"程颐见来人和自己年龄差不多，知道是谢金堂，便说："谢君，我去年十一月给你写信，说是等来春去看你，你可先过来了。快坐，快坐。"谢金堂坐下后说："程先生已来了二年，我早就想来拜访，向先生求教《易》理。可我听说先生刚来时知府监视得严，不便前来，近来听说朝廷有所松动，便过来了。"程颐说："我在这里闭门读书，知府也抓不住任何把柄，自然无所顾忌，我去年给你去信，想在今年春上等江水温暖时以看亲戚为名去看你，自不会引起怀疑。本来我是要去就教的，你却先来了，叫我过意不去。"谢金堂诚恳地说："先生是易学大家，我能教给你什么？我今天来是向你求教易学方面的问题的。你去年信中说如欲治《易》，只看王弼、胡先生、王介甫三家文字，令贯通，余人易说，无取枉费功。我看他们三家的易说也不甚了了，今日想听听先生是如何解《易》的。"程颐问："先生有何疑处？"谢金堂说："《周易·豫卦》六二爻辞说：介于石，不终日，贞吉，如何解？"程颐说："圣人作易以豫名此卦，讲的是处豫之道。豫乃安乐和悦之意。一则民非和悦不服；一则久溺于逸乐而失正，又是危亡之道。当众人皆耽于逸乐之时，君子中正自守如坚石，故贞正而吉也。"谢金堂听了程颐对豫卦的解释，由衷地感到心服，心想，先生释《易》可谓独树一帜，是寓道于释《易》之中。他说："我听说先生的《易传》已成，可否传于我们？"程颐说："《易传》粗成，尚不能传人，期十年之功进行修改，才能示人。"谢金堂听了，便不再多问有关《易传》的问题，却问起了先生对《论语》《孟子》的解释文字写出了没有。程颐说："我去年给你写信时说本欲写有关《春秋》的文字，可这里找不到《春秋》的书，所以来春准备先把《论语》《孟子》或《礼记》的解释文字写一写。《易传》刚写罢，今春的计划尚未实行。过几日就要动笔了。"谢金堂说："先生有关《论语》《孟子》的文字写好后，我再来讨教，想必先生是不会拒绝的吧？"程颐听出他对自己不传授《易传》有看法，便说："先生不要误会，《易传》所以目前不便示人，在于有些议论怕朝廷干预，再说有些内容我还要推敲。《论语》《孟子》写好后，我可以在这里讲授讲授，《论语》《孟子》之道想来朝廷是不会干预的。"谢金堂听了，连忙说："到时我也过来听讲。"程颐说："先生来，我怎好开讲？若来共同研究，我是欢迎的。"谯定在一旁听着，心想，随着朝廷对先生看管的放松，看来先生有可能在这里讲学，到时可以约一些学者来听讲。

这一日，天空中飘起了雪花，普静禅院显得一片静谧。程颐立在屋门口，望着落下的雪花出神。他来这里已三年了，他已在这里过了三个春节，他期望着今年能回到洛阳。这时谯定从门口走了过来，对先生说："涪州城传说哲宗皇帝驾崩了。"程颐一听愣了一下，说："哲宗不过四十，正值盛年，是朝廷的大不幸呀！"谯定说："你贵为他的老师，他却让你编管到这里。我看徽宗即位要大赦天下，先生快回去了。你给我们讲了几次《论语解》《孟子解》，弟子们都感到受益匪浅。先生这一走，我们要再听先生教诲可就难了，我真想跟先生东归。"程颐笑着说："这大赦还无消息，你就知道我要东归？来，今日无事，我把刚写好的改正《大学》授予你，免得你跟我东归。"谯定一听，自是十分高兴。他知道先生去冬以来一直在整理先秦的典籍，听说写好了改正《大学》，甚是兴奋，忙扶着他走到屋里坐下。程颐拿起放在桌上的几页书稿，说："我兄曾说《大学》乃孔子遗书，初学者入德之门。我看《大学》是孔子之言，曾子述之。它本是《礼记》中的一篇。古之教者，家有塾，党有庠，术有序，国有学。比年入学，中年考校。一年视离经辨志，三年视敬业乐群，五年视博习亲师，七年视论学取友，谓之小成；九年知类通达，强立而不反，谓之大成。夫然后足以化民易俗，近者说服而远者怀之。"谯定对先生说的这番话并不陌生，先生是叙述了古时成就大学问、成就人才的过程。这时他听先生念道：

"大学之道，在明明德，在新民，在止于至善。知止而后有定，定而后能静，静而后能安，安而后能虑，虑而后能得。物有本末，事有终始，知所先后，则近道矣。古之欲明明德与天下者，先治其国；欲治其国者，先齐其家；欲齐其家者，先修其身；欲修其身者，先正其心；欲正其心者，先诚其意；欲诚其意者，先致其知，致知在格物。物格而后知至；知至而后意诚；意诚而后心正；心正而后身修，身修而后家齐，家齐而后国治，国治而后天下平。自天子以至于庶人，壹是皆以修身为本。其本乱而末治者，否矣；其所厚者薄而其所薄者厚者，未之有也。"

谯定对先生这段改正《大学》，听得很仔细，他望着窗外飘飘洒洒的雪花，心头甜丝丝的，他感到先生的话就如这雪花般滋润："自天子以至于庶人，壹是皆以修身为本"，这话不就是警句吗？

这时程昂推门进来对程颐说："涪州府来人了，在禅房，要您过去。"程颐将书稿递给谯定说："你看吧，我去去就回来。"谯定接过，只见第二段是这样写的：

"子曰：'听讼，吾犹人也，必也使无讼乎！'无情者不得尽其辞，大畏民志，此谓知本。此谓知之至也。《康诰》曰：'克明德。'《太甲》曰：'顾误天之明命。'《帝典》曰：'克明峻德。'皆自明也。汤之《盘铭》曰：'苟日新，日日新，又日新。'《康诰》曰：'作新民。'《诗》曰：'周虽旧邦，其命惟新。'是故君子无所不用其极。《诗》云：'邦畿千里，惟民所止。'《诗》云：'缗蛮黄鸟，止于丘隅。'子曰：'于止知其所止，可以人而不如鸟乎？'《诗》云：'穆穆文王，于缉熙敬止。'为人君止于仁，为人臣止于敬，为人子止于孝，为人父止于慈，与国人交止于信。

"所谓诚其意者，毋自欺也。如恶恶臭，如好好色，此之谓自谦，故君子必慎其独也。小人闲居为不善，无所不至见，君子而后厌然，掩其不善而着其善。人之视己，如见其肺肝然，则何益矣？此谓诚于中，形于外，故君子必慎其独也。曾子曰：'十目所视，十手所指，其严乎！'富润屋，德润身，心广体胖，故君子必诚其意。

"所谓修身在正其心者，心有所忿懥则不得其正，有所恐惧则不得其正，有所好乐则不得其正，有所忧患则不得其正。心不在焉，视而不见，听而不闻，食而不知其味，此谓修身在正其心。

"所谓齐其家在修其身者，人之其所亲爱而辟焉，之其所贱恶而辟焉，之其所畏敬而辟焉，之其所哀矜而辟焉，之其所敖惰而辟焉，故好而知其恶，恶而知其美者，天下鲜矣。故谚有之曰：'人莫知其子之恶，莫知其苗之硕。'此谓身不修不可以齐其家。

"所谓治国必先齐其家者：其家不可教，而能教人者无之，故君子不出家而成教于国，孝者所以事君也，弟者所以事长也，慈者所以使众也。《康诰》曰：'如保赤子。'心诚求之，虽不中不远矣，未有学养子而后嫁者也。一家仁，一国兴仁；一家让，一国兴让；一人贪戾，一国作乱。其机如此，此谓一言偾事，一人定国。尧、舜帅天下以仁而民从之，桀、纣帅天下以暴而民从之。其所令反其所好，而民不从。是故君子有诸己而后求之人，无诸己而后非诸人。所藏乎身不恕，而能喻诸人者，未之有也。故治国在齐其家。《诗》云：'桃之夭夭，其叶蓁蓁；之子于归，宜其家人。'宜其家人而后可以教国人。《诗》云：'宜兄宜弟。'宜兄宜弟，而后可以教国人。《诗》云：'其仪不忒，正是四国。'其为父子兄弟足法，而后民法之也。此谓治国在齐其家。

"所谓平天下在治其国者，上老老而民兴孝，上长长而民兴弟，上恤孤而民不倍，是以君子有絜矩之道也。所恶于上，毋以使下，所恶于下，毋以事上；所恶于前，毋以先后；所恶于后，毋以从前；所恶于右，毋以交于左；所恶于左，毋以交于右；此之谓絜矩之道。《诗》云：'乐之君子，民之父母。'民之所好好之，民之所恶恶之，此之谓民之父母。《诗》云：'节彼南山，维石岩岩，赫赫师尹，民具尔瞻。'有国者不可以不慎，辟则为天下戮矣。《诗》云：'瞻彼淇澳，菉竹猗猗，有斐君子，如切如磋，如琢如磨。瑟兮僩兮，赫兮喧矣；有斐君子，终不可谊矣。'如切如磋者，道学也；如琢如磨者，自修也；瑟兮僩兮者，恂慄也；赫兮喧兮者，威仪也；有斐君子，终不可谊兮者，道盛德至善，民不能忘也。《诗》云：'于戏！前王不忘！'君子贤其贤而亲其亲，小人乐其乐而利其利，以此没世而不忘也。《康诰》曰：'惟命不于常。'道善则得之，不善则失之矣。《楚书》曰：'楚国无以为宝，惟善以为宝。'舅犯曰：'亡人无以为宝，仁亲无以为宝。'《秦誓》曰：'若有一个臣，断断兮无他技，其心休休焉，其如有容焉，人之有技，若己有人，人之彦圣，其心好之，不啻若自其口出，实能容之，以能保我子孙黎民，尚亦有利哉！人之有技，媚嫉以恶之；人之彦圣，而违之俾不通，实不能容，以不能保我子孙黎民，亦曰殆哉！'唯仁人放流之，迸之四夷，不与同中国。此谓唯仁人为能爱人，能恶人。见贤而不能举，举而不能先，命也。见不善而不能退，退而不能远，过也。好人之所恶，恶人之所好，是谓拂人之性，菑必逮夫身。

"是故君子有大道，必忠信以得之，骄泰以失之。《诗》云：'殷之未丧师，克配上帝，仪监于殷，峻命不易。'道得众则得国，失众则失国。是故君子先慎乎德，有德此有人，有土此有财，有财此有用。德者本也，财者末也。外本内末，争民施夺。是故财聚则民散，财散则民聚。是故言悖而出者，亦悖而人；货悖而入者，亦悖而出。

"生财有大道：生之者众，食之者寡，为之者疾，用之者舒，则财恒足矣。仁者以财发身，不仁者以身发财。未有上好仁而下不好义者也，未有好义其事不终者也，未有府库财非其财者也。孟献子曰：'畜马乘，不察于鸡豚；伐冰之家，不畜牛羊；百乘之家，不畜聚敛之臣，与其有聚敛之臣，宁有盗臣。'此谓国不以利为利，以义为利也。长国家而务财用者，必自小人矣。彼为善之。小人之使为国家，菑害并至，虽有善者，亦无如之何矣。此谓国不以利为利，以义为利也。"

"谯定看得很慢，他几乎是一字一字读完的，看完之后，对其中的警言警句感到是发前人所未发，有口有余香之感。他见先生还未回来，便取出本子抄了起来：

"自天子以至于庶人，壹是皆以修身为本。"

为人君止于仁，为人臣止于敬，为人子止于孝，为人父止于慈，与国人交止于信。"

"富润屋，德润身，心广体胖，故君子必诚其意。"

"上老老而民兴孝，上长长而民兴弟，上恤孤而民不倍。"

"德者本也，财者末也……财聚则民散，财散则民聚。"

"仁者以财发身，不仁者以身发财……国不以利为利，以义为利也。"

谯定正在思考着最后一句话"国不以利为利，以义为利"可能是针对王安石的以兴利为目的的变法而言，见程颐与程昂走了进来，他见程昂脸上透着喜气，便问知府来所为何事。程昂高兴地说："知府来说徽宗登基了，要大赦天下，爷爷要解除编管了。我们快要返回中原了！"谯定也着实为先生高兴，他看了先生，见先生脸上一如往常，看不出有特别的喜悦，他想：先生听了如此令人高兴的消息也无喜形于色，是修心到家了。他问先生有何打算，程颐想了想说："等雪晴，就东归吧，我也离洛三个年头了，该回去了。"谯定叹了口气说："我本应为先生高兴，可一想到要离开先生，又心里不安，我真想跟先生东归！"程颐望着谯定诚恳的面容，说："这几年多亏你的照看！我走之后，理学的传承就靠谯君你了！"谯定向程颐深深地拜了拜，说："先生的理学渊博如海，我只是舀水一瓢，先生就要走了，我今后还如何向先生求教呀！"程颐以勉励的口吻说："先生悟性好，就靠悟道吧。"

第二十一章　洛阳浮沉

　　五月的一天下午，程颐正在洛阳家中与尹焞说话，门人引进来一个看上去有二十七八岁的儒生。来人见了程颐深深一拜说："学生姓罗，名从彦，从福建南剑来，先前曾拜师萧山杨时先生，受杨先生引荐，特来拜先生为师。"说罢，便递上杨时的书信。程颐见是杨时介绍来的学生，便赶紧让座，一边看信，一边问杨时的近况。罗从彦说："杨先生目前在浙江萧山任县令，可跟他学道的学生不下千人，在萧山很有声望，我也是经常带着干粮去向杨先生求道。有一次先生在讲《周易》时说，洛阳程先生说《易》最善，要我师从先生。我是卖了家里的田产作为盘缠，从南剑来到洛阳。"程颐听说杨时在萧山收徒一千余人，心想先兄在世时曾对杨时给予厚望，看来杨时不孚所望，洛学已在南方传播开了。他对罗从彦卖了田产来学道十分感动，不禁心生怜爱，他见杨时在信中说他是众多弟子中"可与言道者"，便认定他是可造就的人才。想到这里，他对罗从彦说："你也是来得巧，我四月才从峡口（今湖北宜昌）回到洛阳，你要是来早了，还见不到我。"罗从彦见先生精神矍铄，虽长途跋涉归来，却没有丝毫疲惫之态，便问先生高寿。在一边的尹焞边给他续茶边说："先生已是六十八岁的老人，可从涪州回来，我却奇怪，先生倒是比在家时还要康健，你看先生满面红润，哪像快七十的老人？"他倒完了茶，对先生说："先生给俺说说你的养生之道。"程颐微笑着说："在道养尔！我在那里一心只读《周易》，养的是天地之气。"罗从彦懂得腹有诗书气自华的道理，他见先生说到《周易》，便想向先生求教，程颐说："今日先让尹先生给你安排住下，歇息歇息，明天我再给你们讲吧！"

　　第二天早饭后，程颐便给罗从彦和尹焞讲《周易》。讲堂设在厢房，是过去给弟子们讲书的地方。由于程颐刚从涪州返回，弟子们尚不知先生到家的消息，因而讲堂显得有些冷清，只有罗从彦和尹焞在座。程颐进得门来，将手里拿的《易传》放在桌上，望了望尹焞和罗从彦说："我在涪州期间，已完成了《易传》，回来后未曾示人，我想趁精力尚可，作进一步的修改，再传诸世人。今日我就先给诸位讲一讲我给《易传》写的序吧。"说罢，他便念起了《易传序》：

"易，变易也，随时变易以从道也。其为书也，广大悉备，将以顺性命之理，通幽明之故，尽事物之情，而示开物成务之道也。圣人之忧患后世，可谓至矣。去古虽远，遗经尚存。然而前儒失意以传言，后学诵言而忘味。自秦而下，盖无传矣。予生千载之后，悼斯文之湮晦，将俾后人沿流而求源，此传所以作也。

"易有圣人之道四焉：'以言者尚其辞，以动者尚其变，以制器者尚其象，以卜筮者尚其占。'吉凶消长之理，进退存亡之道，备于辞。推辞考卦，可以知变，象与占在其中矣。君子居则观其象而玩其辞，动则观其变而玩其占。得于辞，不达其意者有矣；未有不得于辞而能通其意者也。至微者理也，至著者象也，体用一源，显微无间。观会通以行其典礼，则辞无所不备。故善学者，求言必自近。易于近者，非知言者也。予所传者辞也，由辞以得其意，则在乎人焉。"

程颐念完之后，便将书稿摊在桌上说："你们可将它抄下来。"说罢便走了出去。尹焞边抄写边对罗从彦说："还是你的面子大呀，先生刚回来时《易传》已成，可从不示人。他说趁精力尚可，还要作进一步修订。我们这些弟子们也不敢向先生请求，因为先生是不会将《易传》拿出来的。今日先生见你从南方远来，主动给我们讲《易传序》，我是跟着你沾光了。"罗从彦笑了笑说："尹君过奖了，我想我是沾了杨时先生的光，你看我说到杨先生时，程先生多么关切，其实先生主动讲《易传》，还是为了将他开创的洛学向南方传播呀！"尹焞想了想，表示赞同他的说法。

当程颐又一次走进来的时候，他二人已将《易传序》抄完，程颐让罗从彦先谈谈对这篇序的看法。罗从彦想了想说："我看先生第一是写了作《易传》的缘由，是为了使后人沿流求源。因为《易》是大道之源。"程颐在讲堂上静静地听着，当听到《易》是大道之源时，不禁对这位从南方来的弟子感佩起来，他想，怪不得杨时说他可与言道，看来他也是悟性好，他以鼓励的目光示意他继续说下去。罗从彦见先生似乎认可他的说法，便看了看《易传序》，继续说："为何说《易》是大道之源？因为《易》里有吉凶消长之理、进退存亡之道。先生在这里提纲挈领说了四点，即：以言者尚其辞，以动者尚其变，以制器者尚其象，以卜筮者尚其占。对于这几句话，我尚不甚了了，望先生见教。"说罢，便作出一副洗耳恭听的样子。可等了一会儿，见先生并不回答，他观尹焞，却是在凝神思索，便有些惶惑不安，心想，是不是自己哪句话说错了。谁知这时程颐却说："时候不早了，该吃晌午饭了，罗君提的问题，你们回去自己琢磨琢磨。"说后便离开了讲堂。

　　饭是在程颐的家中吃的，吃饭的时候罗从彦问尹焞先生为何不回答他提出的问题。尹焞边吃饭边说："你刚来，不知先生的讲学方法，他与别的先生不同，他一般不直接回答弟子们提出的问题，谁提问题先要自己思考，然后他再和弟子们一起讨论。"罗从彦想，原来是这样，怪不得先生不回答，要他与尹焞琢磨。他问该如何理解《易》有圣人之道的四个方面。尹焞说："我理解的是，要成为雄辩家的，可研究《易》的辞藻；要成为政治家、军事家的，可研究《易》的穷通之道；要想发展生产、改进工具的，可研究《易》的卦象；要想成为预测家的，可研究《易》的占法。"罗从彦听了，心里豁然开朗，他说："杨时先生讲《周易》时说伊川先生之说最善，我尚不理解，今日听了他的《易传序》，特别是听了尹君对《易》的理解，使我对《易》所包含的吉凶消长之理、进退存亡之道有了深刻认识。《易》确是大道之源呀！"尹焞见他只顾说话，催他快吃饭，说吃过饭，咱再讨论。先生还写有《易说·系辞》，我让你看看。"

　　吃过饭后，罗从彦来到尹焞住的屋里，尹焞取出了程先生写的《易说》递与罗从彦说："这是先生《经说》第一卷，虽说只有这薄薄的一册，可内涵深厚，非深思不得其义。"罗从彦接过书页说："尹君读后必有心得，望不吝赐教！"尹焞让他坐下，倒了杯茶，缓缓地说："先生在这篇《易说》里主要说了《易》之道，《易》之道就是天地之道，先生说圣人作《易》，以准天地之道。何为天地之道？一是刚柔相推而知变化之道；二是天下之理惟易简，人惟顺理以成功。天地无心而成化，圣人有心而无为。这后两句值得好好思之。"罗从彦听了，见里面有无为而治的意思。

　　吃过饭之后，他二人在院里散步，此时已是夏初时节，满院绿意葱茏。一株高大的桐树，遮天蔽日。先生窗前是一棵枣树，开着米黄色的小花，细细闻来还有一丝香气。罗从彦打量着满院绿意，琢磨着"天地无心而成化"的话，对尹焞说："冬去春来，大地不知不觉由萧条转为繁茂，这不是天地无心而成化吗？而圣人有心而无为，不也是说执政要顺其自然、顺天理而行事吗？"尹焞听了，点头称是，内心也佩服起他的悟性来。

　　几天后的一日下午，尹焞与罗从彦去拜见程颐，一进屋，程颐便问罗从彦所提问题解决了没有。罗从彦说："我与尹君通过探讨已弄明白。"程颐微笑着说："思日睿，睿作圣。"也不再让他解释，便问起尹焞对《易传序》的理解，尹焞说："我这几日仰而思，俯而读，想到了一些问题，本想问先生，可又不敢问。"程颐和蔼地问："何事？说来听听。"尹焞低声说："我觉得先生说的'至微者理也，至著者象也，体用一源，显微无间'，似太露天机了。"说罢，他偷偷看了先生，生怕先生生气。谁知见程颐略一沉思，以称赞的口吻说："尹君见解深刻，近日学者何尝及之？我说得太露也是不得已而为之，因为不说得明白，怕一般学者不理解呀！"罗从彦接过话说："先生说得极是，我就不太明白，何谓'体用一源，显微无间'？"程颐说："体指本体、本原，用指显现、作用，隐微的理是体，与显露的象二者是统一的，没有间隙。无形之理，以物象来显示其意义与功能；而有形之物本于无形之理。比如说水之理是顺，顺势而下是顺理，若背水而上是逆，逆流而上是悖理。"罗从彦陷人沉思之中：有形之物含无形之理，无形之理寄寓有形之物，这就是"体用一源，显微无间"。先生将万物之理揭示得何其透彻！他想："仅得此理，也就足矣！"

十月二十日上午，暖暖的秋阳照在院中的盛开的几丛菊花上，程颐与尹焞在送别就要离开的罗从彦。罗从彦肩着简单的行李，向程颐行了礼，依依不舍地说："我就要南归了，先生有何嘱咐的？"程颐望着眼前的罗从彦，仿佛看到了当年的杨时将要离开的情景，他以怜爱的目光看着罗从彦，说："我年事已高，不便到南方去，理学南传的希望就靠杨时先生和你了，望与杨君共同将理学在南方传承开来。"罗从彦点点头，也向尹焞鞠了一躬，便举步走了。

这时一只喜鹊在门外的桐树上接连叫了几声，尹焞望着喜鹊说："喜鹊叫，喜事到，先生今日可能有喜事临门。"程颐举首望着喜鹊，见喜鹊拍了拍翅膀，又叫了几声，飞走了，便说："喜极而悲、喜悲相连，就如盛极而衰，否极泰来，泰极否来一样。"尹焞见先生说得深远，便不再说什么，跟着先生回到了家里。刚到家里坐下，忽见门人进来说河南府来人了。当程颐走到门口时，一府役进来说："程先生，朝廷下了复官表，特来送呈。"程颐连忙将府役迎进屋内，接过复官表，只见上面写着："程颐复通直郎，权西京国子监。"尹焞接过表看了，说："先生这是官复原职，我记得三年前先生也是通直郎，权西京国子监，应该庆贺。"程颐没说什么，送走府役后，尹焞笑着说："先生，今日这喜鹊可真是灵验，莫非它是望见了府役的马，知道是往咱家里来的？对这复通直郎，先生还要辞官吗？我可知道先生一向是不以做官为意的，先前朝廷任这通直郎，先生可是连上几道辞官表的。"程颐说："此一时彼一时也，当时我在先朝，哲宗对我很了解，那些执政大臣对我也相知，我是戴罪之人，对朝廷所授之官是不能接受的，故几次辞官。今日皇上初即位，我首蒙大恩，自两千里地放回，无道理不受皇上恩命。再说今日朝中大臣对我已无所知，朝廷只是怜惜我家贫，不使我饥饿罢了。我想我应领他朝廷厚意，领一月料钱，官我是不做的。"尹焞听了先生的这番话，方理解了先生的用意，他对先生开始答应朝廷复官是不理解的，现在他算是理解了，新君即位，如再辞官，有负皇上圣恩。再说，先生家里没有俸禄，生计已成问题。近来先生发现腿有些麻木，本来是要到洛阳城里看郎中，可由于没钱，就耽误了下来。想到这里，他说："先生的病还是早点去看看，不能再耽误了。"程颐拍了拍腿说："腿只是有些麻木，不碍事，明天我就要上谢复官表，以谢皇上。看病随后再说吧！"说罢，便要尹焞拿出笔墨，口述起谢复官表来：

"臣颐言：今月二十日，准河南府送到官诰一道。伏蒙圣恩，授臣通直郎，权判西京国子监者。始甘遐荒，分甘终废，岂期洪造，复畀旧官？仰荷恩私，伏增愧惧。

"窃念臣天资愚暗，自致放投，既仰荷于宽恩，如安居于乐土；忽遇非常之宥，继蒙牵复之恩。兹盖伏遇皇帝陛下道大兼容，明无不照；念先帝经筵之旧，推至仁爱物之心。臣敢不益善其身，励精所学，期有传于后世，以上报于深恩！"

尹焞边记边想，先生是念念不忘励精所学，传与后世，以报皇上深恩啊。他把写好的上表呈于先生，程颐仔细看过，说："我被编管涪州'原本就想老死遐荒，不意皇上新即位就念我是先帝经筵旧臣，降下洪恩，陛下真是道大兼容，有至仁爱物之心。你说，我在这时能不领恩，而拂皇上眷顾老臣之意吗？"尹焞理解地点了点头，说："我明天就给先生把谢复官表送到河南府去。"

凛冽的秋风从洛河北岸刮来，横扫着初秋的田野。这一日下午程颐午睡后起来，见门外阴风怒啸，院中落满了被狂风吹下的树叶，心想，今年的气候冷得早，这不刚过了九月，秋风就狂刮起来了。程颐已显得老了，算来已七十岁了，身体大不如两年前刚从涪州回来时。这时一只乌鸦飞了过来，落在院门口的桐树上，一阵狂风刮过，乌鸦叫了两声飞走了。

这时门人引了一个二十多岁的年轻人进来，程颐一看，见是吕希哲之子吕舜从来了，忙让进屋内。吕舜从行了礼，神色有些紧张地说："先生，我从京城来，见到了树在端礼门前的御碑，将元祐大臣尽入碑中。我特地查了查，有文臣执政官文彦博、吕公著、司马光等二十二人，待制以上官苏轼等三十五人，其余还有秦观等四十八人，内臣张士良等八人，武臣王献可等四人，共一百一十七人。"程颐是早就听说徽宗有御旨批付中书省，要对元祐时反对变法的大臣进行清算，入奸党碑，可想不到入了一百多名。他听说蜀党领袖苏轼也入了奸党碑，便知道自己肯定也在其中，只是吕舜从不便明说罢了。他自从去年五月被朝廷追夺所复之官之后，便感到朝廷要对元祐党人下手，可没想到的是会牵涉到这么多的官员。他问吕舜从："我可能和秦观排在一起吧？"吕舜从点了点头，然后说："我在京城听说立奸党碑都是宰相蔡京的主意，是他奏请皇上御书刻石立于端礼门的。"程颐感叹地说这个蔡京是个见风使舵的人，想当初司马光当政时要对王安石变法全推倒，我尚谏言不能，可他蔡京当时在他主政的开封府却率先实行，如今却又将司马光列入奸党！这种人就是我过去说的是才胜德，是小人。"吕舜从一边听先生的议论，一边担心起自己会不会受到牵连，程颐也想到了这一点，他望着院中狂风卷起的落叶，说："你是今年五月以党人子弟补的外官，来河南府巩县任知县不过四个月时间，可朝廷形势就发生了巨变，徽宗也开始打击党人了，对你这党人的后代是不会放过的。"吕舜从说："我本不留恋这个知县，罢了知县，正可一门心思跟先生学道。"程颐摇了摇头，看着被风吹起的树叶说："我怕在家里讲学的自由也没有了，说不定还要被编管、流放。"吕舜从说："先生若被流放，我愿陪伴先生。"程颐感激地说："我已整七十，想来朝廷不会再让我像上次那样远放了，若不让我在洛阳居住，我就到龙门山胜善上方寺去，整理修订《易传》，你不要为我担心。"

春天的阳光透过后窗照在书桌上，程颐坐在书桌旁正在执笔写《春秋传序》，尹焞与张绎推门走了进来，他二人见先生正在作书，便不敢做声，立在一边。程颐写完了最后一行，放下了毛笔，长出了一口气，对他二人说："总算作完了，也了结了我的心愿，我早就想作《春秋传序》，可就是静不下心，去冬以来，我沉下心，至今天算是作完了，今日是崇宁二年（1103年）四月三十日，算来已用了大半年时间，我的精力不如以前了！"尹焞拿起书稿，对张绎说："这是先生继《易传》之后又一篇著作，积几十年对《春秋》研究的心得。"张绎对程颐说："先生可否给我们讲一讲序的要义？"程颐显然心情十分高兴，说："要在过去我是不讲自己写的东西的，你们自己理会去。不过今天我却想讲一讲。"这时忽然起了风，既而传来隐隐的雷声。程颐似乎没听到似的，仍然对尹焞和张绎说："今日先给你们讲一讲要义，我之所以要作《春秋传》，在于以《春秋》所记之事说理，以提供后世之借鉴，以一事一议而欲窥圣人之用心。"他将《春秋传》翻到中间一段，说："夏，城中丘。该如何理解？城中为何要起土丘？不是违背农时，浪费民力吗？为民立君，所以养之也。养民之道，在爱其力。民力足则生养遂，生养遂则教化行而风俗美，故为政以民力为重也。后之人君知此义，则知慎于用民力矣。城中丘，使民不以时，非人君之用心也。"张绎似有不解，他问道："先生，夏，城中丘，何以说是'使民不以时'？"程颐要尹焞回答。尹焞想了想说："夏是指夏天，夏天正值三伏天，此时使民筑城中丘，不是不爱民力吗？所以说非人君之用心也。"张绎想了想，明白了，他是前年同孟厚一同来向先生拜师的，来了之后，才懂得了先生学问之精深，往往能在微言之中生发出大义，今日先生从这四个字中生发出了养民之道与为政之道，可见先生见解之深。尹焞跟先生时间久了，自然知道先生释义古典的方法，《周易》就是这样释的，他已将先生的

《伊川易传》读了一遍，深知先生以易说理的用心是为治世提供借鉴。

张绎见今日先生心情不错，便想起了前几日到西京拜见刚从成都调任西京法曹的马伸，要他代为引见想拜先生为师的事，便对先生说："新任西京法曹马伸是山东东平县人，仰慕先生道学，特取字时中，想来拜先生为师，不知应允否？"程颐摇了摇头说："我观如今朝廷又要推行新法，自是要禁锢元祐党人，我已入奸党碑，不敢再收徒了。你们也要做好被遣散的准备。"张绎想先生说的也是，便不再说什么。

第三天下午，程颐正在家中同尹焞谈论他写的《春秋传》，张绎引马伸走了进来。张绎显得有些紧张，对程颐说："先生，这是马伸法曹，我昨日给你介绍过的，他刚从京城回来，带来了朝廷对先生不利的消息。"程颐示意马伸坐下，淡淡地说："说吧，是何消息？"马伸说："我前日到朝中公干，听说皇上在蔡京的谏言下要大力恢复熙宁新法，对元祐党人要大加迫害。昨日西京已接到皇上下诏，要追毁先生出身以来文字与其所著书，令本路监司觉察。我看到后，特前来报与先生，以使先生有所准备。"他还看到诏书中有"程颐学术颇僻，素行诡怪，劝讲经筵，有轻视人主之意，议法太学，则专以变乱成宪为事"的话，可这些话是不便当先生的面说出来的。他暗窥先生，见先生一副若无其事的样子，对张绎说："我早就料到朝廷不会让我这个入了奸党碑的元祐党人再收徒讲学，这次看来是更厉害，连我写的一些东西也要追毁、除名，我早就想好了，过几天我把家搬到龙门南的伊皋书院去'远离洛阳旋涡中心。"张绎问马伸说："这次对先生的迫害，除了蔡京，还有谁在朝中谏言？"马伸说："我听说是范致虚先向皇上进言，说先生以邪说惑乱众听，而尹焞、张绎为之羽翼，乞下河南尽逐学徒。"程颐淡淡地问："这个范先生是何许人士，诬我如此之甚？"马伸说听说："他是福建建阳人，前几年因事获罪被停官，是他的一个同乡道士受皇上宠幸，替他说情，皇上才把他提为谏官。又是他向皇上举荐了蔡京，说陛下欲恢复熙丰之政，非用蔡京为政不可。我想请问先生，何为熙丰之政？"程颐说："你们年轻，不知这段历史，熙丰之政，就是王安石在熙宁、元丰年间推行的变法。司马光上台后尽行罢黜，当时蔡京在开封府执行最力，可想不到如今他推行新法也最力，这种人就是善变。"马伸说："如今朝中蔡京与范致虚是皇上推行新法的得力臂膀，一唱一和，默契得很。"

程颐起身去了屋里，马伸要张绎再向先生说说拜师的事，尹焞说："今日不便再提了，改日再说吧。"张绎也认为不是时候。这时天起风了，时候不大，阴云密布，下起雨来。程颐从屋里出来，见雨下得很大，便说："天有不测风云，真应了这句话。你们都回去吧，过几天我就到龙门山南去，若再有学者要见我，你们就传达我的话：

遵所闻，行所知，可矣，不必及吾门。"马伸见先生这样说，感到不便再提拜师的事，便告辞了。

程颐送走了马伸，便同尹焞与张绎来到讲馆之内，见有十几个弟子在一起讨论《春秋》，程颐本来想劝弟子们离开讲馆，可又不忍打搅，便坐了下来。弟子们见先生来了，自然停止了讨论，都想向先生请教些问题。程颐见这些弟子们都是他从涪州回来之后从四方来的学者，想到他们不久就要被迫离开，心里很不是滋味。他正要说些什么，忽听大门外有马蹄声，尹焞说："是河南府来人了！"当程颐来到院子里时，几个府役跳下马来，其中一人说："我们奉朝廷之命，来驱散学徒，查抄程颐所著之书！"程颐冷眼见几个府役进了上屋，便对围在身边的弟子们说："你们都走吧，朝廷不允许我收徒讲学，若遇到再来寻我的人，就说遵所闻，行所知，可矣，不必及吾门。"他目送弟子们一个个离开，便问尹焞和张绎怎么不走。尹焞说："我们不走，先生去龙门南，我们跟去服侍先生。"程颐说："这怕要连累你们的！"张绎说："我们儒生一个，有何可连累的！"这时他们见府役拿了几本古书出来，问程颐："书都藏哪里了？"程颐说："我一生以讲书为职事，尚未写书。你们可查到了？"府役见查不到书，便离开了。

这时雨已住了，已是黄昏时分。尹焞悄声问："先生你把书都藏到哪里了？"程颐用神秘的口吻说："我写的书从来不示人，你们弟子中只有你看过《易传》，我藏的地方他们是找不到的。"尹焞见先生不愿说，就不再问。他想起先生说过"君不密则失臣，臣不密则失身，几事不密则害成"的话，感到先生行事还是谨慎的。晚上吃饭的时候，张绎问先生到龙门山住在何处。程颐说："还是住到龙门胜善上方寺院里，当年我就看中了那里，准备到那里去讲学，给时任河南知府的文彦博写了信，他嫌那里地方狭小，将鸣皋他的一处庄园给了我，让我建书院。如今我不嫌小，到那里清静些，反正家里人也不去，你们两个执意要去也行，帮我把《易传》修订好。"尹焞见先生终于同意他和张绎随同到龙门山去，便放了心，他说："先生年纪大了，无人在跟前不行，你的三个孩子又都有职事，家里孙儿又小，儿媳们又不便离开家，我们不随你服侍谁去？"程颐感激地点了点头，随即又忧虑地说："大儿在鄢陵县任主簿，小儿在汝州任主簿，不知这次会不会受到牵连？但愿皇上不要搞株连。"这时大儿媳过来收拾碗筷，程颐说："让孙儿们都过来，我要见一见，明天我就要离开家到龙门山去。"

雨在下着，龙门山罩在雨雾中。马伸骑着马上了位于东山的胜善上方寺。当他远远望见藏在翠柏中的寺院的屋脊时，便赶紧下了马，徒步向山上走去。他这是第十次来向程颐拜师，前几次他提出要跟从先生就学时，先生总是说："现在时论正嚣，我躲避尚且不及，何敢再收徒？再说你身为朝廷命官，岂不连累前途？"这次他想好了，如若先生再不答应，他就辞官来拜师。当他推开寺院大门来到上房时，见程颐正在同尹焞、张绎讨论着什么，程颐见马伸冒雨前来，虽披着蓑衣，裤腿却淋湿了，心里一阵感动，便赶紧让他坐下，让张泽去做一碗姜汤来。马伸向程颐一拜说："先生，我已十次来向你求学，这次若再不应允，我就把官辞了，古人云：'朝闻道，夕死可矣！'能沐浴先生雨露滋润，弃官何憾！"程颐望了望张绎和尹焞，似被马伸的话所打动："孔子曰：'朝闻道，夕死可矣！'也不至于死，我看官也不至于弃。先生何日有暇，可来。反正我有的是时间。"马伸见先生答应了拜师的请求，便深深向先生鞠了一躬。张绎说："这下你可放心了，我们同为先生的弟子了！"程颐也有些激动，他从马伸执意拜师身上，看到自己创立的道学还是有生命力的，他望着门外雨雾中的龙门山，心想：不管朝廷如何打压，看来道学就像这龙门山下的伊河水一样，是不可阻挡的。他问起了马伸的身世，马伸说，他是山东东平县人，三年前中的进士，被朝廷派到成都俾县任县丞，一上任郡守就委托他代为收取成都的租税。他了解到过去收税都因为收税的人受贿而失败，他决心改变这种状况，杜绝收税的捞取好处。这样一来，百姓争相缴税。当时朝廷派去巡视的官员叫孙俊的，有一天在成都出行，见到路上有不少缴税的百姓和衣而睡等到天亮，他感到很新奇，百姓说，今年马县丞来了，那些收税的不敢再为难他们，他们自然积极缴了。他所以能远调西京任职，是孙俊大人向朝廷举荐的。程颐听了，感慨地说："你为朝廷收税，孙俊为朝廷举荐贤才啊！"马伸连说："不敢当贤人，我是凭良心办事的。希望先生引入大道之堂。"程颐说："那就学中庸之道吧！"

这时雨已住了，程颐同尹焞几个来到了寺门外，举目向北望去，见雨后的龙门石窟显得清新、宁静，山下的伊水似乎涨了许多，传来哗哗的水声。程颐知道马伸经常往来于洛阳和开封之间，对朝中的情形有所了解，他便问起了朝廷对党禁又有何动作。马伸说："我听说皇上下诏：宗室不得与元祐奸党子孙及服亲为婚姻，内已定未过礼者并改正。"程颐凝神良久，愤然说："这不是祸及子孙吗？我看这种株连之策为有宋开国所没有！实为小人所为！"马伸想起来前几天在西京府听说有人向朝廷建言要朝廷将奸党碑立于各路州军，以示百姓，过几日奸党碑就要从京城运来了。他看了看日见憔悴的先生，实在不忍心将这个消息说出来，使老人再遭受精神打击。

第二十二章　伊水落照

　　宋徽宗崇宁五年（1106年）初春的一天早晨，年已七十四岁的程颐早早就起了床，在尹焞和张绎的陪同下，迎着略带暖意的春风缓步上了耙耧山。他是几天前由伊皋书院迁到耙耧山下居住的。两年前，他本在龙门山南的胜善上方寺居住，后来由于党禁加剧，而四方求学的弟子又络绎不断，他害怕连累弟子，便在居住了一年之后，离开龙门山到伊皋书院讲学，弟子们也都来到了书院。不过此时的书院已没有文彦博赠与的庄园可做生计来源，加上党禁未除，朝廷多次驱除生徒，书院已呈破败景象。他在书院除了给几个执意跟随的弟子讲学之外，主要精力还是修订《易传》。春节过后，他在遭受了朝廷又一次来书院驱除弟子事件之后，感到在书院已待不下去，便把家迁到了这耙耧山下。

　　初升的太阳已从南边九皋山顶露出笑脸，把暖暖的晨辉洒在耙耧山坡上。路边的坡地里有一个早起往地里送粪的老汉正坐在那里歇息，程颐走过去，问："这山坡为啥叫耙耧山？"老汉见是几天前才搬来居住的程先生，便赶紧立起来说："听说是先前朝中的一件宝掉了，皇上派人把这山用耙耧了一遍，也没找到，便叫耙耧山。"他又指着对面的九皋山说："这九皋山和耙耧山之间的一大片地方，古时叫陆浑，说是在周朝的时候从敦煌迁来的陆浑之戎居住的地方，古时这里也叫东阳江，从龙门到西边山里的潭头是一片汪洋，是大禹凿开了龙门山，放了水，才有了地。俺这里可有名人，不知先生可知道姜太公还在九皋山下的伊河边钓过鱼？山上还有姜公庙。"老汉东拉西扯地说着，程颐饶有兴趣地听着，他知道姜太公钓鱼是在陕西渭水边上，怎么会跑到伊水边上，他也不便说破，不过伊尹倒是在这伊河上游沙沟出生的。他问尹焞知不知道伊尹就在伊河上游出生。尹焞说知道，是商汤王来礼聘伊尹三次才出山，辅助汤王开创了商朝六百年的基业，伊尹也成为第一个帝王之师。"张绎望着南边不远处闪闪流动的伊河，说："这么说伊尹在伊河岸边出生，是以伊河为姓的，伊河成了古代文明的源头了？"程颐对张绎的说法虽然感到有些牵强，不过也不是没有一点道理，他想有时间要到对面的陆浑岭上去看一看。尹焞则从张绎的话，想到了先生创立的伊皋书院也在伊河边上，先生在伊水边传道授业，使伊水在文明史上留下了新的一页。

程颐见时候不早了，同老汉道了别，便顺着原路下了山坡。一路上他见桃花开了，柳树也垂下了柔丝，路边茸茸小草也萌生了绿意，感慨地说："冬天过去了，生生不息的春天来了。万物又一轮回开始了。"尹焞见先生说到了《易》，便同张绎向先生提议给他们讲讲《易传》。程颐爽快地说："可以开讲了，我已将《易传》修订完毕，先给你们讲一讲，再斟酌斟酌，然后再流传于世。"张绎见先生同意传授《易传》，自是十分高兴，对尹焞说："先生从涪州回来只是向你讲了《易传》的部分内容，这几年我们向先生请教，先生老说尚未修订完成，不予传授，今日算遂愿了！"尹焞也很高兴，说："先生一生对《周易》用力甚精，求先生之学者，观此《易传》足矣！今日我辈能亲耳聆听先生教授，实是幸事！"

吃过早饭后，程颐来到讲堂，准备给尹焞和张绎讲授《易传》。他居住的院子是一座三进大院，儿孙们住在前院，他住在后院，同尹焞和张绎住在一起，二人照顾他的饮食起居。他的夫人去年已去世，前几年由于朝廷将他列入元祐奸党碑，连累到两个儿子也都免了官，同他居住在一起。

当他走进位于上房的讲堂时，见尹焞和张绎早坐在那里。他将《易传》放在桌上，正要开讲，大儿端中匆匆走了进来，说："弟从洛阳传来消息，说蔡京被罢相，皇上下诏，许党人到畿县，父亲以通直郎致仕。"张绎和尹焞听了，都为蔡京罢相、先生以通直郎致仕而高兴。可看先生神色，似乎不为所动，只是淡淡地说了声："知道了，正月的时候朝廷以星变而毁党人碑，二百有七人赦复有差，我也被复承务郎，如今不过是由承务郎改为通直郎罢了。我是不会再回洛阳了，就在这把耧山下安家了。先不谈这些，开始讲授吧。"他对儿子说："你也坐下听听。"

程颐先念了他写的《易传序》，然后放下书稿，说："我小时候受舅父侯无可的影响，就开始读《周易》，几十年来从无中断对《周易》的研究，可以说《周易》是我一生用力甚精的一部书。我从中读到了自然之理、社会之理、人生之理。"张绎和尹焞都在静静地听着，对先生读《易》的体会，他们是第一次听说，过去人们都说《易经》是卦书，是用来算人的吉凶祸福的，先生却是从中读出了理，有自然之理、社会之理、人生之理，也算独辟蹊径。他们正想听先生继续讲下去，却听先生说："这屋里尚有些阴冷，咱们到外面走走吧！"

先生居住的地方离伊河不远，在暖暖的春阳照耀下，不一会儿他们就随先生来到了伊河边。此时的伊河两岸柳色青青，柳丝袅娜，春燕斜飞，惠风轻拂。伊水从上游流下，闪着粼粼波光。对面的九皋山笼着淡淡的青意，透着初春的气息。程颐心情十分和畅，他随口说道："象曰：'天地交泰，后以财成天地之道，辅相天地之宜，以左右民。'天地交而阴阳和，则万物茂遂，所以泰也。人君当体天地通泰之象，而以财成天地之道。春气发生万物，人君则为播植之法；秋气成实万物，则为收敛之法。"尹焞拉了下张绎，小声说："先生是有感而发，在解释《易》的'象'传，告诫人君应不违农时，顺天时，应地利。"张绎若有所思，他在思考着《易经·象传》中说的"否终则倾，何可长也"，似有不解，便问先生，作何解。程颐倒没直接解释，而是说起了天气，他说："一年有四时，冬去春来，夏去秋至，循环往复，何曾得住？最冷的时候，往往是冬快尽的时候。物极而必反，故泰极必否，否极必泰。社会如此，人事如此。就拿蔡京来说吧，他也不能长久占据相位，不是被罢相了吗？"程颐沿着伊河岸边的河堤向下游慢慢走着，这一段河势平缓，河水顺流而下，波平浪静。程颐望着缓缓流动的水面，感慨地说："治政当如流水，以顺民心也。"尹焞心想：先生真是睿智之人，观山临水都能悟出治国安民之道，这伊河岸边的山水草木也都被先生赋予了理的寓意，后人若读到先生的《易传》，联想到是先生在这里受到的启迪，这一带山水草木具有理的蕴涵，这一带由此成为理的发源地，不正是先生作为一代大儒留在这里的文化遗产吗？他把自己的想法向张绎说了，张绎也有相同的看法，他说："伊尹在伊河上游开了古代文明的先河，正叔先生在千百年后在这伊河岸边传薪授业，构建理学体系，这里将成为日后人们朝拜的圣地。"

程颐对他二人的议论并不在意去听，他只是默默地走着。春天的伊河显然受了雪水融化的影响，比冬天流速增大了，翻着波浪汹涌向前流去。这时一只木筏从上游顺水而下，掌舵的老汉立在木筏前头昂然不动，透出一股凌然之气。这时他对《易经》中"包荒、用凭河、不遐遗、朋亡"的理解有一种豁然开朗的感觉，这是他百思不解之处，如今在这里得到了解决，他面露喜悦，说："过去我对《易经》中'包荒、用凭河、不遐遗、朋亡'的理解有不透彻之处，今日算是想明白了，四者是处泰之道，治世之道。"他见二人有不解之意，脸上露着困惑，便逐字予以解释："何为包荒？即有包含荒秽之量，有含弘之度，在社会人情安肆、法度废弛、民事无节的情况下，若无含弘之度，徒生愤嫉之心，则无深远之虑，有暴扰之患，则深弊未去，而近患已生矣。"尹焞似有不解，他深思着说："古人说乱世用重典，先生却说要包荒，要有含弘之度，该如何理解？"程颐说："乱世用重典，恐激起民变，要改变世事废弛的局面，宜宽裕详密，弊革事理，用小火慢炖，分步实施。治大国如烹小鲜，就是这个道理。急不得！先是王安石变法急，闹得天怨人怒，后是司马光也急，都于事无补啊！"经先生这一说，尹焞明白了。他问何为"凭河"。程颐说："凭河，是说其刚果之气足以济深越险也。自古泰治之世，必渐至于衰替，盖由狃习安逸，因循而然。自非刚断之君，英烈之辅，不能挺特奋发以革其弊也，故曰用凭河。"张绎心存疑问，他想：刚才先生说要包荒，提倡包容、宽容，此云用凭河，则是奋发革弊，似相反也。他把疑问向先生说了。程颐说："二者并不矛盾，有含容之量，施刚果之用，乃圣贤之为也！"他见张绎仍有疑惑，便细细说道："有了包容之量，就要细致研究解决的办法，不要急功近利，而一旦解决起问题来，又要有刚果之勇，不拖泥带水，否则就不是圣贤所为。"

尹焞和张绎正在仔细讨论先生对《易经》的独到释义，程颐的二儿子牵了一匹马走了过来，他本来是要接父亲回去的，可程颐一见儿子牵马过来，便对尹焞说："你们先回去吧，我骑马转一转。"说罢，便在儿子的搀扶下上了马，儿子不放心，便跟在后面。

落日时分，程颐才骑马返回。这一天他兴致很高，骑马顺着伊河游览了大半天。此时夕阳的余晖照在九皋山上，使泛青的山有了一层金色，一条小船从上游漂下，伊水在落日的余晖里翻着波浪，几个打柴的农夫背着柴捆向家里走去。他知道这一带就是古时的陆浑戎地，本不写诗的他，也被眼前的景色所感染，便写了《陆浑乐游》：

> 东郊渐微绿，驱马欣独往。
> 舟萦野渡时，水落春山响。
> 身闲爱物外，趣逸谐心赏。
> 归路逐樵歌，落日寒山上。

第二年秋天的一天黄昏，程颐同尹焞来到了伊河边。秋天的伊河像一位淑女，静静地、柔顺地在九皋山下流过，没有了夏日的奔腾、喧哗。岸边的柳林呈金黄色，收获后的田野有农夫在扶犁耕地，牛吃力地拉着犁踩着夕阳往前走。程颐目睹着眼前的一切，有些伤感，对尹焞说："转眼已过了一年，我已七十有五，像这头老牛一样，不知还能不能度过今年冬天！"尹焞说："先生不必悲观，我看先生到这里居住之后，心情比在书院时要好，先生可做老寿星呀。"程颐笑了笑说："人如庄稼一样，死生是常事，岂有不衰之理？生生不息，死亦是生。"这时有两个儒生模样的人走了过来，见了程颐便行跪拜之礼。程颐忙拉起他们，见他们似有面熟，却又不记得在哪里见过，其中一个人说："先生不记得了？我们二人去年春天来找过先生的，也是在这块田里，当时我们向先生请教乡试试题，先生也不给我们说什么，只是领着我们在这地里转了一圈，要我们自找题目。我们回去后百思不得其解，后来我们想到这田里除了麦田之外，别无异样的东西，只有一棵枯死的柏树立在地头，我们想是不是暗示朽木不可雕的意思？便准备了这个题目，结果乡试的时候真是这个题目，前天发榜，我们都中了举人，今日是特来向先生致谢的。"程颐只是微微颔了颔首，他把目光盯在地头的那棵枯死的柏树上，见树确是死了，巨大的树干挺向天空，树身似铁铸一般。他仔细向树根望去，只见一株小柏树已有尺把高，在秋风中摇着稚嫩的枝，好像在显示它的存在。他又一次感受到生生不已的自然之理。心想：老柏树是死了，可柏子早就在地下孕育出新的生命。

尹焞见天色不早，便提醒先生该回去了，程颐便缓步上了大路。他一边走一边脑子里老是闪着小柏树摇曳的绿色。他想，一百年后，这棵小柏树不就是又来一次生命轮回吗？他正这样想着，忽见前面路边一棵高大的楸树下有几个乡民在指指画画，有人拿着斧头正准备砍树。程颐疾步走了过去，问清这几个人真是要砍树，说是家里有人得了病，急需要钱，只好把树砍了卖钱治病。程颐望着在秋风里瑟瑟发抖的楸树，似听到了树的哀鸣。他对砍树的乡民说："树也是有生命的，要长成这一棵大树，怕要十几年，可你这一斧头就断送了它，这样吧，我出钱把这树买下，让它继续生长吧！"说罢，便从衣袋里掏出几两银子，递与砍树的乡民。乡民接了银子，心想：这个人真怪，我家的树，他买下来'可他又不要，只是让树长着，天下真有这等怪人。

天暗了下来，两个儒生同尹焞回到了程颐的家里。吃过饭后，他们便向先生求教处世之道。程颐对尹焞说："你把我写的《四箴》抄给他们吧。"尹焞说："先生的《四箴》我早就烂熟于心，我背，你们记下。"说罢，便念道："视箴：心兮本虚，应物无迹，操之有要，视为之则。蔽交于前，其中则迁；制之于外，以安其内。克己复礼，久而诚矣。听箴：人有秉彝，本乎天性；知诱物化，遂亡其正。卓彼先觉，知止有定；闲邪存诚，非礼勿听。言箴：人心之动，因言以宣；发禁躁妄，内斯静专。矧是枢机，兴戎出好；吉凶荣辱，惟其所召。伤易则诞，伤烦则支；己肆物忤，出悖来违。非法不道，钦哉训辞！动箴：哲人知几，诚之于思；志士厉行，守之于为。顺理则裕，从欲惟危；造次克念，战兢自持；习与性成，圣贤同归。"

程颐见尹焞背完了，几个学生也记下了，便问诸位对这《四箴》理解否。他见大家面露困惑，便说："我给诸位讲一讲我作《四箴》的用意吧！当年孔子的学生颜渊问先生克己复礼的细目，也就是具体方法是什么。夫子答曰：'要做到克己复礼，就要非礼勿视，非礼勿听，非礼勿言，非礼勿动。'我理解，四者身之用也，由乎中而应乎外，制于外所以养其中也。颜渊照孔子的话行事，而成为圣人。诸位若要成为圣人，宜服膺而勿失也，我也是时时以自警、自勉。"一个略瘦的儒生小声说："我辈是凡人，能成为圣人？"程颐说："人人皆可为圣人，圣人非生而知之者，在于后来学习也。"另一个略胖的儒生说："孔圣人不是说惟上智与下愚不移吗？"程颐摇了摇头说："圣人的话要细加体会，难道上智与下愚就不会变化吗？诸位今日不是圣贤，就永远不是圣贤吗？"那个略瘦的儒生说："如何做到这《四箴》？"程颐说："非礼勿视，要做到制于外，而安其内。非礼勿听，要知诱物化，去诱惑，定心性。非礼勿言，非礼不道，内斯静专。非礼勿动，要明白顺理则裕，从欲惟危，做到时时诚之于思，战兢自持，这样习与性成，则圣贤同归。诸位也就成为圣贤了。"两个儒生听了先生的一番解释，心里豁然开朗，仿佛看到了一条通往圣贤的道路，心中油然而生神圣之感。

　　程颐望着屋外渐暗的夜色，听着呼呼刮过的秋风，和伊河隐隐的水声，思念起南方的学者来了。他问道："二位从南方来，可曾得知杨时的消息？"那个略胖的儒生说："我们只是对杨时先生有所耳闻，听说他先师从大先生，后又师从先生，得先生真传，在南方很有影响，但我们尚未谋面，这次回去后，我们准备去拜见他。"程颐似陷入对弟子们的回忆之中，他喃喃地说："我从嘉祐年间（1056~1063年）在东京太学时吕希哲首以师礼相拜以来，与先兄先后接受了杨国宝、邢恕、吕希纯、朱光庭、刘绚、李瀆、吕大忠、吕大钧、吕大临、谢良佐、游酢、杨时、田述古、邵博文、周纯明、林志宁、侯仲良诸君，先兄去世后，杨时在洛阳见我。后来他的公子杨迪也来求学，我自然十分爱之。"说到这里，他问尹焞："你是二十岁那年来登门的吧，算来已十八年了。郭忠孝比你还早来两年，我记得冯理也是与你们同时来的，算来也有二十多年了。至于谢天申、潘闶、陈继正、经邦也、范冲、邵洊、李朴都是洛阳人，时常跟随我从游、听讲，对于这些弟子，我是时时不能忘怀的。他们之中，有的已先我而去，我每为故去的弟子写祭文时，常感叹人生无常，传道艰难。蔡京执政大兴党禁之后，弟子被遣散，我避乱山中，更感寂寞。我已步入老年，时日不多，尤忧道之不传。我常想：中原传道靠尹、张二君，南方传道就靠杨时君了。"尹焞惶惑地说："我辈岂能与杨时君比？我尚未入圣道之门，岂能担此重任？还望先生多加指教。"张绎则更加显得不安。程颐听着一阵紧似一阵的秋风，伤感地说："我恐怕时日不多，平生所学尽在《易传》，诸君反复体会即可。"南方来的胖儒生说："先生的《易传》能否让学生借走学习？"程颐似有些为难，思虑一下说："这样吧，《易传》我只抄写了三本，你们返回南方时可以带走一本，见到杨时君时交给他，供他参考吧！"胖儒生心想这样也好，他与瘦儒生交换了一下眼神，心想路上就可以学习《易传》，回去后自己先抄一本，再交给杨先生。程颐进屋去取出《易传》，两个儒生接了《易传》向先生行了礼便到厢房住处歇息了。

第二天吃过早饭后程颐同尹焞、张绎送两个儒生南行，他们一直将两个儒生送到村前的大路上，见他们走远了，程颐才说："当年杨时君在颍昌师从先兄，临回南方时，先兄说'吾道南矣'，后来杨君又来我处求学，他的大儿子杨迪也来师从，我观杨迪颖悟异常，资质很好，将来大有前途，前年中了进士，听说官拜奉仪郎，不幸英年早逝，去世时不过三十二岁！我为杨时君悲，更为道学后传悲！本来对杨迪传承道学我是寄予厚望的呀！"尹焞见先生悲伤，便开导说："今日杨时君在南方传道已久，已成气候，先生的《易传》再由他们带回，由杨时先生传播开来，先生开创的道学不就在南方扎根了吗？"程颐听了尹焞的话，心情好了些，他的目光透过南面九皋山的阻隔，仿佛看到杨时正在给弟子们讲经传道。尹焞见先生心情好了些，便对程颐说他要回宜阳家里一趟，看望看望母亲。程颐也想起尹焞好长时间没回家了，便说："你早就该回去看看母亲了，我这里你不要挂念。"

九月十五日这天下午，从宜阳回来的尹焞一进程家院子就感到气氛有些异常，院里静悄悄的，要是在平时，这时是先生给弟子们讲学的时候，可他经过上房讲堂，只见大门紧闭，他加快脚步走过讲堂，来到先生居住的后院，一走进屋门，见张绎正在送一老年郎中往外走，张绎见他回来了，便对郎中说："他就是先生常常念叨的尹先生，去老家探母刚回来。"尹焞拉了张绎和郎中来到院里，急切地问："先生怎么了？我不过走了半个月，他去年得了风痹病，只是走路腿有些不灵活，没听说有啥大碍呀？"张绎一脸忧色，说："你刚走的第二天，先生的病就加重了，瘫在床上，不能下地走动了。我从县里请来了郎中，他给开了大承气汤，吃了几剂后倒是有些好转，可药一停就又复发。郎中刚给先生号过脉，调了方。"郎中望着屋门，似怕先生听见，低声说："从脉象看，侍讲病不比常时。我给加了几味药，试试看吧。"张绎随郎中去抓药了，尹焞疾步走进屋里，一掀门帘，见先生平躺在靠窗户的床上，脸色平静如常，只是看上去有些虚弱，他心里略显放心，心想并不像郎中说的那样严重。他拉住先生的手，轻声问先生："好些了吗？"程颐见是尹焞回来了，并未谈自己的病，而是问他母亲的身体可康健："你可有一个有见识的贤良母亲！"尹焞知道先生是说母亲当年对自己拒绝应举的支持。他说："母亲只是身体有些虚弱，不碍事，我倒是挂念先生的病。"程颐淡淡地说："我这病是去年来这里得的，已一年多了，别无大碍，只是腿脚有些麻木，吃了郎中的大承气汤药，会见轻，不吃就加重。再说我今年已七十有五了，也想追邵先生云游云天去。"尹焞见先生说起了笑话，也轻松了许多。他坐在床上，想起应给先生的两个孩子去信，让他们回来看看，毕竟先生已年逾古稀，他把自己的想法说了，谁知先生却执意不让两个孩子回来，他说："你没在官场待过，不知官场的规矩，他们可不是随便就能回来的，要向朝廷告假的。再说我这病又无大碍，你也还是回去招呼你母亲要紧，我这里有张绎就行了。"尹焞见先生这样说，想到他的两个儿子刚复了官，谋个官职也不易，又见先生精神尚可，便不再提出让他儿子回来的事。这时张绎掂着抓好的药走了进来，尹焞便让他先坐下歇息，自己拿了药到厨房熬药去了。

一个时辰后，尹焞把药煎好端了过来，他与张绎服侍先生将药喝下，见先生似有睡意，便给先生盖好被子。

第二天一大早，尹焞就起来看望先生，他一进屋，见先生坐在床上，用白夹被裹着身子，张绎正在给先生洗脸。洗完脸后，程颐举手相揖，连声说："郎中这药中，你看我这手不麻了！"尹焞与张绎相视一笑，心想：这药的药效也不会这么快，看来是先生的心情好。尹焞揉着先生的手说："我看先生的病是要去了，再吃几服药就要好了，我和张绎还要请先生给我们讲讲《易传》。"程颐摇了摇头说："我的病我清楚，我听人说病去而气复者是平安的现象，可我这几日却愈觉羸弱，感到心力不足，虚弱得很。"张绎宽慰说："这药力可能还没上来，过几天先生的气可能就会归复，到那时先生就会康复的。"程颐淡淡一笑，不再说什么。停了一会儿，他似想起什么，指着床边的柜子对尹焞说："你把它打开，把那两本《易传》取出来。"尹焞打开柜子，将书取出交与先生，程颐说："这书我已不需要了，你和张绎各拿一本吧，道学的传播在河洛就看二位了。"说罢，他把期望的目光久久地停留在尹焞的脸上，尹焞明白先生目光的含义，心里一沉，抬头与先生的目光相遇，便庄重地点了头。他给张绎一本《易传》，自己留了一本，用布包了，放在桌上。

程颐见尹焞对他的书如此爱惜，便想他不会看错，他从二十多岁就跟他学道，他会把道学传下去，不会辜负他的希望的。他忽然想起他早年最得意的四个弟子，便自言自语地说："杨时不说了，他在南方。吕大临我听说已去世八九年了，这个陕西关中学者，去世时不过才五十二岁，可惜，可叹！上蔡人谢良佐也去世了，是三年前去世的，也才五十四岁！他是元丰年中的进士，徽宗时因召对时忤旨，被朝廷废为民，抑郁而逝！"说到这里，他问尹焞："你时常到洛阳去，有没有游酢的消息？"尹焞想了想说我上次在洛阳见到从开封来的友人，说游酢在范纯仁任相时被朝廷任为太常博士，后又任为监察御史，后来范相罢，他也求外任，今年在南京管理鸿庆宫。"程颐听了，说："他是我在开封大街上认识的，一交谈，便认定此君颖悟，可从道，便推荐给先兄。果然聪颖过人。听说当年范纯仁在洛阳府时，每有疑难事必问计于他，如今他已是太常博士了。"张绎见先生陷入对故交的回忆之中，可又见尹焞似有焦急的神色，他知道尹焞是为他母亲的病焦急，便悄悄对先生说尹君还要回家里探望母亲，就让他走吧？"程颐这才停止了回忆，关切地问尹焞："贤母病情啥样？"并责怪他不该回来，应在母亲身边。尹焞面呈难色，说："家母本来体弱，近来受了凉，似有加重，我放心不下，可又不忍心离开先生。"程颐说："你看我好好的，有何犹豫？你快回去吧，我这里有张绎，你就放心吧，你母亲那里不能离开你。"说罢，便执意让他快走。尹焞有些不忍心，可考虑到母亲的病，便只好向先生告别。他拉住先生的手，久久才松开，临走时对张绎说："这里就拜托你照顾先生了，有何情况及时捎信给我，我立马就来！"张绎若有所思地望了望靠在床头的先生，见他微闭了眼，似在歇息，便说："你走吧，我想先生的病情不会有啥变化的。"尹焞最后望了先生一眼，见从窗外透过的一丝微光照在先生的额头上，先生的白发在闪着光亮，他忽发奇想：这光亮不就是先生的睿智之光吗？

尹焞轻手轻脚走出屋外，骑上他的马向东走去，太阳从九皋山上升起来，把清亮亮的光洒在初秋的田野上。他沐浴在秋阳的光辉里，心里有一种异样的感觉：这秋光不就是先生的睿智之光吗？他二十多岁跟从先生，一直接受先生思想的哺育，虽然他听弟子们说早年先生脾性刚烈，为人严肃，有烈日秋霜之感，程大先生为人和蔼，谆谆善诱，有如坐春风之感，可他自从跟随先生时，先生已到老年，早已没了烈日秋霜的严厉，而是如他先兄一样和蔼可亲。他勒马回望秋阳沐浴下的程家大院，内心忽然升起一丝不安，害怕先生病情突变，再也见不到先生，便默默祈祷先生一定要等他赶回来。

当程颐从昏睡中醒来的时候，已是黄昏时分，他问坐在身边的张绎尹焞走了没有，当得知尹焞已走时，便放了心。张绎把熬好的药端了过来，让先生喝。程颐推开药碗说："我做了个梦，见到了邵先生，他问我：'你何时来呀，我在这里很寂寞，老想找你聊聊，可你就是不来，想当年我们在一条街巷住了二十多年，想念得很！你快来吧。'这药我不再吃了，我想去见邵先生云游天上。"张绎想先生有心说笑话，看来病是好了，又想到先生尚未吃午饭，便去把饭端了来。谁知程颐把饭碗也推开了，说："我也不吃饭了，到邵先生那里再吃。"张绎一听先生这样说话，感到有些不妙，他听人说，男怕糊涂，女怕清楚，难道先生真要去了？可看看先生的神态，又不像，他正在忧心忡忡的时候，门开了，孟厚走了进来。孟厚看上去比张绎要大些，有五十出头的样子，他也是先生晚年收的弟子，与张绎同时来的。前几日到开封去了，今日从洛阳赶回。程颐一见到孟厚，便问京城开封的情况。孟厚问了先生的病，便说："蔡京被皇上罢黜之后，我听街上人议论说皇上要用儒学，先生平日所学，正今日要用。说不定还要召先生到宫里去。"程颐微微一笑，说："道著用便不是。我所学的道是不会被朝廷看重的。我也不会被皇上召见。我要歇息了，你们都出去吧。"张绎和孟厚见先生似很疲乏，便想应让他好好歇息，便向先生道了安，离开了。张绎走出寝门，想到把药碗端出来，可当他走近先生床头时，见先生头歪在一边，便感到不妙，急忙用手去试他的鼻息，一试，见先生已没有呼吸了。他急忙朝屋外哭着喊："孟厚君，孟厚君，快回来，先生不行了，先生不行了！"孟厚疾步回到屋里，伏在先生身上哭了起来。

张绎走出屋外，来到院中，见已是日落时分，他从院门楼往南望去，见夕阳的余晖反照在九皋山上，给初冬的山坡涂上一层黄晕，九皋山顶上有一朵莲花形状的白云，正悠悠向高天飘去。他想起先生生前多次说过要随邵雍先生去云游天庭，心想：先生可能就是随邵先生乘风云游去了。他回头向耙耧山望去，见残白的夕阳刚沉落下去，西天上是漫天的晚霞，把耙耧山坡映成了暗红色。他想，也算是奇迹，这冬天落日也出晚霞！

孟厚也来到院中，同张绎商量先生的后事，张绎说："得赶快给尹焞君送信，让他赶快回来。再者得给先生的孩子送信，同时给邵先生的公子邵㳍送信，他同先生可是情同手足。"孟厚叫来门人一一吩咐了，让他骑上马连夜送信去了。

第二天黄昏时分，尹焞骑了一匹白马顺着伊河向程颐家走来。他是早上得知先生去世的噩耗的。他尚在床上，忽听有叩门者，当他打开门，见是张绎派来送信的门人，说程先生倾殂。他当时几乎晕倒，后强力支撑着给母亲请了郎中，抓了药，便赶紧向先生家奔来。远山是铁灰色，此时落日衔山，给伊水融入了一层金辉。他望着静静东流的伊水，想起了先生多次与弟子们在九皋山下、伊河岸边散步、讲经授业的情景："治政如流水，行其无事也。"他多次听先生以水的形态来告诫治政要顺，顺其自然，顺其天时地利，顺民心。如今，伊水依然东流，可先生却驾鹤西归！

当他下了马走进程家大院的时候，见先生已被安放在院中的灵堂里。程家的儿媳妇们都跪在地上哭，几个孙子立在他们娘的身后。他疾步走了过去，向先生深深鞠了一躬，然后伏在先生身上哭了起来。张绎与孟厚过来将他拉了起来，说："我们等你回来商量先生的后事，先生的儿子信是送出去了，可又不能等他们回来再办事。你跟随先生时间最长，后事就靠你拿主意。"尹焞停止了哭泣，望着先生平静的脸，头上戴的是他平时常戴的桶形黑色帽。他想了想说："是不能等，先生的儿子不能很快回来，儿媳们是妇道人家，孙儿们又小，咱们弟子们就把先生的后事办了吧。"他见天色已暗了下来，便同张绎等来到屋里坐下，说："按现在的情势，朝廷的党禁并未完全解除，恐怕弟子们不便来奔丧、吊唁，我看先生不能久停，后天就安葬吧！"张绎与孟厚也都说行，接着就安排村人到白虎山下程家祖坟去打墓。

等尹焞他们吃过饭，圆圆的月亮已爬上了九皋山，把清亮亮的银光洒在了院子里。尹焞与张绎正在屋里商量给先生写祭文，见范域引了一个身穿白孝衣的人进了院子，张绎对尹焞说："可能是洛阳邵泝来了！"便同尹焞走了出去，邵泝一见先生灵堂便大放悲声："世伯呀，先前你同先父为世交，先父故去后，你对我关怀备至，我正想来侍奉你，以报答你的深恩，想不到世伯猝然去世！"尹焞急忙将邵泝拉起，引到屋里坐下，邵泝看上去有四十多岁，哽咽着说："我是下午才接到先生的噩耗，本想早来，可又怕洛阳府追查，一直等到薄暮时分才乘白马出的城门，我来晚了！生前没见到世伯的面。"尹焞劝他说："先生突然离去，我也没见上一面！事已至此，咱们还是来料理先生的后事吧。我们刚才正在议论给先生写祭文，你来执笔吧？"邵泝说："我如今方寸已乱，难以成文，还是为兄你来写吧，末了把我的名字署上就行了。"尹焞点了点头，对张绎说："给先生写祭文非你莫属，你就考虑动笔吧。"

第三天早晨，寒风一阵紧似一阵地从耙楼山刮过来，天阴沉着脸，像要下雨的样子。程颐的灵堂前依次立着尹焞、张绎、孟厚、范域和邵泝，身穿孝衣的儿媳与孙子立在程颐棺木的两旁，周围还立了不少前来送葬的乡亲。张绎见时候不早了，便对尹焞说："祭奠开始吧！"尹焞点了点头，张绎向先生的棺木鞠了躬，念起了他写的祭文。

念完了祭文，张绎便让抬起棺木向程家祖坟走去。棺木后面跟着尹焞、张绎、孟厚、范域和邵泝。儿媳们牵着她们的孩子跟在后面。

天落雨了，九皋山笼在雨雾中；伊水呜咽着向东流去；两岸落光了叶子的柳树低垂着头，似在为先生垂首致哀！尹焞缓缓走着，望着从天而降的霏霏细雨，望着低垂的岸柳，他想起了《诗经》中的一句诗，感叹道："先生来兮，杨柳依依，先生去兮，雨雪霏霏！"

二十年（即1127年）后的一天，一脸忧愤的尹焞又一次来到程家大院，见先生亲手栽植的柏树已长得高过屋檐，院里空无一人。他刚刚经历过靖康之难，金人入主中原，北宋灭亡，家里惨遭荼毒，母亲、妻子等十余人被金人杀害，弟子们将他抬到山中藏起来，他和女儿才得以幸免。安葬了家人之后，他决意随朝廷南逃。临走之前，他特地先到白虎山下程家墓地祭拜了先生，后又来到先生故里凭吊。一来到这里，他的心境便平静了下来。先生的往日教诲像一汪清泉在心头蔓延开来，很快使他沉静下来。他记得先生说过君子要动心忍性，宠辱不惊，要有大气度。他想起先生说的"莫大之祸，皆起于须臾不能忍，不可不谨；逆境顺境看襟度，临喜临怒看涵养"，深感在这方面，先生是修养到家了，自己还欠些功夫。想到这里，他感到豁然开朗，向先生的故居拜了一拜，转身离开了。后来他同女儿来到四川，在程颐先生当年编管之地涪州住了下来，潜心研究先生的理学，并收徒讲学，同谯定一起将先生的理学传播开来。

程颐的长子端中，宋哲宗时中进士，靖康末年，随宋高宗南渡，管理六安（今安徽六安）的军事，兼管内营田事。建炎三年（1129年），金军攻打六安，有人请他出城投降，他立刻命人推出去斩首，亲自率领军队去抵抗金军。传说他为了吸引金军，穿皇帝服，使赵构得以逃脱。程端中大败敌军，追赶了二百多里，到了撞山下，不想敌人杀了回来，端中奋力血战，被金军斩首，直立不倒，表现了刚烈气概！赵构闻听噩耗，十分哀痛，派人铸了一个金头，安在尸体上安葬。端中有三子，长子易，次子晃，三子晟。次子端辅携子孙迁居金城（今江苏句容），三子端彦则举家徙池州（今安徽贵池），因祖父太中公荫入官，仕至从政郎，后任会州司户参军。程颐的三个孙子，长孙程易，在南宋赵构朝于绍兴初年任分宁县令；次孙程晟，被南宋朝召为朝中行人人员；孙程昺任铜陵县令，后成尹焞的女婿。

程颢的长子端懿曾任蔡州汝阳主簿、监西京酒税，后在江苏吴县落户，其子程昂中进士，随高宗南渡至广东、广西一带；次子程端愿早亡；三子程端本进士，任陕西醴泉县尉，被庸医治死。

政和元年（1111年），杨时在江苏无锡创建东林书院，传播程颢、程颐的洛学思想，被东南学者称为洛学正宗，罗从彦、李侗跟从其学，朱熹师从李侗。

乾道六年（1170年），朱熹在福建创建寒泉精舍，淳熙六年（1179年）在江西庐山重建白鹿洞书院，绍熙五年（1194年）在湖南重修岳麓书院，以书院为基础来研究和传播洛学思想，成为宋代理学的集大成者。朱熹在《观书》诗中隐喻了他创立的理学与洛学的渊源关系：

半亩方塘一鉴开，天光云影共徘徊。

问渠那得清如许，为有源头活水来。

二〇〇八年五月三十一日第一稿
二〇一〇年二月二十七日第二稿
二〇一二年五月二日第三稿

二程生平与理学思想简述

    天圣十年（1032年）一月十五日、明道二年（1033年）八月十五日程颢、程颐先后生于湖北省黄陂县草庙巷时任县尉的程珦家里。

    程氏先祖乔伯（程伯符，程氏开宗世祖。一名乔伯，又名二和，周代诸侯，食邑于程，封程国伯，子孙遂以国为姓。他生活在商末周初，和周公姬旦、周日正帮助周成王定鼎郊鄩，修和周郊），为周朝大司马，封于程后遂以为姓（有研究认为，古程国在洛阳市东、偃师、孟津交界处，史称"上程聚"，而咸阳附近的程邑，是程伯休父徙封的地方）。五代以上，居中山之博野（今河北博野），高祖程羽被朝廷赠太子少师，宋太宗赵匡胤时以辅佐有功，赐第于京师开封，居泰宁坊。曾祖程希振，任尚书虞部员外郎，曾祖母高密县崔氏。程希振生程适、程通、程道。死后葬伊川。程家始迁居洛阳，为洛阳人。

    祖父程通，太平兴国七年（982年）任黄陂知县，爱民如子，整治恶霸，人称"程青天"，称后赠开府仪同三司吏部尚书。祖母孝感县张氏、长安县张氏。生程珦、程璠、程琉、程瑜及一女。程通之兄程适生程琳等堂兄弟五人。

    程珦于景德三年（1006年）一月二十三日生于开封泰宁坊赐第。十八岁时，其父程通病逝，朝廷赠开府仪同三司吏部尚书。按宋朝荫庇官制，家有高官者可录后代做官。朝廷录旧臣之后，程珦被任为"社郊斋郎"。因家中人口众多需要照顾，不能奉调，经堂兄程琳（已任太常博士，分掌三司户部判官，后任开封府尹、丞相，一〇五六年去世，被宋仁宗追封为中书令，谥号文简公）向朝廷申说，就近改任黄陂县尉，主管军事、治安。

程珦的弟弟程璠、程瑜因程琳荫庇当官。程璠十六岁出仕，后官至比部郎中，赐五品服；程瑜先后任荆南监利尉、知汝州龙兴县事、殿中丞等职。

后来程适在开封去世后，程珦将伯母接到黄陂居住，伺候赡养十分周到。程家已有人口几十口。

程珦在县尉任上秉公办案、济困扶弱，接济亲戚、困难百姓，被称为大善人。由于人口众多，家中生活拮据。恰逢当朝宰相文彦博到县视察，知其清节后，联合苏颂等九名高官，上表皇上。皇上颁诏，赐帛二百匹，补助其父丧葬费用，程珦才还清了债务。

程珦十七岁时娶妻侯氏。侯氏山西太原盂县人，世为河东大姓。原在河北中部和西部的上谷郡居住。后来，侯姓一支又南迁到黄陂。侯父道济，宋真宗时进士，任润州丹徒县令（今江苏镇江），赠尚书比部员外郎。侯道济曾应黄陂宗亲之邀到侯家疙垱施教授徒。侯道济刁氏夫人于宋景德元年（1004年）十月十三日在太原生寿安县侯郡君，于大中祥符元年（1008年）生儿子侯可（字无可）。相传侯道济携女儿侯氏到黄陂县游学时，程通设宴招待。正是这一机缘，使之成为儿女亲家。侯氏比程珦大两岁，十九岁时嫁给程珦。

据程颐在《上谷郡君家传》记载，母亲幼而聪悟过人，女工之事无所不能。好读书史，博知古今。侯道济常和她谈论朝政之事，侯氏所言甚合其意。侯道济常叹："可惜不是男儿！"

侯氏嫁给程珦后，对姑舅尽心服侍，与夫君相敬如宾。德容之盛，内外亲戚无不敬爱。众人到程家往往舍所观而观夫人。她待人仁恕宽厚，抚爱诸庶不异己出。不准家人打骂奴婢，对奴婢视如儿女。遇到有人斥责奴婢，她必告诫说："贵贱虽殊，人则一也！你这样大时，能把事情干好吗？"遇到路上遗弃的小儿，她屡次收养。有一小商人外出未还，而其妻死，儿女散逐人去。"惟幼者，始三岁"，没有着落。她惧其必死，便抱回家。当时程家人众，生活困难，都不愿收留。侯氏乃别巢以食之。其父归，十分感激说："幸蒙收养，得全其生，愿以为献。"侯氏说："我本以待汝归，不是为了要你家的孩子。"她还喜好配置药物，以济病者。有一天大寒，有挑炭的人生了病敲其家门，家人欲呵斥之。她劝止说："你把他赶走，他没钱治病不是更困难吗？"便开门给那人治病。

侯氏教育孩子不掩过、重节俭。她常说："子之所以不肖者，由母蔽其过而父不知也。"生子六人，"所存惟二，其慈爱可谓至矣"。然教子之道，从不宽容。程颐刚学会走路时，有一次跌倒了。家人赶紧上前扶抱，恐其惊啼。侯氏却让他自己起来，并说："你若慢慢走，怎么会跌倒呢？"侯氏在吃饭时，常让孩子坐在身边，当他们要吃好饭好菜时，便呵斥制止说："小时候就讲求吃喝，长大会怎么样？"所以，程颐兄弟平生于饮食、衣服不挑三拣四，养成了节俭的习惯。这种习惯，非性然也，是侯氏教育的结果。

侯氏在教育孩子方面，常说："患其不能屈，不患其不能伸。"意思是说，对孩子要让他们经受住挫折的考验，在逆境中不致沉沦，要能屈能伸。她还常常告诫家人："见人善则当如己善，必共成之；视他物当如己物，必加爱之。"

她不信鬼神。在庐陵时，居室常出怪现象。家人对她说有鬼在摇扇。她说："你看仔细再告诉我。"家人又说："有鬼击鼓。"她说："有锥子吗？拿来让我去戳它！"后家人不敢再说有鬼怪，亦不复有，遂获安居。

侯氏有知人之鉴。有叫姜应明的考中神童，人竞观之。她说："非远器也。"后果以罪废。颐兄弟幼时，夫人勉之读书。在书线上写："我惜勤读书儿。"又并书二行："殿前及第，程延寿（程颢幼时名）。"在程颐书上写："处士。"后来果然程颢先中进士；程颐未中举，以处士居家讲学。

侯氏好文，而不为辞章。见世之妇女以文章书札传于人者，深以为非。平生所为诗不过三二篇，皆不曾记。独在历阳时，程珦观亲河朔，夜闻鸣雁。为诗曰："何处惊飞起，雏雏过草堂。早是愁无寐，忽闻意转伤。良人沙塞外，羁妾守空房。欲寄迴文信，谁能付汝将？""读史见奸邪逆乱之事，常掩卷愤叹；见忠孝节义之士，则钦慕不已。常称唐太宗得御戎之道，其识虑高远，有英雄之气。""夫人之弟可世，称名儒，才智甚高，常自谓不如夫人。"

二程父母对二程教育十分重视。二程七岁时，即让其读古诗。并为其请了当地两位名师，一人负责传授礼、乐、书、数知识，一人负责射、御技能。

程颢幼有奇质，明惠惊人。数岁，诵诗书，强记过人。十岁能为诗赋。他在读了晋人的《酌贪泉》诗后，化其意而用之，写了："中心如自固，外物岂能迁？"当世先达赞许其志操高远。（史书上说有两种泉：一是盗泉，在山东泗水县北，曾子立廉，不饮盗泉。说有一次孔子路过盗泉尽管很渴，也不敢喝盗泉之水。二是贪泉，《晋书》上说，晋代有一廉吏叫吴隐之到广东去任刺史，路过石门，有一处泉水，当地人叫贪泉，一般官员是不喝这水的。可是隐之却喝了还作了一首诗："古人云此水，一歃怀千金。试使夷齐饮，终当不易心。"意思是说即使是贪泉，可让伯夷、叔齐这样的人喝了，也不会变贪）

程颢、程颐年幼时性格迥异。程颢性情温和，沉默寡言，常常手不释卷。程颐生性好动，沉不下心来读书。有一次其母染了风寒，程颐陪母亲去看郎中，翻山时，因母亲口渴，喝了人头盖骨里的雨水，病见轻了。程颐回家向程颢说明情况，程颢说，人头盖骨本来就能治病，书上早就有记录。从此，程颐深受启发，发愤读书。兄弟二人还在聂水东岸建望鲁台，祭拜万世师表孔子，日日在望鲁台上诵读史书。

程颢十二岁时，户部侍郎彭思永到黄陂巡察，见程颢居庠序（庠：养；序：射。指学校）中，如老成人，十分爱重，便将其小女儿与程颢定了亲。

彭思永江西庐陵（今江西吉安）人，从小品德高洁，不爱财物。有一次他捡到一只金钗，便等在那里，等失主来寻。仁宗朝任为户部侍郎，直言敢谏，处事果决，爱护百姓。其人品对程颢影响很大。

二程十四五岁时，程珦以大理寺丞（主管刑狱的官员）身份任江西兴国县知县。当时周敦颐（字濂溪）任南安军司参军。程珦是其属官。一日，程珦拜见周敦颐，见面后，感到周敦颐气貌非常人，交谈后，认为周敦颐深明道学，便结为好友。并让程颢、程颐拜为老师。周敦颐，湖南道县人，是北宋理学的创始人。《宋元公案》中对于周敦颐的地位有这样的论述："孔孟而后，汉儒止有传经之学。性道微言之绝久矣。元公（即周敦颐）崛起，二程嗣之，又复横渠（即张载）诸大儒辈出，圣学大昌。"周敦颐向二程教授孔孟之道，穷性命之理，体道成德。二程师事周敦颐虽然不足一年时间，却对二程影响很大。据程颐《明道先生行状》载：从此二程"遂厌科举之业，慨然有求道之志"。

程颐十七岁开始读《论语》。据弟子杨遵道记载：程颐说："某自十七八岁读《论语》，当时已晓文义，读之逾久，但觉意味深长。《论语》，有读了后全无事者，有读了后其中得一两句喜者，有读了后知好之者，有读了后不知手之舞之足之蹈之者。"

皇祐二年（1050年）三月，十八岁的程颐，给宋仁宗写了封上书："臣所学者，天下大中之道也……道必充于己，而后施以及人，是故道非大成，不苟于用。然亦有不私其身，应时而作者也……所谓不私其身，应时而作者，诸葛亮及臣是也。""书曰：'民惟邦本，本固邦宁。'窃惟固本之道，在于安民；安民之道，在于足衣食。""天下之治，由得贤也。天下不治，由失贤也。""愿得一面天颜，馨陈所学。如或有取，陛下置其之左右，使尽其诚。""以王道为心，以生民为念，黜世俗之论，期非常之功。"

程颐的这篇上书，并未引起宋仁宗的重视，也未受到召见。

皇祐四年（1052年）二月二十八日，二程的母亲侯氏卒于江宁（今江苏江宁），享年四十九岁。由于程珦是朝廷命官，朝廷始封侯氏寿安县君，追封上古郡君。此时程颢二十一岁，程颐二十岁。

其父程珦从龚州还，寓居江宁。

程颐年二十岁看《春秋》。学生周伯忱问："《左传》可信否？"程颐说："不可全信，信其可信者耳。某年二十时，看《春秋》，黄贽隅问某如何看。答之曰：'有两句法云：以传考经之事迹，以经别传之真伪。'"

该年十月，北宋广渊州（今越南广渊）壮族首领依智高寇边，狄青奉命征讨，并请善于边境事务的侯无可参与军事。侯无可向姐姐侯氏辞行。程颐作《闻舅氏侯无可应辟南征诗》

> 词华奔竞至道离，茫茫学者争驱驰。
> 先生独奋孟轲舌，扶持圣教增光辉。
> 志期周礼制区夏，人称孔子生关西。
> 当途闻声交荐牍，苍生无福徒尔为。
> 道大不为当世用，著书将期来者知。
> 今朝有客关内至，闻从大幕征南垂。
> 南垂凶寇陷州郡，久张螳臂抗天威。
> 圣皇赫怒捷书涣，虎侯秉钺驱熊罴。
> 宏才未得天下宰，良谋且作军中师。
> 蕞儿小蛮何足珍，庶几聊吐胸中奇！

从诗中可看出侯无可扶持圣教、志期周礼，"人称孔子生关西"，"道大不为当世用，著书将期来者知"，"宏才未得天下宰，良谋且作军中师"。侯无可道学深厚，"故自陕而西，多宗先生之学"，二程幼年亦受侯无可道学影响。

嘉祐元年（1056年），程颢到京城准备科举考试，程颐亦游历开封，住泰宁坊旧居。在诸儒生中声望颇高，都自以为不及，莫不登门拜访。有一天，太学生吕希哲在相国寺与二程会面，论事详尽。程颢说："不知此地自古自今，更曾有人来此地说此话么？"

时陕西关中学者张载（字横渠）亦在京师，常在相国寺坐虎皮讲《周易》，听者甚众。一天晚上，程颢、程颐拜见张载，在一起谈论周易，张载对二程甚为佩服。第二天，他撤去虎皮，对诸学者说："吾平日为诸公说者，皆乱道。有二程近到，深明《易》道，吾所弗及，汝辈可师之。"于是，张载就回陕西了。

同年，程颢收刘立之为学生。刘立之河间（今属河北沧州）人。据刘立之言："立之家与先生有累世之旧。先人高爽有奇操，与先生好尤密。先人早世，立之方数岁，先生兄弟取以归，教养视子侄。卒立其门户。"（这里的"先生"应指二程之父程珦）刘立之时年七岁，这是程颢收的第一个学生，从学三十年，后考中进士，任宣德郎。

程颐到京师太学游历。当时胡瑗主政太学。胡瑗（993~1059），字翼之，北宋理学先驱，着名思想家和教育家。因世居陕西路安定堡，世称安定先生。庆历二年（1042年）至嘉祐元年（1056年）历任太子中舍、光禄寺丞、天章阁侍讲等。胡瑗与孙复、石介并称宋初三先生。胡瑗精通儒家经术，以"圣贤自期许"。

程颐拜见胡瑗后，胡瑗让其写《颜子所好何学论》。程颐在《颜子所好何学论》中提出："颜子所独好学者，何学也？学以圣人之道也！"继而指出，圣人是可学而知之。"天地储精，得五行之秀者为人。"五行之秀，即仁义礼智信。五行为中，"中正而诚，则圣矣"。

"故颜子所好，则曰非礼勿视，非礼勿听，非礼无言，非礼勿动。"

胡瑗读了程颐的文章后，称为奇文，当即约见程颐，处以学职，即让程颐当教职。当时吕公著的孩子吕希哲也在太学读书，与程颐住处相邻。吕公著让吕希哲拜程颐为老师。既而四方之士，从学者日众。

嘉祐二年（1057年）一月六日，程颢考进士。时年二十六岁。当时以翰林学士欧阳修权知贡举，翰林学士王珪、龙图阁直学士梅挚、知制诰韩绛、集贤殿修撰范镇并权同知贡举。天章阁侍讲卢士宗、集贤校理张师中封印卷首，馆阁校勘张洞、王俨充覆考官，梅尧臣、张子谅、张唐民、董参、吴秉、鲜于侁充点检试卷，张师颜、刘坦、李昌言、孙固、崔台符充诸科考试官。

主考由欧阳修领衔，王珪、韩绛、梅尧臣为考官。宋仁宗亲自到御殿主持殿试。程颢作《南庙试佚道使民赋》《南庙试九叙惟歌论》《南庙试策五道》。

在《南庙试佚道使民赋》中，程颢提出："人情莫不乐利，圣政为能使民""厥惟生民，各有常职；劳而获养，则乐服其事；勤而无利，则重烦其力""大抵善治俗者，率俗以敦本；善使民者，顺民而不劳。道皆出于优佚（通'逸'，使民安逸之义），令无勤于绎骚……勿谓民之冥而无知，勿谓农之劳而不务。趋其利则虽劳而乐，害其事则虽冥而惧"。

在《南庙试策五道·第一道》中，程颢提出："王者高拱于穆清之上，而化行于禅海之外，何修何饰而致哉？以纯王之心，行纯王之政尔……老吾老以及人之老，幼吾友以及人之幼，此纯王之心也。使老者得其养，幼者得其所，此纯王之政也。"

南庙，指进士考试的场所。试题称南庙试策，参加考试的亦称南庙进士。该年宋代科举考试分三级进行，即发解试、省试、殿试。解额，就是士人通过发解试后获得解送礼部参加省试的名额。

程颐该年亦参加了发解试，因解额减半，不能登科（未中进士）。写《与方元寀手帖》："圣人之道，坦如大路，学者病不得其门耳。得其门，无远之不可到也。求入其门，不由于经乎？今之治经者亦众矣，然而买椟还珠之蔽，人人皆是。经所以载道也，诵其言辞，解其训诂，而不及道，乃无用之糟粕耳。觊足下由经以求道，勉之又勉，异日见卓尔有立于前，然后不知手之舞、足之蹈，不加勉而不能自止矣。"指出：一旦入圣人之门，无远不能达到。而圣人之门，从学经始。经以载道。

与程颢同榜考取的进士有：苏轼（后为礼部尚书、著名词人）、张载（关学创始人）、曾巩（后为中书舍人、唐宋八大家之一）、曾布（后为尚书右仆射、宰相）、苏辙（后为门下侍郎、副相）、朱光庭（后为集贤院学士）。

同年，周敦颐任合州判官，二程兄弟再次往访，向周敦颐求学。

后来程颢说："自再见周茂汉后，吟风弄月以归。有吾与点也之意。"

"吾与点也之意"这个典故，出自《论语》的《先进第十一》，说是孔子向子路、曾点、冉有、公西华问他们的志向。子路、冉有、公西华的志向都是做官治国。孔子又问："曾点你怎么样？"曾点说的志向却是："暮春三月，穿着刚做成的春装，陪同五六位成年人，六七个小孩在沂水边洗洗澡，在舞雩台上吹吹风；一路唱着诗歌走了回来。"孔子长叹一声说："我赞同曾点的想法啊！"可见当时周敦颐向二程兄弟讲述了"吾与点也"的典故，启迪他们人生各有志向。程颢说他"有了同曾点相同的志向"（即：徜徉山水，吟风弄月）

嘉祐三年（1058年），二十七岁的程颢被任为京兆府鄠县（今陕西户县）主簿。刚到任时，县令看程颢年少，有所轻视。有乡民借其兄房宅，挖地时见有藏钱。兄之子上诉到县衙，说是其父所藏。县令对程颢说："此无佐证'如何判决？"程颢说："这事好辨别。"他问告状的说："尔父藏钱几年了？"告状的说："已经四十年了！"程颢又问被告说："你借住房子几年了？"被告说："二十年了。"程颢即让人取钱十千来看，对借宅者说："今官所铸钱，不过五六年就流行天下，此钱都是你未居前数十年前所铸的钱，怎么能说是你家的钱呢？"被告心服了，将钱给了侄儿。县令对程颢的判案才能也十分佩服。此案例后来成为历史上的经典案例。

该县南山寺庙有石佛，传说其石佛头会放光。远近男女聚观，昼夜杂处，发生不少有伤风化的事。而当时的县令害怕是神显灵，不敢禁止。程颢刚到任，就对寺庙的僧人说："吾闻石佛会现光，有这种事吗？"僧人说："有这种事。"程颢告诫说："等它再现光时，你一定要告诉我，我有职事不能前往，可把石佛的头砍下来让我看。"从此以后石佛不再显光了。

在鄠县时，张载致信与程颢讨论"定性"的问题。程颢写了《答横渠张子厚先生书》。信的开头说，"承教，谕以定性未能不动，犹累于外物"。这是张载所提出的问题。意思是说，他想希望达到"定性"，可是他总为外来的事物所牵累，以至于不能不"动"。

程颢在回答中说："所谓定者，动亦定，静亦定，无将迎，无内外。苟以外物为外，牵己而从之，是以己性为有内外也。且以性为随物于外，则当其在外时，何者为在内？是有意于绝外诱而不知性之无内外也。既以内外为二本，则又乌可遽语定哉？夫天地之常，以其心普万物而无心；圣人之常，以其情顺万事而无情。故君子之学，莫若廓然而大公，物来而顺应。"

程颢认为，首先要认识在"己性"中本来无所谓内外之分。他说："夫天地之常，以其心普万物而无心；圣人之常，以其情顺万事而无情。"意思就是说，天地没有它自己的心，万物之心就是它的心。"圣人"的精神境界是与天地同样地"廓然大公"，所以他的好恶能顺应万物而没有为自己的利害的好恶。也就是说，圣人的精神境界是和宇宙一样的广大，对于他也没有主观和客观的分别，所以他没有专为他自身的利益而引起的感情。他的感情是无私的。

程颢接着说："故君子之学，莫若廓然而大公，物来而顺应。""廓然而大公"就是形容上面所说的天地和圣人的情况。因为他们是"廓然而大公"，无论什么事情来他们都顺其自然而反应之。这就是所谓"顺应"，就是没有加以思索考虑的自发反应。

程颢又说："人之情各有所蔽，故不能适道，大率患在于自私而用智。"这是说，一般人所有的犯错误的根本，就是在两点上与圣人不相同，与天理不相似。这两点就是"自私"和"用智"。"自私"是和"廓然大公"相对立的，"用智"是和"物来顺应"相对立的。如果一个人的思想行为都是以自己利益为出发点，出于自私的动机，他的思想行为就都是有所为而为，而不是对于事物的自发的反应。所以说，自私就不能"以有为为应迹"。他为这些有所为的行为，必定有许多思索、辩护，即使自己明知是不应该做的事，他也要想出理由辩解，仿佛也是应该做的。其实哪些事情应该做，哪些事情不应该做，人心本来有明觉，所以是能够自发地作出反应的。"用智"的结果，就把这种自然的明觉歪曲了，掩盖了，所以说，"用智则不能以明觉为自然"。这里所谓明觉，完全是就道德说的。

程颢的这封书信，后来被称为《定性书》，是理学的重要理论文献。

程颢在鄠县作《偶成》诗："云淡风轻近午天，望花随柳过前川。旁人不识予心乐，将谓偷闲学少年。"

程颢曾陪晁公到鄠县的厌云山游览，作诗十二首。其《马上偶成》诗：

> 身劳无补公家事，心冗空令学业衰。
>
> 世路险巇功业远，未能归去不男儿。

诗中吐露出归隐思想。

当时谢师直任长安转运使，曾与程颢一起论《易》及《春秋》。程颢说："运使（指谢师直），论《春秋》犹有所长，对《易》则全理会不得。"后来谢师直将程颢的评价说给程颐，程颐说："以我所见，二公皆深知《易》道。"谢师直问为何这样说。程颐说："先生是转运使，能屈节问一主簿，向主簿求教；一小小主簿敢言运使不知《易》，如果不是深知《易》道者，则做不到呀！"

嘉祐四年（1059年）春，二十七岁的程颐再次参加科举考试，"举进士，廷试报罢（落第），遂不复试"，一生以处士身份（处士，指有德才而不愿做官的人）研究性命之学。

同年吕公著主政国子监。曾"命驾过之"，亲造程颐之门，邀请程颐为学正（宋国子监置学正与学录，掌执行学规，考校训导），不意为程颐婉言谢绝，吕公著引为憾事。程颐写了《谢吕晦叔待制书》：

"窃以古之时，公卿大夫求于士，故士虽自守穷间，名必闻，才必用；今之时，士求于公卿大夫，故干进者显荣，守道者沈晦。颐虑乎今之世，才微学寡，不敢枉道妄动，虽亲戚乡间间，鲜克知其所存者，矧（况且）敢期知于公卿大夫乎？伏承阁下屈近侍之尊，下顾愚陋，仰荷厚礼，愧不足以当之。

"噫！公卿不下士久矣。颐晦于贱贫，世莫之顾，而公独降礼以就之。非好贤乐善之深，孰能如是乎？幸甚幸甚。愿阁下持是好贤之心，广求之之方，尽待之之道，异日登庙堂，翊（辅佐）明天子治，以之自辅，以福天下，岂不厚与！鄙朴之人，不善文词，姑竭其区区，少致谢恳。"

吕公著字晦叔，时任天章阁待制（专门收藏真宗御制文书）兼侍读，是皇上跟前的近臣。治平三年（1066年）三月，吕公著出知蔡州（今河南汝南），临行前还上书英宗推荐程颐说："伏见南省进士程颐，年三十四，有特立之操，出群之姿。嘉祐四年（1059年），已与殿试，自后绝意进取，往来太学，诸生愿得以为师。臣方领国子监，亲往敦请，卒不能屈。臣尝与之语，洞明经术，通古今治乱之要，实有经世济物之才，非同拘士曲儒，徒有偏长。使在朝廷，必为国器，伏望特以不次旌用。"吕公著对程颐器重之程度，由此可见一斑。

治平三年（1066年），程颢任职满三年。由于其在主簿任上表现优异，京兆府十分看重，欲向朝廷举荐，并问程颢想任何职。程颢说："荐士当以其能任何职来衡量，不能问其本人想任何职。"任职期满后，因避亲被调江宁府上元县任主簿。北宋时规定任职须回避原籍。北宋政和六年（1116年）诏文规定，"知县注选虽甚远，无过三十驿"。古代一驿三十里，三十驿为九百里。其概数即为千里。北宋的这种制度被以后的历代王朝所沿用。程颢家祖居在长安一带，老宅只有几间房子。

江宁府上元县在今南京市一带。程颢上任后，经过调查了解到这里田税不均，比其他地方严重。原因在于该县临近江宁府，肥沃的田地都被贵家富户以高价买了，乡民贪图一时之利，把田地都卖了。程颢看到乡民卖地的严重后果后，协助县令制定了不准买卖土地的规定。开始富户对不准买卖土地的规定不满意，欲挑动闹事，后来因程颢坚决推行，无一人敢不服者。该县至此土地大均，民受其惠。后来其他地方推行均税法时，由于土地不均产生的纠纷经岁历时，文案山积，比上元县多出不下千百件。

上元县令罢任后，程颢代行县事。该县历来诉讼多，每天不下二百件。过去为政者疲于省览，没有时间研究从根本上解决之道。程颢处之有方，不满一月，民讼案件即见减少。

江南这个地方的稻田，依赖坡塘进行灌溉。这一年盛夏时暴雨冲毁塘堤，没有上千的民工难以堵塞。按规定要修池塘，应向府报告，府再禀告漕司，然后才能调动民工进行修复。这样下来没有一个多月的时间不能动工。程颢说："这样的话，稻田的秧苗早就枯死了！老百姓将吃什么？救民获罪，所不辞也。"他先调动民工堵池塘，然后向府里报告。由于池塘修复的及时，保证了灌溉，稻谷取得了丰收。

江宁地处水运要道，给京城运粮的船夫生了病的，便留下来治病，每年不下几百人。可往往府上把粮食发下来，人也饿死了。程颢亲自察看之后发现，这些船夫的粮食供应要向府上报告，府上给粮券才能发粮。等到拿到漕司的批文，这些船夫都饿了几天了。程颢向漕司报告说，要改变报批的办法，事先将稻米储存在这些船夫居住的地方，船夫一来就给粮食。从此以后，大多数船夫都活下来了。后人评价说："措置于纤微之间，而人已受赐。"程颢常说："一命之士，苟存心于爱物，与人必有所济。"

治平元年（1064年），程颢三十三岁，被调任泽州晋城县令（今山西省晋城县）。当时其父程珦以京官身份任磁州（今河北磁县）知府，程颢上任时曾到磁州探望父亲。此时，邢恕以师礼拜见。邢恕早先跟从程颐为学，在这里是第一次见到程颢。后邢恕曾跟从程颢到晋城，并在程颢所办的书院里学习。

八月四日，程颢子端悫出生。

治平二年（1065年），程颢在晋城期间，教民知孝悌忠信，"入所以事父兄，出所以事长上"；兴办乡学，使"诸乡皆有校"，暇时亲为句读，"择子弟之秀者，聚而教之。去邑才十余年，而服儒服者盖数百人矣"。据记载，程颢共兴建兴校七十二所，办学数量居全国第一。

治平三年（1066年）程颢仍任晋城令，为历任县令立碑，作《晋城县令题名记》，慨叹过去因不记录县令政失"使贤者之政不幸而无传，其不肖者复幸而得盖其恶"，提出今后凡任县令者，应"第其岁月先后而记之"，便于"俾民观其名而不忘其政，后之人得从而质其是非以为师戒"。

治平四年（1067年），程颢三十六岁，程颢晋城令期满，该任著作郎。史载："在邑三年，百姓爱之如父母，去之日，哭声振野。"

宋英宗皇帝卒，神宗即位，欲厚葬。程颐代父程珦撰写《上神宗皇帝论薄葬书》。书曰："……臣观秦、汉而下，为帝王者，居天下之尊，有四海之富，其生也奉养之如之何，其亡也安厝之如之何，然而鲜克保完其陵墓者，其何故哉？独魏文帝、唐太宗所传嗣君，能尽孝道，为之远虑，至今安全，事迹昭然，存诸简策。呜呼！二嗣君不苟为崇侈以徇己意，乃以安亲为心，可谓至孝矣。汉武之葬，霍光秉政，暗于大体，奢侈过度，至使陵中不复容物，赤眉之乱，遂见发掘……二君从俭，后世不谓其不孝；霍光厚葬，千古不免为罪人。"

同年，其父程珦磁州任满，迁司门郎中（宋掌门关、津梁、道路禁令及其废置移复等事，稽查所有出入官吏、宫民、商贩等违法事），任汉州知府（今四川广汉）。二程兄弟随之前往。

熙宁元年（1068年），程颢返回洛阳。五月，程颢子端悫死，年五岁。程颢作《程邵公墓志》："生而有奇质，未满岁而温粹端重之态，完然可爱，聪明日发，而方厚淳美之气益备。其始言也，或授之以诗，率未三四过，即已成诵矣，久亦不复忘去。虽警悟俊颖，若照彻内外，而出之从容，故敏于见知，而安于言动。坐立必庄谨，不妄瞻视，未尝有戏慢之色。孝友信让之性，盖出于自然。与人言则温然，及其有所不为，则确乎其守也。大凡其心有所许，后虽以百事诱迫，终不复移矣。日视群儿，相与狎弄欢笑跳梁于前，泊乎如不闻知，虽有喜相侵暴者，亦莫之敢侮……夫动静者阴阳之本，况五气交运，则益参差不齐矣。赋生之类，宜其杂揉者众，而精一者间或值焉。以其间值之难，则其数或不能长，亦宜矣。吾儿得其气之精一而数之局者与？天理然矣，吾何言哉……"朱熹评价这篇墓志："全用周子《太极图说》及《通书》中意。盖理则粹纯至善，而气则杂揉不齐。"程颢通过墓志宣扬其理之"粹纯至善"的理想人格标准。

程颢上《请修学校尊师儒取士札子》（札子，古代公文的一种，多用于上奏），提出"治天下以正风俗、得贤才为本""其道必本于人伦，明乎物理；其教自小学洒扫应对以往，修其孝悌忠信，周旋礼乐……其要在于择善修身，至于化成天下，自乡人而可至于圣人之道。其学行皆中于是者为成德""高蹈之士，朝廷当厚礼延聘""凡公卿大夫子弟皆人学……其有当补荫者……惟不选于学者，不授以职"。

程颐仍在汉州，其父程珦为了延揽当地名士宇文中允到汉州州学任教，让程颐代其写《为家君请宇文中允典汉州学书》。提出："生民之道，以教为本……既天下之人莫不从教，小人修身，君子明道，故贤能群聚于朝，良善成风于下，礼义大行，习俗粹美，刑罚虽设而不犯。此三代盛治由教而致也……诚能教之由士始，使为士者明伦理而安德义，知治乱之道，政化之本，处足以为乡里法，出可以备朝廷用……"

程珦对州学十分重视，程颐代其父作《为家君作试汉州学策问三首》，提出："士之所以贵乎人伦者，以明道也……夫所谓道，固若大路然，人皆可勉而至也。""学之之道当如何？……则在修身谨行而已……通诸心者，故谨修而可能乎？况无诸中不能强于外也，此为儒之本。""夫古人之学贵专，不以泛滥为贤。""以一郡而言，守之职岂不以养人为本？然而民产不制，何术以济乎困穷？吏緣有数，何道以宽乎力役？比闾无法，教化何由而可行？衣食不足，风俗何缘而可厚？"

熙宁二年（1069年），程颢三十八岁。参知政事王安石设制置三条例司，议行新法。三月，程颢、苏辙等入条例司，参与变法；四月，王安石派程颢等八人到各地视察农田、水利、赋役等新法推行情况。

王安石激进和以兴利为目的的新法引起朝中司马光、富弼、韩琦等大臣的反对。一日，程颢在王安石家中商讨新法，王安石子从屋内走出，气盛地说："把当朝韩琦、富弼弃之于市，则新法行矣！"程颢正色说："吾与参政谈论国事，尔何敢参言！姑且退下。"自此与王安石产生裂痕。

八月，由御史中丞吕公著推荐，宋神宗授程颢为太子中允、权监察御史里行（里行，官职低者任监察御史，加"里行"）。宋神宗召见，"问所以为御史，对曰：'使臣拾遗补阙，裨赞朝廷则可；使臣掇拾群下短长以沽直名，则不能。'帝以为得御史体"，称为"真御史"。通过几次召见程颢之后，宋神宗对程颢愈加佩服，每次召见将要退去的时候，总是对程颢说："朕希望能常见到你。"有一次召见，由于君臣谈的投机，已过了皇上用膳的时间，程颢赶紧退出。朝中的宦官对程颢说："难道程御史不知道皇上尚未用膳吗？"

据《续资治通鉴》载，这一时期，"颢前后进说甚多，大要以正心窒欲、求贤育材为先……帝常使推择人材，颢所荐数十人，以父表兄弟张载及弟颐为首。又劝帝防未萌之欲，及勿轻天下士，帝俯躬曰：'当为卿戒之。'"

程颢在上书《论王霸札子》中要宋神宗师圣人之言、法先王之道："得天理之正，极人伦之至者，尧舜之道也；用其私心，依仁义之偏者，霸者之事也。王道如砥，本乎人情，出乎礼义，若履大路而行，无复回曲……故治天下者，必先立其志，正志先立，则邪说不能移，异端不能惑，故力进于道而莫之御也……惟陛下稽先圣之言，察人事之理，知尧舜之道备于己，反身而诚之，推之以及四海，择同心一德之臣，与之共成天下之务……"

程颢在《论十事札子》中，针对当时社会存在的积弊，从尊师、官治、民生、治安、选贤、兵役等十个方面提出自己的见解。首先，开宗明义提出："圣人创法，皆本诸人情，极乎物理。虽二帝、三王不无随时因革，踵事增损之制；然至乎为治之大原，牧民之要道，则前圣后圣，岂不同条而共贯哉？……"继而提出：一、兴尊德乐善之风，"古者，自天子达于庶人，必须师友以成就其德业，故舜、禹、文、武之圣，亦皆有所从学"。二、正纲纪，"以百度修而万化理"。三、治民恒产，"天生蒸民，立之君使司牧之，必制其恒产，使之厚生，则经界不可不正，井地不可不均，此为治之大本也"。四、重视乡村政教，"古者政教始乎乡里，其法起于比闾族党，州乡酇遂，以相联属统治，故民相安而亲睦，刑法鲜犯，廉耻易格"。五、兴学校，"庠序之教，先王所以明人伦，化成天下"。六、兵农合一，克"骄兵耗匮"之患。七、针对耕之者少、食之者众、京师殍民数逾百万之弊，提出"均田务农""均多恤寡，渐为之业"。八、针对"用之无节，取之不时""斧斤焚荡""暴殄天物"之弊，提出尊圣人，"奉天理物之道……山虞泽衡，各有常禁，故万物阜丰，而财用不乏"；针对"礼制未修，奢靡相尚"之弊，提出定礼制"以检饬人情"，定名数"以旌别贵贱"，抑"奸诈攘夺"，使"财用易给，而民有恒心"。

程颢在《论养贤札子》中，提出："三代养贤，必本于学，而德化行焉，治道出焉。""历观古先哲王所以虚己求治，何尝不尽天下之才以成己之德也！故曰：'大舜有大焉，善与人同，乐取于人以为善。'"并提出："臣今欲乞朝廷设延英院以待四方之贤……凡有政治则委之详定，凡有典礼则委之讨论，经画得以奏陈而治乱得以讲究也。"在这里，程颢提出了类似建立顾问制度。

王安石执政，推行新法，中外皆以新法不可行，言者攻之甚力，王安石任用奸佞之臣，强行新法，朝廷议论纷纷。一日，程颢奉旨赴中堂议事，宋神宗与执政大臣曾公亮、陈升之、司马光等讨论新法，王安石听不得反对意见，与几个大臣争吵起来，厉色待之。颢劝曰："天下事非一家私议，愿平气以听。"安石为之愧屈。

熙宁三年（1070年），三月四日，程颢上书《谏新法疏》。四月十七日写《再上疏》，提出："天下之理，本诸简易，而行之于顺道。故曰：'智者若禹之行水，行其所无事也。'舍而至于险阻，则不足以言智矣。盖自古兴治……未闻……中外人情交谓不可而能有为者也，况于措施失宜，沮废公议，一二小臣实与大计，用贱陵贵，以邪妨正者乎？……设令由此侥幸，事有小成，而兴利之臣日进，尚德之风浸衰，尤非朝廷之福。"程颢谏言不被采纳，遂乞去言职。王安石本与之善，虽政见不合，犹敬其忠信，不深怒，遂让程颢改任提点京西刑狱。颢固辞，写了《辞京西提刑奏状》，提出："臣出自冗散，过蒙陛下拔擢，真在言责。伏自供职已来每有论列，惟知以忧国爱君为心，不敢以扬己矜众为事。陛下亮其愚直，每加优容，故常指陈安危，辨析邪正。知人主不当自圣，则未尝为谄谀之言，知人臣义无私交，则不忍为阿党之计。明则陛下，幽则鬼神，臣之微诚，实仰临照。然臣学术寡陋，知识阔疏，徒有捧土之心，曾微回天之力。近以力陈时政之失，并论大臣之非，不能裨补圣明，是臣坠废职业。"程颢认为让其担任京西提刑是"恩典过颁"，他本来只是一个御史，任提点刑狱，主管京西路各州的刑狱监察，不是降而是升，因此坚辞。后改任签书镇宁军判官。当时司马光在长安，也上疏求退，称"颢公直，以为己所不如"。程颢赴澶州（今濮阳）任节度判官（宋代于各州、府、路，选派京官充任，称为签书判官，职位略低于副使，以资佐理，掌文书事务。）"

十一月，程颢岳父彭思永于金陵去世，程颢写《祭彭侍郎文》与《故户部侍郎致仕彭公行状》，称其"仁厚诚恕，出于自然""为政本仁惠，吏民爱之如父母""持守刚劲，不可毫发迁夺，喜善嫉恶，勇于断决，不为势利诱，不为威武移"。记其："每谓人曰：'吾不为他学，但幼即学平心以待物耳。'又尝教其子弟曰：'吾数岁时，冬处被中，则知思天下之寒者矣。'"

是年冬，一日，大雪，河清县修二股河兵卒几百人因不堪严寒逃归围住城门，守城者因慑于水丞程昉的淫威不敢开门。程颢对守城者说："这些兵卒抱必死之心，如不开城门，必引起事变。请打开城门，放他们回去。如果水丞怪罪下来，我来承担。"并与兵卒约回家取衣物后三日之内重回来修河堤。兵卒感激，三日后皆回。

程颐仍在四川汉州。一日，其父让他陪同朝中中使游三峡，途中，中使乘轿，并要程颐也乘轿，程颐说："某不忍乘，分明以人代畜啊！"

熙宁四年（1071年），程颢仍任签书镇宁军节度判官。夏天，连降暴雨，曹村黄河决堤，危及开封。程颢接开封府帅刘公涣令指挥堵堤。程颢说："曹村决口，危及京师。吾身为臣子，即使用身子去堵，也在所不惜！"刘公涣说："真义士也！"程珦在汉州府因病归朝。程颐随归。

熙宁五年（1072年），程颢四十一岁，十二月，朝廷举行郊祀。程颢因曹村堵决口有功，被免除贬谪。其父程珦在嵩山管理崇福宫。程颢到洛阳监局任职，以便照顾父亲。程颢回到洛阳，居住在履道坊。

据弟子刘立之记述：先生（程颢）归洛，"日以读书劝学为事。先生经术通明，义理精微，乐告不倦。士大夫从之讲学者，日夕盈门，虚往实归，人得所欲"。范祖禹[（1041~1098)进士，从司马光编修《资治通鉴》，在洛十五年。哲宗立，迁给事中]说："先生以亲老，求为闲官，居洛阳殆十余年，与弟伊川先生讲学于家，化行乡党……士之从学者不绝于馆，有不远千里而至者。"邢恕对程颢在洛阳讲学的情况也有记述："……居洛十年，玩心于道德性命之际。有以自养其浑浩冲融，而必合乎规矩准绳。盖真颜氏之流，黄宪刘迅之徒，不足道也。洛实别都，乃士人之区薮，在仕者皆慕化之。从之质疑解惑，闾里士大夫，皆高仰之。乐从之游，学士皆宗师之。讲道劝义，行李之往来过洛者，苟知名有识，必造其门。虚而往，实而归，莫不心醉，衾衽而诚服。于是，先生身益退，位益卑，而名益高于天下。"

在程珦管理嵩山崇福宫期间，二程先后在嵩阳书院讲学。一日，朝中王宣徽来瞻仰崇福宫宋真宗御容，程颢代其父作《代少卿和王宣徽游崇福宫》诗（少卿，官名，大卿的副职，五品，指程珦）。

是年程颐四十岁。随父从四川归，先到京师开封，遇游酢，此时游酢二十岁，与之交谈，谓"其质可与适道"（指其品质可学道，达到道的境界）。第二天，游酢拜见程颐，向程颐求教。程颐说君子食无求饱，居无求安。颜子箪瓢陋巷不改其乐，箪瓢陋巷何足乐？盖别有所乐以胜之耳。"

程颐受父之托，到陕西醴泉处理房产，后到洛阳居住讲学。

熙宁六年（1073年），程颐居洛阳，此时韩持国任职许昌，程颐往见，见市中建浮图（佛塔），问韩公为何？韩持国说："是为民祈福呀。"程颐说："为民造福的，不在于先生吗？"意为民造福的在于人，不在佛。

熙宁七年（1074年），程颢被朝廷任为西京洛河竹木务，即管理洛河竹木水运事宜。此时王安石被罢免，任江宁知府。陈襄荐司马光等三十三人，荐明道说："太子中允监西京竹木务程某，性行端醇，明于理义，可备风宪（监察执行法纪的官吏）。"宋神宗亦称赞，程颢却没任用。

此时，吕公著、司马光等被罢官，司马光在洛阳编撰《资治通鉴》，与程珦、程颢、程颐来往密切。邵雍在洛阳安乐窝居住，与程颢、程颐同一街巷，过从甚密，为忘年交。程颢与司马光、邵雍有诗作唱和。

二程与司马光曾在一起切磋历史问题。一日，司马光到程颢家做客，司马光说："我近日心很平静，好像放到了一个平安的地方。"程颢说："这是何故？"司马光说："因为我心中有一个中字，感到十分安乐。"这时程颐从外面进来，程颢说："君实兄悟出了中字，心中甚安。"程颐说："君实兄倘若常拿一串念珠，心中会更安静些。"接着他们又谈到了唐史，司马光说："唐初的历史不好写，唐太宗和唐肃宗都是英明的君主，可二位都有篡逆之罪。"程颐说："是呀，玄武门之变，唐太宗使用的手段是不光彩的。再一个人物是魏征，其人先事太子李建成，玄武门之变改事李世民。"司马光说："我倒认为魏征这样作无可厚非，与历史上管仲事二主是一样的。"程颢说："管仲知非而反正，忍死以成功业。魏征只是事仇不可取。"司马光说："难道魏征不是知道李世民必为明主而反正吗，怎么只是事仇呢？"

程颢曾写诗《赠司马君实》："二龙闲卧洛波清，今日都门独饯行。愿得贤人均出处，始知深意在苍生。"

二程与邵雍关系密切，邵雍写有《思程氏父子兄弟因以寄之》一诗："年年时节近中秋，佳水佳山烂熳游。此际归期为君促，伊川不得久迟留。"程颐尤与司马光友善，倘若程颐有段时间不去见司马光，他就说，正叔是不是结交了新朋友，忘了我这个老朋友？

邵雍一生穷困不仕，司马光等人为他出钱购房，邵雍取名安乐窝，搬家之日，邵雍作《安乐窝中打乖吟》，司马光作了和诗，程颢也写了《和邵尧夫打乖吟二首》："打乖非是要安身，道大方能混世尘。陋巷一生颜氏乐，清风千古伯夷贫。客求墨妙多携卷，天为诗豪剩借春。尽把笑谈亲俗子，德容犹足慰乡人。"

一日，程颐同朱光庭一起拜见邵雍，并在一起论道。程颐指着面前的食桌说："此桌安在地上，不知天地安在何处？"

熙宁八年（1075年），十月，天空出现彗星，朝廷诏求直言，程颢上书"应诏论朝政极切"，程颐代吕公著写《应诏上神宗皇帝书》，提出："人君因亿兆以为尊，其抚之治之之道，当尽其至诚恻怛之心，视之如伤，动敢不慎？兢兢然惟惧一政不顺于天，一事之不合于理。如此，王者之公心也。""为政之道，以顺民心为本，以厚民生为本，以安而不扰民为本。""苟有忧危恐惧之心，常虑所任者非其人，所由者非其道，唯恐不闻天下之言，如此则圣王保天下之心也。"

熙宁九年（1076年），十月，张载应诏赴京师开封过洛，与二程相见。张载说："往终无补也，不如退而闲居，讲明道义，以资后学，犹之可也。"程颐说："何必然？义当往则往，义当来则来耳。"

熙宁十年（1077年），五月，河南府贾昌衡荐"颢通古今，行宜修洁，改官八年，未尝磨勘故也"，程颢改任太常丞（掌管礼乐的官员）。

七月，邵雍去世。当邵雍病重时，二程兄弟同司马光轮流守护，不离左右，料理后事。程颢并为邵雍写了墓志铭："及其学益老，德益邵。玩心高明，观于天地之运化，阴阳之消长，以达乎万物之变，然后颓然其顺，浩然其归……雍之道纯一不杂，就其所至，可谓安且成矣。"

七月，张载罢归过洛，与二程在一起论学。时称"洛阳议论"。

八月，二程叔父程璠葬伊川祖坟，程颢作《程郎中墓志》。

十一月，张载去世。程颢作《哭张子厚先生》："叹息斯文约共修，如何夫子便长休！东山无复苍生望，西土谁共后学求？千古声名联棣萼，二年零落去山丘。寝门恸哭知何限，岂独交亲念旧游？"

元丰元年（1078年），程颢四十七岁，三月，受朝廷派遣到陕西蒲城祈雨。作《下白径岭，先寄孔周翰郎中》："骤经微雨过芳郊，转觉长河气象豪。归骑已登吴坂峻，飞云犹认华山高。门前歧路通西国，城上楼台压巨涛。欲问甘棠旧风化，主人邀客醉春醪。"

冬，程颢任扶沟县令。期间，建明道书院。上蔡谢良佐来拜师求学。

是年，程颐四十六岁，陪同父亲前往扶沟，住数月。程颐曾到京师开封，遇游酢，交谈之后，谓其资可进道，引见程颢，召为书院讲学。

周纯明来从学。周纯明澶渊人，邵雍抚养如子，后娶程颐女为妻。

程颢在扶沟，专尚宽厚，以教化为先。此地多盗，虽丰年，盗窃每年不下十余期。程颢任内，盗贼息。有一小盗，被程颢审问，程颢说："汝能改之，吾不予处罚。"盗叩首愿自新。几个月后，其人又犯盗窃。捕吏将到其门，他说："吾与县令有约，不复为盗，今何面目见程县令？"遂自尽。朝廷宦官王中正到诸县巡察，权宠至盛，诸县购置新帐，竞相奢华接待，以取悦奉迎。程颢说："吾邑贫，安能效他邑，且向民索取，法所禁也。今有故青帐，可用之。"王中正知程颢廉直，绕扶沟县而去。

元丰二年（1079年），六月，舅父侯无可卒，程颢作《华阴侯先生墓志铭》："先生姓侯氏，名可，字无可，其先太原人，宦学四方，因徙家华阴。少时倜傥不羁，以气节自喜。既壮，尽易前好，笃志为学。祁寒酷暑，未尝废业。博极群书，声闻四驰。就学者日众。故自陕而西，多宗先生之学……先生纯诚孝友，刚正明决，非其义一毫不以屈于人，视贪邪奸佞若寇贼仇怨，显攻面数，意其人改而后已……平生以劝学新民为己任……"

同年，陕西蓝田吕大临来扶沟拜见程颢、程颐。张载去世后，其门下学者转拜程颢、程颐为师。据吕大临所记程颢语录，程颢在讲学中说："吾学虽有所授，'天理'二字却是自家体贴出来。""理则天下只是一个理，故推至四海而准，须是质诸天地，考诸三王不易之理。故敬则只是敬此者也，仁是仁此者也，信是信此者也。""万物皆只是一个天理。""学者须先识仁。仁者，浑然与物同体。义、礼、知、信皆仁也。识得此理，以诚敬存之而已，不须防检，不须穷索。"

程颐当时也在扶沟讲学，他说："一人之心即天地之心，一物之理即万物之理，一日之运即一岁之运。"

正月，程颐为其少年时所作的《养鱼记》写跋。《养鱼记》是程颐二十二岁时所作，二十五年后他在《书〈养鱼记〉后》中写道："吾昔作《养鱼记》，于兹几三十年矣，故稿中偶见之。窃自叹，少而有志，不忍毁去。观昔日之所知，循今日之所至，愧负初心，不几于自弃者乎？示诸小子，当以吾为戒。元丰己未正月戊戌，西斋庚窗下书。"《养鱼记》如下：

"书斋之前有石盆池。家人买鱼子食猫，见其煦沫也，不忍，因择其可生者，得百余，养其中，大者如指，细者如箸。支颐而观之者竟日。始舍之，洋洋然，鱼之得其所也；终观之，戚戚焉，吾之感于中也。

"吾读古圣人书，观古圣人之政禁，数罟不得入洿池，鱼尾不盈尺不中杀，市不得鬻，人不得食。圣人之仁，养物而不伤也如是。物获如是，则吾人之乐其生，遂其性，宜何如哉？思是鱼之于是时，宁有是困耶？推是鱼，孰不可见耶？

"鱼乎！鱼乎！细钩密网，吾不得禁之于彼；炮燔咀嚼，吾得免尔于此。吾知江海之大，足使尔遂其性，思置汝于彼，而未得其路，徒能以斗斛之水，生汝之命。生汝诚吾心。汝得生已多，万类天地中，吾心将奈何？鱼乎！鱼乎！感吾心之戚戚者，岂止鱼而已乎？因作《养鱼记》。至和甲午季夏记。"

三月，程颐、程颢应颍川陈公异的邀请，参加陈公异房舍落成禊祭，吕公著、司马光、程颢吟诗唱和，程颐作《禊饮诗序》。

元丰三年（1080年），九月，程颢被朝廷任为奉议郎。因扶沟邻县有一人犯盗窃罪人狱逃跑，后又遇大赦，此人没再追究。有人告程颢纵盗被罢免。数千百姓到府上为程颢鸣冤，乞留。离县之日，数百百姓，追至境上，攀挽号泣，遣之不去。

岁末，程颐应陕西关中学者邀请前去讲学，走到雍、华（今陕西凤翔县）时，程颐系在马鞍上的一千文银不见了。同行的学者中有人说："千钱微物，何足为意？"有人说"水中囊中，可以一视。人亡人得，何可叹乎！"程颐说："使人得之，则非亡矣。吾叹夫此有用之物，若沉水中，则不复为用矣。"

据《入关语录》记载，程颐在讲学中提出："不是天理，便是私欲""无人欲即皆天理""中者是之大中也，庸者是定理也。定理者，天下不易之理也""天地之间皆有对，有阴则有阳，有善则有恶""仁之道，要之只消道一'公'字……只为公，则物我兼照，故仁，所以能恕，所以能爱，恕则仁之施，爱则仁之用也"，并对张载的一元论提出异议："凡物之散，其气遂尽，无复归本原之理。"

元丰四年（1081年），程颢五十岁，程颐四十九岁。韩持国任颍昌知府（今许昌），邀程珦前往居住，二程随往伺候。"先生（指程颢）之罢扶沟，贫无以家，至颍昌而寓止焉。大夫（指程颢之父）以清德退居，弟颐正叔乐道不仕。先生与正叔，朝夕就养无违志。闺门之内，雍肃如礼。家无儋石之储，而愉愉也。予方守颍昌，遂得从先生游。"（韩持国《明道先生墓志铭》）

同年福建将乐人杨时调官京师开封，闻程颢在颍昌，前往求学。游酢、谢良佐同往从学。程颢常说："杨君最会得容易"。后来，杨时返回南方，程颢送出门外，对坐客说："吾道南矣。"后杨时将洛学传之罗从彦——李侗——朱熹。

元丰五年（1082年），程颢、程颐同父返回洛阳居住讲学。

冬，刘绚拜见程颢，据刘绚《师训》，程颢在讲学中提出："天地万物之理，无独必有对，皆自然而然，非有安排也。每中夜以思，无不手之舞之。""万物莫不有对，一阴一阳，一善一恶，阳长则阴消，善增则恶减。"程颢将辩证思辨因素引入传统儒学，是对儒学的创新与发展。

同年，程颐在洛阳讲学。当时文彦博以太尉身份到西京洛阳任知府。程颐给文彦博写信，希望将龙门山胜善庵上方旧址拨给他，以便著述讲学。《上文潞公求龙门庵地小简》："颐窃见胜善上方旧址，从来荒废为无用之地。野人率易，敢有干闻，欲得葺幽居于其上，为避暑著书之所。唐王龟构书堂于西谷，松斋之名，传之至今。颐虽不才，亦能为龙门山添胜迹于后代，为门下之美事。可否，俟命。"文彦博回信说："先生斯文己任，道尊海宇，著书立言，名重天下，从游之徒，归门其盛。龙门久芜，虽然葺幽，岂能容之？吾伊阙南鸣皋镇小庄一址，粮地十顷，谨奉构堂，以为著书讲道之所，不惟启后学之圣迹，亦当代斯文之美事。无为赐价，惟简是凭。"

伊皋书院在今天的鸣皋镇。是程颐于一〇八二年所创建。据程颐之孙程晟所记：书院正房五间，伊川祖著书之所。东房三间，西房三间，是弟子们居住的地方。有大门一间，匾额上书"伊皋书院"。四周有围墙环绕。院中一棵苍老的古柏，据传为程颐亲手所植。程颢也时常来到这里，为弟子们讲学，同程颐探讨，切磋研究理学上的问题。此后除程颐于一〇八六年被任为崇政殿说书和流放四川涪州外，在他逝世前的二十多年间，经常来往于洛阳和鸣皋之间，长期在这里讲学著书。据程颐自述，他的著书时间在六十岁以后。他说："吾四十岁以前读诵，五十以前研究其义，六十以前反复铀绎，六十以后著书。"可见他所著《周易程氏传》《书解》《诗解》《论语解》《孟子解》的成书和《春秋传》的撰写是他在六十岁以后。而这段时间，他又常在伊皋书院居住。这就说明程颐构思其思想体系和著书讲道与伊皋书院有着密切的关系。史料证明《周易程氏传》传授大部分时间在伊皋书院。程颢、程颐除了在登封嵩阳书院讲学外，在洛阳讲学的大部分时间是在伊皋书院。

一日，程颐与司马光同游登封，程颐作《游嵩山》诗："鞭羸百里远来游，岩谷阴云暝不收。遮断好山教不见，如何天意异人谋？"王佺期曾给程颐寄来炼丹，程颐作《谢王佺期寄丹诗》："至诚通圣药通神，远寄衰翁济病身。我亦有丹君信否？用时还解寿斯民。"有人评价程颢与程颐学说的区别，说程颢是"觉斯民"，重在启迪，使人觉悟；程颐是"寿斯民"，重在养生，使人长寿。

元丰六年（1083年），程颢五十二岁，九月，程颢为了就近照顾父亲，向朝廷上书，被任为汝州酒务镇酒税。刘绚、朱光庭先后到汝州向程颢求学。朱光庭跟先生学习了两个月，返回后，有人问对程颢的印象，他说："我好像在春风中坐了两个月。"

十一月，富弼去世，程颢作《祭富韩公文》，让外甥张敷前往祭奠。

杨时寄书与程颢讨论《春秋》。

程颐五十一岁，随程颢到汝州。

元丰七年（1084年），程颢夫人彭氏卒。

元丰八年（1085年），程颢五十四岁，三月，宋神宗崩，宋哲宗嗣位，太皇太后高氏临朝听政，任用司马光、吕公著为执政，程颢改任承议郎。

司马光初起用时，欲举荐程颐。后来司马光欲改变王安石新法，程颐使人对司马光说："切未可改变差役法，否则三五年不能安宁。"司马光对王安石新法一概否定，朝廷内外议论纷纷。

六月，程颢被朝廷诏为宗正寺丞（掌管皇族事务的佐官，从六品）。六月十五日病逝。噩耗传出，士大夫不管认识还是不认识，莫不哀伤，为朝廷为生民叹息。杨时在南方设祭堂祭奠。宋哲宗闻程颢去世，特"赐葬地一顷二十亩"（洛阳县志）。

十月二十四日，程颐葬其兄程颢于伊川祖坟。吕大临致哀辞，文彦博题其墓"明道先生"；韩持国撰《明道先生墓志铭》。

程颐撰写《明道先生墓表》："周公没，圣人之道不行；孟轲死，圣人之学不传。道不行，百世无善治；学不传，千载无真儒。无善治，士犹得以明夫善治之道，以淑诸人，以传诸后；无真儒，天下贸贸焉莫知所之，人欲肆而天理灭矣。先生生（即程颢）千四百年之后，得不传之学于遗经，志将以斯道觉斯民……先生出，倡圣学以示人，辨异端，辟邪说，开历古之沉迷，圣人之道得先生而后明，为功大矣。"

程颐在记述其兄程颢生平的《明道先生行状》中，评价程颢："先生资禀既异，而充养有道，纯粹如精金，温润如良玉；宽而有制，和而不流；忠诚贯于金石，孝弟通于神明。视其色，其接物也，如春阳之温；听其言，其入人也，如时雨之润。"

"先生行己：内主于敬，而行之以恕；见善若出于己，不欲勿施于人；居广居而行大道，言有物而动有常。"

"先生为学：……明于庶物，察于人伦。知尽性至命，必本于孝悌，穷神知化，由通于礼乐。辨异端似是之非，开百代未明之惑，秦汉而下，未有臻斯理也。"

"先生之言：平易易知，贤愚皆获其益，如群饮于河，各充其量。"

"先生教人：自致知至于知止，诚意至于平天下，洒扫庭对至于穷理尽性，循循有序。"

"先生接物……教人而人易从，怒人而人不怨，贤愚善恶咸得其心，狡伪者献其诚，暴慢者致其恭，闻风者诚服，觌德者心醉。"

"先生为政：治恶以宽，处烦而裕……先生所为纲条法度，人可效而为也。至其道之而从，动之而和，不求物而物应，未施信而民信，则人不可及也。"

程颢有二子，长子端懿，任蔡州汝阳县主簿；次子端本，进士；女嫁承务郎朱纯之。

程颐在《明道先生门人朋友叙述序》中，引述门人朋友评价程颢"为孟子之后，传圣人之道者，一人而已"。

此时，门下侍郎司马光、尚书左丞吕公著、西京留守韩绛举荐程颐，在《司马温公等荐伊川先生札子》中说："'臣等窃见河南处士程颐，力学好古，安贫守道，言必忠信，动遵礼义，年逾五十，不求仕进'真儒者之高蹈，圣世之遗民。伏望圣慈，特加召命，擢以不次；足以矜式士类，裨益风化。'取进止。"

十月，朱光庭被任为谏官，过洛阳时拜见程颐。

十一月二十六日，程颐被任为汝州团练推官（虚衔），充西京国子监教授。程颐上书《辞免西京国子监教授表》，朝廷不准，又上《再辞免表》。

朱光庭上奏朝廷，举荐程颐为讲官："颐道德纯备，学问渊博……有经天纬地之才，有制礼作乐之具……"

宋哲宗元祐元年（1086年），程颐五十四岁，闰二月十八日，由王岩叟举荐，朝廷任程颐为承奉郎，后又任宣德秘书省校书郎（秘书省校书郎掌管校对典籍，刊正文章，正九品）。程颐于二十四日上《辞免馆职状》，提出："既蒙赐召，礼合见君，先受恩命，义理未安。"希望见君谢恩。三月十四日，太皇太后召见程颐，面谕程颐为崇政殿说书，辅导年幼的宋哲宗。程颐面辞，并连写三道奏章，论辅养圣德之道，"所言而是，则陛下用臣为不误，臣之受命为无愧；所言而非，是臣才不足用"。

程颐在第一道奏章中说："昔者周公辅成王，幼而习之，所见必正事，所闻必正言，左右前后皆正人，故习与智长，化与心成……欲乞朝廷慎选贤德之士，以侍劝讲。"在第二道奏章中，提出："臣闻三代之时，人君必有师传保之官。师，道之教训；

传，传其德义；保，保其身体。后世作事无本，知求治而不知正君，知规过而不知养德，传德义之道固已疏矣，保身体之法复无闻焉……臣以为：传德义者，在乎防见闻之非，节嗜好之过；保身体者，在乎适起居之宜，存畏慎之心。臣欲乞皇帝左右扶侍祗应宫人内臣，并选年四十五已上、厚重小心之人；服用器玩皆须质朴，一应华巧奢丽之物，不得至于上前；要在侈靡之物不接于目，浅俗之言不入于耳。在第三道奏章中，提出："从古以来，未有不尊贤畏相而能成其圣者也……臣以为辅养圣德莫先寅恭，动容周旋，当主于此。岁月积习，自成圣性。臣窃闻经筵臣寮（通'僚'）侍者皆坐，而讲者独立，于礼为悖。欲乞今后，特令坐讲，不惟义理为顺，所以养主上尊儒重道之心。"

三月二十四日，朝廷下诏命程颐为通直郎，充崇政殿说书。程颐又上书《辞免崇政殿说书表》，而后受命。

程颐给年幼的宋哲宗讲书十分虔诚，每当讲书的前一天晚上，他都要沐浴更衣，存思潜诚，以求感动圣上。在讲书时，多次开导人主要"正心"，"每讲一处，有以开导人主之心处便说"。程颐说："治道亦有从本而言，亦有从事而言。从本而言，惟从格君心之非，正心以正朝廷，正朝廷以正百官。"从格君心之非出发，程颐又提出君臣共治天下的主张。程颐说："夫以海宇之广，亿兆之众，一人不可以独治，必赖辅弼之贤，然后能成天下之务。"程颐讲书时，太皇太后、司马光、吕公著等大臣也前去听讲。

程颐曾三劝宋哲宗。一日，年幼的宋哲宗，听罢讲书后，来到殿前欲攀折柳条玩，程颐制止说："物亦有情，圣人不伤情。"当程颐听说宋哲宗在宫中走路或漱口时怕伤害到蚂蚁，便在讲书中说："愿陛下能推此心以及四海，则天下幸甚！"程颐见到宋哲宗内室中用的水桶是金制的，便认为太奢侈了，要求撤换。有人说宫中从庆历年间就开始用金桶了。程颐说："这是关系到辅养圣德的大事，不管从何时开始，只要当今皇上用金桶，我就不敢不谏。"

五月，朝廷诏程颐、顾临、孙觉同国子监长贰修立太学条例。程颐写《三学看详文》。

同时，程颐给吕大临写信，探讨"中"之命题。在《与吕大临论中书》中，程颐说："中即道也……圣人之学，以中为大本。虽尧、舜相授以天下，亦云'允执其中'。中者，无过无不及之谓也。何所准则而知过不及乎？求之此心而已。此心之动，出入无时，何从而守之乎？求之于喜怒哀乐未发之际而已。当是时也，此心即赤子之心，即天地之心……此心所发，纯是义理，与天下之所同然，安得不和？"

九月，司马光卒，程颐奉命主持司马光丧事。祭祀司马光的明堂落成时，朝中官员前去庆贺，之后，朝中官员要去哭吊司马光，程颐以"庆吊不同日"予以阻止，引起苏轼和苏辙的不满。在相国寺为司马光进行祭祀时，程颐令供素食。苏轼不以为然，仍令上肉食，闹得不可开交。苏轼说："当今吕公著为相，凡事有疑，必询于正叔。朝中谁升谁降，怕都与正叔有关。"

程颐代父亲程珦写《为家君祭司马温公文》："诚贯天地，行通神明。徇己者私，众口或容于异论；合听则圣，百姓曾无于间言。老始逢时，心期行道；致君泽物，虽有志而未终；救弊除烦，则为功而已大。"

十月，撰《修立孔氏条制》，对孔庙赐田规模、免税赋等进行规定。

一日，朝中让官员命妇给太皇太后上贺表，程颐说："我没给妇人乞封，家里没有命妇。"有人说给妇人叙封是应该的，他说："我不像如今的士大夫都学会乞了，动不动就是乞啊！"

程颐刚进宫时，由于朝中没有及时发放俸禄，不得不当衣物过生活。

元祐二年（1087年），春，程颐《又上太皇太后疏》，希望太皇太后在垂帘听政日处理政务后，询问皇上讲学进展、如何开导等情况，以使天下知道太皇太后辅养人主之道。

三月二十六日，程颐上《乞就宽凉处讲读奏状》，提出迩英阁讲读，人夏渐热，可在崇政殿或延和殿讲读。

六月十二日，学生刘绚卒，程颐作《祭刘质夫文》："圣学不传久矣。吾生百世之后，志将明斯道，兴斯文于既绝，力小任重，而不惧其难者，盖亦有冀亦……"

一日，宋哲宗得了疮疹，不能听讲。程颐到殿后，见太皇太后坐在那里，让其给她讲书。程颐讲书后，对宰臣说："皇上有病不能到殿听讲，太皇太后不能单独到殿独坐，这是与礼节不符的。"通常太皇太后是在讲书时在垂帘后听讲的。程颐的话引起太皇太后的不满。

一日，宋哲宗病了，程颐去探望之后就出来了。可年已八十岁的太师文彦博却恭立在宋哲宗的身边。后来有人问程颐如何看待文彦博的恭敬态度，程颐说："潞公四朝大臣，事幼主不得不恭；吾以布衣职辅导，亦不敢不自重也。"

八月，谏议大夫孔文仲弹劾程颐："污下憸巧，素无乡行，经筵陈说，僭横忘分，遍谒贵臣，历造台谏，腾口闲乱，以偿恩仇，致市井目为五鬼之魁，请放还田里，以示典刑。"朝廷罢程颐崇政殿说书，让其到西京洛阳管理国子监。

十一月六日，十二月十八日，程颐上《乞归田里第一状》《第二状》要求直接归田，辞免国子监教授："臣本无官，只因说书授以朝官。既罢说书，独取朝官而去，极无义理"，朝廷不许。

门人记程颐在此期间说："致知在格物，格物之理，不若察之于身，其得尤切。""人要明理，若止一物上明之，亦未济事，须是集众理，然后脱然自有悟处。""利害者，天下之常情也。人皆知趋利而避害。圣人则更不论利害，惟看义当为与不当为。""学莫大于致知，养心莫大于礼义。"

元祐三年（1088年），程颐复上《乞归田里第三状》，朝廷不许后；又上《乞致仕第一状》《第二状》，致仕，即退休。朝廷亦不许。在《第二状》里，他自称："臣身传至学，心存事道，不得行于时，尚当行于己；不见信于今，尚期信于后。安有失礼害义，以自毁于后世乎？"

元祐四年（1089年），二月，司空同平章事吕公著卒，程颐撰《为家君祭吕申公文》。

十一月，程颐撰《为家君书家藏太宗皇帝宝字后》："先臣少师，以府僚事太宗皇帝于开封，被眷特异，前后所赐亲笔多矣。天圣中，遭家难，诸父继亡。臣时未冠，复在远方，京师赐第，外姻守之。宝藏之物，既于盗手。于今在者，乃其遗也。故太宗亲书惟存十三字，其六乃开封文移，皆缘祭祀及贡举事……"

冬，门人赵景平问："所谓利者，何利？"程颐说："不独财利之利，凡有利心，便不可。如作一事，须寻自家稳便处，皆利心也。圣人以义为利，矣安处便为利。"

元祐五年（1090年），程颐五十八岁。一月十三日，程颐父程珦卒于西京国子监公舍，享年八十五岁。

四月十日，程颐葬父于伊川先坟。撰写《先公太中公家传》，称"公孝于奉亲，顺于事长，慈于抚幼，宽于治民"，虽"官至四品，奉养如寒士，缣素之衣，有二三十年不易者，终身非宴会不重肉"。《传》引程珦自述说："吾历官十二任，享禄六十年，但知廉慎宽和，孜孜夙夜，无勋劳可以报国，无异政可以及民。"

尹焞以师礼拜见程颐，初到时，问为学之方，程颐说："公要知为学，须是读书。书不必多看，要知其约；多看而不知其约，书肆耳。颐缘少时读书贪多，如今多忘记了。须是将圣人言语玩味，入心记著，然后力去行之，自有所得。"

尹焞说："伊川先生尝言，《中庸》乃孔门传授心法。"

元祐六年（1091年），程颐到陕西醴泉，将先祖程羽改迁伊川先坟。

元祐七年（1092年），程颐六十岁，三月，守丧期满，朝廷任程颐为直秘阁，判西京国子监（协助管理的官员）。当时苏辙为执政大臣，因程颐在任皇帝侍讲时归其门者甚众，而苏轼在翰林，亦多附之者，遂有洛蜀之争。苏辙向太皇太后进言，认为程颐不靖（不安分）；程颐上《辞免服除直秘阁判西京国子监状》。

五月，监察御史董敦逸奏言程颐"有怨望轻躁语"，朝廷改任程颐管勾（管理）崇福宫。程颐上《谢管勾崇福宫状》，谢恩就职。

元祐八年（1093年），五月，杨时、游酢以师礼见程颐于洛。《程氏外书》卷十二记载："游、杨初见伊川，伊川瞑目而坐，二子侍立。既觉，顾谓曰：'贤辈尚在此乎？日既晚，且休矣。'及出门，门外之雪深一尺。"

元祐九年（1094年），春，宋哲宗亲政，恢复程颐直秘阁判西京国子监官职。程颐再辞不受，上《辞免再除直秘阁判监状》《再辞免状》，《辞免再除直秘阁判监状》中提出："恭以皇帝陛下亲政之初……未及两月而念及劝学旧臣，收录于退藏之中。兹见陛下圣明，崇儒重道，事无不察，足以耸动天下。然而处得其道，用当其人，乃允公论，为盛美之事；不然则四方传议，反累朝政……臣所以辞者，盖守古义，非出私意。"

三月，朱光庭卒，程颐撰《祭朱公谈文》："道既不明，世罕信者。不信则不求，不求则何得？斯道之所以久不明也。自予兄弟倡学之初，众方惊异，君时甚少，独信不疑。非夫豪杰特立之士，能如是乎？"

同月，尹焞参加科举考试，见试题是诋毁元祐之政，恢复王安石新法，叹息："怎么可以为了仕禄而屈节！"便罢考而出。他对程颐说："我永远不再参加科举考试了！"程颐说："你不为母亲考虑吗？"他回去将想法禀告其母，其母说："吾只知用善来养你，不知用利禄来养你。"程颐闻之，感叹说："贤哉母也！"尹焞，宜阳人。

绍圣二年（1095年），程颐居洛。作《礼序》提出："人者，位乎天地之间，立乎万物之上，天地与吾同体，万物与吾同气，尊卑分类，不设而彰。""礼治则治，礼乱则乱，礼存则存，礼亡则亡。"

绍圣三年（1096年），杨时在湖南浏阳任职，与程颐写信讨论《西铭》。《西铭》是张载所作。程颐在《答杨时论西铭书》中说："《西铭》之为书，推理以存义，扩前圣之未发，与孟子性善养气之论同功。"

门人刘元承向程颐问学，记程颐言论："圣人，人伦之至。伦，理也，既通人理之极，更不可以有加。若今人或一事是仁，亦可谓之仁，至于尽仁道，亦谓之仁，此通上下言之也。""或问：'进修之术何先？'曰：'莫先于正心诚意。诚意在致知，致知在格物。'""涵养须用敬，进学则在致知。""观物理以察己，既能烛理，则无往而不识。""天下物皆可以理照，有物必有则，一物须有一理。""在天为命，在义为理，在人为性，主于身为心，其实一也。"

绍圣四年（1097年），程颐六十五岁，二月，朝廷欲恢复新法，对死去之司马光、吕公著等予以贬惩，程颐等三十一人被株连，程颐所著文字被毁，被放归田里。

六月，叔父程琉卒，程颐作《叔父朝奉墓志铭》。程琉，曾任修武县主簿、泽州端氏县令、河中府龙门、汝州襄城县事，官至大理寺丞、朝奉郎。

十一月，朝廷贬程颐四川涪州（今涪陵）。

元符元年（1098年），十一月，程颢之子端本，进士，时任陕西醴泉县令，因庸医致死，程颐写《祭四十一郎文》，四十一郎即端本。并写《上谢帅师直书》，要求惩治庸医。

元符二年（1099年），一月，程颐写成《伊川易传》，通过对《周易》的阐释，表达了程颐对自然、社会、人生哲学的见解，构成了完整的理学体系。其在《易传序》中说："易，变易也，随时变易以从道也。其为书也，广大悉备，将以顺性命之理，通幽明之故，尽事务之情，而示开物成务之道也。""吉凶消长之理，进退存亡之道，备于辞。"在自然哲学上，天地万物得天理而"长久不息，生生不已"；在社会治理上，要顺理而行，"万物之进，皆以顺道"，为政要顺民心；在人生伦理方面，论证进德修业、安于义命的人生哲学。

《伊川易传》发展了古代朴素辩证法思想。《周易程氏传》卷第一《否》中说："上九，倾否，先否后喜"。《伊川易传》解释说："上九，否之终也。物理极而必反，故泰极则否，否极则泰。上九否既极矣，故否道倾覆而变也，先极，否也，后倾，喜也。否倾则泰矣，后喜也。"程颐从物理极而必反，说明先否后泰，先危后安，从而揭示"泰极则否，否极则泰"的发展规律。

元符三年（1100年）程颐六十八岁，一月，宋哲宗崩，徽宗继位。程颐移居峡州（今宜昌）。

四月，程颐因大赦恢复宣德郎，回到洛阳。邵雍之子邵康记述说："党祸起，谪涪州。先生（程颐）注《周易》，与门弟子讲学，不以为忧；遇赦得归，不以为喜。"可见其达观。

时南方学者罗从彦从杨时学，杨时在讲《周易》至"《乾》九四爻"时说："伊川说甚善"。罗从彦就卖了田地一路走到洛阳，拜见程颐，程颐反复向他讲解周易。后罗从彦返回南方，讲学于舍云寺，传播洛学。

程颐自涪陵归，《易传》已成，未尝示人。有门人及弟子向程颐请益涉及《周易》书时，方命人将书取出，自己亲自分发给弟子。非所请从不多发。尹焞从先生学，取书回家伏读几天后，先生问有何感受。尹焞说："我有问题要问先生，可又不敢问。"先生说："何事？"尹焞说："'至微者理也，至著者象也，体用一源，显微无间'，似太露天机。"先生赞叹说："近日学者何尝有你这样的认识，正因为如此，我才不得已只好这样说得明显。"

程颐前往颖昌（今许昌）拜见韩持国。韩持国"早晚伴食，体貌加敬"。一日，韩持国对其儿子说："先生远道来，我无意表达，有黄金药檫一盒，重二十两，欲献给先生作为寿礼。我素知先生为人，当面给他如不受，甚为难堪。我有事外出，你找个机会把我的心意说出来。"第二天吃饭时，其子向程颐说了其父赠金的事，程颐拒不接受，说："我与乃翁道义交，故不远而来。他怎么能这样做呢？"韩持国知道后，感慨地说："我不敢当面说，正怕他拒绝。正叔安贫乐道，家中并不富裕，想帮忙也帮不了啊！"

十月，朝廷恢复程颐通直郎，协助管理西京国子监。

程颐上《谢复官表》："窃念臣天资愚暗，自致放投；既仰荷于宽恩，如安居于乐土；忽遇非常之宥，继蒙牵复之恩。兹盖伏遇皇帝陛下道大兼容，明无不照；念先帝经筵之旧，推至仁爱物之心。臣敢不益善其身，励精所学，期有传于后世，以上报于深恩！"

尹焞对程颐接受朝廷授官不以为然。程颐说："新君即位，首蒙大恩，自二千里放回，亦无道理不受……朝廷之意只是怜其贫，不使饥饿于我土地。某须领他朝廷厚意，与受一月料钱，然官则某必做不得。既已受他诰，却不供职，是与不受同。且略与供职数日，承顺他朝廷善意了，然后惟吾所欲。"

建中靖国元年（1101年），五月，朝廷追回所复程颐之官。

崇宁元年（1102年），程颐七十岁。

三月六日，程颐写《答杨时书》："颐启：相别多年，常深渴想。前日自伊川归，得十一月十五日南康发来书，知赴新任，体况安佳，甚慰远怀。颐如常，自去年来，多在伊川。见谋居伊，力薄未能遽成耳。

"朝廷设教官，盖欲教人修身齐家治国平天下之道。苟能修职，则'不素餐兮'，孰大于是？赴省试令子，不知其名，中第可喻及也。名迪者好学质美，当成远器，应未有北来期。两小子（指程颐子，大者项城尉，小者鄢陵尉）承问，故及之。此独与诸孙处，岁计稔则自余，无足道。春暄。惟进学自爱，不宣。颐启杨君教授。"

十月，蔡京执政，将文彦博、吕公著、司马光等二十二人，苏轼等三十五人，秦观、程颐等四十八人列为奸党，请御书刻石立于端礼门。

杨遵道录程颐先生语："凡眼前无非是物，物物皆有理。如火之所以热，水之所以寒，至于君臣父子间皆是理。"

崇宁二年（1103年），二月，程颐作《印铭》："我祖乔伯，始封于程。及其后世，以国为姓。惟我皇考，卜居近程。复爵为伯，子孙是称。"

四月，程颐作《春秋传序》。

四月三十日，朝廷下诏："追毁程颐出身以来文字，除名，其入山所著书，令本路监司觉察（查禁）。"程颐于是迁居龙门之南，止四方学者说："尊所闻，行所知，可矣，不必及吾门也。"时程颐居洛阳龙门山。

七月，程颐子端彦，因在鄢陵任县尉，属于京城、府界任职，被免官（当时规定，受责降人子弟不得在京及府界任职）。

马伸拜见程颐从学。马伸时任西京洛阳法曹，通过学生张绎求见程颐，时学禁方兴，程颐固辞。马伸前后拜见十次，毅然对程颐说："使伸朝闻道，夕死何憾！"程颐感动，受拜师礼。马伸每公暇便去求教，程颐授之《中庸》。

崇宁三年（1104年）尹焞、张绎仍从程颐学。

崇宁四年（1105年），程颐离龙门山到伊皋书院讲学（今鸣皋镇），迁居嵩县陆浑山（今程村）。

崇宁五年（1106年），一月，朝廷以星变毁党人碑，程颐恢复承务郎，依旧致仕。

三月，蔡京罢相，朝廷下诏允许党人到畿县；"先生（即程颐）寻以通直郎致仕"

（通直郎，文散官名。宋从六品。元丰改制用以代太子中允、赞善大夫、太子洗马）。

时《易传》成书已久，然而程颐没向学者传授。有人要求程颐讲授《易传》，程颐说："自量精力未衰，尚觊有少进耳。"其后程颐生病，始以授尹焞、张绎。

程颐作《陆浑乐游》："东郊渐微绿，驱马欣独往。舟萦野渡时，水落春山响。身闲爱物外，趣逸谐心赏。归路逐樵歌，落日寒山上。"

大观元年（1107年），程颐七十五岁。

程颐晚年尹焞、张绎相跟从。据尹焞记述："先生得了风痹症，服大承气汤后有所好转。这年九月十六日他进屋探望，见先生以白被盖身，坐在竹床上。见他进去还举手作揖。他喜出望外，以为先生的病好了。先生说：'病虽去了却要等着恢复元气呀，我感觉很羸弱。'"

据朱熹《伊川先生年谱》记载：九月十七日，程颐病危，门人进去说："先生平日所学，正今日要用。"先生用力睁开眼说："道著用便不是。"其人未出寝门而先生就去世了。"道著用便不是"，结合程颐坎坷曲折的经历，意思是他的学说不一定被朝廷所推崇。

程颐去世后，尹焞、张绎、范域、孟厚为其办理后事。邵雍之子邵泝夜里从洛阳赶来吊唁。

张绎写《祭程伊川文》，称"先生之道，不可得而名也……惟太山（即泰山）以为高兮，日月以为明也。春风以为和也，严霜以为清也"。

胡安国在《奏状》中，说："夫圣人之道，所以垂训万世，无非中庸……然中庸之义，不明久矣。自颐兄弟始发明之，然后其义可思而得……然孔孟之道不传久矣，自颐兄弟始发明之，而后其道可学而至也……颐之行，其行己接物，则忠诚动于州里；其事亲从兄，则孝弟显于家庭；其辞受取舍，非其道义，则一介不以取与诸人，虽禄之千钟，有必不顾也。"

南宋朱熹诗赞程颐："规圆矩方，绳直准平。允矣君子，展也大成。布帛之文，菽粟之味，知德者希，孰识其贵。"

程颐二十四世孙、袭五经博士程延祀向康熙上书："孟子之功不在禹下，程子之功不在孟子下""非孟子无由识孔子之面，非程子无由登孟子之堂"。

后　记

　　我是在河南大学读书时第一次接触程朱理学的，后来回到家乡嵩县在县委办公室工作期间，闲暇时到县档案馆翻阅县志，查到了有关程颢、程颐的家世及两程故里与嵩县的渊源，并意外地见到了中华书局出版的《二程文集》，借阅之后，对二程的理学思想、二程生平有了初步的了解，后来陆续阅读了卢连章先生的《程颢程颐评传》《程颢程颐与中国文化》，并有意识阅读了与二程有关的司马光、王安石评传，宋明理学史，《续资治通鉴长编》的有关篇章，从古代典籍中窥见千年前的二程形象，如有门人记载说，程颐晚年常戴一种帽子长七寸；晚年程颐的桌上别无他物，只有一本《唐鉴》。

　　两程故里就在嵩县田湖镇的程村，程颐创建的伊皋书院在鸣皋镇（古时归嵩县管辖），我时常在这两个地方徘徊，思接千载，想象二程千年前在这里讲学、生活的情景，也听到了当地程氏后人有关二程的种种传说。有人说，程颐晚年先是迁到屏风庄，在龟子山上建了龟山书院，聚众讲学。当时附近有个庙，庙里的和尚对当地妇女常有不轨行为，程颐知道后，上奏朝廷，惩戒了和尚。还有人考证说程颐创建伊皋书院是一〇八二年前后，应该说从这时起，他就在程村居住了，中间可能到处讲学，但在程村居住应从一〇八二年算起，不应是一一〇三年之后。

　　在写本书之前，我曾将二程有关资料编印了一本《程颢程颐》，介绍了二程的生平事迹、语录、理学思想评价、诗文等，为本书的写作奠定了基础。

　　从二〇〇五年起，我断断续续开始了本书的写作。所谓断断续续，是因为我还在单位上班，写作只能在晚上和节假日进行。有时单位事情多，或事情复杂使人静不下心来，就会搁置下来。一般情况下，每天晚上我都要坐下来写上三五百字，大体上用了两年时间，近二十万字的初稿出来了。开始我曾想写电视剧本，后来感到电视剧本不好把握，同时感到即使写出来拍摄资金也不好筹集，便改写成小说了。因此，读者可能感到前几章场景转换、对话较多，这都是电视剧本的痕迹。

初稿写出后，又用了一年多的时间进行了修改。为了出书，我感到力不从心。我是一个工薪阶层，要拿出几万元不是小数目。嵩县文化局的高见喜局长是我在县委办公室工作时的同事，他看了文稿，认为有价值，便向县里有关领导汇报，希望政府能资助出书。无奈领导变动，使此事搁置下来。二〇〇九年九月，李大伟先生到嵩县担任政府县长，高建喜同志向他进行了汇报。李县长是博士，有文化眼光，到任后就筹划二程理学文化产业园区建设，看了书稿，当即决定予以资助出书。文心出版社的郭孟良总编是我在嵩县一中教学时的学生，对书稿进行了审阅，提出了很有见地的修改意见，并与时任河南省政协副主席的袁祖亮先生进行联系，为本书作序。二〇一〇年六月，《河洛大儒——程颢程颐传》第一版出版。尤其应该感谢的是，台湾著名宋学研究专家朱高正先生，认真审阅了书稿，提出了很有见地的修改意见，并为拙作作增订版序。

二〇一〇年十月，二程第三十一代后裔、兴亚集团董事局主席程道兴先生应嵩县政府邀请到嵩县考察两程故里。我有幸见到了程道兴先生。那天先生拜谒了两程像，登上了两程故里后面的耙耧山，说："今天我才算找到了程家的根！"中午吃饭的时候，执意让我坐在他的身边，问我怎么想起写二程。我说二程理学是中国传统文化的精华。后来我从网上查到程先生当过兵，转业到地方后曾在郑州市人事局、河南省人事厅工作过，一九九二年下海经商，经过奋斗，目前是商界的成功人士。他继承了二程理学成德成圣思想，"达则兼济天下"，投资六千万元为家乡父老乡亲建新村。他是一个孝子，在家中立的碑上刻着母训："做人要勤奋，同情穷苦人；做人不能自大；做人交朋友要忠要义；不取不义之财；做人要孝顺，要读书有文化。"我从这些朴素的语言中，感受到二程理学思想对中国普通人思想品格的影响，对二程后裔思想品德的潜移默化。尤其值得指出的是，程道兴先生对弘扬二程理学文化的重视和支持，正是由于程道兴先生的资助才使本书得以再版。文心出版社的编辑贾为敏老师为本书的修改付出了大量的心血，在此一并致谢。

在写作本书的过程中，我也时时被二程的思想所感化，不断沐浴着理学思想的洗礼。在孔子千年以后的宋代，二程在位于天地之中的伊洛之滨，仰观天象，俯察人世，继绝学，开往圣，创建了理学，已影响中国社会近千年。二程创立的理学，是对孔孟儒学的继承和发展。二程用涵盖了自然规律和伦理道德的"理"将孔孟儒学的丰富内容予以概括，为人们提出了安身立命、处世行事的原则和方法。就理学的核心内涵来说，如何成德、如何成圣始终是二程关注的重要命题。程颐说："人皆可以为圣人。"这里所说的圣人，是指道德高尚、人格健全的人，具有阔然而大公的浩然之气，具有为天地立心、为生民立命、为万世开太平的志向，具有养物不伤、视民如伤、爱民保民的仁者之心，具有敬老爱幼的孝悌观，具有诚信、中和、敬恭、慎独意识。二程是道德上的完人。程颢十几岁时就吟出了"中心如自固，外物岂能迁"的佳句，一生养浩然之气，对不义而富且贵，视之如浮云；程颐在给宋哲宗当老师时，不为妻求封，一度生活困难到靠典当衣物过日子；不接受好友送的钱物。堪称道德楷模。

历史将两程故里安排在嵩县，是历史对嵩县的垂爱。我有幸生活在浸润着二程思想的土地上，又由于本书的写作，神交古人，跟随着先贤哲人进行了一次精神之旅。本书的出版，是我敬献给二程先贤的一瓣心香！不妥之处，敬请读者指正。

吴建设

二〇一二年十月十日

图书在版编目（CIP）数据

河洛大儒：程颢程颐传 / 吴建设著 . 一郑州：文心出版社，2013.2
（二程理学文化丛书 / 程道兴主编）
ISBN 978-7-5510-0436-7

I. ①河… II. ①吴… III. ①程颢 (1032~1085) —
传记 ②程颐（1033～1107）一传记 IV. ① B244. 6

中国版本图书馆 CIP 数据核字（2013）第 025557 号

河洛大儒：程颢程颐传

作　　者：吴建设
责任编辑：贾为敏
出版发行：文心出版社
　　　　　（地址：郑州市经五路 66 号　邮政编码：450002）
经　　销：新华书店
印　　刷：河南省瑞光印务股份有限公司
书　　号：ISBN 978 -7 -5510 -0436 -7
开　　本：710 毫米 × 1000 毫米　1/16
插　　页：8
印　　张：19.5
字　　数：446 千字
版　　次：2010 年 6 月第 1 版
　　　　　2013 年 2 月第 2 版
　　　　　2013 年 2 月第 2 次印刷
印　　数：1—5000 册
定　　价：128.00 元